U0499078

国家社会科学基金项目（项目编号：18BJY066）

XINNENGYUAN
Q I C H E
Chuangxin Kuosan Lilun
yu Shizheng Yanjiu

新能源汽车创新扩散理论与实证研究

林　云　黄星军　◎著

中国财经出版传媒集团
经济科学出版社
Economic Science Press
·北京·

图书在版编目（CIP）数据

新能源汽车创新扩散理论与实证研究 / 林云，黄星军著．北京：经济科学出版社，2025．6．-- ISBN 978-7-5218-6223-2

Ⅰ．F426.471

中国国家版本馆 CIP 数据核字第 2024U06H28 号

责任编辑：刘　丽
责任校对：王肖楠
责任印制：范　艳

新能源汽车创新扩散理论与实证研究

林　云　黄星军　著

经济科学出版社出版、发行　新华书店经销

社址：北京市海淀区阜成路甲 28 号　邮编：100142

总编部电话：010-88191217　发行部电话：010-88191522

网址：www.esp.com.cn

电子邮箱：esp@esp.com.cn

天猫网店：经济科学出版社旗舰店

网址：http://jjkxcbs.tmall.com

北京季蜂印刷有限公司印装

710×1000　16 开　23.25 印张　450000 字

2025 年 6 月第 1 版　2025 年 6 月第 1 次印刷

ISBN 978-7-5218-6223-2　定价：108.00 元

（图书出现印装问题，本社负责调换。电话：010-88191545）

前言

新能源汽车产业作为我国战略性产业，已经成为节能减排、振兴经济和转变产业结构的重要突破口。从1992年“八五”重点科技攻关项目提出至今，我国新能源汽车产业经历了三十多年的发展，如今也被正式列为我国战略性新兴产业。为了实现新能源汽车的快速市场化，激励车企技术创新，我国出台了一系列普惠性政策。然而，在普惠性补贴下，企业反而容易患上政策依赖症，技术研发缺乏动力，新能源汽车产品性能不能满足消费者需求，政府补贴也难以有效激励消费者，产品销量不高。此外，政府也不断调整资助政策，新能源汽车产业进入后补贴时代，并于2022年停止产品补贴。在这种背景下，新能源汽车产业发展不仅受到补贴退坡影响，而且还面临造车主体丰富带来的巨大行业竞争压力。鉴于此，如何运用管理科学的方法论助力新能源汽车创新扩散，实现产业的可持续发展，成为迫切需要回应的重大现实问题。

创新扩散是指新技术、新想法、新产品等在一定时间内通过某种渠道在社会系统成员中进行传播并被接受的过程（Rogers，1995）。该过程通常可以基于时间经验数据进行拟合，并将趋势外推向经验周期范围之外（Jaakkola et al.，1998）。创新扩散本质在于理解新疾病/想法/产品等的传播过程，通过仿真预测它们在早期阶段的成功或者失败，进而提出增加或减少其扩散可能性的潜在策略。新能源汽车作为一种绿色技术或新产品，无论是中国还是海外，均处于产业发展初期，市场渗透率很低。因此，深入理解消费需求，并从系统视角构建市场扩散仿真模型，对于新能源汽车的扩散无疑很重要。在学术文献中，新能源汽车扩散主要聚焦于以下三方面。

（1）创新扩散影响因素识别。例如，李勇和韦结余（2017）从技术要素、市场结构和社会结构三个方面进行了分析；何伟怡和何瑞（2015b）从消费者个体因素和产品接口因素两个维度进行了分析；还有的研究从公共政策角度进行了分析（Till Gnann et al.，2015；Ingo Wolf et al.，2015；Guoqiang Zhang et al.，2016）。

（2）创新扩散模型设计。韩晓芳和解学芳（2016）构建了产业与创新扩散机制的互动关系，创新了采用者—媒介—企业—国家政策自上而下的扩散机制；刘腾飞和陈凯（2016）基于Bass模型建立了新能源汽车的扩散模型。黄星军等

(Xingjun Huang et al.，2021) 利用多智能体模型构建了多政策情景下的新能源汽车扩散模型，试图从更系统的视角来构建扩散系统。

(3) 创新扩散渠道研究。通过社会网络的交互关系以及商业模式创新的研究，来促进新能源汽车的创新扩散及其市场化进程。

现有研究仍然有待改进。一是在研究对象上。现有研究更倾向于从绿色消费视角分析新能源汽车的市场采用因素、要素交互关系及扩散路径建模研究。这些研究更多将新能源汽车看作是环境友好型产品，而不是社会理想传播产品，并不利于普通大众的接受。因此，挖掘消费者真正的采用因素，构建消费者决策逻辑尚研究不足。二是在研究方法与研究视角上。当前研究更倾向于自上而下的建模方法，如 Bass 扩散模型，而基于复杂系统方法论来自下而上研究新能源汽车扩散相对较少，研究方法单一；在研究视角上，现有研究主要是从政策、市场等单一维度视角进行分析，而多维度协同视角下的分析很可能对产业发展产生不同影响，但这方面的研究非常少。

受国家社会科学基金项目（项目编号：18BJY066）的资助，课题组立足于新能源汽车创新扩散前沿领域，从需求分析、产业融合创新和复杂网络扩散系统设计三个维度研究新能源汽车创新扩散。全书共分三个部分。第一部分（第 1 ~ 2 章），重点介绍研究方法和新能源汽车产业，包括创新扩散、社会动力学、行为经济学、生态组织相关理论的简要介绍（第 1 章），以及新能源汽车产业的背景、研究现状以及内涵（第 2 章）。第二部分（第 3 ~ 4 章），重点从供需视角分析新能源汽车的扩散，包括新能源汽车扩散影响因素的研究（第 3 章），新能源汽车的市场需求分析及消费者决策研究（第 4 章）。第三部分（第 5 ~ 7 章），重点从产业视角分析新能源汽车的扩散，包括新能源汽车的组织合作与产业融合研究（第 5 章），新能源汽车退役电池的回收模式设计以及回收机制的演化博弈分析（第 6 章），新能源汽车充电设施布局研究（第 7 章）。

本书由课题组近些年研究成果凝练而来，主要基于黄星军、朱昱霖、张洁、王虎城、刘艳龙、郭震的研究成果。参与本书编辑、整理、校稿、排版的人员有向岚、魏东、赵晓倩、刘璟现、毛周慧等重庆大学的硕士研究生。在此一并致谢。此外，我们也期待本书的研究成果能为新能源产业领域专家学者提供启发，为相关专业学生的学习提供参考。

尽管我们力求对所有的知识和想法阐述准确、透彻，但是由于作者知识水平有限，不妥之处在所难免，敬请读者斧正。

目录

第1章 绪 论

创新扩散是指新技术、新想法、新产品等在一定时间内通过某种渠道在社会系统成员中进行传播并被成员接受的过程（Rogers，1995）。创新扩散的研究理论有传染病扩散理论与创新扩散理论（Woo et al.，2016）。传染病扩散理论是将扩散过程依据传染病理论建模为非线性的偏微分方程，假定种群有固定的接触率，因感染而有一定的感染率，因康复而有一定的移出率；创新扩散理论则认为扩散过程建模独立且服从 Logistic 演变规律，假定种群由创新者与模仿者两部分组成。除了创新扩散相关理论，本书也关注创新扩散的动力学机制研究，如演化博弈理论、基于代理的计算实验、系统动力学等。不同于创新扩散理论，这些动力学方法更关注于中观与微观层面的行为及其演化。新能源汽车行业作为一种新型绿色产业，无疑给传统汽车产业带来了很大冲击，这个过程显然可视为创新扩散过程。新能源汽车产业正处于发展期，市场扩散范围小，消费者对此了解和接受的程度不高。因此，为了更加准确地了解消费者的新能源汽车需求情况，研究并构建了创新扩散模型、系统及产业组织，基于上述理论方法分析了新能源汽车的创新技术、扩散现状、扩散过程、未来扩散趋势等。

1.1 创新扩散研究方法

1.1.1 巴斯扩散模型

美国管理心理学家巴斯（Bass，1969）基于创新扩散理论建立了巴斯模型，并在此基础之上进行了拓展，得到广义巴斯模型。

1. 基础巴斯模型

巴斯扩散模型的基本形式为

$$\frac{\mathrm{d}N(t)}{\mathrm{d}t}=p\times[m-N(t)]+\frac{q\times N(t)}{m\times[m-N(t)]} \tag{1.1}$$

其中，p 表示创新系数，q 表示模仿系数。

巴斯模型假设创新和模仿可以引发待开发客户去使用某种产品。其中，“创新”依靠类似广告类的影响力来推动，社会中的个体不能决定这些影响因子。“模仿”则是潜在客户因为被先使用者的口碑相传所影响而使用产品。此外，巴斯模型假设潜在客户或已经购置该产品的用户的最大数目是不变的，且全部的潜在客户最后都将购置该产品。

同时，巴斯扩散模型未考虑客户存在第二次购买该产品的情况，只研究客户第一次购买产品时的情况。巴斯扩散模型中，用创新系数和模仿系数推测客户在某个时刻购买了多少产品。其中，创新系数即外部影响，表示还没有购买和使用产品的人因为看到广告或通过其他外部因素而开始采用该产品的一种可能性；模仿系数即内部影响，表示还没有采用该产品的人因为受到已经使用过该产品的口碑所影响而开始采用该产品的一种可能性。

从社会整体的角度出发，巴斯扩散模型表示了产品的传播扩散受到外部因素（如广告、大众媒体）和内部因素（如口碑传播）的共同影响。不过，学者们在研究和应用的过程中总结出了该模型的许多不足，包括预测能力不足、难以解释真实情况，以及无法体现消费者的异质性（丁士海和韩之俊，2009）。

2. 广义巴斯模型

在基础的巴斯模型上加入了冲击函数，从而得到了广义巴斯模型（Bass et al.，1994）。此后，很多学者将广义巴斯扩散模型应用到能源行业，用来研究各种发电和石油等行业的技术扩散。

由于将市场混合策略这个因素考虑进来，所以广义巴斯模型的基本形式为

$$z'(t)=m\left[p+q\frac{z(t)}{m}\right]\left[1-\frac{z(t)}{m}\right]x(t)\quad t\geqslant 0 \tag{1.2}$$

其中，$z(t)$ 表示在 t 段时间内总共的使用者的数量；m 是一个常数，表示市场潜力，也就是扩散过程中的潜在客户的数量；p 表示受到外部因素影响的创新系数；q 表示模仿系数；$z'(t)$ 表示使用率，是 $z(t)$ 的微分；$x(t)$ 表示市场混合策略，也就是政策或经济因素对广义巴斯模型的造成的影响。若 $x(t)=1$ 时，式（1.2）表示的就是基础的巴斯模型。当 $x(t)>1$ 时，时间越快市场扩散速度越快，也就是政策或经济因素的冲击对扩散过程有积极的影响；相反，当 $x(t)<1$ 时，市场的扩散速度随着时间减缓，表示政策或经济因素的冲击对扩散过程有着阻碍和干扰的作用。

在对广义巴斯模型的扩散过程进行预判时，需要测算 5 个参量，分别为创新系数、模仿系数、市场潜力、冲击强度和冲击时间。起初，巴斯模型使用非线性最小二乘法来测算这 5 个参数，然后运用巴斯模型求解得到的值去验算获得的参数估计值是否可靠。通常非线性参数估计都能通过使用非线性最小二乘法得到，在明确初始值后开始进行迭代。比较常用的迭代算法有牛顿法和麦夸特法等。

1.1.2 传染病模型

科马克和麦肯德里克（Kermack & McKendrick，1927）建立了经典的 SIR 传

染病模型，此模型在整个传染病动力学领域中起着基础而又重要的作用。学者们逐渐意识到该模型也可以被应用在其他领域，特别是新推出的产品或者出现的新鲜事物，都可以用该模型来研究它们在群众中的传播扩散（Gadi Fibich，2016）。典型的传染病理论模型有 SIR（罗荣桂和江涛，2006）、SIRS（吴小桔等，2016）、SEIR（庞晓波等，2015）模型等。

1. 经典 SIR 传染病模型

SIR 模型刻画了疾病在种群内从发生到感染再到消失的完整传播过程。通过定性及定量的分析及仿真建模，SIR 获得了疾病的发生过程，揭示了疾病的传播规律，为有效控制其未来的发展趋势提供最优的防控策略。在传染病动力学研究中，SIR 的建模思想被广泛应用在新技术的传播中，由于新技术不能在实际中广泛进行传染试验，利用传染病动力学方法建立数学仿真模型，探究其传播规律变得非常重要。

SIR 经典模型不考虑日接触率以及移出率对扩散宿主的影响，SIR 模型将扩散宿主分为以下三类。

（1）易感染者（susceptible），即 S 类，指没有得病或者痊愈后丧失免疫的人，他们缺乏免疫能力，当与患病者接触后容易受到传染，其在 t 时刻的群体数量记作 S_t。

（2）感染者（infectives），即 I 类，也就是被传染病传染了的人，S 类人在某些传播途径中能够被 I 类人传染，把感染者在 t 时刻的总量记作 I_t。

（3）移出者（removed），即 R 类，指已经退出恢复健康并产生免疫从感染者移出的人，其在 t 时刻的数量记作 R_t。

其相关建模假设包括以下几类。

（1）环境封闭。不考虑种群的个体流动，忽略外来个体的干扰，即三类宿主种群个体的数量之和保持不变，即 $S_t + I_t + R_t = N$，N 为常数。

（2）感染者具有传染性。在 t 时刻内，一个 I 类感染者可以传染的人数随着 S 类人的数量 S_t 的变化而变化，如果假设日接触率为 λ，那么一个感染者可以传染的总人数是 λS_t，也就是说 I_t 个感染者可以传染的总人数是 $\lambda S_t I_t$。

（3）感染者具有抵抗性。在 t 时刻内，因恢复、免疫等从感染者类中移出的人数与感染者人数成正比，设日移出率为 μ，那么单位时间内移出者的数量为 μI_t。

（4）移出者具有免疫性。也就是说从 I 类人中移出的人，在一定时间内对该传染病免疫，即不会再被感染。

SIR 模型传播流程如图 1.1 所示。

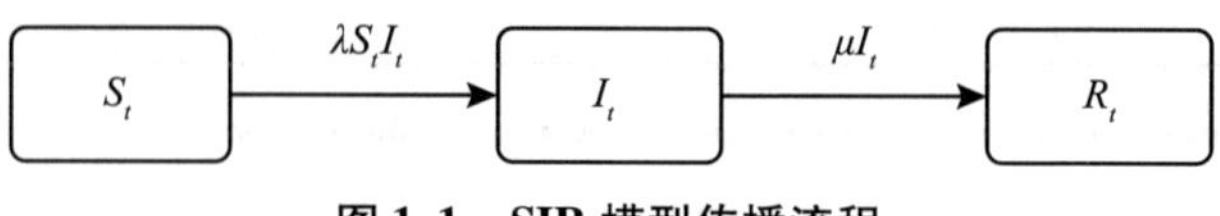

图 1.1　SIR 模型传播流程

根据上述假设，可得 SIR 传染病模型的微分方程组为

$$\begin{cases} \frac{\mathrm{d}S}{\mathrm{d}t} = -\lambda S_t I_t \\ \frac{\mathrm{d}I}{\mathrm{d}t} = \lambda S_t I_t - \mu I_t \\ \frac{\mathrm{d}R}{\mathrm{d}t} = \mu I_t \end{cases} \tag{1.3}$$

其中，种群初始值为（S_t，I_t，R_t）$\geqslant 0$。若所选择的种群数量很大时，由于单位时间内一个感染者仅可以和一部分人接触，其接触的人数是有限的，因此不存在日接触率与总体个数成正比这种情况（张本红，2018）。基于此，本书采用标准发生率，即设接触率为常数 $k = I_t/N$，有效接触率为 λ_0，日接触率为 $\lambda = \lambda_0 k$。

定理 1.1　假设 $\rho = \frac{\lambda}{\mu}$，那么当$\frac{S_t}{\rho} \leqslant 1$ 时，I_t 单调减少且趋近于零；当$\frac{S_t}{\rho} > 1$ 时，I_t 单调增加至最高点，然后单调减少趋近于零。

定理 1.1 已被张本红（2018）和刘珺（2018）证明，所以我们可以定义模型的基础再生数，为 $R_0 = \frac{S_0}{\rho} = S_0 \frac{\lambda}{\mu}$。基础再生数表示在患病期间，一个感染者在其平均患病期内所能感染的个体数。

定理 1.2　阈值定理。$R_0 = 1$ 是区分疾病是否会流行的阈值。若 $R_0 > 1$ 时，表示疾病会在该地区流行；否则，表示不会流行，会逐渐消亡。

2. 动态 SIR 扩散模型

动态 SIR 扩散模型是在经典 SIR 扩散模型的基础上加入了产业融合的时变性而改进得到的，用来研究不同时间状态下产业融合对新能源汽车扩散的影响情况。在此模型中，产业融合具有时变性，所以 SIR 模型中的日接触率 λ 与日移出率 μ 都会受到不同程度的影响。

产业融合可以促进新能源汽车的产业价值链进行转型升级，更好地满足消费者的购买体验。因此，产业融合在一定程度上可以促进消费者对新能源汽车的日接触率的增长，并且降低其移出率。为了构建这种影响，结合时变产业融合状态转移方程，本书把产业融合的日接触率设为 $\lambda(t) = \lambda_0[1 + \eta(t+1)^m]$，日移出率为 $\mu(t) = \mu_0[1 - \eta(t+1)^m]$，其中 m 为产业融合度对接触率、移出率的影响因子。其模型算法包括以下步骤。

步骤1：设置初始参数。设定初始时刻为0，初始状态为（S_0，I_0），t时刻的状态为（S_t，I_t），设置时间长度为3650天。

步骤2：参数估计。对影响因子m进行参数估计。

步骤3：计算$t+1$时的产业融合度$\eta(t+1)$、日接触率$\lambda(t+1)$与日移出率$\mu(t+1)$。

步骤4：计算$t+1$时刻种群状态值，记录矩阵［$t+1$，x］，其中x为$t+1$时刻下的（S_{t+1}，I_{t+1}，R_{t+1}）值。

步骤5：更新初始状态值，重复步骤3～步骤5，直到$S_t=0$或$I_t=0$或$t=t_{max}$。

步骤6：基于矩阵［t，x］，构建S、I、R三条扩散曲线图。

1.2　社会动力学

1.2.1　演化博弈理论

博弈论是根据参与者的收益情况来研究他们之间相互作用的一门学科（Oskar Morgenstern & John Von Neumann，1953）。由于经典博弈论在假设和求解上存在诸多缺陷，对于完全理性、完全信息的定义过于理想化，并且经典博弈论无法描述博弈的动态调整过程（王先甲等，2011）。所以，提出了有限理性的演化博弈论，将博弈理论和动态演化结合起来。泰勒和琼克（Taylor & Jonker，1978）首次提出了演化博弈，引入选择机制构建了复制动态模型。

在经济学中，博弈理论中对于博弈参与者的假设为完全理性，但实际活动中，由于博弈参与者的认知不同和博弈环境的影响，博弈参与者具有理性局限。因此，为了使得博弈可以更好地贴近实际情况，需要对博弈参与者进行详细分析。而演化博弈（evolutionary game theory，EGT）可以很好地弥补传统博弈的不足，将博弈理论和动态演化结合起来进行分析，旨在探索研究对象的动态演化过程，表现出一种动态均衡状态。演化博弈中，参与人可以为人、集体（如企业、国家等），以参与主体组成的群体为研究对象，且参与主体是有限理性和信息非完全对称。并在博弈的过程中，每个参与方都是基于利益最大化，不断学习进行修正，进而调整策略。

很多学者将演化博弈用于逆向供应链领域。阿塔苏等（Atasu et al.，2008）研究废旧电子产品中不同主体之间的博弈，探讨回收政策对社会生态和经济的影响。刘永清等（2016）运用演化博弈理论，构建回收商与政府行为策略博弈模型，得到稳定演化策略，并分析影响回收商行为决策的重要参数。王慧敏等

（2021）基于演化博弈理论研究动力电池回收商的投资模式，分析电池再生利用率对回收商决策的影响。霍良安等（2018）运用演化博弈探讨不同性质的制造商间的博弈，分析不同回收决策下的演化系统稳定状态，并给予最优策略。扑嘉楠和肖忠东（2021）考虑政府监管的因素，构建政府与废旧汽车回收商的演化博弈模型，研究政府监管对回收时参与非正规渠道群体的影响，分析各主体的动态行为决策。在动力电池回收上，邱泽国等（2021）运用演化博弈理论研究回收补贴对整车厂和4S店的回收决策的影响。付小勇等（2012）考虑回收竞争因素，构建逆向供应链主体策略的演化博弈模型，分析回收渠道对各主体定价策略的影响，并探讨政府补贴对回收主体回收渠道选择的影响。王中秋（2021）基于演化博弈理论，构建政府、生产商和运营商三方演化博弈模型，分析各主体的行为演化，得到不同参数变化下的稳定均衡策略组合。

另外，将演化博弈用于供应链企业合作关系方面的研究也很多。王永平和孟卫东（2004）运用演化博弈理论构建了供应链上企业竞合机制演化的数学模型。易余胤等（2005）基于演化博弈理论对研发环节的企业合作行为进行演化分析。殷辉（2014）研究微观层面的产学研合作形成机制以及合作演进策略在产学研合作中的应用。

1.2.2 基于代理的计算实验

计算实验是以综合集成方法论为指导，融合计算技术、复杂系统理论和演化理论等，通过计算机再现管理活动的基本情景、微观主体之行为特征及相互关联，并在此基础上分析揭示管理复杂性与演化规律的一种研究方法。代理模型是指计算量小，但其计算结果和高精度模型的计算分析结果相近的分析模型，其被广泛应用于工程设计中。代理模型的建立包括以下两个方面：（1）采用试验设计方法，在变量空间中选取样本点的数量规模和分布位置；（2）利用数值模型计算出各样本点处的输出响应值，得到代理模型可用的训练数据集，并在此基础上构建出相应的近似代理模型。

基于代理的计算实验，主要应用于大型的复杂工程问题，或者无法进行参数化建模的复杂问题。它的求解思路简单，基本的思路为在变量的范围内通过拉丁超立方抽样抽取一定数量的样本点，计算对应的响应值，根据样本点和响应值就可以构建相应的代理模型。然后根据传统的遗传算法或者多目标优化算法添加相应约束进行优化，得到所需要的最优解。

计算实验方法现阶段多用于供应链策略评估中。田晨等（2017）基于面向对象编程技术建立起计算实验模型，从消费者效用的角度，研究双渠道供应链成员收益和渠道策略。张李浩等（2018）利用计算实验研究了风险中性供应商和多个风险偏好的竞争零售商组成的两级供应链供应商定价策略。孟庆峰等（2012）将收益共享契约纳入供应商零部件质量改进的激励机制，建立包含收益共享契约与批发价契约相结合的菜单式合同，并将公平偏好引入多阶段群体激励中，通过计算实验研究了公平偏好对激励效果的影响。刘闯等（2015）从消费者效应角度切入，利用 Multi – Agent 思想，通过构建计算实验模型，研究了消费者在具有不同偏好的情况下制造商的外包策略。

1.2.3 系统动力学

系统动力学（system dynamics，SD）是美国麻省理工学院弗雷斯特（Forrester，1956）提出的一种以反馈控制理论为基础，借助于计算机仿真而定量地研究非线性、多重反馈、复杂时变系统的系统分析技术。人们在求解问题时都想获得较优的解决方案，得到较优的结果。系统动力学解决问题的过程实质上就是寻优过程，来获得较优的系统功能。因此系统动力学是通过寻找系统的较优结构，来获得较优的系统行为。它可被用于处理社会、经济、生态和生物等复杂系统问题，也可在宏观层次和微观层次上对复杂、多层次、多部门、非线性的大规模系统进行综合研究。

系统动力学把系统看成一个具有多重信息因果反馈机制。因此系统动力学经过剖析系统，获得深刻、丰富的信息之后建立起系统的因果反馈图，之后再转变为系统流图，建立系统动力学模型。最后通过仿真语言和仿真软件对系统动力学模型进行计算机模拟，来完成对真实系统的结构进行仿真。系统动力学由四大理论基础即控制论、决策论、系统分析、仿真构成。其中，控制论主要研究反馈控制、自动调节、时间滞后和噪声干扰等；决策论则根据信息和评价准则，用数量方法寻找或选取最优决策方案；系统分析即从系统的观点出发，采用各种分析工具和方法对问题进行研究；仿真以仿真模型为核心，处理控制模型中的变量、参数和常数，推进仿真时间、仿真时钟，存储和输出仿真计算结果。

现有研究常将系统动力学与演化博弈理论相结合，在此基础上研究绿色供应链相关问题。邵必林和胡灵琳（2021）通过构建演化博弈模型，分析政府与企业的博弈关系与稳定策略，并运用了系统动力学进行建模仿真，明晰了关键因素对绿色供应链政企参与行为的影响路径。李晓华等（2021）以绿色家电产品为例，将政府、家电企业以及消费者三方纳入演化博弈模型，分析策略稳定性。运用系统动力学方法，结合家电行业实际数据模拟策略变化情况，并验证稳定演化路径。有学者为研究绿色供应链管理在中国的传播情况，以汽车制造业为例，建立了一个系统动力学模型来模拟政府补贴政策效果，通过演化博弈论分析了政府、企业和消费者等利益相关者的关系（Tian Y et al.，2014）。还有学者基于演化博弈论建立了供应商、制造商和政府三方模型，运用系统动力学分析三方相互作用，为政府如何推进绿色生产及提供财政干预提供相关政策建议（Jiayang Xu et al.，2020）。

1.3 行为经济学

1.3.1 社会性偏好理论

对于顾客感知价值（customer perceived value，CPV）理论的研究多来自国外学者，虽然在应用中适用的对象略有侧重，但多为普适性的基础研究成果，因此本书首先回顾顾客感知价值的基本理论和模型，作为汽车行业产品相关顾客感知价值框架建立的基本依据。

顾客感知价值被视为企业可持续发展的必要前提，特别是在激烈的市场竞争中，提供更高的顾客感知价值是企业成功的关键（Huber et al.，2001）。实践证明，顾客感知价值概念的运用不仅能创造出更满意的顾客，更重要的是，它对顾客的再购买意愿和忠诚度也有直接的影响（Lin et al.，2005）。因此，对顾客感知价值的研究成为学术界和产业界的热点。然而，学者们对顾客感知价值的概念仍未完全达成共识。以衡量要素构成的差异区分顾客感知价值的概念，大体可分为一维结构和多维结构两类（Sanchez – Fernandez & Iniesta – Bonillo，2007）。

泽特梅尔（Zeithaml，1988）最早从顾客角度讨论感知价值，将其定义为消费者基于对所收到的和所给予的东西的感知对产品效用的总体评估。其提出的权衡模型是一个典型的衡量顾客感知价值的一维模型。从价值是低价、价值是消费者想要的产品、价值是从付出的价格中获得的质量、价值是消费者通过付出一定代价所获得的回报共四个不同的维度描述了顾客对价值的感知。这说明了价值含义的多样性，一定程度上解释了顾客感知价值结构概念化和测量的困难。

尽管大多数学者认为顾客感知价值应该被看作是多维结构，但有反对者认为顾客感知价值的多维结构是模棱两可的，体现在两方面：其一，顾客感知价值多维结构模型中解释维度间方差小，划分存在交叉；其二，解释维度与其他概念在某种程度上是混淆的，无法准确定义。

功用和享乐模型由霍尔布鲁克和赫希曼（Holbrook & Hirschman，1982）提出，将价值分为实用价值和享乐价值，他认为价值不仅来自产品功用，还受消费者体验的影响，产品的价值不仅取决于产品的性能或功能，还取决于消费者的体验或感受。这种价值二分法被认为是多维方法中价值概念化的基础（Sanchez – Fernandez & Iniesta – Bonillo，2007），许多其他价值维度都是基于这一观点提出的。但是，该模型在描述顾客感知价值的维度之间存在交叉，且对感知价值来源的总结不够全面。

基于效用和享乐的研究视角，谢思等（Sheth et al.，1991）提出了消费价值模型，分析消费者选择决策行为中的价值要素。该模型以 5 种价值要素衡量顾客感知价值，包括功能价值、社会价值、情感价值、认知价值和条件价值，如表 1.1 所示。该模型是在功用和享乐模型基础上的发展，在感知维度划分上更加全面、细化，包括社会、经济、享乐和利他等方面，更有利于从用户的视角理解产品属性如何产生感知价值，并且“功能、社会、情感和认知”四个变量被认为非常适用于汽车相关的顾客感知价值的测量，是感知价值研究中最重要的贡献之一。但它也忽略了一些价值来源，如伦理价值和精神价值（Holbrook，1996）。

表 1.1　　消费价值模型的价值要素及内涵

消费价值要素	内涵
功能价值	产品本身具有某种属性，满足用户的某种功能性/实用性目的
社会价值	产品附带的使用户与具有某种特征的社会群体产生联系而产生的价值，诸如社会形象、社会地位等
情感价值	使用产品而产生的内心感受
认知价值	产品能够满足用户对知识或新奇事物的好奇心或渴望
条件价值	产品因为某些特殊情境而暂时性产生的更多的功能价值或社会价值等

伍德拉夫（Woodruff，1997）根据手段—目的链原理提出了顾客价值层次模型（见图 1.2），将价值划分为属性层、结果层和最终目的层，即期望属性、期望结果、期望目标和目的，顾客感知价值存在于顾客期望—不确定过程中的各个阶段。其中较低层次是实现较高层次的手段，较高层次是较低层次的目标。伍德拉夫（1977）将感知价值定义为顾客对产品属性、属性性能和使用结果在使用情境下促进（或阻碍）实现目标和目的的感知偏好与评价。这一定义描述了感知价值的复杂性和动态性，解释了为什么顾客在评价替代产品/服务时对不同利益赋予不同的权重（Khalifa，2004）。然而，该模型未能区分期望感知价值和感知价值，未能给出感知价值的组成要素（Sanchez – Fernandez & Iniesta – Bonillo，2007），难以确定哪些偏好属性对顾客感知价值有贡献，尤其体现在对诸如汽车产品等复杂程度高、应用场景多的对象的研究中。

霍尔布鲁克（Holbrook，1996）提出的消费者价值类型学也是衡量顾客感知价值的关键理论框架之一。该框架根据价值的三个二分类确定价值维度：一是外在的或内在的；二是自我导向的或其他导向的；三是积极的或消极的。由此提出的衡量顾客感知价值的八个维度，包括效率价值、游戏价值、卓越价值、审美价值、地位价值、伦理价值、尊重价值和精神价值。相比其他模型，该模型是更全面、更复杂的，也被指出是最适合汽车行业等复杂产品的价值评估理论框架。但同时，其复杂性和抽象性也带来了理解和应用中的困难（如伦理价值），维度界限模糊、难以区分（例如地位价值和尊重价值）（Aulia et al.，2016），难以辨别价值来源是积极的还是消极的（Richins，1999）。

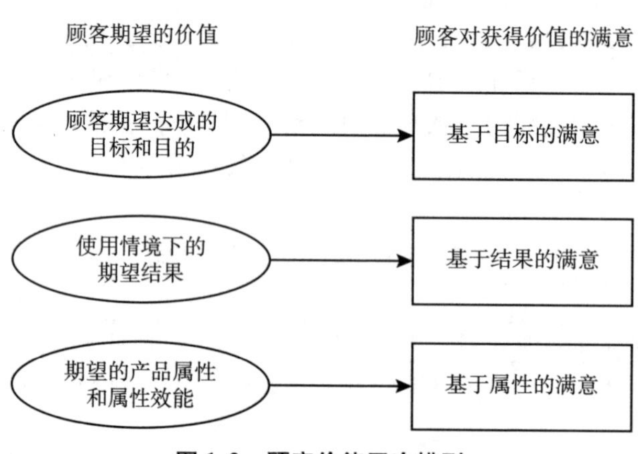

图 1.2　顾客价值层次模型

斯威尼和苏塔（Sweeney & Soutar，2001）建立了顾客感知四维量表，将顾客感知价值要素构成描述为功能价值价格因素、功能价值质量因素、情感价值和社会价值，如表 1.2 所示。虽然现在看来该四维量表对感知价值要素的描述不够全面，但是在要素间的独立性以及划分方式上存在一定的先进性，成为顾客感知价值的经典模型之一，得到了许多学者的认可。

表 1.2　顾客感知价值四维量表

维度	构成
功能价值价格因素	顾客对产品短期或长期的成本减少所感知的效用
功能价值质量因素	顾客获得由产品的感知质量和性能所带来的效用
情感价值	源于产品情感因素带来的效用
社会价值	源于产品社会自我概念的强化能力所产生的效用

顾客感知价值的理论在感知价值的概念化方面并非完全没有共识，被广泛接受的一般概念是：(1) 感知价值描述了顾客与产品（或服务）之间的关系；(2) 作为付出金钱或任何其他成本的回报，顾客获得效用或者利益而产生的顾客价值。

国内学者基于对以上顾客感知价值理论的理解，应用于汽车行业不同维度的顾客感知价值研究。万焱等（2018）以感知利得和感知利失的综合比较衡量汽车产品或服务的感知价值，建立了感知质量模型并应用于汽车开发，其中感知利得包括品牌感知、信誉感知、价格感知、质量感知、使用感知、被尊重和被重视等，感知利失包括金钱成本、时间成本、精力成本和心理成本等。王宗水等（2016）从产品质量感知、服务质量感知、品牌价值感知、绿色价值感知和价格感知五个层面建立顾客感知价值要素模型，探究家用汽车感知价值提升策略。成艾国和粟婷（2016）基于顾客感知价值量表，从质量价值、情感价值、社会价值和产品使用价值四个维度衡量顾客感知价值进而指导汽车技术方案适用性评价决策。

1.3.2　离散选择实验

离散选择模型可应用于市场、地理、环境等多个领域，其中市场研究中的效用理论与其密切相关。为了达到最大的经济效益，消费者在对商品作出选择之前，通常会基于理性角度考虑多方面的因素。研究者可利用离散选择模型，在众多决策因素中进行选择（Train et al.，1987），通过组合不同功能因素的产品演示实际交易情况，对决策的行为进行经验性的统计分析，从中识别出决策的选择偏好和消费倾向（Louviere et al.，2000）。在分析和识别的过程中，不需要对其中的产品要素进行具体性的评价，只需要选择出能实现最优效用的产品，进而获取消费者的选择与消费意愿的信息（孙晓华和徐帅，2018）。本书回顾离散选择模型（discrete choice model，DCM）的基本理论知识和框架，用以描述消费者选择偏好与行为意愿。

离散选择模型是由表示选择项集合在连续变量和离散变量之间存在的差异而引起的，自被提出以来，已逐渐形成一套较为完善的理论体系，成为研究个体选择行为最为有力的工具。离散选择模型的主要理论基石源于随机效用理论，将效用视作一个随机变量，并分为可测部分和不可测部分，其中可测部分代表必然发生的行为，不可测部分代表随机发生的行为，在实验中难以观测和统计。在离散选择模型中，通常将决策者视为理性消费者，在作出决策时依赖于效用最大化原则，总是作出对自己最有效的决策（颜慧，2019）。

最基础的离散选择模型是多项 Logit 模型（multinomial logistic model，MNL），其中，基于选择概率的 MNL 最先由麦克法登（Mcfadden，1974）提出并加以实践应用。MNL 模型中假设随机效用函数服从独立随机分布，消费者从多个不同的选择因素集合中进行产品选择的概率可以借助商品的特征函数形式表达，并根据选择概率特征进行推导论证其行为机制。

多项 Logit 模型中表现了选择集合的多样性，运用相对概率描述消费者在集合中挑选不同首选因素的可能性。然而当今人类的认知水平有限，不可能完全了解所有因素以及它们产生的作用机制，从而准确预测这一行为是否会再次发生，但人们可根据可观测的因素，预测某一行为出现的概率（郭捷和李永壮，2012）。由于 MNL 模型中存在严格的假设条件，如需要模型具有独立于无关选项（Independence from Irrelevant Alternatives，ILA）性质、随机效用的跨期误差数据项可能具有重复性、不能随机表示喜好性的限制等，因此在模型使用方面有一定的局限性。

离散选择模型的优化与发展通过不同的随机项误差项密度函数实现。针对多项 Logit 模型中 ILA 的限制问题，一般极值模型（generalized extreme value model，GEV）体系把相似的特征变量归为同一组，允许同一组内变量的相关性，但不同组之间变量仍保持独立性，由此建立树形结构，同层结构之间相互独立，上下层结构之间可进行嵌套，进而可用于处理备选项相关等问题。其中应用最广泛的是嵌套 Logit 模型（nested logit model，NLM）。本 – 阿基瓦（Ben – Akiva，1974）较先将模型应用于交通运输等领域。拉斯丘特和唐纳德（Rasciute & Downward，2010）分析国外资本对中东欧国家投资决策的影响，充分运用了嵌套逻辑模型的灵活性。

当选择子集中元素的随机效用函数符合多元分布时，可运用多项 Probit 模型（multinomial probit model，MNP）。MNP 通过设定协方差结构，应对多项 Logit 模型中的独立分布、随机喜好性等限制问题，但具有复杂性与计算量庞大等缺陷。混合 Logit 模型（mixed logit model，MXL），可以广泛选择多种分布函数，具有较强的包含性，近似接近于任何一个随机效用函数（Daniel McFadden & Kenneth Train，2000），针对 MNL 的样本异质性和随机喜好性限制问题进行了优化，改进备选项相关、面板数据相关、数据合并等问题。同时，与之类似的潜在类别模型也有着广泛应用。潜在类别模型（latent class model，LCM）由多伊奇和古利亚（Kathleen Deutsch & Konstadinos Goulias，2013）针对随机偏好差异问题而提出，并逐渐在应用研究中成为分析随机偏好差异的主流方法。

1.3.3 结构方程模型

结构方程模型（structural equation modeling，SEM）属于一种多变量统计分析方法，通过建立、估计并分析检验因果关系模型，同时进行多个变量相互关系的研究，弥补了传统统计分析的不足，在心理、社会科学、管理学、生物医学等领域被广泛应用，成为多元分析的强有力工具。本书回顾结构方程模型的基本模型和原理，作为研究顾客对不同产品感知水平和决策因素间相关关系的基本依据。

在心理学等研究领域，会出现许多不可直接进行观察和测量的变量，这些变量统称为潜变量。结构方程模型通过线性方程模型，描述可观测变量与潜变量之间的关系，也可描述不同潜变量之间的关系。20世纪70年代初，约雷斯科（Joreskog，1981）整合因子分析、路径分析等方法，提出结构方程的初步概念，并不断在研究中发展矩阵模型的分析技术，处理模型中的共变结构，将SEM进一步划分为测量模型和结构模型。

结构方程模型一般分为三个矩阵方程，前两个方程为测量方程模型，分别用内生和外生描述潜变量和可观测变量之间的关系，第三个方程则是结构方程模型，用来表示潜变量之间内生与外生的关系。

结构方程模型的应用主要分为四个阶段：（1）构造模型。根据理论依据和研究目的，对模型数据进行探索性因子分析和验证性因子分析，设立关于可观测变量和潜变量的初始模型，通过测得数据验证初始模型的合理性。（2）估计模型参数。确定测量方程模型中变量数据后，比较样本协方差矩阵与总体协方差矩阵的“距离”，通常使用拟合函数表示，较常用的参数估计法有最大似然估计（maxi-likelihood，ML）、广义最小二乘法（generalized least squares，GLS）等。（3）检验数据的拟合程度。得出拟合模型之后，需进一步对模型进行评价，检验数据与模型的拟合程度，最常用的拟合指标是拟合优度的卡方检验（χ^2），其可根据拟合函数值直接推导。（4）模型评价与修正。更为重要的是进行模型合理性检验，包括模型参数合理性检验、显著性检验和总体模型适合性检验等，进而可根据评价结果来进行模型优化。结构方程模型的局限性主要表现在对样本容量要求较高、对定类变量整体处理能力较弱、对于存在指定误差下的拟合有限等。

结构方程模型基于结构特点，与传统统计模型相比有显著优势。（1）传统多元统计分析大多只能检验自变量和因变量的单一关系；SEM综合多种分析模型，允许变量间存在测量误差，可分析多重因素的相关关系。（2）联立方程模型仅能处理可观测变量，并假定不存在测量误差；SEM可分析不同潜变量之间的结构关系且允许误差存在。（3）人工神经网络在执行数据分析之时，并没有明确的隐层节点；SEM在数据分析之前已标识潜变量并明确假设路径。（4）偏最小二乘法对于变量的协方差矩阵的对角元素拟合较好，用于对数据点的分析；SEM对于协方差矩阵的非对角元素拟合较好，用于研究协方差矩阵的结构。

结构方程模型的典型特点是每个步骤必须建立在一定的理论依据和合理的推导基础之上，运用多重统计分析指标建立协方差矩阵，允许测量误差存在，相较于传统多元分析模型更有弹性，国内外学者将其应用于多个领域。克里希纳库马尔和巴隆（Krishnakumar & Ballon，2008）利用结构方程模型研究玻利维亚儿童的教育和生存条件，分析不同变量之间的相互作用；德蒂耶等（Detilleux et al.，2012）以比利时瓦隆地区345头存栏奶牛为分析目标，根据乳腺疾病和影响因素（如住房条件、饲养过程、挤奶的做法等）进行建模，利用结构方程进行分析，对乳腺炎的预防和治疗策略之间的联系进行研究；薛风平和王义（2008）利用结构方程模型从3个方面讨论了社区居民参与政治活动行为的影响因素及其作用；黄德森和杨朝峰（2011）整理出219家动漫企业的调查数据，根据结构方程模型分析经济、社会、技术对我国动漫产业发展产生的显著影响。

1.3.4 模糊TOPSIS法

理想解相似度顺序偏好法（technique for order preference by similarity to ideal solution，TOPSIS）是一种利用原始数据进行综合评价的方法，但考虑到消费者的不同选择与决策偏好，可将TOPSIS法的应用范围拓展至模糊环境下，进行更加精确的讨论研究。因此本书回顾模糊TOPSIS法的基本理论和模型，作为新能源汽车行业中消费者决策模型建立的基本依据。

TOPSIS法由黄星京（Hwang，1981）首次提出，本质是一种多变量评价排序法，其原理是将评价对象与最优解、最劣解间的距离排序，对各指标进行优劣性评价，从而精确反映各评价对象间的差距。考虑到评价信息的模糊性和不确定性以及决策者的主观模糊性，阿塔纳索夫（Atanassov，1999）提出直觉模糊集概念，许多学者基于此拓展传统TOPSIS法，将权重信息通过模糊数表示。模糊TOPSIS法需要首先对评价对象进行一定的模糊评判，使模型具有不受参考序列选择的干扰等特性，再进行多目标的决策分析，在信息失真小、几何意义直观等方面具有显著优势（张毕西等，2014）。

模糊TOPSIS的基本过程是：（1）建立模糊评价指标，计算指标的模糊权重，构建初始模糊评价矩阵；（2）对模糊矩阵向量进行正向化和标准化处理，以消除量纲影响；（3）确定模糊最优方案和模糊最劣方案，分别计算各方案与最优、最劣方案间的距离，作为评价依据；（4）将计算结果归一化，比较各方案贴近度并进行排序。虽然整个过程方法简单易于操作，所需样本信息量小，易于进行编程操作计算，但该模型也具有一定的缺陷，如当评价方案与最优和最劣方案距离相同时，无法进行判断，且只能对评价方案进行优劣度排序，并进一步进行档次划分（贾品等，2008）。

考虑到决策支持信息的不完全，权重和属性未知等限制因素，研究者通常将直觉模糊集理论和TOPSIS法相结合，构建直觉模糊TOPSIS法。陈晓红和李喜华（2013）利用直觉梯形模糊算法描述了不同方案的偏好和权重信息，利用直觉梯形模糊数的距离测度、加权平均算子等指标确定权重信息；胡辉和徐泽水

(2007) 定义了区间模糊数的距离公式，以及模糊的正、负理想点，由此提出一种基于 TOPSIS 的区间直觉模糊多属性决策方法。王应明等 (2017) 利用犹豫模糊熵的相关理论知识，借助模糊数的前景理论函数，将犹豫模糊决策矩阵转化为价值矩阵，进而计算各变量的优劣度。

也有些学者考虑到决策过程中的不确定性，利用三角模糊数的表示各方案中的属性值特征，并利用区间数表示其上下界，已取得了一定的研究成果 (Ashtiani et al., 2009)。和媛媛等 (2010) 利用仿真实验计算三角模糊数的决策矩阵，讨论了不同距离公式对三角模糊 TOPSIS 的结果的影响，并对不同距离公式得出的贴近度，进行标准差综合比较。万凤娇 (2019) 利用三角模糊数量化决策者的定性类评语，建立了综合模糊 TOPSIS 模型，对报废汽车逆向供应链的回收模式进行分析与评价。

1.4　生态组织相关理论

1.4.1　产业融合理论

产业融合是一种发生在既定和明确界定的产业边界和交叉处的创造性破坏，也是一种特殊形式的技术变革，这种破坏重组会使不同产业的技术、市场和价值链紧密结合起来，由此所产生的新技术和新产品不仅在各个行业中产生新的应用、创造新的价值，而且会提升客户体验 (Toraldo et al., 2017)。产业边界的创造性破坏，意味着不同产业使用相同或类似的知识或技术生产产品和服务，在相同的产品或服务市场中相互竞争或相互补充。产业融合带来的融合创新不仅会发生在技术与市场层面，还可能发生在一系列的价值链中，而这些创新产品及服务将最终交付给消费者，从而为企业带来新的利润增加机会。换句话说，产业融合有两个主要过程：供应链上的科学或知识融合、需求端的市场或应用融合 (吴晓云和张欣妍，2015；张大鹏和孙新波，2017)。显然，产业融合有助于加速现有产业结构的重组过程，使多产业趋同，并导致新的、以前不存在的产业的出现。

随着产业融合变得越来越重要，研究人员对这种现象也越来越感兴趣，主要集中在融合研究方法与产业融合度测量两个方面。就融合研究方法而言，一些研究关注融合的驱动因素或结果分析；一些研究关注融合过程；一些研究关注融合类型，包括替代/互补、供应/需求、技术/产品；一些研究关注融合范围，包括行业内与行业间。在产业融合度测量方面，大多数研究使用的方法是 Herfindahl 指数、熵、同心度测量等 (吴晓云和张欣妍，2015)。这些研究已经呈现出一些局限性，主要是针对宏观产业的研究，如制造业与服务业的融合，且数据来源趋同地来自国家工业部发布的投入产出表，由此得到的结果对于国家大战略的宏观把控具有一定的指导意义，但对于具体行业的微观操作指导性较弱。

1.4.2 产业组织的理论基础

产业组织是产业在形成和发展过程中，内部众多企业与相关主体不断与周围变化的环境进行物质、信息、能量交换，形成的一个相互作用的企业集合。产业组织理论是研究特定产业内企业合作关系的理论。产业组织理论的思想源于柏拉图的劳动分工思想、亚当·斯密的古典经济学思想、马歇尔的冲突理论以及克拉克的有效竞争理论（陆瑾，2005）。

1. SCP 分析范式

产业组织理论的研究分成不同学派，例如以梅森（Mason）和贝恩（Bain）为首的哈佛学派、以弗里德曼（Friedman）和斯蒂格勒（Stigler）为首的芝加哥学派。虽然其研究范畴都是围绕结构（S）—行为（C）—绩效（P）的因果关系展开，但是哈佛学派强调三者之间的单向联系，即产业结构决定企业的市场行为，企业的市场行为带来市场绩效，而芝加哥学派强调的是三者之间的双向互动关系（牛丽贤和张寿庭，2010）。无论是传统产业组织理论还是新产业组织理论，都强调深入产业组织内部，从内部结构的变化来分析企业行为以及对市场绩效的影响。

2. 劳动分工理论

劳动分工能够提高效率从而促进经济增长，而市场规模的扩大将促进劳动分工的深化。产业组织是产业内参与主体之间的相互关系，与生物组织相似，具备动态演化能力（孙卫敏和赵金国，2005）。随着劳动分工的不断演变，专业化程度不断加深，不同专业化分工之间相互协调以提高劳动效率和增加市场交易，从而扩大产业规模，同时产业规模的扩大又反过来推动进一步的劳动分工，通过不停循环往复的演变使系统逐渐达到动态均衡状态。在分工方面，分工的深化取决于交易费用和分工收益的相对比较，分工的专业化水平决定着知识技术的累积速度和获取能力，同时分工的深化也要求分工网络以及交易网络都必须扩大（汪斌和董赟，2005）。

3. 协同论

协同论属于系统论的一部分，由德国理论物理学家哈肯等（Haken et al.，1995）提出。协同指的是组织内部各成员会在一定的条件下，通过相互合作达成协同一致的关系，从而产生相应的协同作用和协同效应。协同学表明产业组织可以自我调节，产业组织由创生到不断演进，实际上就是开放的耗散结构和自组织演化的过程（Lauritzen et al.，2013）。市场、创新以及政策等因素是系统自组织演化的主要序参量，每一次的重大改变，系统都会从一种稳态向另一种稳态跃迁，不断从无序变成有序，向更高级演化。新能源汽车产业是由零部件企业、整车企业、配套企业、运营企业、金融投资、地方政府、科研院所等子系统构成的协同系统，子系统之间通过信息、资源、能量的互动，产生“1+1>2”的整体协同效应，从而推动产业组织的有序发展。

1.4.3　循环经济理论

循环经济是一种生态经济，人、自然资源、科学技术形成了一个巨大的闭环系统。在资源投入、企业生产、产品消费及其废弃的全过程中，将传统的依赖资源消耗线性增长的经济，转变为依靠生态型资源循环发展的经济。

循环经济所要求的“3R”原则，即减量化（reduce）、再利用（reuse）和再循环（recycle）。其中，减量化原则要求尽可能在源头上减少资源消耗，来完成既定的生产计划和消费目的，同时改善环境污染状况；再利用原则要求生产的产品和包装物能够被反复使用，延长产品的生命周期，摒弃一次性使用而追求利润的思维，以实现减排目标；再循环原则要求产品在完成使用功能后，能重新变成可以利用的资源，同时也要求生产过程中所产生的边角料、中间物料和其他一些物料能返回到生产过程中，或被另外加以利用。动力电池回收的主要循环过程如图1.3所示。

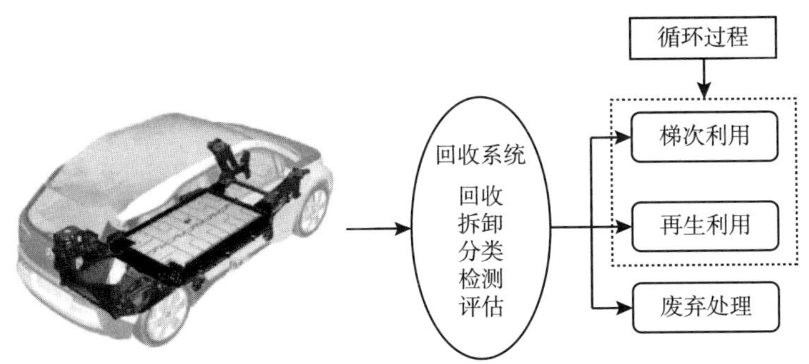

图1.3　动力电池回收的主要循环过程

汽车退役动力电池的回收将最大限度地使用资源，减少污染，强调以企业生产经营为基础，维持人与自然之间的和谐关系，同时实现资源循环利用与环境保护的目标。由此可见，汽车退役动力电池循环利用的产业化结构与循环经济的发展方式相适应，在发展经济、保护生态环境的同时，实现经济发展的战略目标。

1. 梯次利用

当动力电池的剩余容量降到额定值的80%左右时则需要更换，此时电池的充放电性能虽然有所下降，但内部的化学成分没有改变。在剩余容量降至60%之前，都可以在电量需求较小、工况更加温和的领域中进行梯次利用，延长其生命周期。拆卸下来的电池重组后，经过再次诊断，分类、筛选后，可以应用于低速电动汽车、电力系统储能装置、通信基站备用电源等工况更加温和的场景。

虽然梯次利用看似极具商业价值，但业内人士却抱有不同观点。一种观点认为，退役动力电池无法保持一致性，剩余容量参差不齐，因此梯次利用的安全性较低，应进行资源再生利用；另一种观点认为，大多数的退役动力电池可以投入梯次利用，成为电力储能的主要来源。王天雅等（2019）指出，从理论上来说，动力电池通过原位修复和增容技术等处理，可再用于低速电动车。但由于车用动力电池组的品类多，设计标准不一，使用后电池剩余容量、内阻、充放电性能也存在较大差异，难以保证电池组重构时的一致性要求，因此不适宜用于低速电动车。白恺等（2017）认为，用于储能时，电力系统可依据容量和用途划分为两类，即小容量用电和大容量发电、电网应用。一类小容量用电主要适用于民用与商用，容量为几千瓦时到几十千瓦时不等，可与太阳能分布式发电联合运行。2012年前后，日本、美国、德国的小容量梯级利用技术陆续启动，商业产品层出不穷。另一类大容量发电为100千瓦到兆瓦级，有的安装风电厂、光伏发电站等，以遏制新能源的波动，有的直接在电网中调节峰值、频率。

虽然国内的退役电池梯次利用已有成功经验，但是专业人士认为2014年之前生产的动力电池由于技术水平不成熟，存在寿命较短、稳定性较差的问题，不具备梯级利用的价值。梯级利用的实现，还需要材料生产商、电池生产商、整车厂、梯级利用企业以及专业回收企业的协同合作，以实现产业链闭合。

2. 再生利用

对于梯次利用之后剩余寿命较短的，或电芯容量低于60%的动力电池，将不再具有使用价值，这类电池需要进行拆解、破碎、分选等一系列工艺，将提取出的贵金属材料重新投入电芯、电池组模块以及电力系统的生产过程，使动力电池在其全生命周期呈闭环状态，如图1.4所示。

退役电池再生利用的完整流程一般有电池的预处理、电池材料的分选、正极中金属的富集、金属的分离提纯四个步骤。回收方法可分为三类：物理法、化学法和生物法。其中，物理法包括破碎浮选法与机械研磨法；化学法包含火法冶金与湿法冶金；生物法则是通过微生物的代谢来实现金属元素提取。综合以上方法对退役电池进行材料再生，金属的回收率基本可达90%以上。退役电池的再生利用仍存在回收成本过高的问题，资源再生企业缺乏盈利空间，因此市场积极性较低，由此产生的供需缺口导致原材料进口依赖度较高（郭家昕等，2018）。

图 1.4　动力电池再生利用闭环结构

第 2 章　新能源汽车产业概述*

新能源汽车产业正处于发展阶段，但是未来的发展势头不容小觑。新能源汽车整个产业链不仅包括新能源汽车行业，还包含了为新能源汽车提供一次性充电的动力电池行业以及为新能源汽车提供持续性充电和服务的充电设施行业。新能源汽车行业的发展带动了后两者的发展。

因此，本章首先基于新能源汽车背景、动力电池背景以及充电基础设施布局背景来研究新能源汽车整个产业链的背景。通过整理新能源汽车的国内外研究现状，发现现有的研究主要关注新能源汽车的技术创新问题、产业政策研究情况以及生态化发展情况；接着继续归纳整理动力电池的回收研究现状以及充电设施布局现状，从而掌握整个新能源汽车产业链重点关注问题的现有情况。了解产业链的发展现状后，通过识别新能源汽车产业的特征、构成要素、发展动力机制以及发展阶段情况，从而总结得到新能源汽车产业的内涵。

2.1　新能源汽车产业的背景

2.1.1　新能源汽车背景

步入工业革命以来，人类对化石能源的过度使用破坏了地球的生态环境，引发了温室效应、酸雨、大气污染等诸多问题。于是，人们逐渐意识到保护生态环境是关系到人类生存和社会发展的根本性问题。工业革命中创造的燃油汽车所释放的尾气是重要的空气污染源，严重影响了人们的生活；同时燃油汽车会消耗大量石油，导致能源紧缺。因此，控制燃油车的使用显得非常重要。已有部分国家有计划或已声明停止使用内燃机汽车，如图 2.1 所示，此外，部分汽车企业公布了停产燃油车的计划，如图 2.2 所示。各种形势表明，传统汽车行业的变革与新能源汽车的推行已经刻不容缓。

---

* 本章主要来自我们的研究《基于 SIRS 模型的新能源汽车市场扩散影响因素与策略研究》《基于新能源汽车产业组织结构演变的企业合作策略研究》《基于多目标决策的充电站布局规划研究》《基于演化博弈的动力电池回收策略研究》。

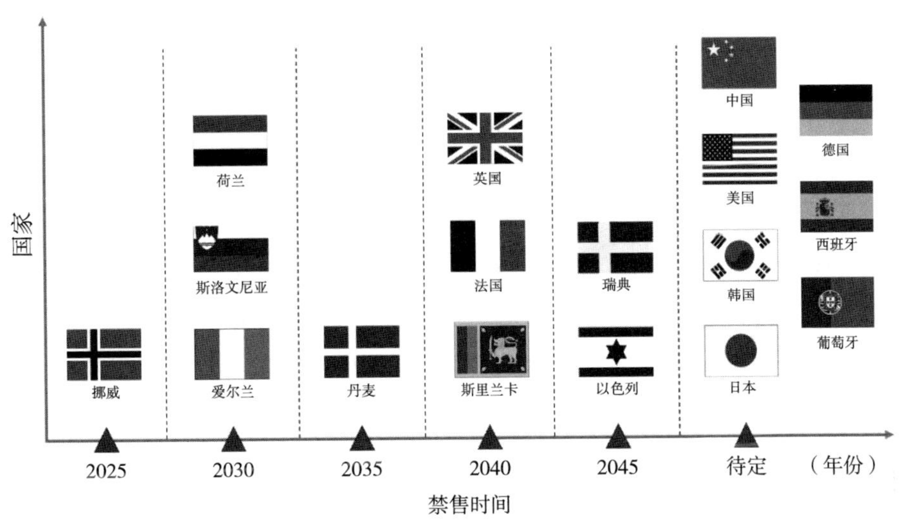

图 2.1　有计划或已声明停止使用内燃机汽车的部分国家

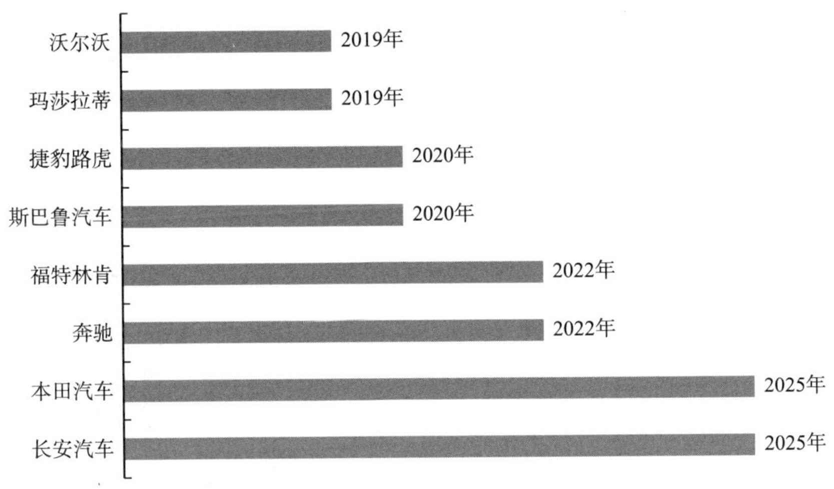

图 2.2　公布停产燃油车计划车企及计划实施时间

我国新能源汽车产业的发展不仅能节省能源、减少碳排放，还能促进我国经济的发展，同时也有利于占领国际汽车市场。我国新能源汽车产业的发展经历了三十多年的发展，现已成为我国的战略性新兴发展产业。我国的新能源汽车发展和其他发达国家的新能源汽车发展水平差距不大。截至 2018 年，我国已拥有全球最大的新能源汽车市场，销量超过了全球总销量的 50%，如图 2.3 所示。

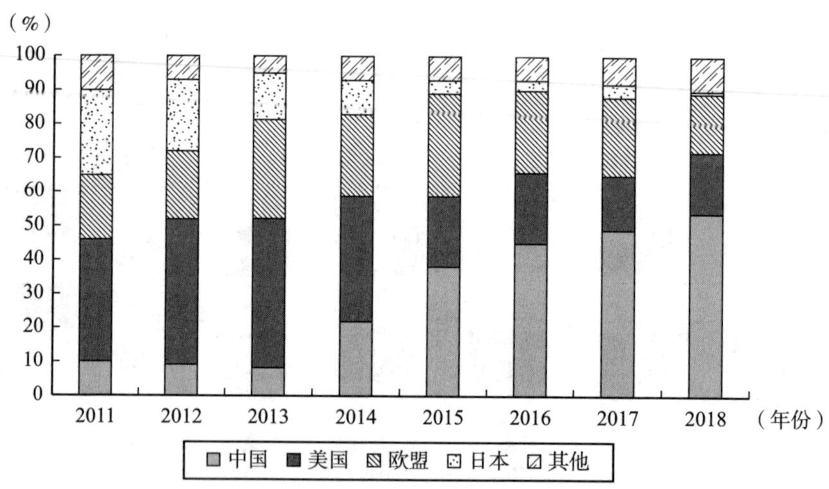

图 2.3　全球分区域新能源汽车市场份额

资料来源：IEA，华西证券研究所。

此外，我国发布了一揽子普惠性政策来促进新能源汽车产业的发展。正是因为政府的政策和补贴，我国新能源汽车产业飞速成长，截至 2019 年，我国新能源汽车的产销量如图 2.4 所示。

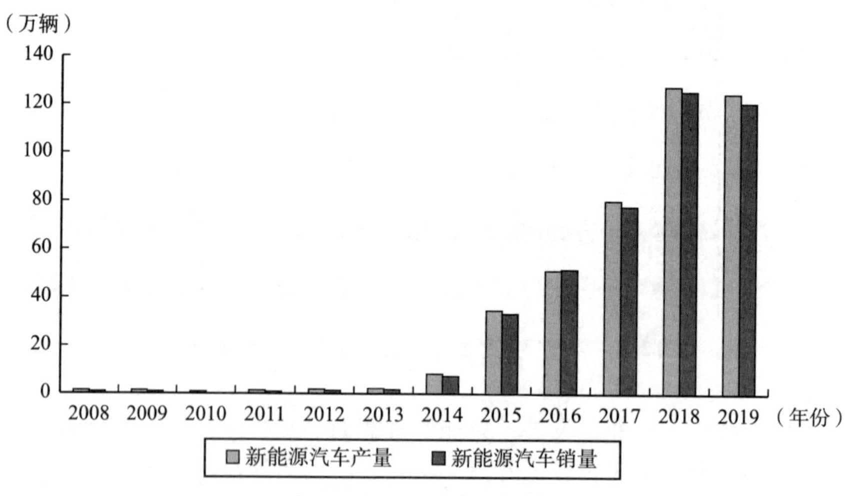

图 2.4　截至 2019 年中国新能源汽车产销量

资料来源：中国汽车工业协会发布统计整理。

随着新能源汽车产业的不断发展，国家的相关补贴开始呈现出三个特点：第一，国补降低且取消地补；第二，补贴门槛变高，政策不再支持短续航产品的生产；第三，国家补贴的结算时间延长。国家对新能源汽车的补贴变化如图 2.5 所示，其中 R 为续航里程。

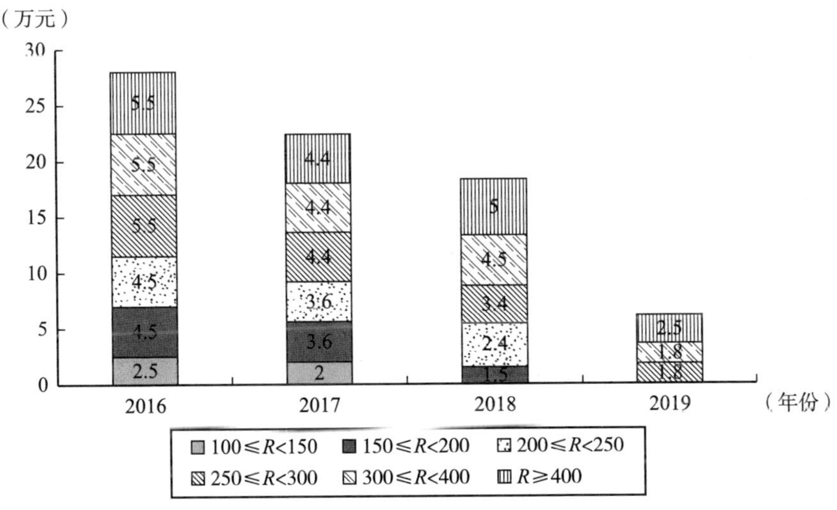

图 2.5　新能源汽车国家补贴变化

资料来源：工信部。

然而，在各种补贴的推动下，新能源制造车企没有关注造车技术的研发创新，而把重心放在了扩大自己的制造规模。这种现象带来的好处是新能源车产品成本变低，但出现了质量不佳和同质化的现象。这导致在后补贴时代，新能源汽车产业显露了很多缺点。同时由于新能源汽车逐渐朝着低性价比发展，消费者不愿意再进行投资，导致整个新能源汽车市场陷入困境。

2.1.2　动力电池回收背景

一方面，对于产业发展和促进经济方面来说，新能源汽车的技术创新达不到理想水平；另一方面，新能源汽车对环境的影响也不是完全正面的，比如动力电池若回收情况不理想，其对环境也有着隐形的副作用。当动力电池的性能衰减到约 80% 时，必须废弃并被替换，这是产业约定俗成的准则。动力电池一般只能使用 5～8 年，而有效的寿命只有 4～6 年，因此在 2020 年第一批被使用的动力电池达到了退役巅峰。

如果动力电池废弃后不进行处理就扔弃到大自然中，其所包含的物质会与水、酸等产生化学反应，从而生成重金属污染物，更严重的甚至会发生爆炸。如果对动力电池进行处理，比如对其焚烧或者掩埋，仍然会对环境产生不利影响。

因此，电动电池只能进行回收才能避免环境遭到破坏，保护环境的同时也保护了人类。有研究者表明动力电池的回收可以降低新电池的生产成本（Heymans et al.，2014），回收废弃的动力电池从保护环境和发展经济角度都是可行的（Leila Ahmadi et al.，2014），像储能、分布式光伏发电等领域都可以利用回收的动力电池。总之，动力电池的回收再使用不仅能保护人类赖以生存的环境，还能得到经济效益，其市场情况十分乐观。

我国没有形成动力电池的回收体系，动力电池的回收处理方式尚不成熟、回收体系不完善、回收技术欠缺、回收工艺水平较低、梯次利用的能力不足、相关法规标准尚未制定。总的来说，退役动力电池的回收处理问题亟待解决。为此，我国发布了一些政策助力动力电池的回收，表 2.1 是部分文件。

表 2.1　　动力电池回收政策与标准

发布时间	发布单位	政策名称	重点内容
2019 年	工业和信息化部	《新能源汽车动力蓄电池回收利用服务网点建设和运营指南》	提出建设新能源汽车废旧电池与梯次利用电池回收服务网点，并对作业和安全环保作出要求
2018 年	工业和信息化部	《新能源汽车动力蓄电池回收利用管理暂行办法》	推动落实生产者责任延伸制，汽车生产企业应建立回收服务网点，与动力电池生产商、拆解商等合作回收
2018 年	工业和信息化部	《新能源汽车动力电池回收利用试点实施方案》	探索动力电池回收利用市场化商业运作模式。2020 年，建立完善的动力电池回收利用体系
2017 年	国家标准化管理委员会	《车用动力电池回收利用　拆解规范》	严格要求动力电池回收处理设备、存储和管理等
2016 年	国务院办公厅	《生产者责任延伸制度推行方案》	建立动力电池回收利用体系；建立动力电池全生命周期追溯系统；在深圳等城市开展回收利用体系建设
2015 年	工信部、环保局、商务部和质检总局	《电动汽车动力蓄电池回收利用技术政策》	引导电动汽车蓄电池有序回收利用；建立上下游企业联动的动力电池回收体系；落实生产者责任延伸制

2.1.3　充电设施布局背景

由于新能源汽车规模不断发展壮大，消费者需要更多的充电设施，因此充电设施的布局建设越发显得重要。为此，国家发布了很多政策支持充电基础设施产业的发展。根据《2019—2020 年度中国充电基础设施发展报告》统计，中国有关充电设施的政策相对其他国家来说涵括得最广、支持力度最大，具体见表 2.2。这些政策覆盖了顶层设计、建设补助、电价优惠等各个方面，为充电服务产业提供大力支持，具体如图 2.6 所示。

表 2.2　　充电基础设施相关政策

发布时间	发布单位	政策名称	重点内容
2019.03	财建部	《关于进一步完善新能源汽车推广应用财政补贴政策的通知》	过渡期后，地方政府不再对新能源汽车（新能源公交车和燃料电池汽车除外）给予购置补贴，转为用于支持充电（加氢）基础设施“短板”建设和配套运营服务等方面
2018.11	发改委	《提升新能源汽车充电保障能力行动计划》	用 3 年时间提升充电技术水平，提高充电设施产品质量，显著增强充电网络互联互通能力
2018.07	国务院	《打赢蓝天保卫战三年行动计划》	在物流园、产业园、工业园、大型商业购物中心、农贸批发市场等物流集散地建设集中式充电桩和快速充电桩
2016.12	发改委、住建部、能源局、交通部	《关于统筹加快推进停车场与充电基础设施一体化建设的通知》	到 2020 年，居住区停车位、单位停车场、公交及出租车场站、公共建筑物停车场、社会公共停车场、纳入充电基础设施专项规划，高速公路服务区等配建的充电基础设施车位比例提升，满足充电基本需求
2016.07	发改委、能源局、工信部、住建部	《关于加快居民区电动汽车充电基础设施建设的通知》	按“一表一车位”模式进行配套供电设施增容改造，每个停车位配置适当容量电能表。对公共停车位，应结合小区实际情况及电动车用户的充电需求，开展配套供电设施改造，合理配置供电容量
2016.01	财政部、发改委、工信部、能源局	《关于“十三五”新能源汽车充电基础设施奖励政策及加强新能源汽车推广应用的通知》	对充电基础设施配套较为完善、规模较大的政府进行奖补，奖补资金专门用于支持充电设施建设运营、改造升级、充换电服务网络运营监控系统建设等相关领域，上限 2 亿元
2015.10	发改委、工信部、能源局、住建部	《电动汽车充电基础设施发展指南（2015—2020 年）》	我国充电基础设施发展的目标是到 2020 年，建成集中充换电站 1.2 万座，分散充电桩 480 万个，满足全国 500 万辆电动汽车充电需求
2015.09	国务院	《关于加快电动汽车充电基础设施建设的指导意见》	原则上每 2000 辆电动汽车至少配建一座公共充电站。基本建成适度超前、车桩相随、智能高效的充电基础设施体系，满足超过 500 万辆电动汽车的充电需求

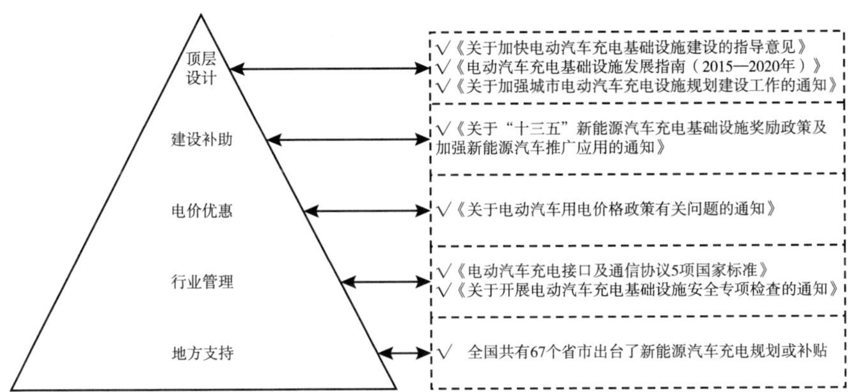

图 2.6　新能源汽车充电基础设施政策梳理

随着国家政策的不断推出和市场规模的思维不断扩大，我国的充电产业逐渐进入了稳步发展阶段。我国各省市的充电基础设施建设情况和一些运营商的充电桩总数量情况如图 2. 7、图 2. 8 所示。

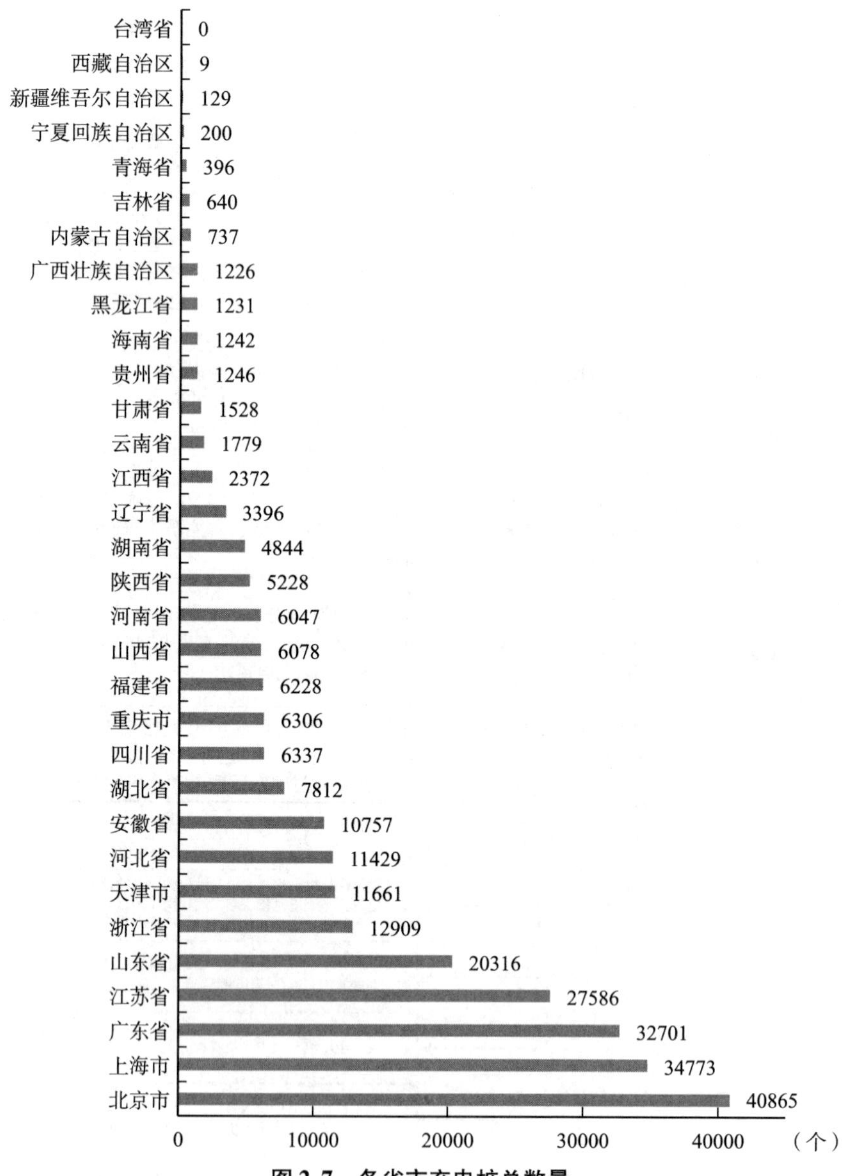

图 2. 7　各省市充电桩总数量

资料来源：《2019—2024 年中国充电桩市场前景及投资机会研究报告》。

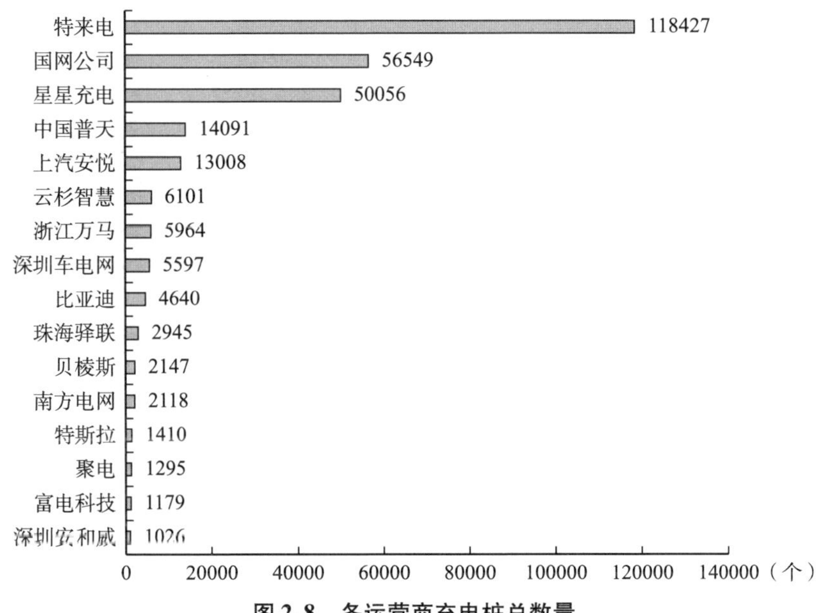

图 2.8　各运营商充电桩总数量

资料来源：《2019—2024 年中国充电桩市场前景及投资机会研究报告》。

虽然我国已经拥有比较全面的充电产业体系，但是仍然存在若干问题。首先，我国充电设施的总量远远不够，车多但充电桩少。如图 2.9 所示，截至 2018 年底，我国的新能源汽车保有量已超 200 万辆，但各类充电桩总量只有 60 多万个，供不应求；车桩比只有 3.7，即一个充电桩需要被 3 辆车共同使用。其次，我国的充电基础设施规划和建设并不合理，没有充分考虑各个区域的需求。很多小区、公共场所还没有充电桩，给消费者的日常出行带来很多不便，而部分区域充电桩比车多导致充电桩的利用率不高。最后，我国充电站常出现排队现象。这些问题削弱了消费者购买和使用新能源汽车的积极性；同时，这些问题造成了新能源汽车发展中的“充电怪圈”，如图 2.10 所示。“充电怪圈”是指新能源汽车的技术性能不能满足消费者、基础充电设施不完善，消费者充电不方便，那么消费者就不愿意购买新能源汽车，这导致新能源汽车保有量过少，充电需求过少，充电设施运营方获利少，则政府和企业都没有意愿投资基础设施，如此周而复始，产生了一种恶性循环，在一定程度上妨碍了新能源汽车的市场推行。

充电设施是新能源汽车的重要辅助支持，也是新能源汽车产业能够长久兴盛的基础，其数量多少和布局规划是关乎消费者充电是否便利的重要因素。因此，未来需要重点关注的是如何平衡充电站投资运营商和消费者之间的利益。

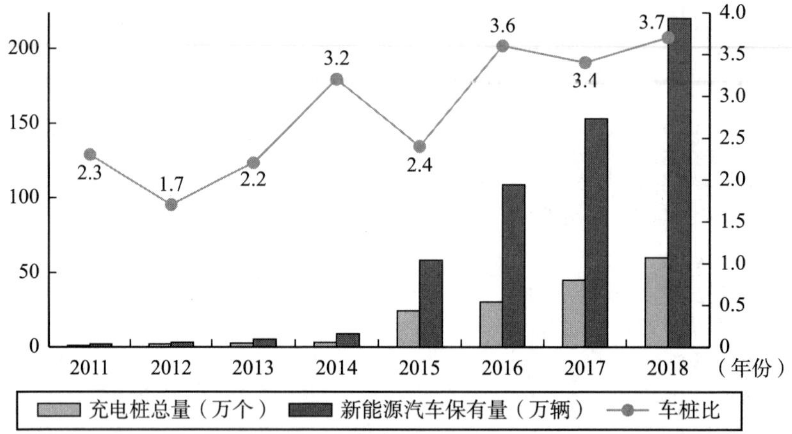

图 2.9　2011～2018 年中国新能源汽车与充电桩数量比

资料来源：智研数据研究中心整理。

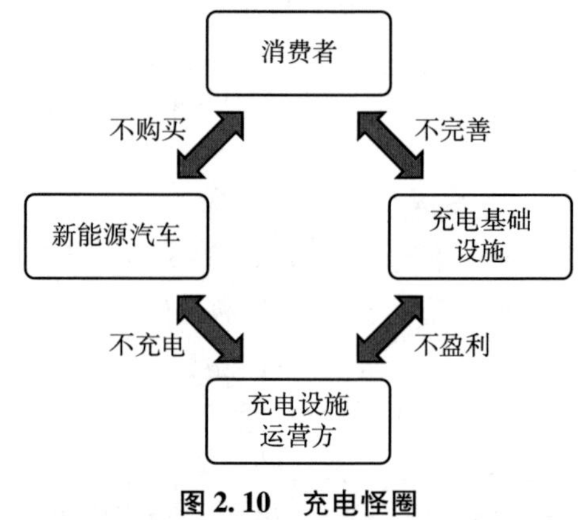

图 2.10　充电怪圈

2.2　新能源汽车产业的研究现状

2.2.1　新能源汽车研究现状

为了减少不可再生资源的使用并考虑到社会的可持续发展，各个国家不仅大力支持开发新能源和扶持节能环保产业，而且愈发看重以低碳为核心的技术和产品。汽车产业是我国现代化工业的标志性产业，明显会卷入这场历史技术革新。现阶段，有关新能源汽车的研究，国内外都是在政府的指导下，协同各高校、科研机构和民间企业共同展开的，研究的方面侧重新能源汽车的技术创新、产业政策以及生态化发展（张洁，2018）。

1. 新能源汽车技术创新

《新能源汽车生产企业及产品准入管理规则》表明新能源汽车是指采用非常规车用燃料作为动力来源（或使用常规的车用燃料、新型车载动力装置），综合车辆动力控制和驱动方面的先进技术而形成的技术原理先进，具有新技术、新结构的汽车（靖苏铜等，2011）。新能源汽车的具体细分如图 2.11 所示，狭义分类为：插电式混合动力电动汽车（plug-in hybrid electric vehicle，PHEV）、纯电动汽车（battery electric vehicle，BEV）、燃料电池汽车（fuel cell vehicle，FCV）。我们所研究的新能源汽车主要指的是纯电动汽车。

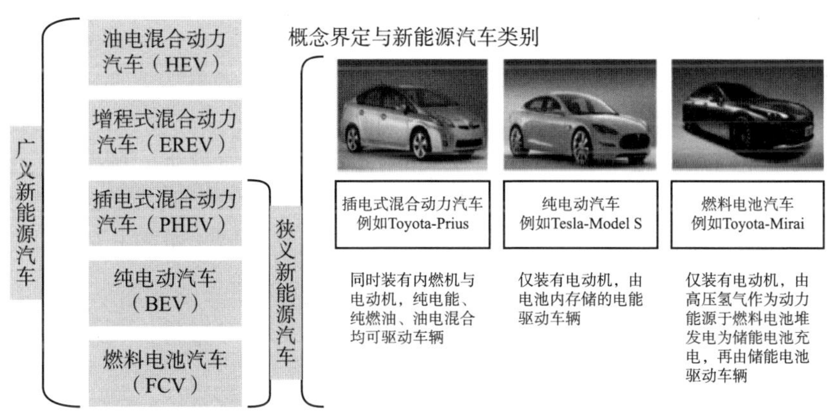

图 2.11　新能源汽车分类

资料来源：艾瑞咨询《中国新能源汽车行业研究报告》。

国内外学者对新能源汽车技术的研究主要从两个层面出发：一方面是研究新能源汽车的硬性技术，杨忠敏等（2011）将模块化创新理论和技术集成理论（Allen K R & Carlson – Skalak S，1998）进行进一步的融合与强化，提出了新能源汽车技术集成路径模型。缪小明和赵静（2013）从突破性创新的角度出发，提出了每个发展阶段下应该如何选择技术路线，为我国新能源汽车产业的发展提供了重要的参考意见。另一方面是研究新能源汽车的软性支撑技术，比如新能源汽车产业联盟和管理系统等。李磊和郭燕青（2014）、何地和郭燕青（2016）、李爽和郭燕青（2017）经过实证分析，研究了新能源汽车产业的创新系统。张海斌等（2017）建立了新能源汽车关联的系统主体交互模型，再根据仿真过程展现了系统的演变过程。苏文芝和牛鑫（2017）则从能量利用是否安全、合适与有效的视角，研究了纯电动汽车电池管理系统的关键技术。翟娟（2018）则设计了电动汽车充电桩管理系统。从技术评价角度出发，学者们归纳了新能源汽车技术的 5 维评价指标体系，用模糊综合评价法（阮娴静和杨青，2010）或灰色关联度法

（张晓春和展海艳，2014）综合评价了我国的 10 类新能源汽车技术。

2. 新能源汽车产业政策

我国的新能源汽车产业的发展还在起步阶段，存在着两大困境，即技术创新和市场培育，阻碍其发展的因素包括技术突破烦琐、售价高、基础配套设施欠缺（陈柳钦，2011）。布鲁斯（Bruce，1998）表示政府因外部市场不确定性引发的市场失灵能由政府政策解决。戴蒙德（Diamond，2009）在探析了美国各州的数据及其之间的内在联系后，发现预先提供付款的政策能很好地解决新能源汽车的使用情况。钱德拉等（Chandra et al.，2010）在分析退税与汽车销售之间的关系后，发现退税政策可以引导混合动力汽车的销售积极发展。

在国内，孙俊秀等（2012）提出了适应我国新能源汽车市场的有关政策的建议。杨春雨和马钧（2016）剖析了国内政策的变化趋势，表明应该改变政策以扩大私人汽车购买市场。马少超和范英（2018），分析了汽车购买补贴和减免税收的相关政策，并对车辆限行和限购的政策作出分析，最后提出一些建议。郭本海等（2019）分析比较典型的政策，测量在每个关键技术环节的政策之间的耦合协调度，然后用实例验证政策的耦合协调度如何影响新能源汽车产业创新绩效。

3. 新能源汽车生态化发展

学者们喜欢从不同视角去研究新能源汽车技术的发展过程，其中一个视角就是生态学。汉娜和费里曼（Hannan & Freeman，1977）最初提出了技术生态，他们表示技术之间有共生关系，每项技术都依赖于技术生态。阿德莫维勋等（Adomavicius et al.，2007）创建了技术演化的生态模型。罗发友和刘友金（2004）发现技术创新群落行为存在互惠互利、协同发展、领域共占、结网群居的特征。朱方长（2005）表明各个技术的创新发展受到相互间的关系影响。

无人驾驶、新能源、车载网络是未来汽车变革升级的方向。周显（2017）表示将汽车与新能源技术和车联网技术进行融合，会对整个社会和经济发展有着正面的作用。彭亮（2018）用“Foot - LITE”系统的例子剖析了新能源汽车与智能驾驶技术的融合。李战伦（2018）从汽车行驶里程的视角分析了汽车巡航技术与新能源汽车技术的结合。

像 AI 技术、5G 技术、大数据技术等的涌现，如果与新能源汽车技术进行结合，可以构成技术生态。在新能源汽车技术传播扩散的研究中，需要根据所建立的 SIRS 传播扩散模型来分析新能源汽车技术的传播扩散规律，也需要将其纳入技术生态中，分析不同技术之间，技术与环境之间存在的交叉错综关系，也就是在技术生态下多种技术协同的传播扩散。

通过对新能源汽车相关文献进行综述，我们发现新能源汽车的技术创新与传播扩散问题是国内外学者热衷研究的问题之一。但是因为新能源汽车产业处于初步发展阶段，现在的研究停留在政策的发布如何对扩散产生影响。我国现有的有关技术创新与传播扩散的文献大多体现在政策研究、技术创新与产业规划布局，有关新能源汽车消费者需求、生态化发展、传播扩散的影响因素、相关组织之间的合作与产业融合的文献还比较少。因此，本书对新能源汽车扩散的影响因素与策略、新能源汽车扩散的社会动力学、新能源汽车组织合作与产业融合进行了深入的研究。

2.2.2 动力电池回收研究现状

随着新能源汽车动力电池的退役高峰期即将到来，国内外很多学者开始把研究焦点转到动力电池回收方向。

动力电池的回收和再利用与闭环供应链和逆向供应链密不可分，所以在研究动力电池回收时需要考虑逆向供应链的影响因素和主体决策，同时也不能忽略动力电池的回收模式与回收网络。

1. 逆向供应链的影响因素

学者们致力于从政府、回收处理商和消费者三个主体视角研究动力电池回收的影响因素，还有学者从多主体角度展开研究。

（1）从政府视角，特纳和纽金特（Turner & Nugent，2016）基于政府角度分析其对废旧动力电池的回收利用的影响。刘等（Liu et al.，2016）构建一个双渠道回收模型，并考虑政府补贴和 WEEE 质量，研究其对回收的影响。

（2）从回收处理商视角，很多学者基于企业回收价格、回收利益、企业战略等因素展开研究。古等（Gu et al.，2018）发现影响动力电池回收量的主要因素是回收价格。侯兵等（2014）将回收成本最小或回收利益最大作为目标分析了不同的回收模式。

（3）从消费者视角，王等（Wang et al.，2011）表明现在消费者的低碳认识不够。冯立攀（2015）基于消费者效用理论构建了回收模型，并探讨了消费者的回收渠道偏好如何影响回收价格和回收量。

此外，很多学者将多种影响因素融合在一起来讨论其对逆向物流产生的影响。陈海英（2018）考虑了消费者具有的环保意识，研究发现政府进行差别补贴可以增加回收量和回收商利润。拉维（Ravir et al.，2005）发现政府发布的政策法规、经济发展情况、企业的社会责任以及消费者的环保意识对企业是否进行逆向物流都有一定的影响。

2. 逆向供应链的主体决策

（1）从政府补贴和监管等对供应链各主体策略的影响方面。缪尔德曼等（Muyldermans et al.，2019）基于政府、制造商和消费者的博弈模型，研究得到当制造商负责回收且能获得环境收益时，政府法规对其作用较大。付志伟（2020）基于斯坦伯格博弈论，探讨四种政府不同补贴方式对动力电池逆向供应链主体的利润影响，并剖析得出政府政策补贴方法能在一定程度上促进企业再生产和消费者的绿色消费行为。

（2）从企业对供应链各主体策略的影响方面。苗等（Miao et al.，2018）分析制造方、零售方以及集中回收的模式下的最佳的回收策略。姚锋敏和滕春贤（2017）通过研究闭环供应链，发现两个零售商之间的竞争对闭环供应链内各方在作出决策时都有一定的影响。

（3）从消费者环保意识和偏好对供应链各主体策略的影响方面。刘等（Liu et al.，2012）分析了供应链中各主体在作出最佳决策时受到消费者环保意识的影响程度。梁晓萍（2014）运用博弈论的方法，发现提高消费者的环保意识、各方利益、回收率和环保努力水平等对主体进行决策时都有一定的激励作用。

（4）从多主体角度研究对供应链各主体的策略影响方面。张艳丽（2017a）研究了绿色供应链定价策略，探讨其对绿色供应链的定价的影响。有学者探讨政府补贴对动力电池回收率的影响，研究得到电池回收率对补贴力度的增大出现先增大后减少的规律（Shao et al.，2018）。

3. 动力电池的回收模式

在国外，阿拉默鲁和布里萨德（Alamerew & Brissaud，2020）以汽车电池为例，建立了逆向供应链系统动力学模型，从经济、环境和社会三个层面，探讨了成本、收益、战略和监管等因素之间的相互影响。艾哈迈德（Ahmed et al.，2016）基于 AHP 法和 FEAHP 法建立了车辆报废管理方案的决策模型，并发现在动态的、存在竞争的环境中，给可持续的废旧电动汽车遴选恰当的模式，可以让企业在经济、环境、社会和技术等层面符合要求。

在国内，方奕（2020）从电池生产企业、整车生产企业与电池回收企业三个主体层面出发，阐述了电池逆向流通中存在的壁垒，系统地归纳出三个主体所对应的逆向物流模式。章竟和汝宜红（2012）提出了一种创新性的电池逆向物流网络模式，并比较传统模式与新模式之间的异同，得出传统回收模式高成本的原因是多路径和设施规划得不合理。靳起浩（2016）从电动汽车生命周期的角度出发，分析了每个电池回收阶段的特点，并对应设计了回收模式。

4. 动力电池的回收网络

爱内和奥斯特（Ene & Ozturk，2017）根据制造商在产品从生产到使用再到回收的整个过程中的管理职责，建立了一个回收报废车的网络模型。拉梅扎尼等（Ramezani et al.，2014）构建了在不确定环境中的车辆闭环物流网络，并对模型进行了求解。坎南等（Kannan et al.，2010）建立了电池 MINP 模型，对物料采购、制造、配送、回收和处理等环节进行决策。王珊（2019）设计了一个新的电池回收模式，由电池制造企业为主，3PL 企业、电池专业处置中心等协同参与。

总的来说，通过对国内外逆向供应链、动力电池回收模式与网络的研究现状进行分析，可以总结如下。

首先，现有很多研究没有基于新能源汽车动力电池这一产品背景下，因此很多理论不可完全用于动力电池方向，当前关于动力电池回收方面的理论研究还在不断探索中，现有很多文献是基于定性的方法对逆向物流的影响因素进行研究，或者是基于多个影响因素进行定量研究。

其次，国内外研究文献基于研究主体角度可划分为政府、企业和消费者。政府对于逆向物流的干预手段主要为补贴、监管和税收惩罚等方式。企业主要研究回收模式、回收价格和技术水平、管理策略等方面对逆向供应链的影响。研究消费者主要从环保意识、回收意愿和消费者偏好三个方面进行分析，消费者因素一般作为考虑因素，与政府、企业等主体结合在一起进行研究等。这些是本书可以借鉴的基础理论，不过学者们很少探讨影响动力电池的主要因素。

再次，在逆向供应链决策方面，大多数学者研究的是基于政府干预、消费者偏好、回收行为对逆向供应链各主体利润、回收决策、定价决策或生产决策等的影响，这些同样是本书可以参考的方法。文献更多的是偏向于制造商、再制造商等主体的策略研究，专门针对回收商的策略研究较少，所以关于回收商的策略的分析还亟待补充。

最后，对于动力电池回收模式和回收网络，现有的汽车产品逆向物流相关文献中，只单方面对电池回收模式设计或决策进行研究或只对电池回收网络模型构建进行了研究，两部分内容缺乏关联性与系统性。回收模式涉及的回收主体与流程应与回收网络的结构密切相关，因此，回收模式决策结果与对应的回收网络模型设计的匹配问题还有待研究解决。

2.2.3 充电设施布局研究现状

建设充电基础设施是发展新能源汽车产业的重要支撑。同时，新能源汽车充电设施的布局深远地影响着充电网络的服务效率和质量。因此，很多研究者在新能源汽车的充电设施及其布局上都开展了研究。

1. 充电基础设施

很多发达国家对新能源汽车的研究很多，梳理发现在所有的研究中有关充电基础设施的研究成果最多，研究者们主要关注充电基础设施的四个方面。

（1）从建设意义出发，学者们广泛认为建设充电基础设施可以正向地推行新能源汽车。谢尔楚拉等（Sierzchula et al.，2014）收集了 30 个国家的电动汽车使用状况，证明了充电基础设施与使用电动汽车的频率息息相关。向诗剑和马铁驹（2014）分析了一定地域内充电设施和电动汽车是如何渗透影响的。

（2）从关键技术出发，拉赫曼等（Rahman et al.，2016）对此进行了各方面的归纳，并表明需要将智能电网加入充电基础设施的建设中，同时提出了太阳能充电站的可能性。弗利（Foley，2011）表明需要引进电动汽车的国际规范，此外，与充电基础设施有关的设备、软件等都是客户比较关注的部分，会影响到客户的感受。

（3）从规划布局出发，研究者们研究的是影响因素和各种类别设施的需求。辛建波等（2010）阐述了新能源汽车充电的方式，归纳了运用在不同场合的新能源汽车每天平均用电量及充电频率等。唐葆君和郑茜（2013）融合了因子分析和Logit法，得到结论：消费者在新能源汽车充电桩布局的时候相对来说更关心社会环境效益、技术特点、自身条件和外部特性。

（4）从商业运营模式出发，周逢权等（2010）比较了直接充电和更换电池模式，并表明我国未来的发展道路主要是更换电池，以直接充电作为辅助方式。唐敏等（2011）在分析比较了三种主导模式各自的优劣后，表明现阶段我国应该推出由政府支持、以企业为核心的商业模式。

2. 充电站布局规划

研究者大多从典型的P－median和FCLM模型来构建适应各自研究内容的规划模型，以此来分析并遴选充电站的地址。所有模型中，目标函数的类型包括以下几类（见表2.3）。

表2.3　　既往文献目标函数类型及具体文献

目标函数	描述	参考文献
经济性导向	建设总成本最低，收益最大化	Kasturi & Nayak，2017；孟子杰，2013
需求捕获导向	服务的需求最大化，截取的交通流量最大化	张国亮，2012；John Hodgson & Kenneth Rosing，1992
用户成本导向	用户无效时间最低，排碳量最少	Lu Z et al.，2016；葛少云等，2014
电网影响导向	网损最低，功率平衡	Grackova et al.，2017；赵书强和李志伟，2015

此外，张成和滕欢（2014）是第一个运用网格法来选址的，并构建了评价选址经济性的模型。彭泽君等（2015）将一些影响充电站规划的因子纳入评价体系，运用云重心理论进行评估，得到最后的结果。

总的来说，通过对现有研究进行总结分析，发现在充电基础设施方面已经有一定的理论基础和相关研究，包括充电站规划原则、影响因素、评价方法、可行性研究、规划模型及求解算法的研究。但是现有研究仍存在不足：在充电站规划模型中，对于运营商成本的核算过于粗放，对不同候选点的场地价格计算不够细致，忽略了政府给予的建设补贴及运营补贴。因此，将场地成本差异化及政府补贴引入充电站规划模型中，并且设计多种求解策略及对应算法是十分必要的。

2.3　新能源汽车产业的内涵

2.3.1　新能源汽车产业的特征

新能源汽车产业主要具备四个特征，分别是新兴性、复杂性、带动性、高成长性。

（1）新兴性。新能源汽车产业的新兴性体现在技术性强和技术创新度高。新能源汽车产业是涌现的新兴技术未来的改革方向之一，也顺应了汽车的变革方向。汽车行业涌现的智能互联网、汽车金融平台、消费者出行平台等都是和新兴技术进行渗透后产生的，让客户体验到新兴服务。

（2）复杂性。新能源汽车产业的复杂性是指参与方和所牵连的技术比较复杂。参与方的复杂性体现在两方面：一方面是参与方很多，但主要是政府引导，其他社会力量参与，社会组织不局限在相关的生产和服务企业，也涵盖了高校、科研机构等；另一方面是参与方不明确，新能源汽车产业本身跨越了多个产业、跨越了多重边界。创新技术的复杂性表现在技术和新产业的渗透交互，新能源汽车产业涉及的技术都偏向高难度、关键性、前沿性，总体的创新复杂度需要产业链上各方的协同融合。

（3）带动性。新能源汽车产业能够强有力地带动有关产业的发展，也能促进传统车企开始变革转型。一方面，政府的政策支持是新能源汽车产业发展的前提，不但可以促进新兴产业的成长，同时可以促进燃油车朝着新能源汽车方向变革；另一方面，推动新能源汽车产业的发展有利于科技创新和传统产业的变革。

（4）高成长性。一个产业的生命周期主要有四个阶段，分别是萌芽期、发展期、成熟期和衰退期。从发展阶段上说，新能源汽车产业处于生命周期的发展阶段；长远考虑来说，新能源汽车产业是一个高成长性的产业，在低碳经济的背景下，新能源汽车产业正是符合低碳经济的产业，同时再加上新能源汽车所含价值比较高，其发展能力不可估量，未来的相关市场也会是兴盛的。

2.3.2　新能源汽车产业的构成

鉴于新能源汽车产业受到技术和市场的限制，所讨论的新能源汽车大多指电动汽车。通过分析《战略性新兴产业重点产品和服务指导目录》，本书把新能源汽车产业大致划分为生产板块与服务板块。生产板块通常指与新能源汽车最直接联系的生产企业，它们不仅生产像新能源汽车、电机、电附件等新能源汽车产品，也生产充电桩、充电站、换电设施等充换电设施，还生产电池生产装备、专用生产装备、测试装备等生产测试设备。服务板块是指为新能源汽车提供辅助性服务的企业或机构，他们主要供应投融资服务、平台运营服务、中介服务等，具体如图 2. 12 所示。

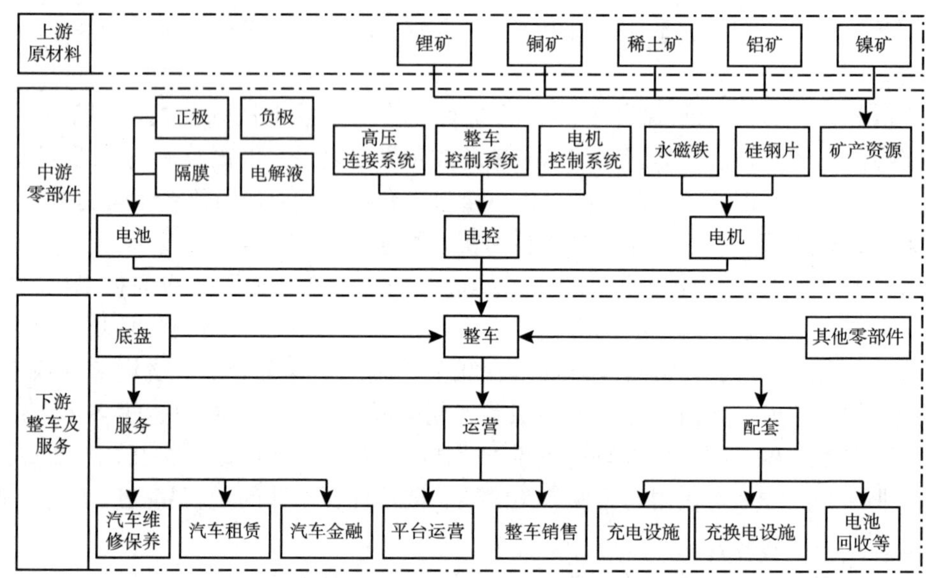

图 2. 12　新能源汽车产业的构成

2. 3. 3　新能源汽车产业发展的动力机制

产业的发展和市场经济发展有着异曲同工之妙，都受到两种力量推动，一种是“无形的力量”，另一种是“有形的力量”。“无形的力量”指的是每个要素之间的制约、协同关系，这些关系无形中推动新能源汽车产业进行自我调节；“有形的力量”指的是通过国家政府和有关部门制定一系列的措施和法律法规，积极主动地调整新能源汽车产业的发展。

1. 市场驱动

市场需求通常是变幻无常的，这使得所有产业都不得不从消费端出发，对自己的战略进行调整，从而获得价值。随着人们生活水平的不断上升，人们对汽车的功能有了更高的要求，导致新能源汽车产业的市场需求变得越发复杂，由于新能源汽车市场的价值较高，导致市场也面临着需求风险。因此，新能源汽车产业运转的根本动力其实是市场价值，市场驱动着产业进行进一步的发展。

2. 创新驱动

为了有更长远的发展，新能源汽车产业应该自发地进行创新，提高自身的竞争力，产业的创新驱动有四个特征，从技术创新角度看可以是三电技术，从制度创新的角度看可以是补贴积分，从模式创新的角度看可以是分时租赁，从科技创新的角度可以是智能网联。人们通过学习的过程来获得知识，而技术提升是学习的结果（赖俊平等，2011）。由于新能源汽车产业具有学习功能，因此如果产业内部进行学习与产业之间互相学习，有助于提高产业的创新本领和技术水准，从而驱动产业发展。

3. 政策推动

新能源汽车产业主要还是在政府的宏观调控下进行发展，政府运用制定政策法规等手段调控市场，助力企业之间进行合作获得双赢，给产业的发展提供精神支持，从而填补市场的弱点，完成资源的合理分配。政府在产业刚兴起的时候应给予适当帮助，但不阻挠产业自己的发展，从而指引社会开始可持续发展。

2.3.4 新能源汽车产业的发展阶段分析

产业演化有四个发展阶段：萌芽期、成长期、成熟期、蜕变期（Agarwal & Gort，1996）。但因为新能源汽车产业是推进国民经济和提高我国综合实力的主要产业和支撑产业，所以新能源汽车产业会朝着更高层次的产业进行演化，如图 2.13 所示。

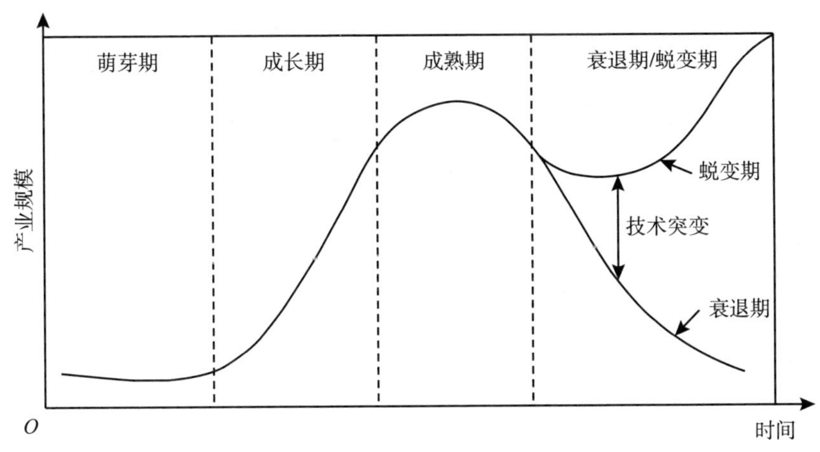

图 2.13 新能源汽车产业生命周期

1. 萌芽期

萌芽期，我国新能源汽车产业的发展水平与发达国家相差无几，都存在着需要攻破的技术难关，消费者对新能源汽车的需求很少，导致新能源车的生产规模也不大，大部分市场份额都握在大型车企手中，如一汽、上汽、比亚迪等企业，而其他服务企业只是供应少许零件和支撑配套服务。

在萌芽期，新能源汽车产业还是技术驱动，政府引导企业进行技术创新研发，逐渐开始扩大生产规模，但是从事此产业的企业规模较小、数量也较少，并且企业之间缺少合作协同，整个产业具有低稳定性。

2. 成长期

成长期，新能源汽车的相关技术慢慢地走向成熟并取得市场的认同，同时，消费者逐渐转向低碳生活，引领市场需求快速增加，产业逐渐进入快速发展阶段。此时，许多企业开始进入这个繁荣发展的市场去获得丰富的利益，导致整个产业投入了更多的资源、产品的产出规模逐步扩大。新能源汽车产业组织以客户为中心着眼于市场需求，逐渐摆脱传统汽车产业向新能源汽车产业过渡，组织特征日益明显，企业间互动频繁，产业规模和产业结构有较大程度改善。

但是新能源汽车整体的技术水平相比于国外还是有一定的差距，我国面临着整车企业的生产规模小并且其创新开发成本高、平台服务企业分布得比较散乱且经营成本高、产业不容易达成规模效益。在成长期，市场扩大帮助产业企业进一步成长，助力企业职能开始更深层次地分化（小艾尔弗雷德·D. 钱德勒，1987），使新能源汽车企业开始进行大规模的整合，整合方式多种多样，使得原来的企业范围逐渐变得模糊，从而产生了新的产业组织结构。

3. 成熟期

成熟期呈现的模式是在市场推动和技术拉动的协同下产生的。此时，产业的技术创新不再像发展期那样频繁，逐渐变得稳定，同时产品开始朝着标准化的方向发展。企业逐渐开始形成规模效益，并且很好地掌控成本，新能源汽车产业逐步变成促进我国经济快速增长的支撑产业。但是由于关键技术已很难往更深的程度发展，并且市场的需求逐渐不再有很大的增加，这些都会导致产业内的同质化现象变得更加严重，企业间存在的竞争越来越强烈，企业所获得利益开始逐步下降，投入的资源和产出规模都增长得十分平缓。一些企业将通过合并资源淘汰竞争力较小的企业，然后成为龙头企业，最后垄断市场。

4. 蜕变期

蜕变期呈现的模式是平行整合。此时，产业要素逐步撤出，市场需求和产出规模逐渐下降。不过新能源汽车产业是战略性的新兴产业，其本身的运行机制与运行规律不明确，产业未来的走向比较模糊，所以或许出现了新的环境刺激或者在国家的宏观调控下开始进行产业蜕变。

新能源汽车产业四个发展阶段的对比分析如表 2. 4 所示。

表 2. 4　新能源汽车产业发展阶段总结

项目	萌芽期	成长期	成熟期	蜕变期
发展模式	技术推动	市场拉动	双向耦合	平行整合
产业规模	企业少规模小	企业多规模小	企业少规模大	企业少规模小
知识存量	知识存量较低	知识存量增加	知识存量饱和	知识技术转移
产业组织	缺乏互动	互动合作	激烈竞争	萎靡/迁移

第 3 章　新能源汽车扩散的影响因素与策略

近年来，新能源汽车作为我国七大战略性新兴产业得到了大力发展。我国在宣传推广新能源汽车上投入了大量的资源，也取得了一定的成果，但是与燃油车相比，新能源汽车的占有率仍然相对较低。如何有效推广新能源汽车，提高其市场份额是现阶段我国面临的一大难题，以下将进行深入的研究与探讨。

首先，仿照流行病毒的传播扩散过程，构建了两个模型，即基于 SIRS 模型的新能源汽车传播扩散模型和多技术协同下新能源汽车传播扩散模型。其次，为进一步明晰新能源汽车的传播扩散影响因素，在已有研究基础上搭建了“技术本身—技术生态—外界环境”三个维度的分类体系，将充电时间、续航里程、百公里能耗等 17 个因素确定为影响因素，并以此为基础进行问卷设计及多元回归模型构建与分析。最后，进行新能源汽车的传播扩散实证分析，明确各因素对新能源汽车传播扩散的作用，并就不同维度的影响因素扩散策略进一步探讨。

3.1　新能源汽车的传播扩散模型

3.1.1　新能源汽车扩散问题描述

新能源汽车的广泛使用对构建可持续发展的生态环境和社会环境具有重要意义。虽然我国在普及新能源汽车方面投入了大量的资源，如颁布相关政策、补贴购买资金、提供技术支撑等，但是新能源汽车的推广效果仍然不尽如人意。

以往研究表明，新能源汽车技术的发展依赖社会环境。新能源汽车技术的创新来源于社会，同时又依赖群体网络在整个社会中进行传播扩散，其扩散的结果有两种：一是新能源汽车的使用者转化为传播扩散者，将该技术进行再次传播；二是新能源汽车的使用者不满意该技术的性能，因而转化为移除者，不再使用该种技术。

为了研究新能源汽车传播扩散的过程，我们分析了流行病毒的传播扩散过程，并将新能源汽车传播扩散的过程与流行病毒的传播扩散过程进行对比，如表 3.1 所示。

表 3.1　新技术与流行病毒的传播扩散过程对比

流行病毒感染扩散	新技术传播扩散
感染者	创新技术使用者
健康个体	创新技术的潜在使用者
健康个体与感染者的不断接触	新技术使用者对潜在使用者的传播
携带病毒者越来越多	创新技术的使用者越来越多
扩散速度达到某极大值后开始降低	扩散速度达到某极大值后开始降低
健康者所剩无几	潜在使用者所剩无几

通过对比分析，我们发现新能源汽车在社会网络中的传播与流行病毒在人群中的传播扩散具有一定的相似性：第一，在新能源汽车技术传播扩散初期，新技术的使用者少，采用该创新技术的风险较大，技术不容易被传播出去。流行病毒在感染前期受限于现有感染人数，传播效果不明显。第二，随着新技术使用人群的逐渐扩大，采用该创新技术的风险降低，这使得扩散的速度得到了很大的提升。随着感染人数增加，病毒扩散速度加快。第三，一直到扩散过程的拐点出现，此时扩散速度达到最大值。第四，随后潜在的使用者减少，扩散速度顺势降低，一直到扩散结束。其中，新能源汽车技术扩散与病毒扩散模型中 SIR 的含义对比如表 3.2 所示。

表 3.2　新能源汽车技术扩散与病毒扩散模型中 SIR 的含义对比

字母表示	流行病毒感染扩散	新技术传播扩散
S 类	易感者	技术潜在使用者
I 类	染病者	技术使用者
R 类	恢复者	技术退出使用者

3.1.2　新能源汽车扩散模型构建

1. 模型假设

为方便对新能源汽车传播扩散过程进行研究，本书通过构建技术传播扩散模型来对新能源汽车传播扩散过程进行模拟。同时，为确保模型的准确性与真实性，我们对该模型提出以下几点假设。

H3－1：不考虑人口的自然出生、死亡和人口流动等种群动力因素，确保人口总数时刻保持一个常数，即 $N(t)=K$。

H3－2：技术使用者一旦与普通人接触后，普通人都会有一定的概率成为技术使用者，其中单位时间内，单个技术使用者的传播正比于系统内普通人的总数，比例系数为 λ。

H3 -3：单位时间内从使用技术者中退出使用的人数正比于使用技术的人口总数，比例系数为 μ。

H3 -4：退出使用技术的人群会对该项技术产生技术免疫，以致在接下来一段时间内会拒绝使用该项技术，但退出使用人群中有 δ 的概率，再次转化成普通人，成为潜在的技术使用人群。

H3 -5：多项技术间的传播扩散会相互影响，相互影响的系数记为 w_{jk}，表示第 j 项技术对第 k 项技术的影响，其影响的机理主要是第 j 项技术的技术使用者与普通人接触后，会导致第 k 项技术的传播，传播人数正比于系统内普通人总数。

模型参数的设定及含义如表 3.3 所示。

表 3.3　模型参数的设定及含义

参数符号	参数含义
$N(t)$	系统内 t 时刻的人口总数，不考虑人口的自然出生、死亡和人口流动等种群动力因素，即一个常数 $N(t) \equiv K$
n	总计共 n 项技术
T	系统的传播扩散时间
$S(t)_j$	第 j 项技术在 t 时刻普通人口总数
$S(t)_j$	第 j 项技术在 t 时刻普通人口总数占总人数的比例
$I(t)_j$	第 j 项技术在 t 时刻使用技术的人口总数
$i(t)_j$	第 j 项技术在 t 时刻使用技术的人口总数占总人数的比例
$R(t)_j$	第 j 项技术在 t 时刻退出使用的人口总数
$r(t)_j$	第 j 项技术在 t 时刻退出使用的人口总数占总人数的比例
λ_j	第 j 项技术的传播强度，表示技术在传播过程中单个使用者单位时间对未使用者的影响，并使其使用该项技术的强度
μ_j	第 j 项技术的退出系数，表示单位时间使用该项技术的人群中退出使用的比例。则 $1/\mu_j$ 为退出周期，表示使用者从使用到退出的平均时间
δ_j	第 j 项技术免疫丧失系数，表示单位时间内退出使用的人群中丧失技术免疫力的比例。则 $1/\delta_j$ 为技术免疫丧失的周期，表示退出使用者从退出使用到成为技术的潜在使用者的平均时间
w_{jk}	技术影响系数，表示第 j 项技术对第 k 项技术传播扩散过程中的影响系数，且 $w_{jk} = w_{kj}$

2. 扩散模型房室图

基于以上假设，我们用 SIRS 模型的房室图来表示新能源汽车传播扩散过程，如图 3.1 所示。其中，在 Δt 的时间内，新能源汽车的潜在用户中将有 $\lambda(Ni(t))s(t)\Delta t$ 的人变成技术使用者，而因为技术的退出使用系数 μ 的存在，技术使用者

中也会有 $\mu(Ni(t))\Delta t$ 的人变为退出使用人群中的一员，同时也会有 $\delta(Nr(t))\Delta t$ 的人从退出使用人群中重新变成技术的潜在用户，有可能重新再次使用该项技术。

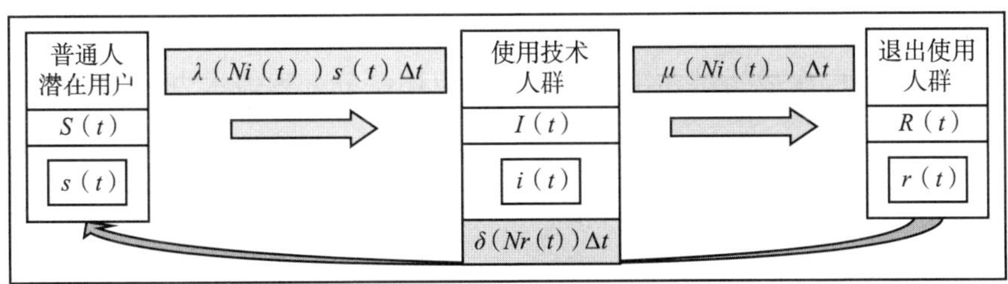

图 3.1　新能源汽车传播扩散模型房室图

然而，当新能源汽车处于技术生态中时，由于各项技术之间的传播扩散会有相互影响（抑制或者促进），因此其传播扩散模型的房室图与单项技术比起来会更加复杂。图 3.2 则表示了当各项技术处在技术生态的环境中，其各部分人员（包括潜在用户、使用技术人群以及退出使用人群）的动态变化过程。以第一项技术为例，使用技术的人群在 Δt 的时间内除了原先变化的 $\lambda_1 i_1(t)s_1(t)\Delta t$ 部分，还增加了由于第 k 项技术影响的 $\lambda_1(w_{1.k}i_k(t))s_1(t)\Delta t$ 部分，而其他部分与单项技术的变化相同。

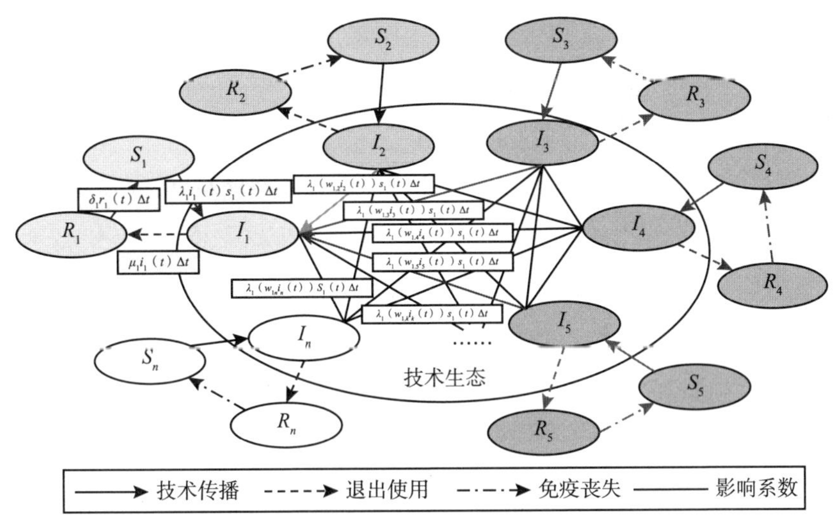

图 3.2　技术生态下技术传播扩散模型房室图

3. 能源汽车传播扩散模型构建

（1）基于 SIRS 模型的新能源汽车传播扩散模型构建。根据以上参数假设以及新能源汽车传播扩散模型的房室图，当社群中技术使用者和潜在用户充分混合时，技术使用者的增长率为 $\lambda i(t)s(t)-\mu i(t)$，潜在用户的下降率为 $\delta r(t)-\lambda i(t)s(t)$，免疫丧失个体的变化率为 $\mu i(t)-\delta r(t)$。因此，潜在用户从技术使用到退出使用再到再次成为潜在用户的过程可以用微分方程表示为

$$\begin{cases}\dfrac{\mathrm{d}s}{\mathrm{d}t}=-\lambda is+\delta r\\ \dfrac{\mathrm{d}i}{\mathrm{d}t}=\lambda is-\mu i\\ \dfrac{\mathrm{d}r}{\mathrm{d}t}=\mu i-\delta r\\ s+i+r=1\end{cases}\tag{3.1}$$

（2）多技术协同下新能源汽车传播扩散模型构建。根据以上参数假设以及多技术扩散模型房室图，多技术协同下新能源汽车传播扩散过程可以由以下模型表示。

第 j 项技术在其所在的技术生态中，$s(t)_j$、$i(t)_j$、$r(t)_j$ 的微分方程为

$$\begin{cases}\dfrac{\mathrm{d}s_j}{\mathrm{d}t}=-\lambda_j\left(\sum\limits_{k=1}^{n}w_{j.k}i_k\right)s_j+\delta_j r_j\\ \dfrac{\mathrm{d}i_j}{\mathrm{d}t}=\lambda_j\left(\sum\limits_{k=1}^{n}w_{j.k}i_k\right)s_j-\mu_j i_j\\ \dfrac{\mathrm{d}r_j}{\mathrm{d}t}=\mu_j i_j-\delta_j r_j\\ s_j+i_j+r_j=1\end{cases}\tag{3.2}$$

为了能表示从第 1 项技术到第 n 项技术的 $s(t)$、$i(t)$、$r(t)$，我们罗列出 j 从 $1\sim n$ 的相关微分方程为

$$\begin{cases}\dfrac{\mathrm{d}s_1}{\mathrm{d}t}=-\lambda_1\left(\sum\limits_{k=1}^{n}w_{1.k}i_k\right)s_1+\delta_1 r_1\\ \dfrac{\mathrm{d}s_2}{\mathrm{d}t}=-\lambda_2\left(\sum\limits_{k=1}^{n}w_{2.k}i_k\right)s_2+\delta_2 r_2\\ \qquad\vdots\\ \dfrac{\mathrm{d}s_n}{\mathrm{d}t}=-\lambda_n\left(\sum\limits_{k=1}^{n}w_{n.k}i_k\right)s_n+\delta_n r_n\end{cases}\tag{3.3}$$

$$\begin{cases}\dfrac{\mathrm{d}i_1}{\mathrm{d}t} = \lambda_1\left(\sum\limits_{k=1}^{n} w_{1.k}i_k\right)s_1 - \mu_1 i_1 \\ \dfrac{\mathrm{d}i_2}{\mathrm{d}t} = \lambda_2\left(\sum\limits_{k=1}^{n} w_{2.k}i_k\right)s_2 - \mu_2 i_2 \\ \vdots \\ \dfrac{\mathrm{d}i_n}{\mathrm{d}t} = \lambda_n\left(\sum\limits_{k=1}^{n} w_{n.k}i_k\right)s_n - \mu_n i_n \end{cases} \tag{3.4}$$

$$\begin{cases}\dfrac{\mathrm{d}r_1}{\mathrm{d}t} = \mu_1 i_1 - \delta_1 r_1 \\ \dfrac{\mathrm{d}r_2}{\mathrm{d}t} = \mu_2 i_2 - \delta_2 r_2 \\ \vdots \\ \dfrac{\mathrm{d}r_n}{\mathrm{d}t} = \mu_n i_n - \delta_n r_n \end{cases} \tag{3.5}$$

$$\begin{cases} s_1 + i_1 + r_1 = 1 \\ s_2 + i_2 + r_2 = 1 \\ \vdots \\ s_n + i_n + r_n = 1 \end{cases} \tag{3.6}$$

通过分析，运用矩阵微分方程来简化表达从第 1 项技术到第 n 项技术的 $\boldsymbol{s}(t)$、$\boldsymbol{i}(t)$、$\boldsymbol{r}(t)$，其中设定：

$$\boldsymbol{s}(t) = \begin{bmatrix} s(t)_1 \\ s(t)_2 \\ s(t)_3 \\ \vdots \\ s(t)_n \end{bmatrix},\ \boldsymbol{i}(t) = \begin{bmatrix} i(t)_1 \\ i(t)_2 \\ i(t)_3 \\ \vdots \\ i(t)_n \end{bmatrix},\ \boldsymbol{r}(t) = \begin{bmatrix} r(t)_1 \\ r(t)_2 \\ r(t)_3 \\ \vdots \\ r(t)_n \end{bmatrix},\ \boldsymbol{A} = \begin{bmatrix} 1 \\ 1 \\ 1 \\ \vdots \\ 1 \end{bmatrix}$$

$$\boldsymbol{s}(t)' = \begin{bmatrix} s(t)_1/\mathrm{d}t \\ s(t)_2/\mathrm{d}t \\ s(t)_3/\mathrm{d}t \\ \vdots \\ s(t)_n/\mathrm{d}t \end{bmatrix},\ \boldsymbol{i}(t)' = \begin{bmatrix} i(t)_1/\mathrm{d}t \\ i(t)_2/\mathrm{d}t \\ i(t)_3/\mathrm{d}t \\ \vdots \\ i(t)_n/\mathrm{d}t \end{bmatrix},\ \boldsymbol{r}(t)' = \begin{bmatrix} r(t)_1/\mathrm{d}t \\ r(t)_2/\mathrm{d}t \\ r(t)_3/\mathrm{d}t \\ \vdots \\ r(t)_n/\mathrm{d}t \end{bmatrix}$$

$$\boldsymbol{\Lambda}=\begin{bmatrix}\lambda_1 & 0 & 0 & & 0\\ 0 & \lambda_2 & 0 & \cdots & 0\\ 0 & 0 & \lambda_3 & & 0\\ & \vdots & & \ddots & \vdots\\ 0 & 0 & 0 & \cdots & \lambda_n\end{bmatrix},\ \boldsymbol{\Delta}=\begin{bmatrix}\delta_1 & 0 & 0 & & 0\\ 0 & \delta_2 & 0 & \cdots & 0\\ 0 & 0 & \delta_3 & & 0\\ & \vdots & & \ddots & \vdots\\ 0 & 0 & 0 & \cdots & \delta_n\end{bmatrix},\ \boldsymbol{M}=\begin{bmatrix}\mu_1 & 0 & 0 & & 0\\ 0 & \mu_2 & 0 & \cdots & 0\\ 0 & 0 & \mu_3 & & 0\\ & \vdots & & \ddots & \vdots\\ 0 & 0 & 0 & \cdots & \mu_n\end{bmatrix}$$

$$\boldsymbol{w}=\begin{bmatrix}w_{11} & w_{12} & w_{13} & & w_{1n}\\ w_{21} & w_{22} & w_{23} & \cdots & w_{2n}\\ w_{31} & w_{32} & w_{33} & & w_{3n}\\ & \vdots & & \ddots & \vdots\\ w_{n1} & w_{n2} & w_{n3} & \cdots & w_{nn}\end{bmatrix}$$

以上微分方程则可以表示为

$$\begin{cases}\boldsymbol{s}(t)'=-\boldsymbol{\Lambda}\boldsymbol{diag}(\boldsymbol{s}(t))\boldsymbol{wi}(t)+\boldsymbol{\Delta r}(t)\\ \boldsymbol{i}(t)'=\boldsymbol{\Lambda}\boldsymbol{diag}(\boldsymbol{s}(t))\boldsymbol{wi}(t)-\boldsymbol{Mi}(t)\\ \boldsymbol{r}(t)'=\boldsymbol{Mi}(t)-\boldsymbol{\Delta r}(t)\\ \boldsymbol{s}(t)+\boldsymbol{i}(t)+\boldsymbol{r}(t)=\boldsymbol{A}\end{cases}\tag{3.7}$$

其中，$\boldsymbol{diag}([a_1, a_2, \cdots\cdots, a_n])$ 表示的是对角线元素为 a_1，a_2，…，a_n 的对角矩阵。

3.1.3 传播扩散模型稳定性分析

研究发现，基于 SIRS 模型的新能源汽车传播扩散模型是多技术协同下传播扩散模型的一种特例，即当只有新能源汽车一项技术代入多技术协同下传播扩散模型中就可以得到单项技术扩散模型的表达式，因此接下来讨论多技术协同下传播扩散模型的稳定性。

在研究模型的过程中，为讨论模型的稳定性，我们引入流行病学中基本再生数的概念，它一般是指患病者在一个单位的时间内产生下一代的数量，通常记为 R_0。根据基本再生数的定义，基本再生数反映了疾病在传播扩散过程中最终稳定下的临界状态：当 $R_0>1$ 时，疾病处于流行状态；当 $R_0\leqslant 1$ 时，疾病消亡（崔玉美等，2017）。因此，在新能源汽车技术传播扩散的过程中，该项技术是处于流行扩散还是逐渐消亡被社会淘汰，也可以运用 R_0 来衡量。

我们通过对传播扩散模型中的各式进行相加，易得 $\mathrm{d}N/\mathrm{d}t=0$，显然根据假设确保人口总数时刻保持一个常数时该式成立。当 $i(t)$ 为 0 时，新能源汽车未能够在社会中实现传播扩散，我们将这种状态认为是模型的零平衡点，显然该模型存在零平衡点 $Q_1=(0, 0, 0)$。除此之外，模型内部还存在非零平衡点，那么

该非零平衡点 $P^* = (s^*, i^*, r^*)$ 满足以下方程组：

$$\begin{cases} 0 = -\boldsymbol{\Lambda} diag(\boldsymbol{s}(t))\boldsymbol{w}\boldsymbol{i}(t) + \boldsymbol{\Delta}\boldsymbol{r}(t) \\ 0 = \boldsymbol{\Lambda} diag(\boldsymbol{s}(t))\boldsymbol{w}\boldsymbol{i}(t) - \boldsymbol{M}\boldsymbol{i}(t) \\ 0 = \boldsymbol{M}\boldsymbol{i}(t) - \boldsymbol{\Delta}\boldsymbol{r}(t) \\ \boldsymbol{s}(t) + \boldsymbol{i}(t) + \boldsymbol{r}(t) = \boldsymbol{A} \end{cases} \tag{3.8}$$

通过计算，系统内部总存在新能源汽车未传播的平衡点 $Q_2 = (1, 0, 0)$ 以及技术传播局部平衡点 $Q_3 = (s^*, i^*, r^*)$。其中，基本再生数 $R_0 = \boldsymbol{\Lambda} diag(\boldsymbol{s}(t))\boldsymbol{w}/\boldsymbol{M}$。显然，当 $R_0 > 1$ 时，技术实现在社会中的传播扩散，此时系统在局部平衡点 $Q_3 = (s^*, i^*, r^*)$ 全局渐近稳定；当 $R_0 \leqslant 1$ 时，技术未能够实现传播扩散，在平衡点 $Q_2 = (1, 0, 0)$ 渐近稳定。

3.2 新能源汽车的传播扩散影响因素

3.2.1 新能源汽车扩散影响因素分类

立足于新能源汽车的发展现状，在研究新能源汽车传播扩散规律中，何伟怡和何瑞（2015）在研究新能源汽车公众市场扩散的影响因素这一方面进行了较为系统的研究。他们借助于全寿命周期成本理论对新能源汽车进行分析，提出了产品维度的影响因素，同时又分别基于技术接受模型（technology acceptance model，TAM）和创新扩散理论（innovation diffusion theory，IDT）提出了消费者个体和接口两个维度的影响因素（何瑞，2016）。本书结合了技术生态给新能源汽车传播扩散带来的影响，在借鉴何伟怡团队研究成果的基础上进行了适当的拓展，搭建了“技术本身—技术生态—外界环境”三个维度的影响因素分类体系。因此，以下就从新能源汽车技术本身的属性、技术生态以及外界环境这三个维度出发，归纳分析出影响因素与模型主要参数之间的关系。

1. 新能源汽车技术本身属性对扩散的影响

（1）产品或技术的特性。国家之所以大力推广新能源汽车，是因为新能源汽车具有绿色环保的优势。显然在面对传统燃油车时，新能源汽车属于一个新兴事物，而它从诞生到大众普遍使用需要一个漫长的过程，在这个过程中，公众以及产品的生产制造商必定会面对新事物不断产生的问题，并且要努力去克服。现阶段，新能源汽车尚处于发展初期，虽然在环保节能方面有很大优势，但是劣势依旧很明显，例如续航里程短、充电困难、核心技术不成熟以及基础配套设施不完善等现实问题，只有在根本上解决这些问题短板，新能源汽车在可持续发展道路上才能够真正地走下去（王娜和李凯，2019）。

新能源汽车的痛点之一是续航问题（马亮和任慧维，2018）。我们针对新能源汽车车主进行实地调研访谈，得到的结果是：现阶段，绝大多数的车主尤其是新手司机，最为在意新能源汽车存在的续航不够、续航衰减以及续航虚标的问题，因为他们对这项新技术的性能了解欠缺，容易对电池使用情况出现误判，时常在电量剩余 100 公里后产生不安的心理，这也导致了新能源汽车的口碑难以提升。

新能源汽车的痛点之二是充电时间问题。对比燃油车我们不难发现，在城市以及高速服务区等诸多车流量大的地区，都能够看到排队充电的新能源汽车，而燃油车只需要在服务区稍作停留，加满油后即可再次上路。尽管新能源汽车在充电方面有了较大的突破，不过快充 40 分钟，慢充 6 ~ 8 个小时的时间依旧较难被消费者接受。由于充电桩资源分布不均，导致部分地区的充电桩无人使用，而部分地区排起长队充电，这极大提升了部分用户的时间成本，充电难现象依旧突出。

新能源汽车的痛点之三是销售价格问题。作为理性经济人的消费者，必然会去选择性价比较高的产品。对于大多数消费者而言，10 万元左右的预算是其普遍能接受的价位。然而在该价位中新能源汽车的续航里程都不是很可观，而同价位的燃油车却明显优于新能源汽车。因此，如何提高新能源汽车的续航，或者降低那些续航里程长的产品的销售价格是生产商面临的一大难题。

新能源汽车的痛点之四是保值问题。对比燃油车，新能源汽车的百公里能耗相对较低。通过对百公里能耗的计算，燃油车行驶 100 公里折合人民币需要 36 元左右，而作为节能环保的新能源汽车却只要 6 元左右，显然新能源汽车在行驶成本上更为优越。但是不可忽视的是，新能源汽车不仅需要保养和维护，还存在更换电池的可能性，这体现了新能源汽车的一大劣势，即保值率低于燃油车。因此，百公里能耗和汽车保值率也是影响新能源汽车传播扩散的重要因素。

（2）产品或者技术的使用优势。使用优势是指新产品或新技术与以前传统的同类产品或技术比较，在成本费用以及便利程度上更具有优势。托纳茨基和克莱因（Tornatzky & Klein，1982）在研究创新时发现，使用优势是影响个人采纳的主要因素。在石油资源逐渐枯竭的今天，新能源汽车显然成为汽车未来的发展趋势，与传统燃油汽车相比，新能源汽车在尾气排放、加速性能、使用成本等方面更具优势。虽然新能源汽车在能源使用方面替代了石油，但是，依旧需要保证其操控性、舒适性、便利性等基本指标，尤其要确保汽车的安全可靠性。

徐国虎和许芳（2010）基于主成分分析法对新能源汽车购买的影响因素进行因子分析时，发现新能源汽车的安全保护性、使用便利性和质量可靠性的因子系数较大，这些因素是消费者在购买新能源汽车过程中重要的参考依据。刘雅菲等

(2015) 通过研究指出消费者最为看重新能源汽车的充电是否便捷、充电时间长短以及维修保养是否便利。因此，我们从产品或者技术的使用优势出发，认为新能源汽车在推广扩散过程中，如果消费者认为新能源汽车的安全保护、使用便利和质量可靠等方面具有一定的使用优势，那么他们就会选择新能源汽车。

2. 新能源汽车的技术生态对扩散的影响

在新能源汽车发展的过程中，世界各国对该产业未来的走向发展逐渐重视，部分国家已经将其上升到国家战略的层面，甚至有些国家采取了法律层面上的措施，明确了禁售燃油车的时间表。中国作为世界汽车大国，需要更加积极主动地去推进新能源汽车产业系统的发展，实现社会经济的可持续发展。在新能源汽车发展过程中，其他诸多技术的发展与新能源汽车技术共同组成了技术生态，技术间的相互作用会对各自发展产生一定影响。显然，共生、寄生关系会对相互技术的发展产生积极影响，而技术间的竞争则会抑制相互的发展。

首先，在人工智能（AI）技术方面，国家政府在工作报告中多次提到要大力发展人工智能。埃森哲于2017年曾对全球12个发达经济体的16个传统行业进行了深入研究，结果表明，人工智能技术能够在很大程度上刺激经济的发展。其预测在2035年，诸多国家的经济增长率将会实现翻倍（Purdy & Daugherty, 2017）。报告中的预测数据都足以证明，人工智能对于国家与社会的经济发展具有强大的推动力。对于新兴产业的规划设计以及传统产业的转型升级，人工智能在其中的地位变得越来越重要。落脚于汽车产业，其中的自动驾驶就是人工智能技术一个重要的应用场景。在未来，人工智能技术将逐渐被我们嵌入硬件设备、网络以及云端。AI技术与新能源汽车技术的协同发展，可以对新能源汽车的传播扩散产生较大的影响，使其能够在社会群体中更迅速地扩散。

其次，得益于5G技术的快速发展，各大运营商、设备以及芯片生产厂商进入了快速布局阶段，提前抢占市场份额。5G相比于前几代通信技术具有明显的优越性，包括传输速度变快，延时性降低等。技术上的优势使得5G技术在车联网场景中，尤其是提升自动驾驶安全性上扮演了重要角色。由此可见，在新能源汽车技术的生态中，5G技术的发展也对其产生重要的影响。

当然，在新能源汽车技术生态中，还有很多技术与新能源汽车技术相互共存、相互促进，比如大数据技术、轻量化技术等。显然，在该技术生态中，技术间的相互影响能对自身的扩散起到一定的促进作用。

3. 新能源汽车外界环境对扩散的影响

（1）消费者人群。

首先是消费者人群的社群归属。IDT理论指出，兼容性是对创新的感知和消费者之前的相关情感保持一致的程度（Rogers, 1971），显然，作为节能环保的新能源汽车需要和消费者的情感保持一致性。汉蒙（Hummon，1992）提出，社群归属感就是人们长期居住在某个地方，从而内心对这个地方产生了感情，并为此产生情感投入。立足于社群的区域性视角，当区域环境受到破坏与污染时，区域成员自身的相关利益也受到了一定的损坏，因此，在社群归属感的驱使下，人们往往会采取积极的响应措施来解决环保问题。由上述分析我们可以得知，新能源汽车的购买行为也会受到内心社群归属感的驱使。社群中那些具有强社群归属感的人们，会积极响应政府和相关部门的号召，使用更加环保节能的新能源汽车，借此来加强自己所居住环境的责任感和情感投入。因此，消费者的社群归属感和环保意识是影响新能源汽车传播扩散的重要因素之一。

其次是消费者人群的创新性。现有研究指出，那些具有较强沟通主动性和消费者创新性的人群，更容易受到企业营销宣传的影响（杨强和董泽瑞，2015）。我们推测人们对于新能源汽车的消费在很多时候会受到消费者自身的创新性驱动，所以消费者的创新性也是影响新能源汽车传播扩散的重要因素之一。

（2）政府宏观环境。

首先是政府补贴。迄今为止，中国政府已出台了多项支持措施来促进新能源汽车的推广与应用，这些措施涵盖了技术的研发创新、生产制造、销售补贴、税收优惠、准入与安全监督等各个方面。现有政策逐渐呈现扶优扶强的趋势，来确保新能源汽车的推广应用。从全球的视角来看，正是因为连续几年来正确的规划布局以及政策支持，使得我国在新一轮的汽车产业转型升级的过程中占领先机。当然，随着近两年来新能源汽车产业规模的迅速壮大，相应的补贴政策力度也会有所调整，这种补贴的退坡调整会给新能源汽车的发展带来一定的压力，由此可见政府的补贴政策也是影响新能源汽车传播扩散的重要因素之一。

其次是扶持政策。除了政府对于新能源汽车的补贴政策外，地方政府还给新能源汽车专门开辟了“绿色通道”。例如，北京市颁布了对新能源汽车不限行的政策；西安市赋予绿牌车行驶公交车道的特权；深圳市与海南省给新能源汽车提供免费停车的优惠。根据公开资料显示，全国已有29个省市发布了与新能源汽车相关的支持政策，这给新能源汽车的传播开了“绿灯”。正是由于国家或者地方政策的大力扶持，越来越多的人也在考虑选择新能源汽车作为出行工具，由此可见，政府的扶持政策也是影响新能源汽车传播扩散的重要因素之一。

3.2.2 新能源汽车扩散影响因素识别

1. 问卷设计

根据新能源汽车在社群中传播扩散的因素分析，我们得到了以下17项有关新能源汽车扩散的影响因素，包括充电时间、续航里程、百公里能耗、充电设施、质量可靠性、使用便利性、驾驶安全性、保值率、销售价格、社群归属、燃油车竞争、自动驾驶、5G 技术、消费者创新性、环保意识、政府补贴、政策扶持，影响因素汇总如表 3.4 所示。

表 3.4　　　　新能源汽车传播扩散影响因素汇总

序号	变量分类	变量名称	变量解释	参考文献
1	新能源车技术本身属性	充电时间	指将电容充满所需要的时间	Calfee，1985；刘雅菲等，2015；姚方来，2018
2		续航里程	指电动汽车上动力蓄电池以全充满状态开始到标准规定的试验结束时所走过的里程	Cheron & Zins，1997；陈丽，2018；石红波等，2014；刘浩华和程杨，2014
3		百公里能耗	指汽车行驶 100 公里所消耗的能量，这里转化为经济指标	徐国虎和许芳，2010；洪木南等，2016；茹永刚等，2018
4		充电设施	指为电动汽车提供电能补给的各类充电设施，是新型的城市基础设施	姚方来，2018；石红波等，2014；Wirges et al.，2012；金明，2019；张静等，2016；叶楠和周梅华，2012；任斌等，2013
5		质量可靠性	使用过程中产品的质量是可靠的	徐国虎和许芳，2010；陈明华，2018
6		使用便利性	使用过程是便利的（例如充电、维修、保养、配套设施等）	徐国虎和许芳，2010；刘雅菲等，2015；刘浩华和程杨，2014；叶楠和周梅华，2012；蒋然和李英，2014
7		驾驶安全性	驾驶过程是安全的（包括电气安全、化学安全、机械安全等）	徐国虎和许芳，2010；朱磊磊等，2017；李光，2011
8		保值率	指某款车型在使用一段时期后，将其卖出的价格与购买价格的比值	郑劼，2019
9		销售价格	产品在销售过程中的售价	石红波等，2014；叶楠和周梅华，2012；任斌等，2013
10	技术生态	燃油车竞争	新能源汽车与燃油汽车的销售竞争	崔冬，2018；严浩云和魏美华，2013
11		自动驾驶	新能源汽车与自动驾驶技术之间的融合	季徐罡，2019；曹悦恒，2018；刘小明，2018
12		5G 技术	新能源汽车与 5G 技术之间的融合	杨永明，2018
13	消费者人群	社群归属	居住在某个地域并认为属于这个地方，从而对此地产生的情感投入	何伟怡和何瑞，2015a；何瑞，2016；Hummon，1992
14		消费者创新性	指消费者潜在的个人特征，而这种个人特征会驱使消费者愿意接收新的事物	Citrin et al.，2000；McManus & Berman，2005；谢云晖，2018；王颖和李英，2013
15		环保意识	为保护环境而不断调整自身经济活动和社会行为，协调人与环境、人与自然互相关系的实践活动的自觉性	Steg，2008；叶楠和周梅华，2012；朱磊磊等，2017；祖明等，2019；陈洁，2015；李佳霖，2010

续表

序号	变量分类	变量名称	变量解释	参考文献
16	政府宏观环境	政府补贴	政府对私人购买、登记注册和使用的新能源汽车给予一次性补助	马少超和范英，2018；Sherilyn Wee et al.，2018；李国栋等，2019；叶楠和周梅华，2012；朱磊磊等，2017；陈洁，2015；Christian Thiel et al.，2010；何志静和刘卯，2017
17		政策扶持	国家对新能源汽车消费端的支持而制定的行政管制政策（车辆限行与限购、税收优惠、退税、免牌照等）	马少超和范英，2018；李国栋等，2019；朱磊磊等，2017；唐葆君和吴晓凤，2012；陈歌，2017

根据表 3.4 对新能源汽车传播扩散的影响因素汇总，本章的问卷设计总共分为三部分：第一部分是对调研者基本个人信息特征进行统计，包括性别、年龄、学历、月收入以及是否使用新能源汽车；第二部分是调研者对新能源汽车扩散影响因素满意程度定量分析，共计 17 项；第三部分是调查新能源汽车使用意愿，包括传播强度、退出使用系数以及免疫丧失系数。

2. 数据收集和信度分析

本章的数据获取主要通过问卷调查的方式，分别在线上和线下进行问卷的发放与回收。线上通过问卷星平台对问卷进行电子化，然后在各大论坛、社交平台发放，线下则是通过实地调查和访问的方式进行。最后对收集到的问卷进行整理分析，剔除部分不符合要求的答卷，汇总得到有效样本数据，为本章的研究提供支持。

本次总共发放调查问卷 500 份，发放时间为 2019 年 11 月 1 日至 2020 年 2 月 29 日，回收问卷 482 份，剔除无效问卷 58 份，得到有效问卷 424 份，有效问卷回收率为 87.97%。为保证问卷的测量题目在评价同一个概念，需要对回收问卷进行信度分析。如果该问卷的信度较高，说明测量题目的一致性较好，判断标准如表 3.5 所示。利用 IBM SPSS Statistics 26 对收集的数据进行信度检验（见表 3.6），Cronbach' α 系数为 0.723，处于 0.7 ~ 0.8 之间，说明本问卷的信度可以被接受。

表 3.5　　量表的信度等级（Cronbach's α）判断标准

Cronbach's α	0.8 以上	0.7 ~ 0.8	0.6 ~ 0.7	0.6 以下
标准	信度很好	可以接受	较为接受	不能接受

表 3.6　　问卷的可靠性统计

Cronbach's α	基于标准化项的 Cronbach's α	项数
0.723	0.755	22

3. 相关性分析

相关性分析的主要目的是检验已知自变量和因变量之间是否存在相关性，为后面的回归分析作铺垫。显然，当自变量和因变量之间不存在相关性时，就没有必要去对其进行回归分析；反之，可以运用回归分析法，进一步研究自变量和因变量之间的准确关系。当然，相关性分析还可以去检测自变量之间的共线性程度，若自变量之间的相关性程度很大，则可能存在共线性。相关分析主要通过相关系数来确定变量之间的关系，相关系数具有以下作用：分析变量之间是否存在相关关系，判断变量之间的相关关系为正相关还是负相关，以及判断变量之间关系的紧密性。

根据上述对相关分析的描述，可以看到相关系数作为相关分析中重要的参数，反映了各个变量之间线性关系的强弱程度，并根据其正、负符号来判断相关性的方向。相关系数有两类，分别是 Pearson 相关系数和 Spearman 相关系数，这两类相关系数都可以用来描述变量之间的相关关系程度。因此，可以通过对已有收集到的问卷数据进行因素之间的相关性分析，识别出其中与模型参数强相关的影响因素，筛去与之没有相关的影响因素，为后续的回归分析作铺垫。利用 IBM SPSS Statistics 26 对已有的 14 个因素进行 Pearson 相关性分析，其分析结果如表 3.7 所示。

表 3.7　　影响因素与模型参数之间相关性分析结果

影响因素	模型参数相关性		
	传播强度	退出使用	免疫丧失
充电时间（X_1）	●	○	●
续航里程（X_2）	●	●	●
百公里能耗（X_3）	●	○	○
充电设施（X_4）	●	●	●
质量可靠性（X_5）	●	○	●
使用便利性（X_6）	○	○	○
驾驶安全性（X_7）	○	○	○
保值率（X_8）	●	○	○
销售价格（X_9）	●	○	○
社群归属（Y_1）	●	○	●

续表

影响因素	模型参数相关性		
	传播强度	退出使用	免疫丧失
创新性（Y_2）	○	●	●
环保意识（Y_3）	●	●	●
政府补贴（Z_1）	○	○	●
政策扶持（Z_2）	●	●	●

注：●代表强相关；○代表不相关。

3.2.3 新能源汽车扩散因素回归模型构建与分析

1. 新能源汽车扩散因素回归模型

回归分析（regression analysis）是用来确定两组或两组以上变量之间关系的一种统计方法。根据对传播强度、退出使用系数以及免疫丧失系数与相关影响因素的相关性分析，本节筛选出与这三个参数相关性显著的影响因素进行多元回归分析，其分析结果如下所述，并以此构建出新能源汽车传播扩散影响因素的多元回归模型。

（1）传播强度。通过相关性分析，得到新能源汽车的传播强度与充电时间（X_1）、续航里程（X_2）、百公里能耗（X_3）、充电设施（X_4）、质量可靠性（X_5）、保值率（X_8）、销售价格（X_9）、社群归属（Y_1）、环保意识（Y_3）、政策扶持（Z_2）之间具有强相关性。本书设置新能源汽车的传播强度为因变量，与传播强度具有强相关性的因素为自变量，利用 IBM SPSS Statistics 26 进行多元回归模型分析，模型摘要如表 3.8 所示，模型中各个因素的系数如表 3.9 所示。

表 3.8　λ 的模型摘要

模型	R	R^2	调整后 R^2	标准错误	德宾—沃森
1	0.575	0.331	0.315	0.1733597	1.948

注：预测变量为（常量）、政策扶持、销售价格、社群归属、环保意识、充电时间、保值率，质量可靠性、续航里程、百公里能耗、充电设施；因变量为传播强度。

表 3.9　λ 的模型系数

模型 1	未标准化系数		标准化系数	t	显著性	共线性统计	
	B	标准错误	Beta			容差	VIF
（常量）	-0.324	0.053		-6.132	0.000		
充电时间	0.093	0.038	0.118	2.452	0.015	0.699	1.431

续表

模型 1	未标准化系数		标准化系数	t	显著性	共线性统计	
	B	标准错误	Beta			容差	VIF
续航里程	0.156	0.036	0.221	4.284	0.000	0.609	1.643
百公里能耗	0.079	0.036	0.109	2.201	0.028	0.659	1.518
充电设施	0.096	0.038	0.133	2.527	0.012	0.581	1.720
质量可靠性	0.235	0.045	0.238	5.241	0.000	0.788	1.269
保值率	0.020	0.036	0.024	0.554	0.048	0.837	1.194
销售价格	0.156	0.044	0.179	3.582	0.000	0.650	1.539
社群归属	0.049	0.033	0.065	1.470	0.014	0.834	1.199
环保意识	0.090	0.042	0.093	2.142	0.033	0.852	1.173
政策扶持	0.057	0.040	0.060	1.436	0.015	0.916	1.092

注：因变量为传播强度。

同时，依据 VIF 值对各个自变量之间是否存在多重共线性进行分析判断：参考海尔（1995）的共线性判断标准，其中指出自变量的容忍度大于 0.1，VIF 值小于 10 是表示可以接受的，这表明了自变量之间不存在共线性（Shuang Li，2010）。根据表 3.9，自变量之间不存在多重共线性，可以进行回归模型构建。因此，关于新能源汽车的传播强度的回归模型为

$$\lambda = -0.324 + 0.093X_1 + 0.156X_2 + 0.079X_3 + 0.096X_4 + 0.235X_5 + 0.020X_8 + 0.156X_9 + 0.049Y_1 + 0.090Y_3 + 0.057Z_2 \tag{3.9}$$

（2）退出使用系数。通过相关性分析，得到新能源汽车的退出使用系数与续航里程（X_2）、充电设施（X_4）、创新性（Y_2）、环保意识（Y_3）、政策扶持（Z_2）之间具有强相关性。本书设置新能源汽车的退出使用系数为因变量，与退出使用系数具有强相关性的因素为自变量，利用 IBM SPSS Statistics 26 进行多元回归模型分析，模型摘要如表 3.10 所示，模型中各个因素的系数如表 3.11 所示。

表 3.10　　μ 的模型摘要

模型	R	R^2	调整后 R^2	标准估算的错误	德宾—沃森
1	0.410	0.168	0.156	1.274	1.877

注：预测变量为（常量）、政策扶持、创新性、充电设施、环保意识、续航里程；因变量为退出使用。

表 3.11 **μ 的模型系数**

模型 1	未标准化系数		标准化系数	t	显著性	共线性统计	
	B	标准错误	Beta			容差	VIF
(常量)	1.420	0.323		3.288	0.001		
续航里程	0.594	0.254	0.127	2.339	0.020	0.677	1.476
充电设施	0.951	0.256	0.199	3.716	0.000	0.698	1.433
创新性	0.468	0.278	0.081	1.682	0.043	0.861	1.161
环保意识	0.952	0.314	0.149	3.032	0.003	0.829	1.207
政策扶持	0.668	0.289	0.107	2.310	0.021	0.939	1.065

注：因变量为退出使用。

根据表 3.10 和表 3.11 的数据统计，关于新能源汽车的退出使用系数的回归模型为

$$\mu = 1.420 + 0.594X_2 + 0.951X_4 + 0.468Y_2 + 0.952Y_3 + 0.668Z_2 \quad (3.10)$$

（3）免疫丧失系数。通过相关性分析，得到新能源汽车的免疫丧失系数与充电时间（X_1）、续航里程（X_2）、充电设施（X_4）、质量可靠性（X_5）、社群归属（Y_1）、创新性（Y_2）、环保意识（Y_3）、政府补贴（Z_1）、政策扶持（Z_2）之间具有强相关性。本书设置新能源汽车的免疫丧失系数为因变量，与免疫丧失系数具有强相关性的因素为自变量，利用 IBM SPSS Statistics 26 进行多元回归模型分析，模型摘要如表 3.12 所示，模型中各个因素的系数如表 3.13 所示。

表 3.12 **δ 的模型摘要**

模型	R	R^2	调整后 R^2	标准估算的错误	德宾—沃森
1	0.351	0.123	0.102	3.468	2.233

注：预测变量为（常量）、政策扶持、社群归属、充电时间、环保意识、质量可靠性、充电设施、创新性、政府补贴、续航里程；因变量为免疫丧失。

表 3.13 **δ 的模型系数**

模型 1	未标准化系数		标准化系数	t	显著性	共线性统计	
	B	标准错误	Beta			容差	VIF
(常量)	11.610	0.957		13.563	0.000		
充电时间	-1.814	0.722	-0.132	-2.511	0.012	0.768	1.301
续航里程	-0.394	0.723	-0.032	-0.545	0.035	0.618	1.617
充电设施	-0.919	0.746	-0.073	-1.232	0.021	0.609	1.642
质量可靠性	-2.346	0.899	-0.136	-2.610	0.009	0.782	1.279

续表

模型 1	未标准化系数		标准化系数	t	显著性	共线性统计	
	B	标准错误	Beta			容差	VIF
社群归属	0.035	0.663	0.003	0.052	0.048	0.849	1.178
创新性	-2.211	0.804	-0.145	-2.750	0.006	0.763	1.310
环保意识	-0.263	0.861	-0.016	-0.306	0.031	0.816	1.225
政府补贴	-0.884	0.918	-0.053	-0.962	0.033	0.710	1.409
政策扶持	-0.691	0.895	-0.042	-0.772	0.044	0.727	1.375

注：因变量为免疫丧失。

根据表 3.12 和表 3.13 的数据统计，关于新能源汽车的免疫丧失系数回归模型为

$$\delta = 11.610 - 1.814X_1 - 0.394X_2 - 0.919X_4 - 2.346X_5 + 0.035Y_1 - 2.211Y_2 - 0.263Y_3 - 0.884Z_1 - 0.691Z_2 \tag{3.11}$$

2. 基于回归方程模型的因素分析

通过对新能源传播扩散模型中传播强度、退出使用系数和免疫丧失系数参数的回归分析，得到新能源汽车传播扩散的影响因素与参数间的回归模型，通过对三个回归模型的结果分析，可以得到以下结论。

（1）通过分析传播强度的回归模型，绘制了参数 λ 的多元回归模型中影响因素与其系数之间的散点图，如图 3.3 所示。

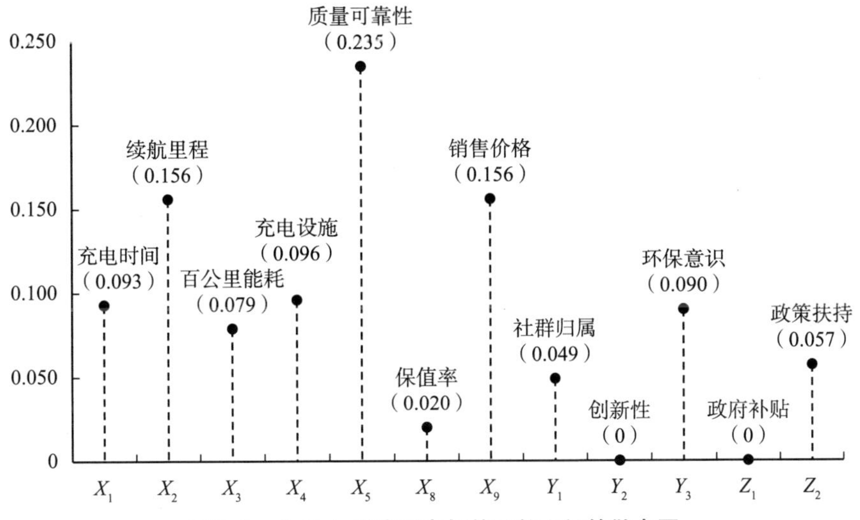

图 3.3　参数 λ 影响因素与其系数之间的散点图

由图3.3可知，在新能源汽车传播扩散的影响因素中，质量可靠性对新能源汽车传播扩散的影响程度最大，系数高达0.235，这也从侧面看出人们对一款产品（尤其是价值高的产品）的质量重视度很高。其次是续航里程和销售价格，系数均为0.156，这表明消费者较为重视新能源汽车性价比。充电时间(0.093)、充电设施（0.096）和环保意识（0.090）对新能源汽车传播扩散也有一定程度的影响。当一项技术发展起来的时候，消费者不仅关注该技术本身成功与否，也看重该技术的配套服务建设。与此同时，随着消费者环保意识的提升，新技术或者新产品传播扩散过程中是否满足“低碳经济”也逐渐成为重要的考核标准。

（2）通过分析退出使用系数的回归模型，绘制了参数μ的多元回归模型中影响因素与其系数之间的散点图，如图3.4所示。

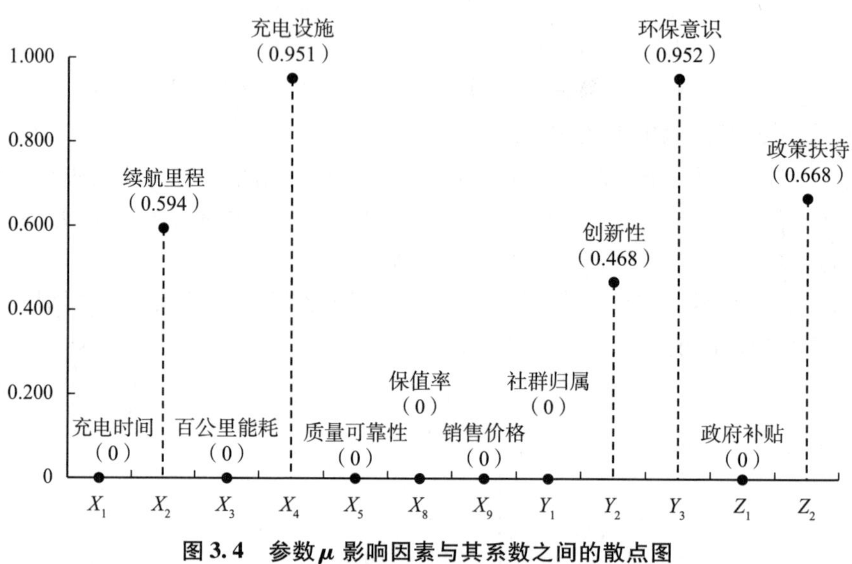

图3.4　参数μ影响因素与其系数之间的散点图

由图3.4可知，在新能源汽车传播扩散的影响因素中，消费者的环保意识(0.952）的增强和充电设施（0.951）的提升能够有效延长消费者对新能源汽车产品的使用周期，这也为提高消费者黏性提供了思路。当然基于技术本身的一些属性的提升，例如增加续航里程（0.594），或者政府的一些宏观调控，例如发布一些适当的政策进行扶持（0.668），都能够有效地留住消费者。

（3）通过分析免疫丧失系数的回归模型，绘制了参数δ的多元回归模型中影响因素与其系数之间的散点图，如图3.5所示。

由图3.5可知，在新能源汽车传播扩散的影响因素中，充电时间（-1.814）、质量可靠性（-2.346）以及创新性（-2.211）对模型中的免疫丧失系数影响较大，这对消费者再次选择使用新能源汽车有很大的促进作用，这也对相关主体制定策略提供思路参考。基础设施（-0.919）的建设和完善以及政府的宏观调控作用，即政府补贴（-0.884）和政策扶持（-0.691），在一定程度上也能够较好地促使消费者再次选择新能源汽车。

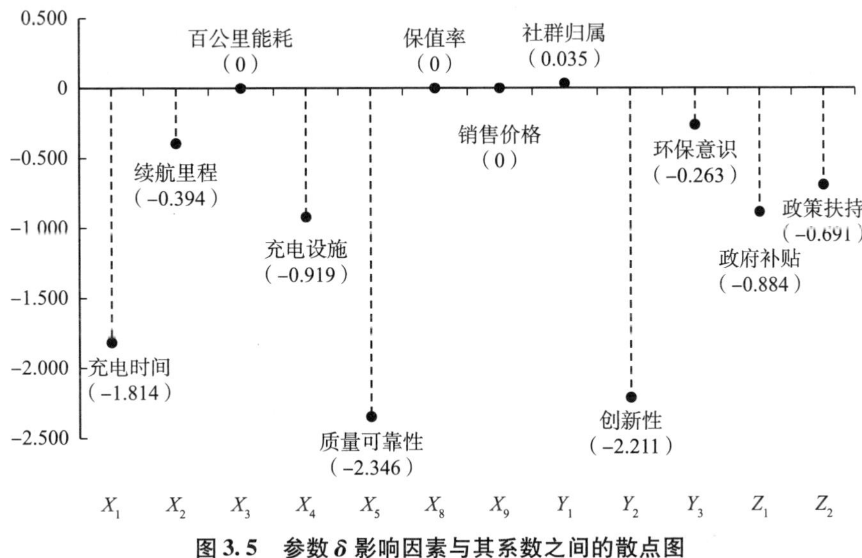

图 3.5　参数 δ 影响因素与其系数之间的散点图

3.3　新能源汽车的传播扩散实证分析

在新能源汽车产业快速发展的今天，世界各国纷纷采取相应的举措，有些国家甚至将发展新能源汽车上升至国家战略层面。现如今，在各项新兴技术与汽车融合发展的背景下，汽车产业呈现出电子化、网联化、智能化的发展趋势，新能源汽车的发展给中国在汽车制造业提供了一个弯道超车的机会。

机遇与挑战并存，中国在新能源汽车产业的发展中依旧面临着诸多制约因素，其中包括整车制造企业水平相对低下，新能源汽车创新功能少，消费者使用体验不佳，难以很好地满足消费者的相关需求等。同时，由于新能源汽车本身在市场上缺乏较大的竞争力，外加近几年政府补贴持续退坡，新能源汽车的传播扩散受到了很大的阻力。受上述原因影响，2019 年，新能源汽车的产销量首次出现下降。

通过对公开数据的收集整理，绘制了截至 2019 年新能源汽车的产销量情况，如图 3.6 所示。

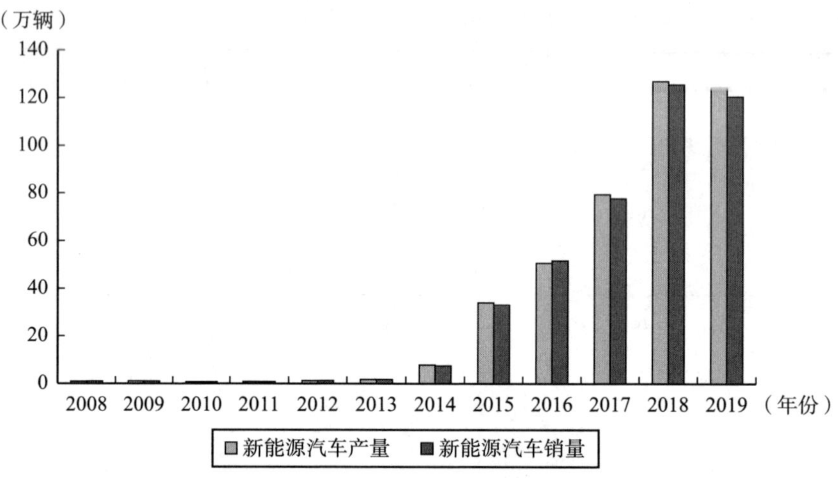

图 3.6　截至 2019 年中国新能源汽车产销量

注：根据中国汽车工业协会发布数据统计整理。

2013 年到 2014 年，我国新能源汽车的产销量出现了爆炸式的增长，随后一直保持着快速且稳定的增长，直到 2018 年产销量达到最大值，这使得中国成为全球最大的新能源汽车市场，这给新能源汽车产业的发展提供了巨大的机会。到 2019 年，我国新能源汽车的产销量达到了 124. 2 万辆和 120. 6 万辆，同比下降了 2. 3% 和 4%，其原因主要是政府的相关补贴政策在当年 7 月有了进一步的退坡。图 3. 7 展示了截至 2019 年我国汽车与新能源汽车保有量的统计。

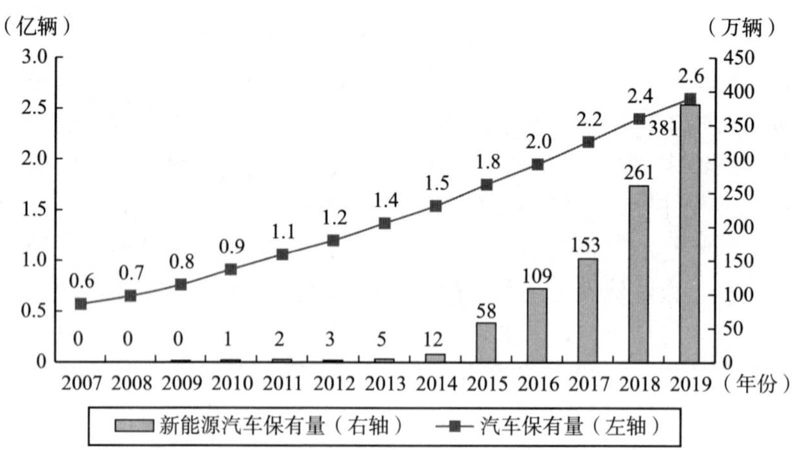

图 3.7　截至 2019 年中国汽车与新能源汽车保有量统计

注：根据中国汽车工业协会发布数据统计整理。

5G 技术的快速发展，使得各大运营商、设备以及芯片生产厂商进入快速布局阶段。5G 相比于前几代通信技术具有明显的优越性，这种技术上的优势使得 5G 技术在车联网场景中成为重要的角色。图 3.8 展示了截至 2019 年我国 4G 用户数的变化情况，而 5G 技术作为 4G 技术的升级版，其增长势头会更加强劲。

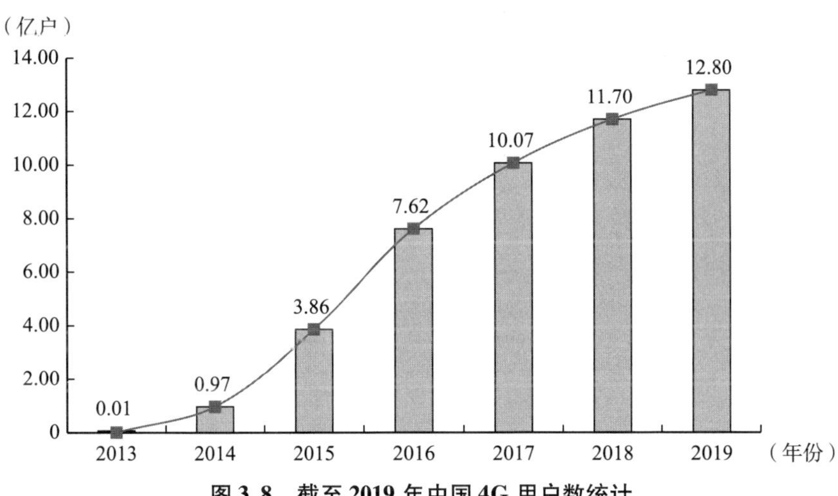

图 3.8　截至 2019 年中国 4G 用户数统计

注：根据各大电信运营商历年公开数据统计整理。

3.3.1　新能源汽车传播扩散研究

1. 模型参数赋值

根据我国新能源汽车的发展现状，对模型的相关参数进行赋值，假设当 $j=1$ 时为新能源汽车。

根据现阶段新能源汽车 381 万辆的保有量（见图 3.7）计算得出：$i(t)_1 = \frac{381\times10^4}{14\times10^8}=0.0027$。

同时新能源汽车退出使用的人数较少，可以忽略不计，因此：$r(t)_1=0$，$s(t)_1=1-i(t)_1-r(t)_1=0.9973$。

根据问卷中的数据统计，计算新能源汽车的传播强度、退出使用系数、免疫丧失系数，即 $\lambda_1=\frac{\text{传播强度}}{365}=\frac{9.689}{365}=0.0265$，$\mu_1=\frac{\text{退出使用}}{365}=\frac{3.448}{365}=0.0094$，$\delta_1=\frac{\text{免疫丧失}}{365}=\frac{6.599}{365}=0.0181$，并填入表 3.14。

假设当 $j=2$ 时为 5G 技术。5G 技术作为 4G 技术的升级版，将会成为下一代主流的移动通信网络，这种技术的推广会对人们现有的生活以及工作方式产生巨大的改变。为提高通信效率，全国各大运营商以及设备制造商正在大力建设5G基站，同时也积极地在各城市进行试点建设。虽然5G技术仍处于规模试验阶段，不过未来的商用发展潜力巨大。

根据中国现阶段5G用户数量估计接近千万（这里近似设定为1000万），可知 $i(t)_2 = \frac{1000 \times 10^4}{14 \times 10^8} = 0.0071$；同时5G技术退出使用的人数较少，可以忽略不计，因此：$r(t)_2 = 0$，$s(t)_2 = 1 - i(t)_2 - r(t)_2 = 0.9929$。

因为5G技术与4G技术的扩散规律具有相似性，因此将4G技术的传播参数作为5G的参数，通过拟合历年4G技术用户的统计数据（见图3.8），同时考虑5G技术的优良性，得到5G技术的传播强度、退出使用系数、免疫丧失系数，即 $\lambda_2 = 0.0274$，$\mu_2 = 0.0027$，$\delta_2 = 0.1639$，并填入表3.14。

表3.14　模型参数赋值

参数符号	参数含义	赋值大小	
		$j=1$	$j=2$
		NEV技术	5G技术
$s(t)_j$	普通人口总数比例	0.9973	0.9929
$i(t)_j$	使用技术的人口比例	0.0027	0.0071
$r(t)_j$	退出使用的人口比例	0	0
λ_j	技术的传播强度	0.0265	0.0274
μ_j	技术的退出系数	0.0094	0.0027
δ_j	技术免疫丧失系数	0.0181	0.1639
w_{jk}	技术影响系数		
T	系统的传播扩散时间	500	500

2. 新能源汽车传播扩散结果

通过对我国新能源汽车传播扩散的现状研究，对构建的传播扩散模型相关参数进行赋值，利用MATLAB中的Simulink模块对模型进行运算仿真处理，模型结果如下所示。

其中，图3.9展示的是通过实际统计数据代入新能源汽车传播扩散模型后的仿真结果，S、I、R 分别表示了新能源汽车的潜在使用者、使用者以及退出使用者的比例变化，该仿真结果表明我国处于新能源汽车产业发展的开始阶段，往后几年会较快速增长，若外界条件一直不变，S、I、R 的比例会逐渐趋于稳定。图3.10展示了将5G技术的相关参数代入技术扩散模型中的仿真结果。

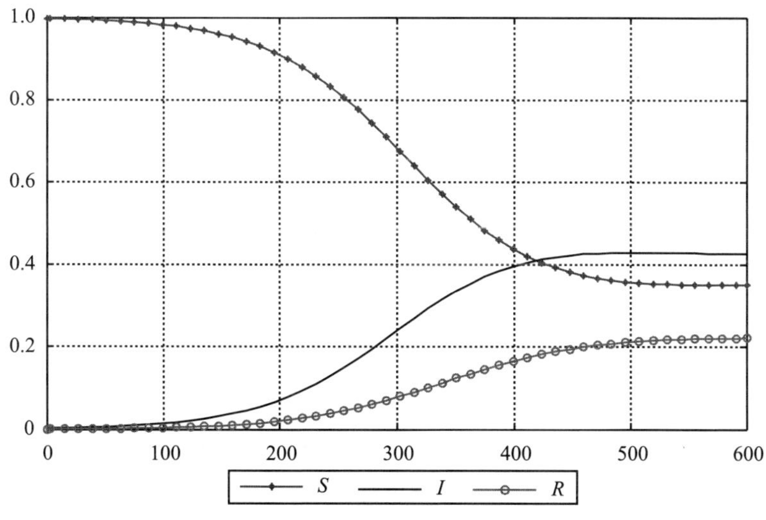

图 3.9　我国 NEV 扩散结果

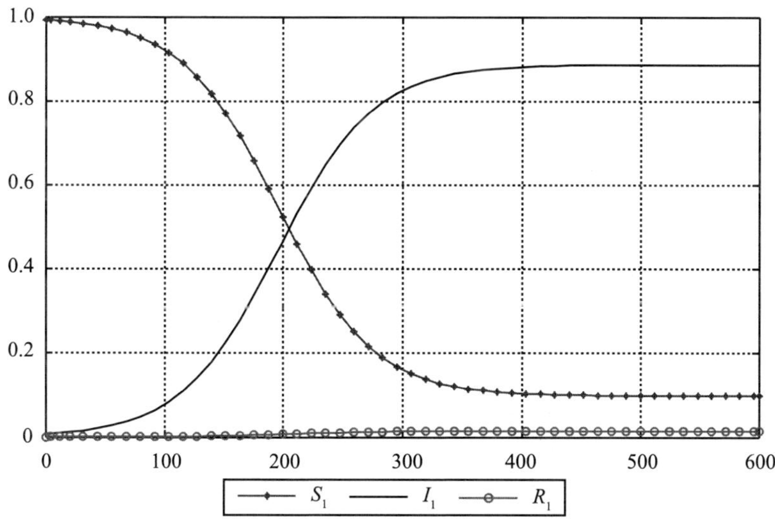

图 3.10　我国 5G 技术扩散结果

图 3.11 展示了新能源汽车仿真结果的前一段数据与实际数据对比结果，图 3.12 展示了 4G 实际使用者与 5G 技术的仿真结果对比，表现了该模型具有较好的准确性。

从图 3.11 和图 3.12 也可以看出，自 2019 年后，新能源汽车保有量将会呈现快速增长的态势，同时伴随着 5G 技术的迭代发展，两项技术之间的融合将会越来越密切，这也给新能源汽车的传播扩散提供了良好的发展机遇。

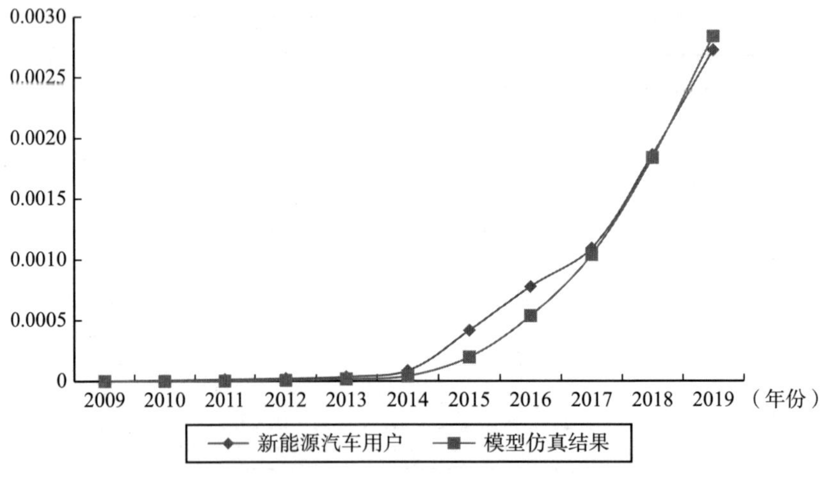

图 3.11　NEV 保有量与仿真结果对比

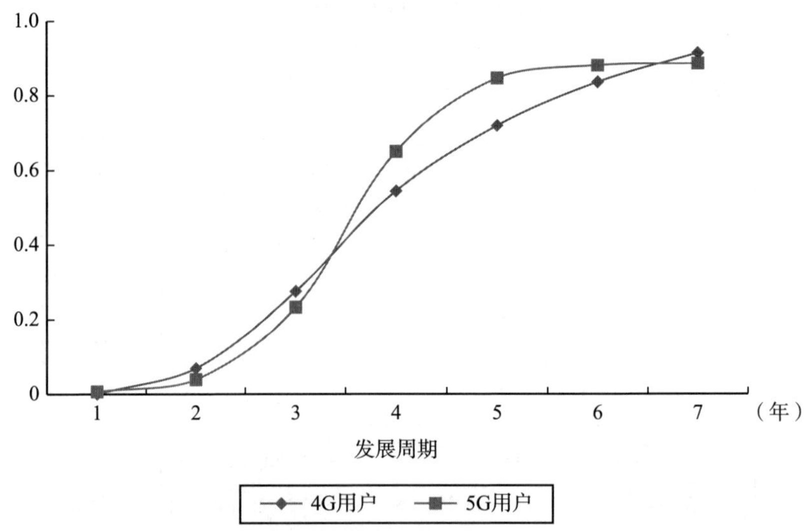

图 3.12　4G 使用者与 5G 使用者仿真结果对比

3.3.2　新能源汽车传播扩散因素影响程度分析

通过将新能源汽车的实际数据代入传播扩散模型中进行仿真模拟，我们验证了模型具有较好的准确性，通过模拟仿真得到的结果，可以看到新能源汽车的传播扩散的速度与程度都没有 5G 技术的大。一方面限制于技术本身的原因，另一方面可以通过改变传播扩散模型中参数的初始值来改变新能源汽车的扩散结果。根据所构建的模型参数（包括传播强度 λ、退出使用系数 μ 以及免疫丧失系数 δ）的回归模型，当用户对每个影响因素的满意度提升 0.1 个单位时，可以进一步讨论影响因素对模型参数的影响程度以及对新能源汽车传播扩散结果的影响。

1. 新能源汽车技术本身的影响因素

从新能源汽车技术本身的影响因素出发，包括充电时间（X_1）、续航里程（X_2）、百公里能耗（X_3）、充电设施（X_4）、质量可靠性（X_5）、保值率（X_8）、销售价格（X_9）这 7 项因素，给每个影响因素的满意度增加 0. 1 个单位，代入参数的回归方程中，得到新的模型参数初始值，如表 3. 15 所示。

表 3. 15　模型参数初始值

参数	原始值	X_1	X_2	X_3	X_4	X_5	X_8	X_9
λ	9. 689	10. 198	10. 543	10. 121	10. 214	10. 976	9. 798	10. 543
μ	3. 448	3. 448	3. 508	3. 448	3. 543	3. 448	3. 448	3. 448
δ	6. 599	6. 415	6. 559	6. 599	6. 507	6. 364	6. 599	6. 599

通过计算转化，得到不同因素改变下的参数初始值（可直接代入模型），如表 3. 16 所示，并代入模型进行数值仿真，得到扩散结果如图 3. 13 所示。

表 3. 16　模型参数初始值（转化后）

参数	原始值	X_1	X_2	X_3	X_4	X_5	X_8	X_9
λ	0. 02654	0. 02794	0. 02889	0. 02773	0. 02798	0. 03007	0. 02684	0. 02889
μ	0. 00945	0. 00945	0. 00961	0. 00945	0. 00971	0. 00945	0. 00945	0. 00945
δ	0. 01808	0. 01757	0. 01797	0. 01808	0. 01783	0. 01744	0. 01808	0. 01808

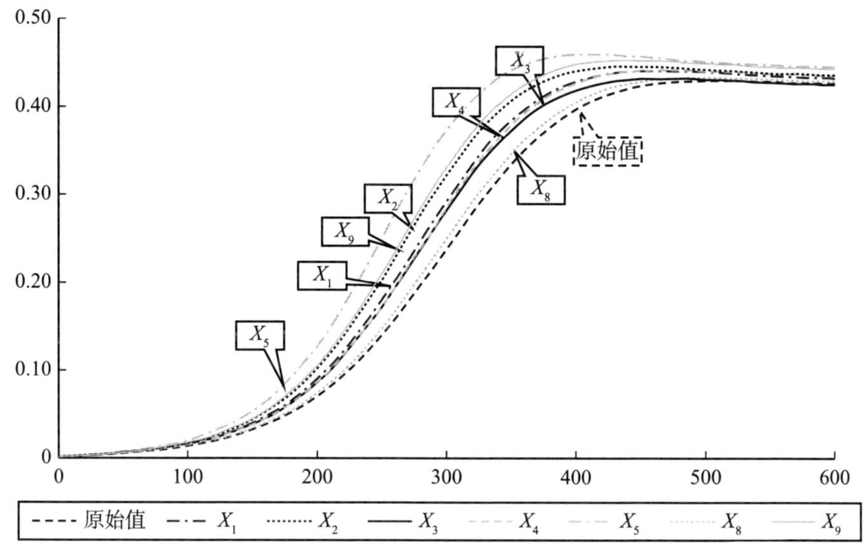

图 3. 13　不同参数初始值下的扩散结果（技术本身属性影响）

从新能源汽车技术本身的影响因素出发，根据图 3.13 可以发现，相关影响因素的改变均能够在一定程度上影响新能源汽车在社群中传播扩散的结果。首先，消费者更加注重的是对于新能源汽车这项新技术的质量安全性能（X_5），这也印证了作为一个理性消费者应该持有的一种态度。其次，销售价格（X_9）和续航里程（X_2）这两项因素对新能源汽车传播扩散也有较大影响，提升销售价格和续航里程在消费者中的满意程度，不仅能够加快新能源汽车的扩散速度，也能够有效地提升新能源汽车的扩散程度。当然，随着新能源汽车技术的逐渐成熟，技术的质量得到了消费者的广泛认同后，他们开始重视技术的成熟程度（X_1、X_2、X_3）以及技术相关的基础设施（X_4）。

在仿真扩散的结果中，新能源汽车的保值率（X_8）虽然也能够在一定程度上促进新能源汽车的传播扩散，不过在现阶段还没有得到应有的重视，或许在新能源汽车的前几批换代之后，其保值率会逐渐被重视起来。

2. 新能源汽车技术生态的影响因素

根据仿真模拟结果可以发现，在技术生态中，技术间的相互影响作用会对技术本身的传播扩散产生一定的抑制或者促进作用，例如两项技术之间是竞争关系，则会抑制对方技术的传播扩散；若两项技术之间是合作关系，则会促进各自技术的传播扩散过程。限于技术之间的密切性和数据的可获得性，我们只讨论 5G 技术对于新能源汽车技术融合后的扩散结果，图 3.14 展示了 5G 技术和新能源汽车在技术融合前后的仿真扩散图。在新能源汽车与 5G 技术深度融合的过程中，5G 技术凭借能准确与快速传送信息的优势，可以赋予新能源汽车智能化发展的新方向，能够有效地促进新能源汽车在社会群体中的快速传播扩散。

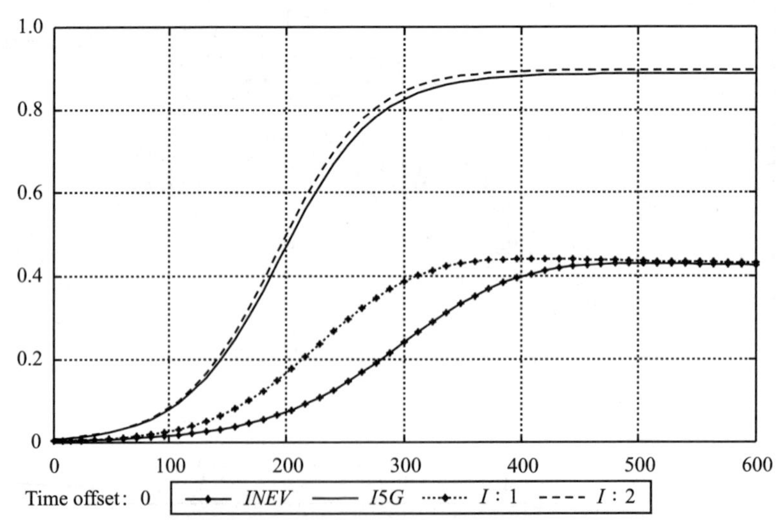

图 3.14　新能源汽车与 5G 技术融合前后的扩散结果

3. 新能源汽车外界环境的影响因素

从新能源汽车外界环境的影响因素出发，包括社群归属（Y_1）、创新性（Y_2）、环保意识（Y_3）、政府补贴（Z_1）、政策扶持（Z_2）这 5 项因素，当给各个影响因素的满意度增加 0.1 个单位时，代入参数的回归方程中，得到新的模型参数初始值如表 3.17 所示。

表 3.17　　模型参数初始值

参数	原始值	Y_1	Y_2	Y_3	Z_1	Z_2
λ	9.957	9.689	10.182	9.689	10.001	9.957
μ	3.448	3.495	3.543	3.448	3.515	3.448
δ	6.602	6.378	6.573	6.510	6.530	6.602

通过计算转化，得到不同因素改变下的参数初始值（可直接代入模型），如表 3.18 所示，并代入模型进行数值仿真，得到扩散结果如图 3.15 所示。

表 3.18　　模型参数初始值（转化后）

参数	原始值	Y_1	Y_2	Y_3	Z_1	Z_2
λ	0.02728	0.02654	0.02789	0.02654	0.02740	0.02728
μ	0.00945	0.00958	0.00971	0.00945	0.00963	0.00945
δ	0.01809	0.01747	0.01801	0.01784	0.01789	0.01809

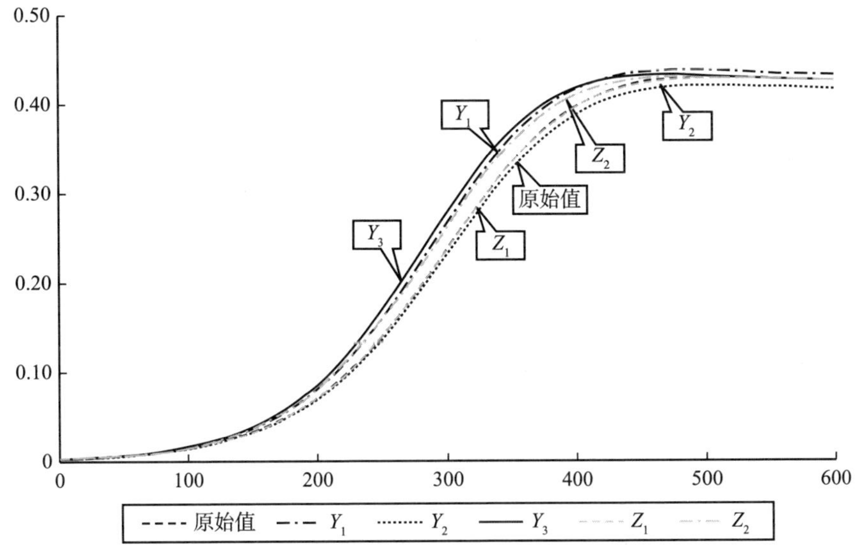

图 3.15　不同参数初始值下的扩散结果（外界环境影响）

从新能源汽车外界环境的影响因素出发，结合图 3. 15 可以发现，相关影响因素的改变都能够在一定程度上影响新能源汽车在社群中传播扩散的结果。社群归属（Y_1）、环保意识（Y_3）和政策扶持（Z_2）在技术外界的环境影响因素中影响程度最大，尤其是新能源汽车这项绿色低碳的技术与消费者环保意识（Y_3）的契合，对新能源汽车的扩散结果有着明显的促进效果。同时，社群归属（Y_1）带来的促进效果不仅体现在传播速度的提升上，而且在传播程度上也有一定的扩大效果。反观政府在宏观上的调控作用，随着补贴力度（Z_1）的减小，即步入"后补贴"时代后，政府的补贴对扩散的影响开始变得不明显，反而一些相关的扶持政策（Z_2），例如车辆限行与限购，正在悄悄地引导消费者开始选择新能源汽车。

3. 3. 3 基于提升我国新能源汽车扩散的策略研究

根据对新能源汽车传播扩散影响因素的仿真分析结果，本节通过分别提取仿真结果中各个因素影响下达到最大值所需时间和平衡状态下使用者占比的相关数据，如表 3. 19 所示，就如何提高我国新能源汽车在社群中的传播扩散速度与程度展开论述。其中达到最大值所需时间间接反映了新能源汽车传播扩散过程中的速度大小，达到最大值所需时间越短，传播扩散速度越快，反之越慢，而平衡状态下使用者（即 I 类）的占比直接反映了新能源汽车在达到稳态时，其在社群中传播扩散程度的大小，显然使用者的占比越大，扩散程度越高，反之越低。

表 3. 19 各个因素影响下到达最大值所需时间和平衡状态下使用者占比统计

影响因素	符号	达到最大值所需时间	平衡状态下使用者占比（%）
原始值		500	42. 6
充电时间	X_1	452	43. 3
续航里程	X_2	440	43. 6
百公里能耗	X_3	464	43. 5
充电设施	X_4	452	42. 5
质量可靠性	X_5	404	44. 5
保值率	X_8	488	42. 9
销售价格	X_9	440	44. 3
社群归属	Y_1	464	43. 2
创新性	Y_2	500	41. 7
环保意识	Y_3	476	42. 6
政府补贴	Z_1	488	42. 4
政策扶持	Z_2	476	42. 4

根据以上对各个因素影响下到达最大值所需时间和平衡状态下使用者占比相关数据的收集以此为基础绘制了横坐标为传播扩散时间，纵坐标为使用者占比的散点图，如图3.16所示。该图能够直观地体现各个影响因素在提升0.1个满意度情况下对新能源汽车传播扩散的影响。

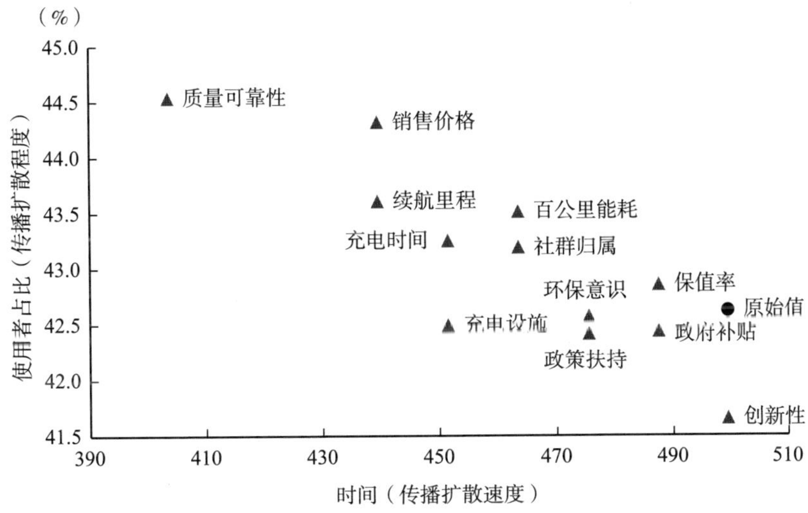

图3.16 到达最大值所需时间和平衡状态下使用者占比散点图

基于以上分析可知，新能源汽车的质量可靠性和销售价格对其在社群中传播扩散速度与程度的影响最为显著，由此可见这两个影响因素是我们需要重点关注的对象。同时续航里程、充电时间等技术本身属性的影响因素和消费者社群归属的影响因素处于中游水平，为此，我们需要持续提升公众对这些影响因素的满意度。政府的宏观政策、消费者自身的环保意识以及新能源汽车本身的保值率对传播扩散的影响并不是很显著，但是我们可以预见未来这些因素（尤其是新能源汽车保值率）会越来越受到消费者的重视，随之而来对其传播扩散的影响也就会逐渐变大。

1. 基于重点关注的影响因素扩散策略研究

（1）质量可靠性。新能源汽车产品质量的可靠性作为其在社群中传播扩散过程中影响程度最大的一个影响因素，若产品质量的可靠性有一定的提升，将在很大程度上提高新能源汽车的传播扩散速度与程度。因此本节围绕着新能源汽车的研发、生产制造以及销售和售后的产品全生命周期展开论述，借此来全面提升新能源汽车的质量可靠性，具体思路如图3.17所示。

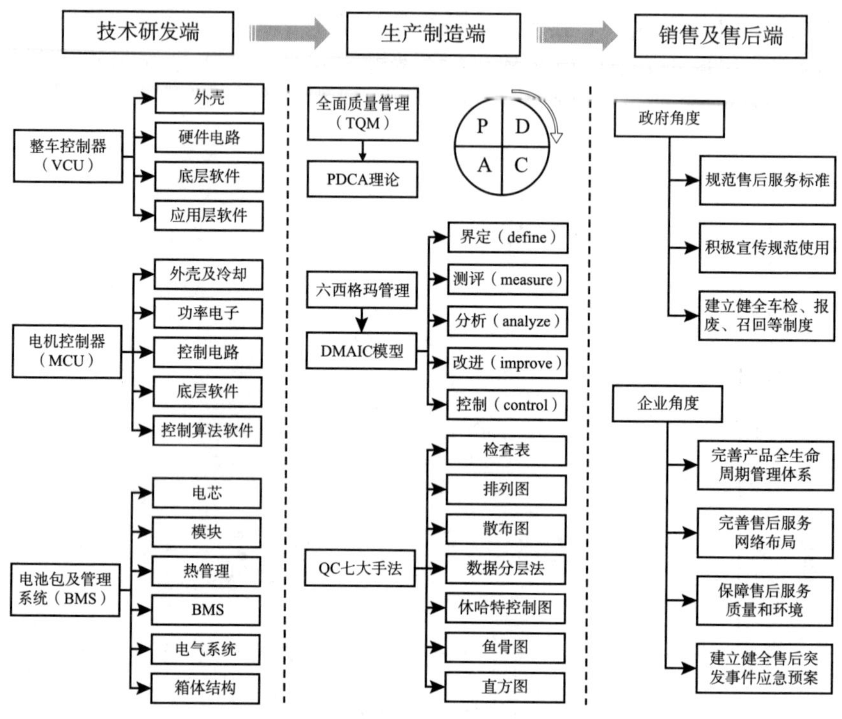

图 3.17　质量可靠性提升策略路线

从技术的研发端来看，在新能源汽车的三级模块和平台架构中，整车控制器（VCU）、电机控制器（MCU）以及电池管理系统（BMS）是最为重要的三项核心技术，简称“三电技术”，这些核心技术对整车的动力性、经济性以及安全可靠性等有着十分重要的影响。为此，我们需要围绕着“三电技术”加快研制步伐。2019 年新能源汽车国家大数据发布的《新能源汽车国家监管平台大数据安全监管成果报告》显示，5～8 月共发生了 79 起新能源汽车的质量安全事故，其中 58% 的安全事故由电池组问题造成。可见在“三电技术”中，电池包及管理系统作为导致新能源汽车安全问题的关键要点，更需要引起我们的重视。比如，奥迪 e-tron 系列的电池组就采用了三重物理防震的设计，同时通过热管理系统维持电池最佳的工作温度，这样的设计不仅保障了电池组的安全性能，同时也确保了其能量稳定与高效地输出。总之，在现阶段以及之后的很长的时间内，在“三电技术”的研发设计上，需要严格地遵循规范、耐用及安全性。

从企业的生产制造端来看，企业需要保证在生产过程中产品的质量。从质量管理的相关理论出发，企业需要深刻地贯彻并落实全面质量管理，围绕生产的新能源汽车产品质量，以 PDCA 循环为基础，建立起一整套科学的质量管理体系，借此来保证新能源汽车生产过程中的产品质量。同时，借助于六西格玛管理的相关理论与模型，在生产过程中灵活运用质量管理的七大手法，从根本上消灭生产过程中造成的产品质量问题。在工业 4.0 蓬勃发展的今天，新能源汽车相关企业的生产制造也需要紧跟大环境发展的步伐，逐步推动企业完成从传统制造背景到生产自动化、智能化的转型，保障新能源汽车的质量可靠性。

在销售及售后端，新能源汽车相关企业应该紧密围绕新能源汽车产品的全生命周期，建立全生命周期管理体系，积极布局并完善汽车售后服务网络。同时，还需保障其服务质量与环境，并建立健全汽车售后突发事件的应急预案，保障新能源汽车销售后的产品质量与服务质量，提升消费者对新能源汽车产品质量可靠性满意度。同时，政府也应该积极制定新能源汽车售后服务的标准，建立新能源汽车年检、报废以及召回等相关质量保障制度，宣传并引导消费者正确使用新能源汽车等措施。

（2）销售价格。当政府给企业和消费者的补贴退坡时，新能源汽车在销售价格方面却没有很明显的浮动，这无疑给其在社群中的传播扩散加大了难度。因此，找到适合的新商业模式成为推动该产业可持续发展的关键要点。本节结合传统整车销售的商业模式，提出了一些未来可能促进新能源汽车发展的新商业模式，如图 3.18 所示，主要包括整车租赁模式、裸车销售 + 电池租赁模式、融资租赁模式以及整车共享模式等，通过向这些新商业模式的转变，在一定程度上解决新能源汽车销售价格高的问题。

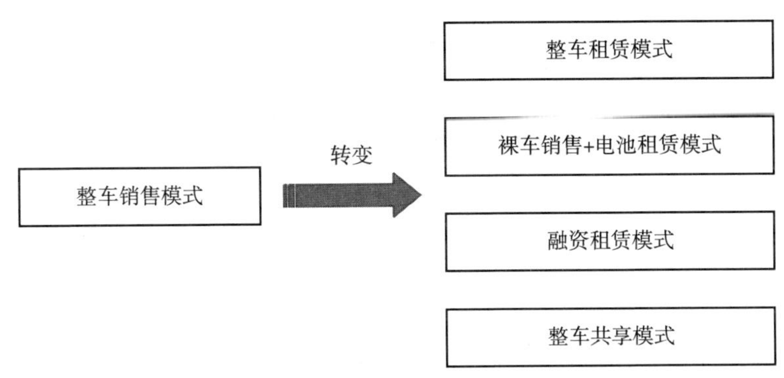

图 3.18　新能源汽车商业模式转变路径

结合上述不同的租赁模式，并积极推广新能源汽车的试驾方法，一方面能够让消费者在低成本付出的情况下认识并使用新能源汽车，弥补由于新技术不够成熟而带来的相关问题；另一方面也可以在私人消费前有效促进相关基础配套设施的建设，从而能够支持新能源汽车后续的销售。

2. 基于持续提升的影响因素扩散策略研究

（1）续航里程、充电时间等新能源汽车技术本身属性的影响因素。基于核心技术本身发展限制带来的影响，本节从底层的电池技术的研发与生产、中层的基础设施支持和顶层的充电模式保障三个维度分别来阐述提升新能源汽车传播扩散的策略。如图 3. 19 所示。

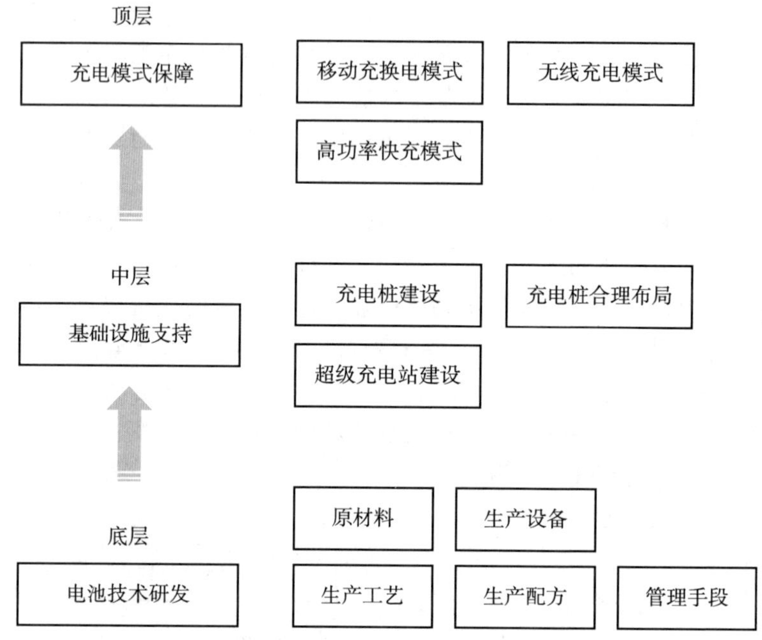

图 3. 19　基于新能源汽车技术本身属性影响下的扩散策略思路

由图 3. 19 可知，首先需要以底层的电池技术的研究开发为基础，从根本上确保新能源汽车技术的成熟性。而电池技术作为“三电技术”中的关键技术，提升电池本身的性能对其影响巨大。电池包作为一个集成产品，不同产品之间体现出高度的差异性，而其中差异性主要体现在产品原材料、生产设备、生产工艺、生产配方以及管理手段等环节，造成了高性能电池和一般电池之间的巨大差距。例如从电池原材料来看，提升材料的能量密度是其发展的主要方向，而三元材料具有更高的比能量，逐渐成为主流技术路线。

其次从中层的基础设施来看，新能源汽车作为一项新技术，其发展必须要有相关基础设施来支持。其中，新能源汽车充电桩作为我国“新基建”的七大产业之一，为新能源汽车传播扩散及推广使用提供了巨大的保障。现阶段新能源汽车和充电桩的比例大概为 3. 4∶1，因此，提高新能源汽车和充电桩的比例是现如今最为重要的事情。同时充电桩的合理布局也能为新能源汽车的日常使用保驾护航，合理的布局能够有效提高充电桩的使用率。类似于特斯拉的超级充电站建设也能够在很大程度上缓解充电桩不足带来的影响。

最后是立足于顶层充电模式的设计，通过对新能源汽车传统自售自充的充电模式转变，不仅提高了高功率快充的水平，同时移动充换电模式以及无线充电模式的推广能够很好地弥补由于新能源汽车充电时间过长带来的弊端，提高消费者对于新能源汽车的满意度，促进我国新能源汽车的传播扩散。

（2）消费者的社群归属。对于新能源汽车传播扩散而言，一方面要重视技术本身的研究与突破；另一方面要注重消费者满意因素的加强。我们可以加强企业的口碑营销，通过社交网站和产品论坛等交流媒介，形成新能源汽车的交流讨论氛围，借此增强消费者在该社群中的归属感。同时为解决新能源汽车的受众面小，大多数消费者对新能源汽车缺乏了解，特别是在使用经验上尤为欠缺的僵局，我们可以开展多方位新能源汽车体验营销，对新能源汽车进行试用，发表试用报告，分享专业化评测，对新能源汽车进行正面的口碑宣传与引导。通过新能源汽车与传统燃油车对环境影响和能源消耗等方面进行对比分析，宣传新能源汽车的环境友好型发展理念，逐步提高环保意识，间接促进新能源汽车的快速传播扩散。

3. 基于潜在影响的影响因素扩散策略研究

（1）保值率。基于对新能源汽车传播扩散的影响因素分析，其保值率对扩散的影响在现阶段并没有明显地体现出来，毕竟作为一项新产品正处于发展初期。不过我们需要面对的是，二手新能源汽车由于电池本身寿命的终结，以及更换电池带来巨大的成本支出，使得新能源汽车的保值率并不是特别理想。因此几年后，大批新能源汽车淘汰以及保值率低下带来的双重问题，都是我们需要面对与解决的。

不过可以看到的是，在新能源汽车保有量并不是很高的阶段，企业积极推出的回购政策能够有效促进产品推广、提高消费信心。虽然这种企业自发的行为具有一定的示范效应，但是凭个别几个企业的独立行动，很难推动该行业整体、有序地发展。因此，在提升新能源汽车保值率的方面，相关部门和行业协会应该在行业内积极建立并完善科学的残值管理体系，推动相关的管理工作。同时，整车生产厂商应该大力提升产品竞争力、产品科技感、自动驾驶水平等产品附加值，实现新能源汽车保值率的提升，也可以通过构建智慧能源和保值管理驱动下的保值营销发展体系，进一步加大二手车行业上下游产业链的配合程度，推动新能源汽车产业的快速循环发展。

（2）政府宏观调控：政府补贴、政策扶持。尽管最近两年我国新能源汽车产业步入了“后补贴”时代，但是政府的宏观调控依旧在新能源汽车传播扩散过程中起到一定的作用。由图 3.15 可知，政府政策的补贴对新能源汽车传播扩散比政府扶持更有促进作用。因此，国家可以通过相关的减税和财政补贴等经济政策，来刺激新能源汽车的消费市场。同时国家对新能源汽车消费者的支持也可以制定并完善相应的行政管制政策（例如车辆限行与限购、税收优惠、退税、免牌照等）。

4. 基于技术生态影响下的扩散策略研究

在电动化、智能化、互联化、共享化的驱动下，我国的汽车工业正经历着第三次造车浪潮，以新能源为代表的电动化、以自动驾驶为代表的智能化的发展，为汽车行业带来了天翻地覆的变化。迈向智能化的过程中，汽车将不再是一个单独的个体。自动驾驶将是未来出行不可或缺的智能配置，也是汽车智能化的标志之一。自动驾驶技术正在向 L4 阶段迈进，有关交通法规正在出台中，自动驾驶时代即将到来。

随着汽车智能化的发展，越来越多的车辆搭载了自动驾驶技术，特别是新能源汽车，很多刚上市的新款车型，已经达到了 L2 自动驾驶级别。但是自动驾驶技术更多地应用在新能源汽车上。5G 时代的到来，以及人工智能的快速发展，让自动驾驶汽车成为全新的战场。

新能源汽车与自动驾驶技术的完美融合，借助 5G 技术的技术支持，提升新能源汽车的智能化与互联化，消除汽车的信息孤岛，构建 V2X 的智慧交通体系，为新能源汽车赋予新的能量，势必会促进新能源汽车的传播扩散。

第 4 章　新能源汽车扩散的市场需求分析与扩散仿真

新能源汽车已成为世界各国竞争的重要新兴产业，中国也将其视为汽车产业弯道超车的重要赛道。自 2015 年以来，中国已是世界上最大的新能源汽车产销国，拥有世界上最大的新能源汽车保有量。但是，中国新能源汽车保有率仍然较低。

为了加速推动新能源汽车产业的扩散，在宏观层面上，中国在 2020 年将新能源汽车配套设施——充电设施，作为七大新基建之一进行重点布局；在微观层面上，从消费者层面分析影响新能源汽车普及的决策因素，了解消费者接受新能源汽车的关键因素，并基于消费者的最新认知构建仿真模型，模拟新能源汽车市场扩散环境。

本章从消费者知识管理的视角，通过技术接受模型进行实证分析，挖掘消费者对新能源汽车的采用意愿，并通过多智能体建模来仿真新能源汽车多情景下的市场扩散，为产品的市场拓展提出有效的管理建议。

4.1　基于技术知识视角的消费者决策分析

4.1.1　公众消费市场对新能源汽车新技术的接受模型

消费者对于产品的认知水平和采纳能力等主观因素会在一定程度上影响用户购买采用新能源电动汽车的决策。国内学者对于新能源汽车的研究大多集中于供应链上游的供方因素，对于下游消费者市场的需求因素的研究较为薄弱。技术接受模型（technology acceptance model，TAM）、计划行为理论（theory of plan behavior，TPB）及其衍生模型（Wu et al.，2019）是被广泛用来探讨公众对新技术的接受的三类模型，可以为不同产品的优化提升提供分析思路，拓展新产品技术的用户市场，使其更具市场竞争力。因此本节以消费者需求决策为研究因素，考虑了新能源汽车中所应用的新技术，对新能源汽车市场的扩散需求进行分析。

新能源汽车市场中的消费者需求决策本质上依赖于经纪人假说下的需求函数，而新能源汽车相较于传统汽车产业具有较强创新性。研究者可通过 TAM 模型了解创新性技术和用户选择的关系，解释个体主观对产品的感知有用性、感知易用性决策行为意向的影响（Fred D Davis，1989）；同时借助TPB模型，研究根据消费者的态度、主观规范和感知行为控制来预测决策意向（Icek Ajzen，1991）。尽管TPB和TAM都能很好地解释用户的意图，但是TAM在测量整体满意度方面更胜一筹。因此在基础的TAM模型进行拓展，衍生出比较著名的TAM 2和UTAUT，这些模型在新技术的接受方面得到了广泛的应用（Wu et al.，2019）。

TAM及其关键构造如图4.1所示，TAM可以成功地解释各种信息和计算机技术的用户行为（Liu et al.，2018）。其背后的原理是信念—态度—意图—行为之间的因果关系。TAM及其改进的模型已经被用来分析公众对电动汽车的接受程度，并在特定的研究背景下获得政策和管理的意义（Higueras-Castillo et al.，2019；Wang et al.，2017；Wu et al.，2019）。如使用扩展的TAM来分析当前财政补贴对消费者采用电动汽车意愿的影响，使用TAM分析环境问题对公众接受自主电动汽车的影响。

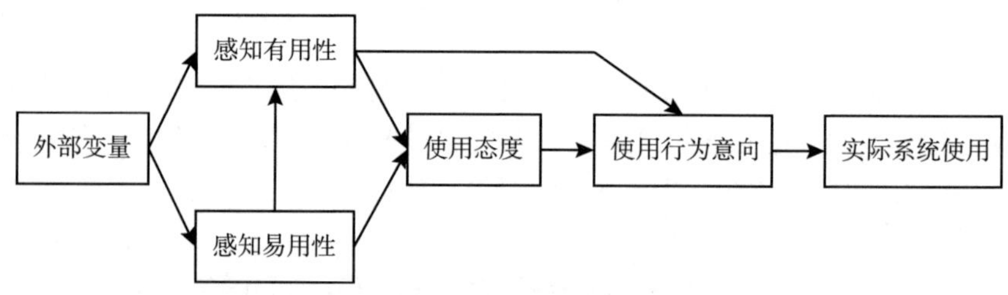

图4.1 TAM技术接受模型

消费者对于新能源电动汽车知识的认知和采纳是他们感知电动汽车新技术的重要心理因素，这可能影响他们采用电动汽车的购买决策。为此，我们使用TAM的理论基础来预测消费者对电动汽车的接受程度。

4.1.2 消费者采用决策模型设计

1. 建模分析

基于TAM和电动汽车背景下的实证研究，我们提出了一个扩展的TAM来评估消费者技术知识在他们采用电动汽车（CIAEVs）意向中的作用。当消费者从电动汽车技术整合的好处中感知到更多的有用性（如提高出行效率和驾驶安全）和易用性（如容易操作智能电动汽车的功能），他们可能更愿意采用电动汽车。

“感知有用性”和“感知易用性”仅对消费者的主观的感受层面进行了探

究，在解释电动汽车接受度时，不仅要从产品的接受程度，也要从产品技术是否被接受的层面进行分析，因此，消费者的技术知识和感知使用乐趣这两个因素也值得关注。首先，个人对电动汽车技术的了解是影响他们决定是否采用电动汽车的决策的一个重要因素；当个人了解更多的技术知识时，他们会更清楚这项技术的优势从而愿意接受它。其次，感知使用乐趣可能是吸引消费者采用电动汽车的另一个重要因素。与燃料动力汽车相比，电动汽车的更新速度更快，这些新技术可以赋予电动汽车更多的应用，使其使用起来更加有趣。如果感知使用乐趣可以成为电动汽车扩散的一个重要内动力，那么推动电动汽车的营销策略将发生巨大的变化。因此，消费者的技术知识和感知使用乐趣可能在塑造消费者接受电动汽车的态度和意图方面发挥重要作用。

扩展的 TAM，从基于技术知识的角度解释消费者采用电动汽车的意向。它包括五个构念，即消费者对电动汽车的技术知识（CTK）、感知有用性（PU）、感知易用性（PEU）、感知使用乐趣（PFU）和消费者采用电动汽车意向（CIAE Vs）。针对本书所拓展的理论模型，对各因素有以下解释，并对相应关系提出相应的假设。

（1）感知有用性。感知有用性（PU）作为 TAM 的核心变量之一，是人们相信利用某项技术会提高他们的工作效率并导致实现有价值的目标的程度（Fred D Davis，1989；Liu et al.，2018）。

技术的感知有用性与个人对技术的态度和接受程度密切相关（Liu et al.，2018）。如果新技术被证明是有用和高效的，个人就更有可能对采用新技术保持积极的态度（Liu et al.，2018；Shanyong Wang et al.，2018）。对于个人和家庭，电动汽车有可能降低他们的旅行和生活成本。例如，停放的电动汽车可以通过在非高峰期充电和在高峰期向电网放电来获得收益。电动汽车有利于降低家庭交通成本，提高出行效率和生活质量。我们有理由相信，在电动汽车普及领域，电动汽车的感知有用性与消费者采用电动汽车的意愿是正相关的。因此，提出以下假设。

H4 -1：感知有用性与消费者采用电动汽车的意向呈正相关关系。

（2）感知易用性。感知易用性（PEU）是指人们认为使用一项新技术或系统不费力的程度（Fred D Davis，1989）。

与感知有用性不同，感知易用性对采用意向的影响还没有最终确定，不同的技术产品或系统有不同的影响关系（Wu et al.，2019）。对于新技术来说，消费者与新技术之间的高度参与和互动是了解技术并提高其采用意向的有效途径。电动汽车作为一种高互动性的产品，新技术迭代后消费者容易操作，这是消费者增加与电动汽车互动，获得更多参与感的重要条件（Ullah et al.，2018）。我们更倾向于认为感知易用性对促进电动汽车的采用有重要作用，与消费者的采用意愿有很强的关联性。因此，提出以下假设。

H4-2：感知易用性与消费者采用电动汽车的意向呈正相关关系。

H4-3：感知易用性与消费者对电动汽车的感知有用性呈正相关关系。

（3）感知使用乐趣。感知使用乐趣（PFU）是人们认为使用电动汽车可以帮助他们获得兴趣和放松的程度。

通常，使用新技术的意愿会受到个体情绪的影响，其中积极的期望（快乐、兴奋、满意、自豪、自信和放松）对这种愿望有积极的影响，这些情绪会导致技术的使用（Chen，2016a；Higueras - Castillo et al.，2019；Moons & Pelsmacker，2012；Rezvani et al.，2018）。然而，在电动汽车领域，情感动机对采用电动汽车的影响似乎还没有最终确定。电动汽车的技术整合潜力可能会给电动汽车驾驶员带来更有趣的驾驶体验，并可能成为消费者采用电动汽车的进口偏好。因此，提出以下假设。

H4-4：感知使用乐趣与消费者采用电动汽车的意向呈正相关关系。

（4）消费者对电动汽车的技术知识。消费者对电动汽车的技术知识（CTK）是指消费者对电动汽车技术的认知程度或如何认知。

消费者知识对使用环保产品或行为的意向有积极影响（Liu et al.，2018；Wang et al.，2017）。对于电动汽车来说，消费者知识是消费者采用电动汽车意愿的正向预测因素，那些对电动汽车优势了解较多的人更有可能接受电动汽车（Shanyong Wang et al.，2018）。基于同样的逻辑，当消费者对电动汽车技术有更多了解时，他们更有可能接受电动汽车。因此，提出以下假设。

H4-5：消费者对电动汽车的技术知识与他们采用电动汽车的意向呈正相关关系。

在行为学研究中，知识是理解个体行为的重要组成部分，也成为理解消费者决策机制的有效手段（Liu et al.，2018；Park et al.，1994；Shanyong Wang et al.，2018）。知识分为两种：一种是客观知识，指的是个体记忆中关于产品的准确信息；另一种是主观知识或自我评估知识，指的是个体对产品的理解程度（Park et al.，1994）。这里的消费者技术知识指的是主观知识，因为主观知识比客观知识更容易测量，而且主观知识在预测环保行为方面比客观知识更有效，因此本章中涉及的消费者技术知识是主观知识（Liu et al.，2018）。因此，提出以下假设。

H4-6：消费者对电动汽车的技术知识与他们对电动汽车的感知有用性呈正相关关系。

H4-7：消费者对电动汽车的技术知识与他们对电动汽车的感知易用性呈正相关关系。

H4-8：消费者对电动汽车的技术知识与他们对使用电动汽车的感知乐趣呈正相关关系。

本节所构建的概念模型和假设关系如图 4.2 所示。

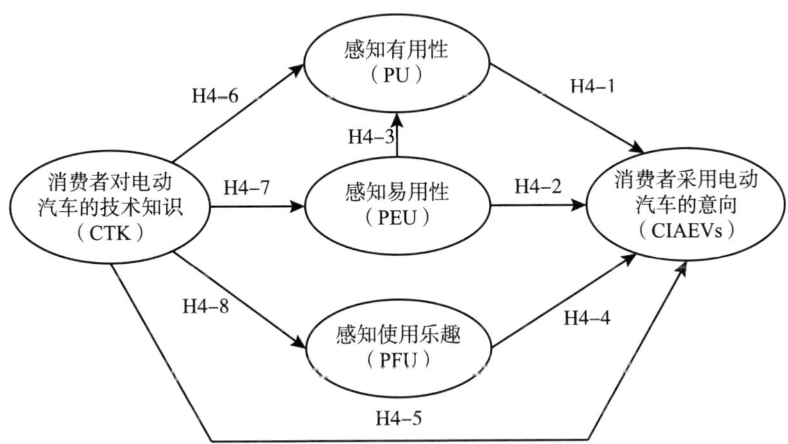

图 4.2　构建的电动汽车扩展 TAM 的理论模型和假设

2. 研究测量

我们对以往的相关文献研究进行分类整合讨论，对上述 5 个构念筛选出 19 个具体项目，如表 4.1 所示。其中，CTK 的项目是从相关研究中修改的（Park & Mothersbaugh Lawrence Feick，1994；Wang et al.，2018；Zhang et al.，2018）。PEU、PU 和 CIAEVs 的项目来自戴维斯（Fred D Davis，1989）的基本概念，并根据关于 TAM 模型的一些研究进行了修改（Chen，2016a；Huang & Jianping Ge，2019；Madigan et al.，2017；Eunil Park et al.，2015；Wang et al.，2018）。最后，PFU 的项目参考了陈（Chen，2016a），并从有关情绪构念的研究中进行了修改（Moons & Pelsmackersupb，2012；Priester et al.，2002）。

表 4.1　构念测量描述

构念	改编测量项	参考文献
消费者对电动汽车的技术知识（CTK）	（CTK1）我知道电动汽车和 ICT（信息和通信技术）的整合，以加强辅助驾驶	Ullah et al.，2018
	（CTK2）我知道电动汽车电池的协同放电能力及其应用场景	Robledo et al.，2018
	（CTK3）我知道电动汽车的技术性能（如充电时间、加速度、驾驶舒适度和行驶里程）	Shanyong Wang et al.，2018
	（CTK4）我知道电动汽车比汽油车的技术优势	

续表

构念	改编测量项	参考文献
感知易用性（PEU）	（PEU1）在使用智能电动汽车方面，我很少需要咨询他人	Ruth Madigan et al.，2017
	（PEU2）我可以自由使用智能电动汽车的功能来实现我想做的事情	
	（PEU3）我认为驾驶智能电动汽车去任何我想去的地方都很容易	Wu et al.，2019
	（PEU4）我不认为与智能电动汽车互动有什么困难	
感知有用性（PU）	（PU1）智能电动汽车对提高我的出行效率和改善我的生活质量很有帮助	Ruth Madigan et al.，2017
	（PU2）智能电动汽车对减少我的家庭交通支出很有用	Shanyong Wang et al.，2018
	（PU3）智能电动汽车有助于减少碳排放，缓解能源短缺问题	
	（PU4）智能电动汽车可以缓解我的身心疲劳，有利于我的健康	Wu et al.，2019
感知使用乐趣（PFU）	（PFU1）我认为驾驶智能电动汽车的经验很有趣	Chen，2016b
	（PFU2）我认为驾驶智能电动汽车让我很放松	Mathwick et al.，2001
	（PFU3）我认为驾驶智能电动汽车让我暂时忘记了我的烦恼	Chen，2016a
消费者采用电动汽车的意向（CIAEVs）	（CIAEVs1）我愿意在不久的将来使用智能电动汽车	Wu et al.，2019
	（CIAEVs2）我计划在不久的将来购买车辆时，购买一辆智能电动汽车	Ruth Madigan et al.，2017
	（CIAEVs3）我想推荐我的朋友购买智能电动汽车	Park et al.，2015
	（CIAEVs4）当看到更多的人使用智能电动汽车，我愿意接受智能电动汽车	Shanyong Wang et al.，2018

在方法论层面，反思性模型意味着对潜在变量的现实解释；形成性模型对应于构念主义、操作化或工具性解释（Borsboom et al.，2003）。图4.2考虑的构念强调其现实的解释，每个显性变量只对应一个构念。因此，本书更适合使用反思性测量模型，在最近的研究中也可以看到类似的模型（Cai et al.，2018；Chen，2016）。

3. 数据捕获

本书设计了一份在线调查问卷来收集数据。根据问卷设计流程（Chen，2016a），问卷经历了两个周期的测试。第一轮，在重庆大学汽车协同创新中心的协助下，成立专家组对问卷设计进行评议；第二轮，请20位重庆的电动汽车用户填写问卷，指出可能存在模糊不清的术语、含义、句子和问题。根据这两个周期的测试，调查可以达到问卷的高内容效度（Chen，2016b；Haynes et al.，1995）。在这两次预测试之后，进行了正式的研究来检验理论假设。此外，在问卷的开头，通过文字和图片的方式增加了电动汽车和ICT技术的各种应用场景，以达到让受访者更好地了解电动汽车技术创新的目的。根据吴等（Wu et al.，

2019），为了确定调查质量，设计了在线程序并设定了以下几个标准：（1）问卷完成时间不应少于 5 分钟；（2）同一 IP 地址和用户名只能访问一次；（3）随机放一个问题来标记受访者是否粗心；（4）在连续的李克特量表问题中，不允许受访者连续给出 5 个相同的答案；（5）接触过电动汽车或关注新技术发展的受访者被认为是有效的。

在 2020 年 3 月进行了试点研究，测试了 100 个样本，以检验问卷设计的可靠性和可行性。在对问卷进行修改后，最终问卷于 2020 年 4 月发出，并持续了一周。潜在的受访者是通过社交媒体群组渠道（如微信、QQ 和网络社交平台）接触到的，这些社交媒体群组的成员生活在同一行政区域。在这项研究中，共收到 601 份回复，其中 443 份经过数据质量控制程序后是有效的，有效回复率为 73.71%。

4.1.3 结果分析

1. 可靠性和有效性分析

因子分析（CFA）法可将多个相关性较强的指标进行优化，并进一步整合成少量几个并且彼此不相关的变量，以此达到降维的目的。本节通过验证性的因子分析，通过检测指标进一步探究模型的可靠性和有效性（Shanyong Wang et al.，2018）。可靠性反映了测量结果的一致性和稳定性，其中，构念可靠性的评估通过 Cronbach's α 值和综合信度（CR）值来进行分析。从表 4.2 的结果可以看出所有构念的 Cronbach's α 值和 CR 值都达到了 0.7 的标准，这表明具有很强的内部可靠性。并且，5 个构念的平均方差提取量（AVE）值都超过了 0.5 的标准，表明该量表在构念水平上具有良好的收敛效度（Claes Fornell & David F Larcker，1981）。最后，样本数据的外方差膨胀因子（VIF）小于 5，表明样本数据的协方差较弱。

表 4.2　　测量模型的统计数据

构念	项目	平均值	标准因子负荷	Cronbach's α	CR	AVE	外部 VIF
CTK	CTK1	6.257	0.759	0.778	0.798	0.503	1.931
	CTK2	5.844	0.592				1.347
	CTK3	6.174	0.853				2.087
	CTK4	5.849	0.597				1.399
PU	PU1	5.549	0.785	0.906	0.908	0.713	2.242
	PU2	5.530	0.852				2.876
	PU3	5.652	0.894				3.387
	PU4	5.451	0.842				2.700

续表

构念	项目	平均值	标准因子负荷	Cronbach's α	CR	AVE	外部 VIF
PEU	PEU1	4.578	0.790	0.859	0.860	0.609	2.270
	PEU2	4.916	0.883				2.550
	PEU3	4.639	0.767				1.977
	PEU4	4.977	0.665				1.656
PFU	PFU1	5.260	0.656	0.758	0.7672	0.526	1.462
	PFU2	5.397	0.822				1.743
	PFU3	5.336	0.687				1.539
CIAEVs	CIAEVs1	5.889	0.880	0.931	0.932	0.773	3.428
	CIAEVs2	5.765	0.905				4.086
	CIAEVs3	5.779	0.905				3.937
	CIAEVs4	5.876	0.824				2.666

注：①CR 代表综合可靠性，CR = 标准化回归权重之和^2/（标准化回归权重之和^2 + 指标误差变异之和）。

②AVE 代表提取的平均方差，AVE = 标准化回归权重平方之和/（标准化回归权重平方之和 + 指标误差方差之和）。

③外部 VIF 值由 SmartPLS 软件计算，其他由 Mplus 软件计算。

Fornell - Larcker/Heterotrait - monotrait（HTMT），也称为异质—单质比率，是基于推断统计方法、采用置信区间来衡量区分效度，通过比率来表现不同构念之间的相关性，是基于方差的结构方程模型中一个新的判别效度评估标准。表 4.3 显示了所有构念的相关矩阵和 HTMT 比率的结果，模型良好的判别有效性要求是 Fornell - Larcker 标准的载荷超过交叉载荷，HTMT 明显小于 1（Jorg Henseler et al.，2016），因此这个标准比传统的 Fornell - Larcker 标准表现更好。结果表明，同一构架内的指标关系强于测量不同现象的构架间的指标关系，因此达到了判别效度。此外，因子分析显示，每个构架都可以只分离成一个特征值大于 1.0 的因子，五个构念构成了累计解释方差百分比的 71.08%，说明模型的解释力较强。由此证明该测量模型的信度和效度是充分的。

表 4.3　Fornell - Larcker/HTMT 结果和相关矩阵

构念	1	2	3	4	5	积累解释方差的百分比（%）
1. CTK	0.781	0.674	0.425	0.410	0.666	61.44
2. PU	0.573***	0.844	0.637	0.371	0.684	32.31
3. PEU	0.354***	0.572***	0.839	0.341	0.547	16.26
4. PFU	0.322***	0.307***	0.279***	0.823	0.339	71.08
5. CIAEVs	0.574***	0.629***	0.497***	0.285***	0.910	46.93

注：①对角线下方为五个构念之间的相关系数；*** 在 $p<0.001$ 时显著。

②结果由 SmartPLS 计算。

2. 结构模型分析

结构方程模型（SEM）通过建立、估计并分析检验因果关系模型，同时进行多个变量相互关系的研究，弥补了传统多元统计分析中只能检验单一关系的缺陷。本节采用 SEM 模型来探索理论框架中的各假设层级间的组织关系，并基于塔克—刘易斯指数（TLI）、比较拟合指数（CFI）、近似均方根误差（RMSEA）、标准均方根残差（SRMR）和卡方比（CMIN/DF）等指标因素来访问模型拟合性能。其中，TLI 和 CFI 超过 0.9，RMSEA 和 SRMR 低于 0.08，CMIN/DF 低于 3.0，表明理论模型表现出良好的模型拟合性能。表 4.4 总结了假设检验的结果，表明本研究的模型表现出良好的模型拟合性能。除 H4 -4 外，其他假设在整个样本模型中都得到支持。

表 4.4　结构模型的结果

假设	提出的效应	标准权重（β）	S. E.	t 值	p 值	结果
H4 -1	PU →CIAEVs	0.445	0.056	6.926	***	接受
H4 -2	PEU →CIAEVs	0.302	0.092	3.075	**	接受
H4 -3	PEU →PU	0.199	0.092	3.075	**	接受
H4 -4	PFU →CIAEVs	0.002	0.071	0.048	0.962	拒绝
H4 -5	CTK →CIAEVs	0.372	0.115	4.361	***	接受
H4 -6	CTK →PU	0.477	0.103	6.712	***	接受
H4 -7	CTK →PEU	0.413	0.108	6.343	***	接受
H4 -8	CTK →PFU	0.418	0.067	6.036	***	接受
TLI	CFI	RMSEA	SRMR	NCP	DF	p
0.977	0.98	0.04	0.043	244.364	144	0

注：** 在 $p<0.01$ 时显著，*** 在 $p<0.001$ 时显著。

此外，本节还进行了多组比较分析（如男性和女性），研究所提出的关系路径系数是否存在显著差异，分析结果如表 4.5 所示。结果表明，所提出的路径关系与模型的整体结果是一致的。

表 4.5　所有路径的多组比较结果

假设	提出的效应	β -值（男性）	β -值（女性）	t 统计数字
H4 -1	PU →CIAEVs	0.304	0.321	3.204 ***
H4 -2	PEU →CIAEVs	0.180	0.213	3.248 ***
H4 -3	PEU →PU	0.421	0.469	7.030 ***
H4 -4	PFU →CIAEVs	0.011	0.011	0.219

续表

假设	提出的效应	β－值（男性）	β－值（女性）	t 统计数字
H4－5	CTK →CIAEVs	0.371	0.341	4.354 ***
H4－6	CTK →PU	0.498	0.432	6.475 ***
H4－7	CTK →PEU	0.469	0.365	6.319 ***
H4－8	CTK →PFU	0.433	0.406	5.900 ***

注：*** 表示两组之间的路径系数是显著的。

3. 从 CTK 到 CIAEV 的直接影响和间接影响

Bootstrap 方法，包括偏差校正百分位数 Bootstrap 方法和百分位数 Bootstrap 方法，是中介效应分析最有效的工具（Kenneth A Bollen & Robert Stine，1990；Jorg Henseler et al.，2016；David MacKinnon，2012）。当自然数 0 不包含在置信区间之内时，说明效果是显著的（Haynes et al.，1995；David MacKinnon，2012）。表 4.6 列出了 CTK 和 CIAEVs 的引导检验结果。结果显示，前六个效应都是显著的，因为总效应、直接效应、间接效应、CTK－PEU－CIAEVs、CTK－PU－CIAEVs 和 CTK－PFU－CIAEVs 的 95% 置信区间都大于 0。特别是，从 CTK 到 CIAEVs 的总效应为 0.881，直接效应为 0.501，间接效应为 0.380。具体的间接效应表明，CTK－PEU－CIAEVs 有 0.110 的中介效应，CTK－PU－CIAEVs 有 0.194 的中介效应，CTK－PEU－CIAEVs 有 0.075 的中介效应。这表明，感知有用性和感知易用性是消费者对电动汽车技术知识和消费者采用电动汽车意向之间的中介维度。相反，由于 CTK－PFU－CIAEVs 的 95% 置信区间中包含了 0，且中介效应值为 0.001，所以 PFU 不是 CTK 到 CIAEVs 影响过程中的中介变量。

表 4.6　Bootstrap 方法测试结果

CTK 和 CIAEVs 之间的影响	未标准化系数	Bias-corrected 方法（95% CI）	百分位数法（95% CI）
总的影响	0.881	[0.739　1.046]	[0.742　1.049]
直接影响	0.501	[0.311　0.688]	[0.332　0.712]
间接影响	0.380	[0.264　0.534]	[0.248　0.510]
CTK－PEU－CIAEVs	0.110	[0.058　0.180]	[0.055　0.174]
CTK－PU－CIAEVs	0.194	[0.104　0.318]	[0.090　0.299]
CTK－PEU－PU－CIAEVs	0.075	[0.039　0.136]	[0.032　0.124]
CTK－PFU－CIAEVs	0.001	[－0.049　0.046]	[－0.046　0.049]

4. 总结

本节通过探索消费者技术知识和感知使用乐趣这两个前因变量对消费者接受

电动汽车的意愿的影响。表 4.4 提供的证据表明，消费者对电动汽车的技术知识对消费者采用电动汽车的意愿有明显的正向影响（H4 - 5：$\beta = 0.372$，$p < 0.001$），而且这种影响对男性和女性群体都有同样的效果。这一发现支持了之前观察到的证据（Degirmenci & Breitner，2017；Shanyong Wang et al.，2018），证明了消费者的知识对他们采用电动汽车等环保产品的意向的重要性。与以往的研究不同，本研究扩展了消费者知识的范围，强调了消费者技术知识的重要性。

感知使用乐趣对于促进公共自行车、电动汽车等绿色产品的发展也很重要，但是，结果却与预期相反，表 4.4 中 H4 - 4 的 $\beta = 0.002$，$p > 0.05$ 表明感知使用乐趣对消费者采用电动汽车的意愿没有明显影响。尽管该结果表明从感知到使用的乐趣到消费者采用电动汽车意愿的路径系数相对较小，但根据 H4 - 8 的 $\beta = 0.418$，$p < 0.001$ 可以看出消费者对电动汽车的技术知识与感知到使用的乐趣之间存在着显著的相关性，这意味着消费者的技术知识可以提高他们对电动汽车技术乐趣的感知。然而从表 4.6 的 CTK - PFU - CIAEVs 可以看出电动汽车技术带来的乐趣还不足以让中国消费者作出购买决定。

以上结果可能有两个原因。首先，消费者更倾向于关注功能价值（货币、性能和便利价值），而不是非功能价值（情感、社会和认识价值）（Liu Han et al.，2017）。这可能是因为与功能价值相比，非功能价值不能充分满足消费者的流动动机。其次，电动汽车的普及面临着诸如高成本等许多实际问题，这也使得消费者对电动汽车的实用性比娱乐性更加重视。例如，在中国，电动汽车的购买成本仍然很高，大约 25% 的消费者认为政府补贴是他们购买电动汽车的主要原因（Wang et al.，2017）。同时，与传统汽车相比，电动汽车可以享受更多的“特权”，如享受专用停车位（Shanyong Wang et al.，2018；Wang et al.，2017）。因此，消费者更倾向于补贴或便利因素，而不是使用电动汽车技术的乐趣。

消费者知识是影响消费者购买决策的一个重要构念。鉴于此，从技术知识管理的角度向企业和政府提供了以下激励消费者采用电动汽车的重要管理意义。

（1）鉴于表 4.4 中消费者对电动汽车技术知识和感知有用性的积极部分，向消费者传授电动汽车技术知识和有用性可能是增强消费者意识和提高他们采用电动汽车意愿的有效途径。制定政策来提高消费者意识仍然是一个关键的前景，比如提高电动汽车的知名度（即增加充电桩，政府绿色采购电动汽车）（Silvia & Krause，2016）。此外，电动汽车制造商可以发布车辆的技术属性报告，介绍电动汽车与智能网联技术融合的现状、电动汽车的技术应用场景，以及电动汽车的技术性能，提高消费者对电动汽车的认知度。

（2）如表 4.3 所示，感知易用性的平均分比其他构念小得多。这意味着缺乏对电动汽车技术易用性的了解可能会导致消费者作出消极的决定，阻碍他们接受电动汽车。尽管消费者对电动汽车的新技术特征很感兴趣，但由于缺乏相关经验，他们可能仍然不确定自己是否能熟练掌握这项新技术。因此，当制造商或经销商将新的电动汽车技术作为卖点时，他们应该注意消费者对这种技术的易用性的看法。为消费者提供试驾的机会可能是一种很好的方式，不仅可以帮助消费者熟悉车辆技术，加强他们对车辆技术易用性的认识，而且还有助于提高新兴车辆技术的实用性。

（3）多组 SEM 实验的结果表明，从消费者技术知识管理的角度来看，男性和女性有相同的观点：在 8 个假设中，除了假设 H4－4 被拒绝外，其他都得到了支持。这一结论与模型的总体估计一致，表明模型的跨组没有变形。数量上的影响是，感知易用性和感知有用性是驱动消费者从燃油车转向电动汽车的主要变量，而感知使用乐趣在男性和女性中都没有中介效应。此外，见表 4.5，男性模型中的 H4－1 和 H4－2（H4－1：$\beta=0.304$，$p<0.001$；H4－2：$\beta=0.180$，$p<0.001$）小于与女性的（H4－1：$\beta=0.321$，$p<0.001$；H4－2：$\beta=0.213$，$p<0.001$），这意味着对电动汽车技术有实用性和易用性知识的女性比男性更容易接受电动汽车。因此，女性群体在采用电动汽车的决策中的作用不容忽视，尤其是在购买家庭汽车的决策中。制造商应该投入更多的资源来展示电动汽车的实用性和易用性，以吸引更多的女性顾客，这可能是一个有效的策略。

4.2 基于多智能体模型的新能源汽车市场扩散

4.2.1 模型描述

本研究的目的是如何促进私人乘用车领域的汽车电气化，并通过“情景响应”的方法实现消费者购买传统汽车（CVs）向电动汽车的转化。图 4.3 介绍了一个多代理人框架。在车辆购买模拟决策图中，有三种类型的代理人。消费者根据其偏好、公共充电设施、社会网络影响和政策干预等综合因素，作出购买决策，使其效用最大化。

现实世界的人际网络以小世界网络为特征，小世界网络也因此被认为是最有影响力和最常用的网络。本研究使用小世界网络作为消费者互动网络的基础。汽车制造商利用技术学习来调整生产成本和销售价格。制造商的生产成本和销售价格会随着市场对电动汽车的需求而改变，而电动汽车销售价格的改变会进一步影响消费者的购买意愿。政府作为市场监管者，指定市场化的充电设施的补贴数量、电动汽车的补贴强度以及外部市场环境因素。需要注意的是公共充电桩只为其服务能力范围内的消费者提供服务，超过其服务能力的消费者将无法再获得可用的公共充电服务，即使他们可能靠近充电桩。

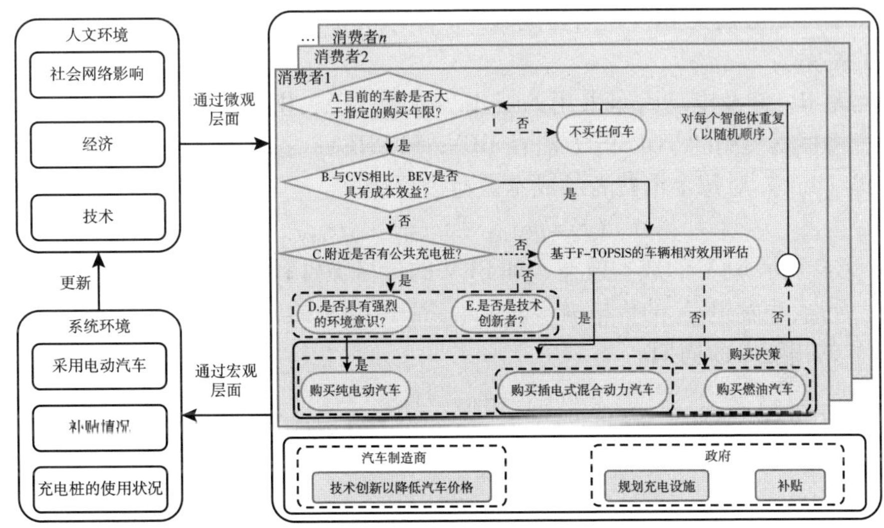

图 4.3　车辆购买模拟决策

该模型具有以下假设。

（1）信息可以在个人之间传递，因为存在社会网络联系，而且社会网络结构在整个扩散过程中保持不变。

（2）电动汽车技术不会出现重大突破，消费者偏好也不会发生重大变化，所以研究背景在整个实验过程中保持不变。

（3）政府对电动汽车的补贴数量有限，一旦补贴数量达到上限，消费者购买电动汽车将不再获得补贴。

（4）购车的外部环境稳定，一旦需要更换新车，消费者不会延迟购买。

4.2.2　多主体决策机制

1. 消费者购买决策

在该模型中，消费者有两个重要特征：异质性偏好和有界理性。出于研究如何促进私人乘用车领域的车辆电气化，并实现消费者购买的车辆从 CV 到 EV 转换的目的，假设私人乘用车领域的消费者至少拥有一辆车。遵循爱泼斯坦等（Eppstein et al.，2011），西尔维娅和克莱斯（Silvia & Krause，2016）和李晶晶等（Jingjing Li et al.，2020），本研究为消费者设计了一个逻辑决策流程图，以描述消费者的异质性偏好。此外，根据个体消费者通过仔细考虑进行决策，但先考虑哪个方面并不重要，也就是说，没有强制性的顺序。为此，我们设计了六个关键题目来量化消费者的决策。

问题 A，设定了一个潜在消费者决定购买车辆的前提。当消费者需要购买新车时，不一定会购买 BEV，因为他们的决定取决于决策逻辑中 B、C、D、E 四个问题的答案。

问题 B，涉及电动汽车采用的成本。如果 BEVs 相对于 CVs 具有成本效益，消费者将根据模糊的 TOPSIS 方法在 BEVs 和 PHEVs 之间选择理想的车辆，可按照公式（4.1）对每个消费者的成本效益进行计算。

$$CE = pre_{\text{BEV}} - sav_{\text{BEV}} \cdot yer_{\text{BEV}} \tag{4.1}$$

其中，CE 表示 BEV 的成本效益，即 BEV 的价格溢价和终身运营成本节约的剩余部分；pre_{BEV}表示 BEV 的价格溢价；sav_{BEV}表示 BEV 的终身运营成本节约；yer_{BEV}是 BEV 的指定寿命周期。

$$pre_{\text{BEV}} = c_{\text{BEV}} - s_{\text{BEV}} - c_{\text{CV}} \tag{4.2}$$

其中，c_{BEV}表示 BEV 的销售价格；s_{BEV}表示政府对 BEV 的补贴金额；c_{CV}是 CV 的销售价格。

$$sav_{\text{BEV}} = p_{\text{oil}} \cdot \frac{amt_{\text{CV}}}{mpg_{\text{CV}}} - oc_{\text{BEV}} \cdot \frac{amt_{\text{BEV}}}{r_{\text{BEV}}} \tag{4.3}$$

其中，p_{oil}表示每升汽油的价格；amt_{CV}表示 CV 的年行驶里程；amt_{BEV}表示 BEV 的年行驶里程；oc_{BEV}表示 BEV 完全充电一次的成本；r_{BEV}表示 BEV 的行驶里程。

$$oc_{\text{BEV}} = rc_{\text{h}} \cdot oc_{\text{h}} + rc_{\text{p}} \cdot oc_{\text{p}} \tag{4.4}$$

其中，rc_{h} 表示在家充电的概率；rc_{p} 表示在公共充电设施中充电的概率。

$$rc_{\text{h}} = \frac{oc_{\text{h}}}{oc_{\text{h}} + oc_{\text{p}}},\quad rc_{\text{p}} = 1 - rc_{\text{h}} \tag{4.5}$$

其中，oc_{h} 表示在家充电的成本；oc_{p} 表示在公共充电设施中充电的成本。

该模型将所有消费者默认为“潜在 BEV 采用者”，他们被归类为能够接受 BEV。尽管如此，“潜在 BEV 采用者”并不一定意味着他们会购买或使用 BEV。当他们有足够的动机时会选择购买 BEV，否则会选择购买其他车型。问题 C、问题 D、问题 E 涉及这些动机。

问题 C，消费者周围是否有公共充电桩来满足他们潜在的充电需求？在该模型中，公共充电桩的可用性被认为是消费者偏好电动汽车的先决条件。如果个人周围没有充电设施，或者消费者的偏好没有得到满足，他们会根据最大效用理论在 PHEV 和 CV 之间进行选择。

问题 D，如果消费者周围有公共充电桩来满足他们潜在的充电需求，并且潜在消费者是环保主义者，那么他们也将会选择购买 BEV（Rogers et al.，2003）。

环保主义者和重视技术前沿的个人通常被视为愿意购买电动汽车的小众群

体，即使从纯粹的成本角度来看，这并不“合理”（Silvia & Krause，2016）。为了简单起见，模型中 16% 的消费者愿意购买 BEV，这与西尔维亚和克劳斯（Silvia & Krause，2016）的研究设定的价值一致。

问题 E，如果消费者周围有公共充电桩来满足他们潜在的充电需求，并且潜在消费者受个人愿望的驱使，希望成为技术进步的先锋（或创新者），那么他们将会选择购买 BEV（Rogers et al.，2003）。

问题 F，定义了基于模糊 TOPSIS 方法的消费者多车选择的评价机制。假设消费者有 m 种汽车产品 P_1，P_2，…，P_m 可以选择，并且每个产品有 n 个不同的属性。消费者根据专家组对汽车的评价，对每个属性进行加权。消费者的权重为 S_k，专家组的评价为 $\boldsymbol{E}$，社会网络对消费者的影响为 α_k。对此，具体决策包括以下步骤。

（1）由专家组构建多产品属性评价矩阵 $\boldsymbol{E}$，e_{ij}表示产品 i 的属性值 j。

$$\boldsymbol{E}=\begin{bmatrix} e_{11} & e_{12} & \cdots & e_{1n} \\ e_{21} & e_{22} & \cdots & e_{2n} \\ \vdots & \cdots & \vdots & \vdots \\ e_{m1} & e_{m2} & \cdots & e_{mn} \end{bmatrix} \tag{4.6}$$

（2）根据消费品属性矩阵 $\boldsymbol{w}_k=(w_{1k},\ w_{2k},\ \cdots,\ w_{nk})^{\mathrm{T}}$ 构建消费者矩阵 $\boldsymbol{S}_k=E\cdot w_k$。

专家组的感知评价和消费者的感知评价均使用绩效变量集和社会网络影响敏感性变量集两类语言变量集来进行评价。在现实生活中，消费者经常根据他们模糊的认知作出购买决策。在该模型中，采用 7 级李克特量表来衡量消费者的模糊认知，并用模糊 TOPSIS 法进行决策分析。消费者的感知用三角模糊数来量化，如表 4.7 所示。

表 4.7　语言变量集和三角模糊数的映射

变量	语言学术语						
绩效	非常差（VP）	贫穷（P）	中等水平（MP）	公平（F）	中博会（MF）	良好（G）	非常好（VG）
对社会影响的敏感度	非常弱小	弱点	中度弱	公平	中高	高	非常高
三角模糊数	（0，0，0.1）	（0，0.1，0.3）	（0，0，0.1）	（0，0.1，0.3）	（0，0，0.1）	（0，0.1，0.3）	（0，0，0.1）

三角模糊数的隶属函数 $\mu_{\tilde{a}}(x)$：$R\rightarrow[0,\ 1]$ 如公式（4.7）所示。

$$\mu_{\tilde{a}}(x)=\begin{cases}\dfrac{x-a_1}{a_m-a_1}, & a_1\leqslant x\leqslant a_m\\ \dfrac{x-a_n}{a_m-a_n}, & a_m\leqslant x\leqslant a_n\\ 0, & \text{其他}\end{cases} \tag{4.7}$$

其中，$\mu_{\tilde{a}}(x)$ 表示元素 x 属于模糊集 $\tilde{a}$ 和 $a_1\leqslant a_m\leqslant a_n$ 的程度。如公式（4.8）和公式（4.9）所示，级联平均综合表示法被用来将模糊数转化为精确值$P(\tilde{a})$。

$$P(\tilde{a})=\frac{a_1+4a_m+a_n}{6} \tag{4.8}$$

$$P(\tilde{a}\otimes\tilde{b})=\frac{a_1+4a_m+a_n}{6}\times\frac{b_1+4b_m+b_n}{6} \tag{4.9}$$

其中，$\tilde{a}=(a_1, a_m, a_n)$，$\tilde{b}=(b_1, b_m, b_n)$。根据上述规则，独立的消费者 k 为汽车产品的 n 个属性 A_1，A_2，…，A_n 的权重 $\boldsymbol{w}_k=(w_{1k}, w_{2k}, \cdots, w_{nk})^{\mathrm{T}}$ 建立了一个权重矩阵 $\boldsymbol{s}^k=(x_{ij}^k)_{mn}$。因此，消费者的权重为

$$\boldsymbol{S}_k=\begin{bmatrix}x_{11}^k & x_{12}^k & \cdots & x_{1n}^k\\ x_{21}^k & x_{22}^k & \cdots & x_{2n}^k\\ \vdots & \cdots & \vdots & \vdots\\ x_{m1}^k & x_{m2}^k & \cdots & x_{mn}^k\end{bmatrix} \tag{4.10}$$

其中，$\boldsymbol{x}_{ij}^k=P(e_{ij}\otimes w_{jk})=\frac{1}{6}(e_{ij}^1+4e_{ij}^2+e_{ij}^3)\times\frac{1}{6}(w_{jk}^1+4w_{jk}^2+w_{jk}^3)$，$e_{ij}=(e_{ij}^1, e_{ij}^2, e_{ij}^3)$ 表示专家对产品 i 的 j 属性的评价信息；$w_{jk}=(w_{jk}^1, w_{jk}^2, w_{jk}^3)$ 表示消费者 k 对产品 j 属性的偏好。

（3）运用公式（4.11）对消费者感知权重矩阵进行标准化处理，得到归一化向量 $\bar{\boldsymbol{x}}_{ij}^k$，其中，$i=1, 2, \cdots, m$，$j=1, 2, \cdots, n$。

$$\bar{\boldsymbol{x}}_{ij}^k=\frac{\boldsymbol{x}_{ij}^k}{\sqrt{\sum_{i=1}^{m}(x_{ij}^k)^2}} \tag{4.11}$$

小世界网络模型的归一化矩阵被用来建立社会网络对消费者采用决策的影响。

$$\bar{\boldsymbol{x}}_{ij}^k=(1-\alpha_k)\bar{x}_{ij}^k+\alpha_k\sum_{l\in L_k}\frac{\bar{\boldsymbol{x}}_{ij}^l}{|L_k|} \tag{4.12}$$

其中，α_k 表示消费者对社会网络影响的敏感度；L_k 表示消费者的直接连接邻居的数量 k；$\bar{\boldsymbol{x}}_{ij}^l$是邻居的归一化向量。

（4）根据权重归一化值 $\bar{x}_{ij}^{k}$，确定每个消费者的理想方案 p^{k+} 和反理想方案 p^{k-}。

$$
\begin{aligned}
p^{k+} &= \{\bar{x}_1^{k+},\ \bar{x}_2^{k+},\ \cdots,\ \bar{x}_n^{k+}\} \\
&= \{(\max \bar{x}_{ij}^{k+} \mid j \subset J_1),\ (\min \bar{x}_{ij}^{k+} \mid j \in J_2),\ \mid i - 1,\ 2,\ \cdots,\ m\}
\end{aligned} \tag{4.13}
$$

$$
\begin{aligned}
p^{k-} &= \{\bar{x}_1^{k-},\ \bar{x}_2^{k-},\ \cdots,\ \bar{x}_n^{k-}\} \\
&= \{(\max \bar{x}_{ij}^{k-} \mid j \in J_1),\ (\min \bar{x}_{ij}^{k-} \mid j \in J_2),\ \mid i = 1,\ 2,\ \cdots,\ m\}
\end{aligned} \tag{4.14}
$$

其中，J_1 是盈利性指标集，表示指标 i 的最优值；J_2 是浪费性指标集，表示指标 i 的最差值。

（5）通过 n 维度欧几里得距离公式计算出距离尺度。从目标到理想解 p^{k+} 的距离是 d_i^{k+}，到反理想解 p^{k-} 的距离是 d_i^{k-}，其中，$i=1,\ 2,\ \cdots,\ m$。

$$d_i^{k+} = \sqrt{\sum_{j=1}^{n} (\bar{x}_{ij}^{k} - \bar{x}_j^{k+})^2} \tag{4.15}$$

$$d_i^{k-} = \sqrt{\sum_{j=1}^{n} (\bar{x}_{ij}^{k} - \bar{x}_j^{k-})^2} \tag{4.16}$$

（6）计算理想解的接近度。

$$C_i^k = \frac{d_i^{k-}}{d_i^{k+} + d_i^{k-}},\ i=1,\ 2,\ \cdots,\ m \tag{4.17}$$

其中，$0 \leqslant C_i^k \leqslant 1$。注意到，如果 $C_i^k = 0$ 并且 $p_i = p^{k-}$ 则目标是最差的，而如果 $C_i^k = 1$ 并且 $p_i = p^{k+}$ 则目标是最好的。

（7）对理想解的接近程度 C_i^k 进行排序，接近度的值 C^* 越大，目标就越好，并且具有最大值的 C_i^k 就是最佳决策目标。

2. 汽车制造商决策

假设电动汽车制造商的技术随着时间的推移而成熟，生产汽车的成本将降低。汽车制造商根据当前的市场需求和技术成熟度来决定汽车的价格。为此，本模型使用一条技术学习曲线来描述上述过程，如公式（4.18）所示。

$$C(Q) = C_0 Q^{-\alpha} \tag{4.18}$$

其中，$C(Q)$ 是车辆产量达到 Q 时的单位车辆生产成本，C_0 是单位车辆的初始生产成本，α 是汽车制造商的技术进步率。因此，学习率为 $1-2^{-\alpha}$，即生产成本在产量翻倍时下降的百分比。至于产品定价，假设汽车制造商使用成本加成定价法。产品的销售价格 p_i 使用公式（4.19）来计算，其中 $\mu_i \geqslant 0$ 是指产品的加价。

$$p_i = (1+\mu_i) C_i \tag{4.19}$$

4.3 案例分析

4.3.1 仿真环境及方案

1. 仿真环境描述

重庆是中国重要的一线城市和直辖市。汽车产业是重庆的经济支柱，长安、力帆、福特等 14 家整车厂、8 大汽车品牌、1000 家汽车零配件厂商共同发展"1 + 8 + 1000"的产业格局使得重庆成为中国最大的汽车生产基地之一。此外，重庆也是中国首批推广电动汽车的试点城市之一。与中国其他城市相比，重庆的普通民众对电动汽车的认识相对较好，因此以重庆为基础建立的虚拟城市是一个很好的代表。

该环境模拟的是一个以中国重庆市为基础的虚拟大都市，该环境的容量为 20 万辆。因为重庆市人均拥有 0.168 辆汽车，所以这个模拟环境相当于一个拥有 120 万人口的虚拟城市（NBS Survey Office Chongqing Municipal Bureau of Statistics, 2019）。该模型的比例为1∶100，所以2000 辆汽车代表的是20 万辆。该研究模拟了一个 360 平方公里的空间区域，随机生成消费者和公共充电设施。每个消费者需要从 BEV、PHEV 和 CV 中选择一辆汽车来满足他们的出行需求。

2. 方案描述

通过不同的政策干预方案来分析政府通过补贴调整车辆购买价格和扩大公共充电网络对电动汽车的市场接受度的潜在影响。在相同的资金量下，设计了以下四种政策方案，并研究了它们对电动汽车市场接受度的影响。情景设计包括以下规则。

（1）基准情景。根据中国 2019 年电动汽车与充电设施 3.5∶1 的匹配率，快速充电设施与慢速充电的比例为 2∶3，以及对其服务能力的假设，基本情景下的 2000 个代理商应该有 158 个充电设施。

（2）政府补贴的情况。根据比亚迪的官方网站，在 2021 年，一辆比亚迪秦 EV 可以获得 18000 元人民币（2781 美元）的补贴。

（3）公共充电桩场景。在中国，不同的地方政府对充电桩建设有不同的建设补贴，补贴标准以一定的功率比例（交/直流）或总投资为依据。考虑到本研究的建设对象是分布式直流充电桩（直流，60kW）和交流充电桩（交流，7kW），所以补贴标准采用功率分配的方法。在大多数省份，直流充电桩的补贴标准为 400 ~ 900 元/千瓦（61.2 ~ 139.3 美元/千瓦），大部分为 600 元/千瓦（61.2 美元/千瓦），而交流充电桩的补贴标准为直流充电桩的一半。根据

《2019—2020 年中国充电基础设施发展报告》，中国的充电桩直流与交流的比例为 2∶3。因此，情景 3 假设政府将为 151 个直流充电设施提供补贴，每个价值 36000 元人民币（5573 美元），以及 227 个交流充电设施，每个价值 2100 元人民币（325 美元）。

以下是四种不同政策方案情景。

（1）基准情景：没有政策干预。

（2）政府补贴方案：提供 330 个补贴，每个补贴价值 18000 元人民币，从而降低 330 辆 BEV 的购买价格。

（3）公共充电桩方案：在城市的不同地点安装 151 个直流充电设施和 227 个交流充电设施。

（4）混合政策：通过提供 165 个单项价值 18000 元人民币的补贴并在城市中安装 75 个直流充电设施和 113 个交流充电设施来使用资金。

为了评估它们的潜在影响，每种方案都模拟了 30 次，它们的事件（即采用的电动汽车数量，包括 BEV 和 PHEV）在所有运行中取平均值。

4.3.2 参数初始化设置

模拟参数取自中国 2019 年和 2020 年的汽车市场，包括政府部门发布的数据、现有文献的调查结果、问卷调查以及现实的假设。选择比亚迪秦①电动汽车作为中国电动汽车市场的代表车型。比亚迪秦有三种车型，即 CV 版、PHEV 版和 BEV 版，相关参数见表 4.8。在实证研究之前，我们确定了潜在的电动汽车消费群体，即有用车经验、已经拥有驾驶执照、了解电动汽车或有计划在未来 3 年内购买或使用电动汽车的人。样本数据是以滚雪球的方式在网上收集的，我们把问卷分发给同事和朋友，并要求他们把问卷分发给他们的同事或朋友（见表 4.9 ~ 表 4.11）。除了目标群体的确定，我们还设置了两个额外的问题来剔除不合格的被调查者：（1）电动汽车是否有可能被交通管制禁止出行？（2）你是否居住在重庆市？对第一个问题回答“是”而对第二个问题回答“否”的人将被视为不符合条件。2020 年 5 月进行问卷调查，共获得有效问卷数据 243 份（总样本量 320 份），有效问卷率为 75.9%。访问了重庆汽车协同中心和长安汽车的专家，获得专家组车辆评价数据。通过对数据集的模糊变换，得到专家组的产品特征评价矩阵（见表 4.9）、消费者产品偏好属性感知矩阵（见表 4.10）和消费者社会网络敏感性（见表 4.11）。

① 比亚迪秦是比亚迪发布的一款最畅销的电动汽车，是 2020 年中国电动汽车市场销量前十名中评价最高的车型。

表 4.8　　模型的初始值设置

属性	解释	值
电动汽车的初始率	根据中国电动汽车行业中 PHEV 与 BEV 的比例约为 4:1，假定电动汽车的初始比例为 2%，其中 BEV 为 1.6%，PHEV 为 0.4%	2%
每日旅行距离	消费者日旅行距离受制于三角形分布	（20，80，32）公里
车龄	每个消费者代理的年龄是通过随机分配遵循三角形分布的数值来确定的	（24，60，36）个月
分配的车龄	车辆的预设最长服务时间	60 个月
BEV 的销售价格	补贴前汽车制造商对 BEV 的建议零售价，参考了比亚迪秦 EV	人民币 167900 元（25991 美元）
电池容量	一辆 BEV 可以容纳的最大能量数	42 千瓦时
每单位能量的里程数	按车辆 100 公里的能耗计算，其中 BEV 为 7.55 英里，CV 为 16.13 英里	7.55/16.13 英里
对 BEV 的补贴	政府对每辆 BEV 补贴 18000 元	人民币 18000 元（2781 美元）
对 AC/DC 的补贴	每辆直流车补贴 36000 元，每辆交流车补贴 2100 元	人民币 36000/2100 元（5573/325 美元）
充电设施服务能力	快速充电桩 DC 的日均服务数量为 6 个，慢速充电桩 AC 的日均服务数量为 2 个	6/2
石油价格	每升汽油的价格	人民币 6.5 元（1 美元）
简历的销售价格	燃油车的销售价格，参考了比亚迪秦的燃油车	人民币 79800 元（12353 美元）
技术创新率	汽车制造商的技术进步速度	0.08
加价率	产品的加价	10%
电价	在家 0.65 元/千瓦时，公共设施 1.5 元/千瓦时	人民币 0.65/1.5（0.1/0.23 美元）
充电设施的数量	按照电动汽车与充电桩 3.5:1 的匹配比例，2000 家代理商应该有 158 个充电设施，按照交流和直流 3:2，有 95 个交流和 63 个直流	158
创新能力	2.5% 的人对技术创新有偏好，愿意采用新技术	2.5%
环境态度	环境得分最高的 16% 的消费者代理人被认为是环保主义者	16%

注：参考中国电动汽车市场、问卷调查，西尔维亚和克劳斯（Silvia & Krause，2016），罗杰斯（Rogers，2003）。

表 4.9　　由专家组创建的产品信息

模型	属性						
	购买价格	维修费用	安全性	技术整合	大功率	低噪声	二氧化碳排放
BEV	F	F	F	G	MF	G	G
PHEV	F	MF	MF	MP	G	MF	F
价值观	G	MF	MF	MP	F	F	MP

注：MP，中差；F，一般；MF，中好；G，好。

表 4.10　　消费者对七个属性的权重

重量	属性						
	购买价格	维修费用	安全性	技术整合	大功率	低噪声	二氧化碳排放
非常差	0.0092	0.0046	0	0.0367	0.0092	0.0046	0.0505
贫穷	0.0046	0	0	0.0642	0.0275	0.0183	0.0550
中等水平	0.0229	0.0550	0.0046	0.1376	0.0826	0.0413	0.1284
公平	0.1055	0.1468	0.0275	0.1881	0.2615	0.1468	0.1881
中高	0.2798	0.3440	0.1376	0.2752	0.3349	0.3119	0.2523
良好	0.2661	0.2890	0.2064	0.2202	0.2202	0.3486	0.2294
非常好	0.3119	0.1606	0.6239	0.0780	0.0642	0.1284	0.0963

表 4.11　　消费者对社会影响的敏感性水平

敏感度等级	非常高	高	中高	公平	中度弱	弱	非常弱
相对频率	0.0872	0.2064	0.3899	0.1835	0.0917	0	0.0413

4.3.3　演化博弈合作模型类型

1. 垂直合作演化博弈模型

企业的合作会产生一种协同效应，垂直合作是异质企业之间的合作，由于双方的市场不重叠，所以都会拥有合作产生的额外收益，均为 ΔR。根据新能源汽车补贴标准，中央财政对新能源汽车生产企业和配套运营企业给予补助。所以，当新增产量一定时，垂直合作企业可以从不同环节获得政府补贴 G，而水平合作企业是同一环节的同质企业，需要瓜分政府补贴 G。垂直合作企业之间息息相关，需要共同面对产品的市场风险，因为一旦一款新车型、新产品的市场化失败，遭受损失的企业不仅是生产企业，也会影响运营企业、服务企业等，并且影响是双向的，所以合作后市场风险增加，即 $W = W_1 + W_2$。因此，垂直合作演化博弈收益矩阵如表 4.12 所示。

表 4.12　　垂直合作演化博弈收益矩阵

博弈参与者		企业 2	
		合作 y	不合作 $1-y$
企业 1	合作 x	$R_1+\Delta R+G-C_1-W$，$R_2+\Delta R+G-C_2-W$	R_1-C_1，0
	不合作 $1-x$	0，R_2-C_2	0，0

下面是基于演化博弈的期望收益函数。

企业 1 选择合作时的期望收益为

$$U_{x1}=y(R_1+\Delta R+G-C_1-W)+(1-y)(R_1-C_1)=y(\Delta R+G-W)+R_1-C_1 \tag{4.20}$$

其中，$W=W_1+W_2$。

企业 1 选择不合作时的期望收益为

$$U_{x2}=0 \tag{4.21}$$

企业 1 的平均收益为

$$\overline{U_x}=xU_{x1}+(1-x)U_{x2}=x[y(\Delta R+G-W)+R_1-C_1] \tag{4.22}$$

企业 1 的复制动态方程为

$$F(x)=\frac{\mathrm{d}x}{\mathrm{d}t}=x(U_{x1}-\overline{U_x})=x(1-x)[y(\Delta R+G-W)+R_1-C_1] \tag{4.23}$$

公式（4.23）描述的动态微分方程与生物进化中描述特定性状个体频数变化自然选择过程的“复制动态”方程是一致的，所以也称之为复制动态方程（Friedman，1991）。其用于表示企业 1 合作概率随时间的变化率，其中企业 1 合作概率的变化率与博弈方合作概率成正比，与合作的期望收益大于所有策略平均收益的幅度也成正比。

同理，可得企业 2 的复制动态方程为

$$F(y)=\frac{\mathrm{d}y}{\mathrm{d}t}=y(U_{y1}-\overline{U_y})=y(1-y)[x(\Delta R+G-W)+R_2-C_2] \tag{4.24}$$

令$\begin{cases}F(x)=\dfrac{\mathrm{d}x}{\mathrm{d}t}=0\\F(y)=\dfrac{\mathrm{d}y}{\mathrm{d}t}=0\end{cases}$，求得均衡点为

$$(0,0),(0,1),(1,0),(1,1),\left(\frac{C_2-R_2}{\Delta R+G-W},\frac{C_1-R_1}{\Delta R+G-W}\right)$$

均衡点 x、y 值不会再随时间变化，作为进化稳定策略的点，除了本身是均衡状态外，还需要对微小的扰动具有稳健性才能成为进化稳定策略。均衡点的稳定性是指从系统某均衡点的任意小领域出发的轨线最终都演化趋向于该均衡点，

则该均衡点是局部渐近稳定，动态稳定均衡点就是演化均衡点，根据动力系统稳定性定理可以由本系统的雅可比（Jacobian）矩阵（$\boldsymbol{J}$）的局部稳定性判断方法得到（Friedman，1991），具体内容见表 4.13，分别计算矩阵的行列式（det$\boldsymbol{J}$）和矩阵的迹（tr$\boldsymbol{J}$），通过判断两者的正负来判断均衡点的稳定性。本系统雅可比矩阵为

$$\boldsymbol{J}=\begin{bmatrix}\frac{\partial F(x)}{x} & \frac{\partial F(x)}{y}\\ \frac{\partial F(y)}{x} & \frac{\partial F(y)}{y}\end{bmatrix}=\begin{bmatrix}(1-2x)[y(\Delta R+G-W)+R_1-C_1] & x(1-x)(\Delta R+G-W)\\ y(1-y)(\Delta R+G-W) & (1-2y)[x(\Delta R+G-W)+R_2-C_2]\end{bmatrix} \tag{4.25}$$

稳定点的条件是：行列式（det$\boldsymbol{J}$）和迹（tr$\boldsymbol{J}$）正负不同，否则为鞍点，鞍点是指在微分方程中沿着某一方向是稳定的，另一方向是不稳定的奇点。即

$$\mathrm{tr}(\boldsymbol{J})=\left[\frac{\partial F(x)}{x}+\frac{\partial F(y)}{y}\right]>0,\ \det(\boldsymbol{J})=\left[\frac{\partial F(x)}{x}\times\frac{\partial F(y)}{y}-\frac{\partial F(y)}{x}\times\frac{\partial F(x)}{y}<0\right] \tag{4.26}$$

$$\mathrm{tr}(\boldsymbol{J})=\left[\frac{\partial F(x)}{x}+\frac{\partial F(y)}{y}\right]<0,\ \det(\boldsymbol{J})=\left[\frac{\partial F(x)}{x}\times\frac{\partial F(y)}{y}-\frac{\partial F(y)}{x}\times\frac{\partial F(x)}{y}>0\right] \tag{4.27}$$

表 4.13　　雅可比矩阵局部均衡分析

均衡点	det$\boldsymbol{J}$	tr$\boldsymbol{J}$
(0，0)	$(R_1-C_1)(R_2-C_2)$	$(R_1-C_1)+(R_2-C_2)$
(0，1)	$-(\Delta R+G-W+R_1-C_1)(R_2-C_2)$	$(\Delta R+G-W+R_1-C_1)-(R_2-C_2)$
(1，0)	$-(R_1-C_1)(\Delta R+G-W+R_2-C_2)$	$-(R_1-C_1)+(R+G-W+R_2-C_2)$
(1，1)	$(\Delta R+G-W+R_1-C_1)(\Delta R+G-W+R_2-C_2)$	$-2(\Delta R+G-W)-(R_1-C_1)-(R_2-C_2)$
$(x^*，y^*)$	式 1	$\frac{-2[(R_1-C_1)-(R_2-C_2)]^2}{\Delta R+G-W}$

其中，式 1 的表达式为

$$(R_1-C_1)(R_2-C_2)\left[1+\frac{(R_1-C_1)+(R_2-C_2)}{\Delta R+G-W}+\frac{(R_1-C_1)+(R_2-C_2)}{(\Delta R+G-W)^2}\right]-$$
$$[(R_1-C_1)-(R_2-C_2)]^2\times\left[1+\frac{2(R_1-C_1)+2(R_2-C_2)}{\Delta R+G-W}+\frac{4(R_1-C_1)\times(R_2-C_2)}{(\Delta R+G-W)^2}\right]$$

（1）$\Delta R+G>W$。即合作产生的额外收益加上合作获得的政府补贴大于市场化面临的风险，合作成果能够适应市场需求。分成以下四种情形。

情形 A1：企业 1 和企业 2 单方主导合作的过程收益都大于合作成本，说明

企业有能力承担合作成本。

$$\begin{cases} R_1 - C_1 > 0 \\ R_2 - C_2 > 0 \end{cases} \tag{4.28}$$

此时系统只有四个均衡点 $E_1(0,\ 0)$、$E_2(0,\ 1)$、$E_3(1,\ 0)$、$E_4(1,\ 1)$，表示这 4 个点是相对于大多数初始状态的均衡状态，但是并不是最终的稳定状态，博弈方的策略还是会偏离，不会收敛于它们，所以需要讨论这 4 个点的局部渐近稳定性，也就是对于微小的偏离扰动具有稳健性的稳定状态，对微小扰动具有稳健性的均衡状态才可以称之为进化稳定策略（evolutionary stable strategy，ESS）（谢识予，2002），分析结果见表 4.14。

表 4.14　　情形 A1 均衡点的局部稳定性分析

均衡点	det***J***	tr***J***	局部稳定性
(0，0)	+	+	不稳定点
(0，1)	-	不确定	鞍点
(1，0)	-	不确定	鞍点
(1，1)	+	-	ESS

根据均衡点局部稳定性分析，绘制演化路径的相位图，如图 4.4 所示，描述了有限理性的企业学习如何采用合作策略的过程，通过学习找到博弈比较有效的纳什均衡。点 $E_4(1,\ 1)$ 即（合作，合作）是渐近稳定，表示系统的最优均衡点，博弈方的策略将收敛于 E_4，意味着企业通过不断学习找到了此合作博弈有效的纳什均衡。

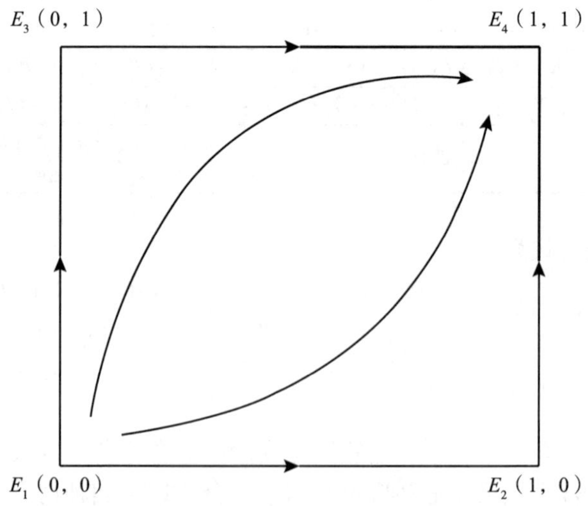

图 4.4　垂直合作企业情形 A1 相位图

情形 A2：企业 1 和企业 2 任意一家企业单方主导合作的过程收益不能承担合作成本，则需要该企业在双方参与合作所获得的总收益大于参与合作双方面临的风险成本和自身的合作成本总和，即

$$\begin{cases} R_1 - C_1 < 0 \\ R_2 - C_2 > 0 \\ \Delta R + G + R_1 > C_1 + W \end{cases} \text{或} \begin{cases} R_1 - C_1 > 0 \\ R_2 - C_2 < 0 \\ \Delta R + G + R_2 > C_2 + W \end{cases} \tag{4.29}$$

此时系统只有四个均衡点 $E_1(0, 0)$、$E_3(0, 1)$、$E_2(1, 0)$、$E_4(1, 1)$，局部渐近稳定性分析见表 4.15。点 $E_4(1, 1)$ 即（合作，合作）是渐近稳定，如图 4.5 所示，表示系统的最优均衡点，即

表 4.15　　情形 A2 均衡点的局部稳定性分析

均衡点	det***J***	tr***J***	局部稳定性
(0, 0)	+	+	不稳定点
(0, 1)	-	不确定	鞍点
(1, 0)	-	不确定	鞍点
(1, 1)	+	-	ESS

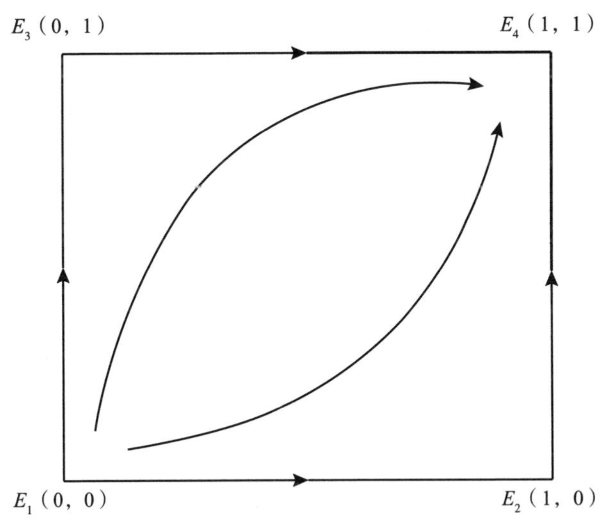

图 4.5　垂直合作情形 A2 相位图

情形 A3：企业 1 和企业 2 单方主导合作的过程收益都难以支撑合作成本，但是双方都参与合作后获得总收益都大于合作产生的总成本，即

$$\begin{cases} R_1 - C_1 < 0 \\ R_2 - C_2 > 0 \\ \Delta R + G + R_1 > C_1 + W \\ \Delta R + G + R_2 > C_2 + W \end{cases} \tag{4.30}$$

此时系统只有五个均衡点，即 $E_1(0,\ 0)$、$E_2(0,\ 1)$、$E_3(1,\ 0)$、$E_4(1,\ 1)$、$E_5(x^*,\ y^*)$，局部渐近稳定性分析见表 4.16。

表 4.16　　情形 A3 均衡点的局部稳定性分析

均衡点	det$J$	tr$J$	局部稳定性
(0，0)	+	−	ESS
(0，1)	+	+	不稳定点
(1，0)	+	+	不稳定点
(1，1)	+	−	ESS
(x^*，y^*)	不	不	鞍点

根据均衡点局部稳定性分析，绘制演化路径的相位图，如图 4.6 所示，E_5 是鞍点，即微分方程中，沿着某一方向是稳定，另一方向是不稳定的奇点，$E_1(0,\ 0)$ 即（不合作，不合作），$E_4(1,\ 1)$ 即（合作，合作）都是渐近稳定，代表系统的最优均衡点。

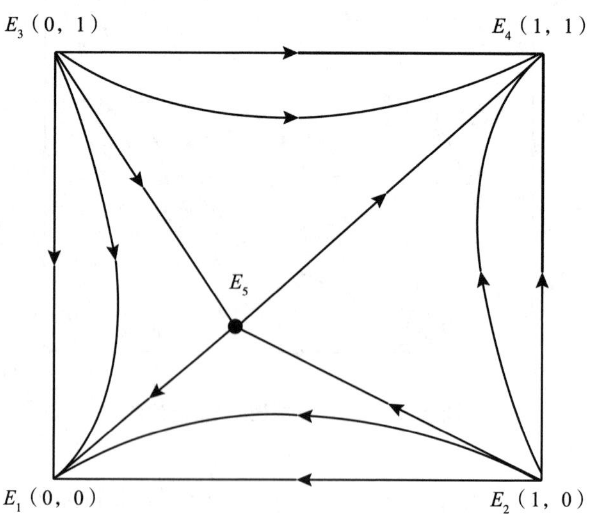

图 4.6　水平合作情形 A3 相位图

由图 4.6 可见，四边形 $E_1E_2E_5E_3$ 内的点始终收敛域最优均衡点 $E_1(0,\ 0)$，四边形 $E_2E_5E_3E_4$ 内的点始终收敛域最优均衡点 $E_4(1,\ 1)$。为了驱使双方合作，促进新能源汽车产业组织发展，需要增加 $E_2E_5E_3E_4$ 面积，因为 $E_2E_5E_3E_4$ 的面积越大，系统收敛于最优均衡点 $E_4(1,\ 1)$ 的概率越大，而面积的大小取决于鞍点 $(x^*,\ y^*)$ 的位置。

$$S_{E_2E_5E_3E_4} = 1 - \frac{1}{2}(x^* + y^*) \tag{4.31}$$

考虑政府补贴 G 对向双方合作演化的影响，政府补贴越高越有利于其演化发展，因为面积 S 对 G 的变化率小于 0，所以政府补贴越大越有利于双方合作。同理可得，企业 1 和企业 2 的市场风险综合 W 越小越有利于双方合作，额外收益 ΔR 越大越有利于双方合作。

证明：

$$\frac{\partial x^*}{\partial G} = -\frac{C_2 - R_2}{(\Delta R + G - W)^2},\ \frac{\partial y^*}{\partial G} = -\frac{C_1 - R_1}{(\Delta R + G - W)^2},\ \frac{\partial S}{\partial G} = -\left(\frac{\partial x^*}{\partial G} + \frac{\partial y^*}{\partial G}\right) > 0 \tag{4.32}$$

情形 A4：企业 1 和企业 2 单方主导合作的过程收益都大于合作成本，即企业有能力承担合作成本，并且双方合作后获得总收益都大于合作产生的总成本。

$$\begin{cases} R_1 - C_1 > 0 \\ R_2 - C_2 > 0 \\ \Delta R + G + R_1 > C_1 + W \\ \Delta R + G + R_2 > C_2 + W \end{cases} \tag{4.33}$$

（2）$\Delta R + G < W$。即合作产生的额外收益加上合作获得的政府补贴小于市场化面临的风险，合作成果不能够适应市场需求。

此时系统只有四个均衡点 $E_1(0,\ 0)$、$E_2(0,\ 1)$、$E_3(1,\ 0)$、$E_4(1,\ 1)$，局部渐近稳定性分析见表 4.17。

表 4.17　　　　情形 A4 均衡点的局部稳定性分析

均衡点	det***J***	tr***J***	局部稳定性
(0, 0)	+	+	不稳定点
(0, 1)	−	不确定	鞍点
(1, 0)	−	不确定	鞍点
(1, 1)	+	−	ESS

根据均衡点局部稳定性分析，绘制演化路径的相位图，如图 4.7 所示，点

$E_4(1, 1)$ 即（合作，合作）是渐近稳定，表示系统的最优均衡点。

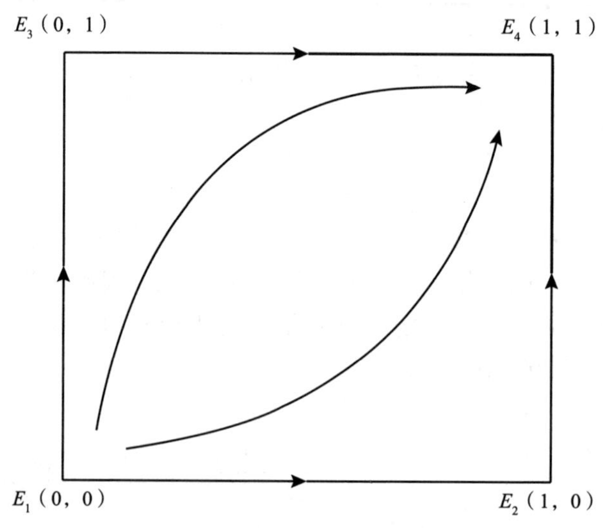

图 4.7　垂直合作情形 A4 相位图

通过对垂直合作演化博弈分析，得到满足垂直企业双方合作的条件，分为两种情况。

当 $\Delta R + G - W > 0$ 时：

$$\begin{cases} R_1 - C_1 > 0 \\ R_2 - C_2 > 0 \end{cases} \text{或} \begin{cases} \Delta R + G + R_1 > C_1 + W \\ \Delta R + G + R_2 > C_2 + W \end{cases} \tag{4.34}$$

此时表明当合作成果能够适应市场时，只要博弈方单方主导合作的过程收益都能够承担合作成本，企业双方就会选择合作。若任意一方主导合作的过程收益不能支付合作成本，则需要双方合作后总收益大于总成本，双方才会选择合作。若双方单独主导合作的过程收益都不能支付合作成本，则需要 ΔR、G 足够大，W 足够小时，双方才会选择合作。

当 $\Delta R + G - W < 0$ 时：

$$\begin{cases} R_1 - C_1 > 0 \\ R_2 - C_2 > 0 \\ \Delta R + G + R_1 > C_1 + W \\ \Delta R + G + R_2 > C_2 + W \end{cases} \tag{4.35}$$

此时表明当合作成果不能适应市场，存在较大的市场风险时，只有双方单方主导合作的过程收益都大于合作成本，且双方合作后总收益都大于总成本时，双方才会选择合作。也就是说在产品不能适应市场时，由于新能源汽车产业又是资金密集型产业，企业双方必须实力足够雄厚，政府补贴足够充裕，才能促使合作的产生。

2. 水平合作演化博弈模型

同理，水平合作也会产生一种协同效应，额外收益为 ΔR，但由于企业双方市场存在重叠，将会形成市场竞争。一方面企业双方不能同时享有额外收益，而是需要按市场分配，设置额外收益的分配率为 α，当然享受的政府补贴也会进行分配，为了方便计算设置政府补贴分配率同为 α，并且独自承担各自的市场风险。另一方面因为是同质企业，知识技术相通，而知识技术又具备公共产品属性，存在溢出效应（梁琦，2004），也就是如果只有一方参与、主导合作，例如参与研发推广等经营活动，这时产生的知识溢出效应和技术溢出效应会让不参与合作的企业获利，溢出效应值 L。因此，水平合作演化博弈收益矩阵见表 4.18。

表 4.18　水平合作演化博弈收益矩阵

博弈参与者		企业 2	
		合作 y	不合作 $1-y$
企业 1	合作 x	$R_1+\alpha(\Delta R+G)-C_1-W_1$，$R_2+(1-\alpha)(\Delta R+G)-C_2-W_2$	R_1-C_1-L，L
	不合作 $1-x$	L，R_2-C_2-L	0，0

以下是基于演化博弈的期望收益函数。

企业 1 选择合作时的期望收益为

$$\begin{aligned} U_{x1} &= y[R_1+\alpha(\Delta R+G)-C_1-W_1]+(1-y)(R_1-C_1-L) \\ &= y[\alpha(\Delta R+G)-W_1+L]+(R_1-C_1-L) \end{aligned} \tag{4.36}$$

企业 1 选择不合作时的期望收益为

$$U_{x2}=yL \tag{4.37}$$

企业 1 的平均收益为

$$\overline{U_x}=xU_{x1}+(1-x)U_{x2}=x\{y[\alpha(\Delta R+G)-W_1+L]+(R_1-C_1-L)\}+(1-x)yL \tag{4.38}$$

企业 1 的复制动态方程为

$$F(x)=\frac{\mathrm{d}x}{\mathrm{d}t}=x(U_{x1}-\overline{U_x})=x(1-x)\{y[\alpha(\Delta R+G)-W_1]+(R_1-C_1-L)\} \tag{4.39}$$

同理可得，企业 2 的复制动态方程为

$$F(y)=\frac{\mathrm{d}y}{\mathrm{d}t}=y(U_{y1}-\overline{U_y})=y(1-y)\{x[(1-\alpha)(\Delta R+G)-W_2]+(R_2-C_2-L)\} \tag{4.40}$$

令$\begin{cases} F(x) = \dfrac{dx}{dt} = 0 \\ F(y) = \dfrac{dy}{dt} = 0 \end{cases}$ 求得均衡点：

$$(0,\ 0),\ (0,\ 1),\ (1,\ 0),\ (1,\ 1),$$
$$\left(-\frac{R_2 - C_2 - L}{(1-\alpha)(\Delta R + G) - W_2},\ \frac{R_1 - C_1 - L}{\alpha(\Delta R + G) - W_1}\right)$$

本系统雅可比矩阵为

$$\boldsymbol{J} = \begin{bmatrix} \dfrac{\partial F(x)}{x} & \dfrac{\partial F(x)}{y} \\ \dfrac{\partial F(y)}{x} & \dfrac{\partial F(y)}{y} \end{bmatrix} = \tag{4.41}$$

$$\begin{bmatrix} (1-2x)\{y[\alpha(\Delta R+G)-W]+(R_1-C_1-L)\} & x(1-x)[\alpha(\Delta R+G)-W_1] \\ y(1-y)[(1-\alpha)(\Delta R+G)-W_2] & (1-2y)[x(1-\alpha)(\Delta R+G)-W_2]+(R_2-C_2-L) \end{bmatrix}$$

因此，雅可比矩阵局部均衡分析见表4.19。

表4.19　雅可比矩阵局部均衡分析

均衡点	det$\boldsymbol{J}$	tr$\boldsymbol{J}$
(0，0)	$(R_1-C_1-L)\times(R_2-C_2-L)$	$(R_1-C_1-L)+(R_2-C_2-L)$
(0，1)	$-[\alpha(\Delta R+G)-W+R_1-C_1-L]\times(R_2-C_2-L)$	$\alpha(\Delta R+G)-W+R_1-C_1-L-(R_2-C_2-L)$
(1，0)	$-(R_1-C_1-L)\times[(1-\alpha)(\Delta R+G)-W_2+R_2-C_2-L]$	$-(R_1-C_1-L)+[(1-\alpha)(\Delta R+G)-W+R_2-C_2-L]$
(1，1)	$[\alpha(\Delta R+G)-W_1+R_1-C_1-L]\times[(1-\alpha)(\Delta R+G)-W_2+R_2-C_2-L]$	$-(\Delta R+G)-(R_1-C_1-W_1-L)-(R_2-C_2-W_2-L)$
$(x^*,\ y^*)$	式1	0

其中，式1表达式为

$$-(R_1-C_1-L)\times(R_2-C_2-L)\times\left[1+\frac{R_2-C_2-L}{(1-\alpha)(\Delta R+G)-W_2}\right]\times\left[1+\frac{R_1-C_1-L}{\alpha(\Delta R+G)-W_1}\right]$$

(1) $\Delta R+G>W$。由 $\alpha(\Delta R+G)>W_1$，$(1-\alpha)(\Delta R+G)>W_2$ 所得。此时合作产生的额外收益加上合作获得的政府补贴大于市场化面临的风险，合作成果能够适应市场需求。分成以下四种情形。

情形B1：企业1和企业2单方主导合作的过程收益都能承担合作成本和溢

出损失。

$$\begin{cases} R_1 - C_1 - L > 0 \\ R_2 - C_2 - L > 0 \end{cases} \tag{4.42}$$

此时系统只有四个均衡点 $E_1(0, 0)$、$E_2(0, 1)$、$E_3(1, 0)$、$E_4(1, 1)$，局部渐近稳定性见表 4.20。

表 4.20　　情形 B1 均衡点的局部稳定性分析

均衡点	det***J***	tr***J***	局部稳定性
(0, 0)	+	+	不稳定点
(0, 1)	-	不确定	鞍点
(1, 0)	-	不确定	鞍点
(1, 1)	+	-	ESS

根据均衡点局部稳定性分析，绘制演化路径的相位图，如图 4.8 所示。点 $E_4(1, 1)$ 即（合作，合作）是渐近稳定，表示系统的最优均衡点。

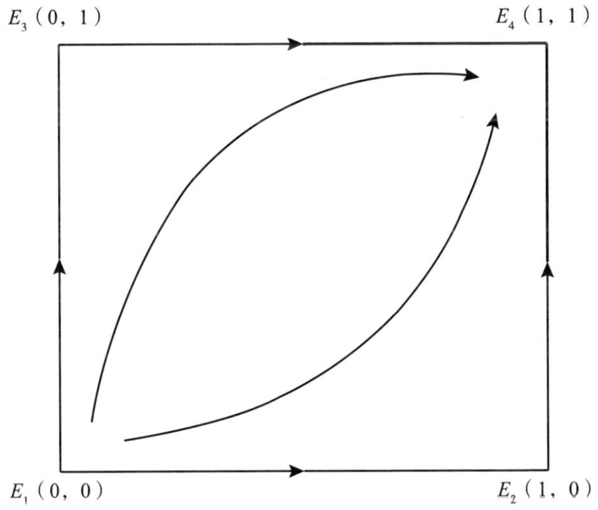

图 4.8　水平合作企业情形 B1 相位图

情形 B2：企业 1 和企业 2 任意一家企业单方主导合作的过程收益不能承担合作成本，则需要该企业在双方参与合作所获得的总收益大于参与合作双方面临的风险成本和自身的合作成本总和，即

$$\begin{cases}R_1 - C_1 - L > 0 \\ R_2 - C_2 < 0 \\ (1-\alpha)(\Delta R + G) + R_2 > C_2 + W_2 + L\end{cases} \text{或} \begin{cases}R_1 - C_1 < 0 \\ R_2 - C_2 - L > 0 \\ \alpha\Delta R + G + R_1 > C_1 + W_1 + L\end{cases} \tag{4.43}$$

此时系统只有四个均衡点 $E_1(0, 0)$、$E_2(1, 0)$、$E_3(0, 1)$、$E_4(1, 1)$，局部渐近稳定性分析见表 4.21。点 $E_4(1, 1)$ 即（合作，合作）是渐近稳定，如图 4.9 所示，表明系统的最优均衡点。

表 4.21　　情形 B2 均衡点的局部稳定性分析

均衡点	det***J***	tr***J***	局部稳定性
(0, 0)	−	不确定	鞍点
(0, 1)	+	+	不稳定点
(1, 0)	−	不确定	鞍点
(1, 1)	+	−	ESS

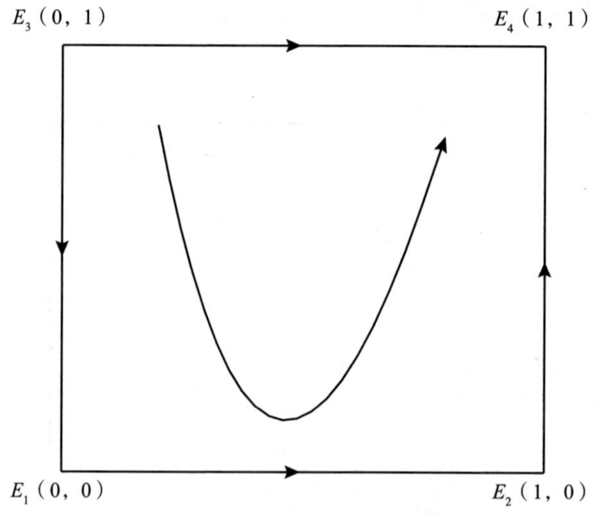

图 4.9　水平合作情形 B2 相位图

情形 B3：企业 1 和企业 2 单方主导合作的过程收益都难以支撑合作成本，但是双方都参与合作后获得总收益都大于合作产生的总成本，即

$$\begin{cases}R_1 - C_1 < 0 \\ R_2 - C_2 > 0 \\ \alpha(\Delta R + G) + R_1 > C_1 + W_1 + L \\ (1-\alpha)(\Delta R + G) + R_2 > C_2 + W_2 + L\end{cases} \tag{4.44}$$

此时系统只有五个均衡点 $E_1(0, 0)$、$E_2(0, 1)$、$E_3(1, 0)$、$E_4(1, 1)$、$E_5(x^*, y^*)$，局部渐近稳定性分析见表 4.22。

表 4.22　情形 B3 均衡点的局部稳定性分析

均衡点	det***J***	tr***J***	局部稳定性
(0, 0)	+	−	ESS
(0, 1)	+	+	不稳定点
(1, 0)	+	+	不稳定点
(1, 1)	+	−	ESS
(x^*, y^*)	不	−	鞍点

根据均衡点局部稳定性分析，绘制演化路径的相位图，如图 4.10 所示，点 $E_1(0, 0)$ 即（不合作，不合作），$E_4(1, 1)$ 即（合作，合作）都是渐近稳定，代表系统的最优均衡点。

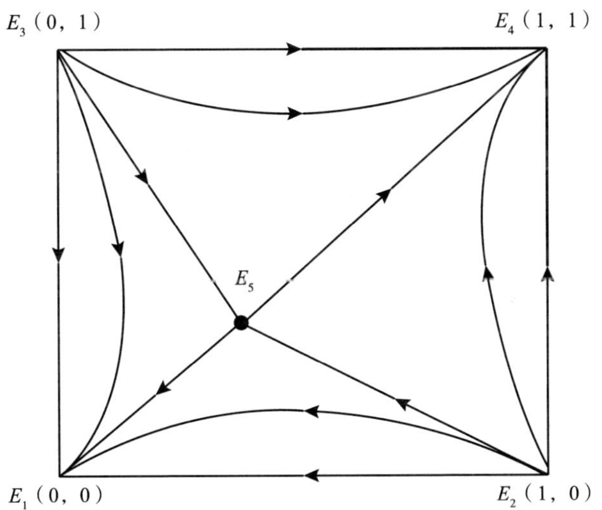

图 4.10　水平合作情形 B3 相位

由图可见，四边形 $E_1E_2E_5E_3$ 内的点始终收敛于最优均衡点 $E_1(0, 0)$，四边形 $E_2E_5E_3E_4$ 内的点始终收敛于最优均衡点 $E_4(1, 1)$。为了驱使双方合作，促进新能源汽车产业组织发展，需要增加 $E_2E_5E_3E_4$ 面积，因为 $E_2E_5E_3E_4$ 的面积越大，系统收敛于最优均衡点 $E_4(1, 1)$ 的概率越大，而面积的大小取决于鞍点 (x^*, y^*) 的位置。

$$S_{E_2E_5E_3E_4}=1-\frac{1}{2}(x^*+y^*) \tag{4.45}$$

考虑政府补贴 G 对博弈向双方合作演化的影响，政府补贴越高越有利于其演化发展，因为面积 S 对 G 的变化率小于0，所以政府补贴越大越有利于双方合作。同理可得，企业1和企业2的市场风险综合 W_1、W_2 和知识溢出 L 越小且额外收益 ΔR 越大越有利于双方合作。

证明：
$$\frac{\partial x^*}{\partial G}=\frac{(1-\alpha)(R_1-C_1-L)}{[(1-\alpha)(\Delta R+G)-W_2]^2},$$

$$\frac{\partial y^*}{\partial G}=\frac{(1-\alpha)(R_1-C_1-L)}{[\alpha(\Delta R+G)-W_2]^2},\quad \frac{\partial S}{\partial G}=-\left(\frac{\partial x^*}{\partial G}+\frac{\partial y^*}{\partial G}\right)>0 \tag{4.46}$$

（2）$\Delta R+G<W$。由 $\alpha(\Delta R+G)<W_1$，$(1-\alpha)(\Delta R+G)<W_2$ 所得。即合作产生的额外收益加上合作获得的政府补贴小于市场化面临的风险，合作成果不能够适应市场需求时，不存在（合作，合作）的最优均衡点，因此不作讨论。

通过对水平合作演化博弈分析，得到满足企业双方合作的条件是

$$\Delta R+G-W>0$$

$$\begin{cases}R_1-C_1-L>0\\R_2-C_2-L>0\end{cases}\text{或}\begin{cases}\alpha(\Delta R+G)+R_1>C_1+W_1+L\\(1-\alpha)(\Delta R+G)+R_2>C_2+W_2+L\end{cases} \tag{4.47}$$

此时表明对于水平合作的企业必须要合作成果能够适应市场时双方才会出现合作的可能。并且双方单方主导合作的过程收益需要大于合作成本和溢出损失之和，企业双方就会选择合作。若任意一方主导合作的过程收益不能承担合作成本和溢出损失，则需要该企业在双方合作后的总收益大于成本，双方才会都选择合作。若双方单方主导合作的过程收益都不能承担合作成本和溢出损失，则不仅需要双方合作后的总收益大于总成本，还需要 ΔR、G 足够大，W_1、W_2、L 足够小时，双方才会选择合作。

对此，针对水平合作的新能源汽车产业企业，首先，加强知识成果保护；其次加大政府补贴，合理分配收益；最后，形成风控体系，降低市场风险。

3. 混合合作演化博弈模型

对于企业来说，混合合作可以获得由知识价值转化的市场价值，而知识价值与合作投入成本 C_3 相关，知识转化的市场价值为 βC_3，而学研机构会获得企业支付的技术知识研发费用 γC_1。同样的，只有学研机构参与时会产生溢出效应，带来溢出损失 L，产业企业会获得知识溢出 L。故混合合作演化博弈收益矩阵见表4.23。

表 4.23　混合合作演化博弈收益矩阵

博弈参与者		学研机构 3	
		合作 z	不合作 $1-z$
企业 1	合作 x	$R_1+\beta C_3+G-C_1-W_1$，$R_3+\gamma C_1-C_3$	R_1-C_1，0
	不合作 $1-x$	L，R_3-C_3-L	0，0

以下是基于演化博弈的期望收益函数。

企业 1 选择合作时的期望收益为

$$U_{x1}=z(R_1+\beta C_3+G-C_1-W_1)+(1-z)(R_1-C_1)=z(\beta C_3+G-W_1)+R_1-C_1 \tag{4.48}$$

企业 1 选择不合作时的期望收益为

$$U_{x2}=zL \tag{4.49}$$

企业 1 的平均收益为

$$\overline{U_x}=xU_{x1}+(1-x)U_{x2}=x[z(\beta C_3+G-W_1)+R_1-C_1]+(1-x)zL \tag{4.50}$$

企业 1 的复制动态方程为

$$F(x)=\frac{\mathrm{d}x}{\mathrm{d}t}=x(U_{x1}-\overline{U_x})=x(1-x)[z(\beta C_3+G-L-W_1)+R_1-C_1] \tag{4.51}$$

同理可得，企业 2 的复制动态方程为

$$F(z)=\frac{\mathrm{d}z}{\mathrm{d}t}=z(U_{z1}-\overline{U_z})=z(1-z)[x(\gamma C_1+L)+(R_3-C_3-L)] \tag{4.52}$$

令 $\begin{cases}F(x)=\dfrac{\mathrm{d}x}{\mathrm{d}t}=0\\F(z)=\dfrac{\mathrm{d}z}{\mathrm{d}t}=0\end{cases}$ 求得均衡点：

$(0,0)$，$(0,1)$，$(1,0)$，$(1,1)$，$\left(\dfrac{L+C_3-R_3}{\gamma C_1+L},\dfrac{C_1-R_1}{\beta C_3+G+L-W_1}\right)$

本系统雅可比矩阵为

$$\boldsymbol{J}=\begin{bmatrix}\dfrac{\partial F(x)}{x} & \dfrac{\partial F(x)}{z}\\ \dfrac{\partial F(z)}{x} & \dfrac{\partial F(z)}{z}\end{bmatrix} \tag{4.53}$$

$$\boldsymbol{J}=\begin{bmatrix}(1-2x)[z(\beta C_3+G-L-W_1)+(R_1-C_1)] & x(1-x)(\beta C_3+G-L-W_1)\\ z(1-z)(\gamma C_1+L) & (1-2z)[x(\gamma C_1+L)+(R_3-C_3-L)]\end{bmatrix}$$

稳定点的条件是：行列式（det$\boldsymbol{J}$）和迹（tr$\boldsymbol{J}$）正负不同，否则为鞍点。其

中，鞍点是指在微分方程中沿着某一方向是稳定的但沿另一方向是不稳定的奇点。即

$$\mathrm{tr}\boldsymbol{J}=\left[\frac{\partial F(x)}{x}+\frac{\partial F(z)}{z}\right]>0,\ \det\boldsymbol{J}=\left[\frac{\partial F(x)}{x}\times\frac{\partial F(z)}{z}-\frac{\partial F(z)}{x}\times\frac{\partial F(z)}{z}\right]<0 \tag{4.54}$$

$$\mathrm{tr}\boldsymbol{J}=\left[\frac{\partial F(x)}{x}+\frac{\partial F(z)}{z}\right]<0,\ \det\boldsymbol{J}=\left[\frac{\partial F(x)}{x}\times\frac{\partial F(z)}{z}-\frac{\partial F(z)}{x}\times\frac{\partial F(z)}{z}\right]>0 \tag{4.55}$$

因此，本雅可比矩阵局部均衡分析见表 4.24。

表 4.24　　雅可比矩阵局部均衡分析

均衡点	det$J$	tr$J$
(0, 0)	$(R_1-C_1)(R_3-C_3-L)$	$(R_1-C_1)+(R_3-C_3-L)$
(0, 1)	$-(\beta C_3+G-L-W_1+R_1-C_1)(R_3-C_3-L)$	$(\beta C_3+G-L-W_1+R_1-C_1)-(R_3-C_3-L)$
(1, 0)	$-(R_1-C_1)(\gamma C_1+R_3-C_3)$	$-(R_1-C_1)+(\gamma C_1+R_3-C_3)$
(1, 1)	$(\beta C_3+G-L-W_1+R_1-C_1)(\gamma C_1+R_3-C_3)$	$-(\beta C_3+G-L-W_1+R_1-C_1)-(\gamma C_1+R_3-C_3)$
(x^*, y^*)	—	—

（1）$\beta C_3+G>L+W_1$。此时代表企业 1 将学研机构 3 知识价值转化的市场价值加上合作获得的政府补贴大于市场化面临的风险和知识溢出损失，合作成果能够适应市场需求。分成以下情形。

情形 C1：企业 1 主导合作的过程收益大于合作成本，并且学研机构 3 主导合作的过程收益能够承担合作成本和溢出损失，即

$$\begin{cases}R_1-C_1>0\\R_3-C_3-L>0\end{cases} \tag{4.56}$$

此时系统只有四个均衡点 $E_1(0, 0)$、$E_2(0, 1)$、$E_3(1, 0)$、$E_4(1, 1)$，局部渐近稳定性分析见表 4.25。

表 4.25　　情形 C1 均衡点的局部稳定性分析

均衡点	det$J$	tr$J$	局部稳定性
(0, 0)	+	+	不稳定点
(0, 1)	-	不确定	鞍点
(1, 0)	-	不确定	鞍点
(1, 1)	+	-	ESS

根据均衡点局部稳定性分析，绘制演化路径的相位图，如图 4.11 所示，

$E_4(1, 1)$ 即（合作，合作）是渐近稳定，表示系统的最优均衡点。

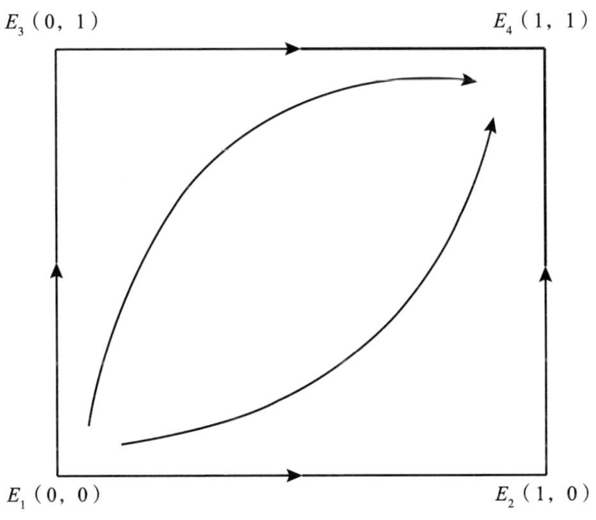

图 4.11　水平合作情形 C1 相位图

情形 C2：企业 1 和学研机构 3 任意一方主导合作的过程收益不能承担合作成本，该方在双方都参与合作时，合作总收益大于总成本，即

$$\begin{cases} R_1 - C_1 > 0 \\ R_3 - C_3 < 0 \\ \gamma C_1 + R_3 > C_3 \end{cases} \text{或} \begin{cases} R_1 - C_1 < 0 \\ R_3 - C_3 > 0 \\ \beta C_3 + G + R_1 > L + W + C_1 \end{cases} \tag{4.57}$$

此时系统都只有四个均衡点 $E_1(0, 0)$、$E_2(1, 0)$、$E_3(0, 1)$、$E_4(1, 1)$，$E_4(1, 1)$ 即（合作，合作）是渐近稳定，如图 4.12 所示，表明系统的最优均衡点。

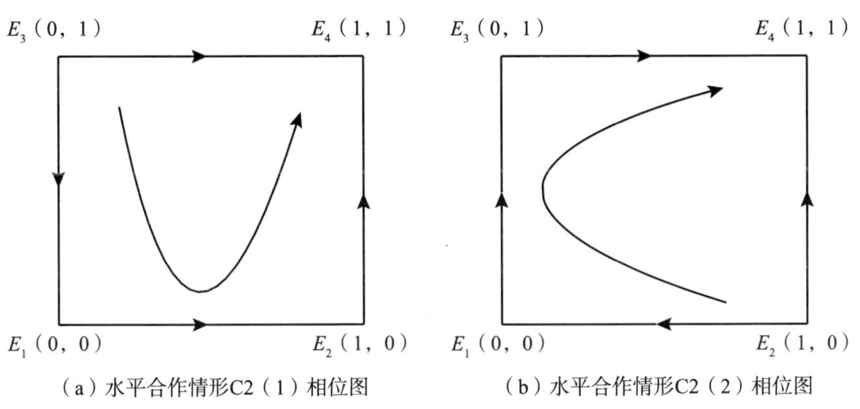

（a）水平合作情形C2（1）相位图　　（b）水平合作情形C2（2）相位图

图 4.12　水平合作情形 C2 相位图

情形 C3：企业 1 和学研机构 3 单方主导合作的过程收益都小于合作成本，但是双方参与合作获得总收益都大于合作产生的总成本，即

$$\begin{cases} R_1 - C_1 < 0 \\ R_3 - C_3 < 0 \\ \beta C_3 + G + R_1 > L + W + C_1 \\ \gamma C_1 + R_3 > C_3 \end{cases} \tag{4.58}$$

此时系统只有五个均衡点 $E_1(0, 0)$、$E_2(0, 1)$、$E_3(1, 0)$、$E_4(1, 1)$、$E_5(x^*, y^*)$，局部渐近稳定性分析见表 4.26。

表 4.26　情形 C3 均衡点的局部稳定性分析

均衡点	det***J***	tr***J***	局部稳定性
(0, 0)	+	−	ESS
(0, 1)	+	+	不稳定点
(1, 0)	+	+	不稳定点
(1, 1)	+	−	ESS
(x^*, y^*)	不	−	鞍点

根据均衡点局部稳定性分析，绘制演化路径的相位图，如图 4.13 所示，$E_1(0, 0)$ 即（不合作，不合作），$E_4(1, 1)$ 即（合作，合作）都是渐近稳定，代表系统的最优均衡点。

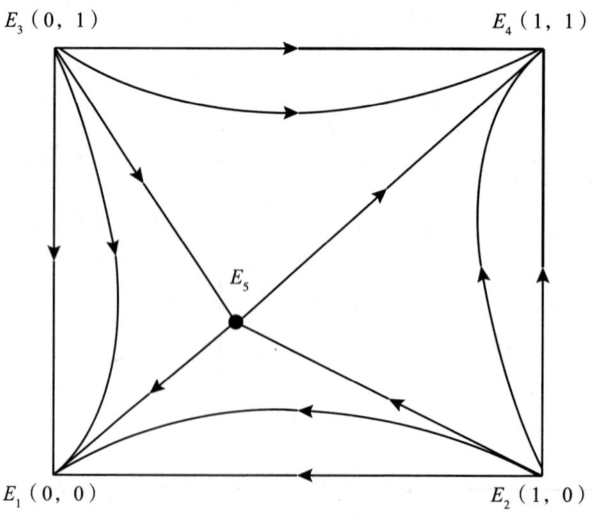

图 4.13　水平合作情形 C3 相位图

由图 4.13 可见，四边形 $E_1E_2E_5E_3$ 内的点始终收敛域最优均衡点 $E_1(0,\ 0)$，四边形 $E_2E_5E_3E_4$ 内的点始终收敛域最优均衡点 $E_4(1,\ 1)$。为了驱使双方合作，促进新能源汽车产业组织发展，需要增加 $E_2E_5E_3E_4$ 面积，因为 $S_{E_2E_5E_3E_4}$越大，系统收敛于最优均衡点 $E_4(1,\ 1)$ 的概率越大，而面积的大小取决于鞍点（x^*，y^*）的位置。

$$S_{E_2E_5E_3E_4}=1-\frac{1}{2}(x^*+y^*) \tag{4.59}$$

①考虑政府补贴 G 对博弈向双方合作演化的影响，政府补贴越高越有利于其演化发展，因为面积 S 对 G 的变化率大于 0，所以政府补贴越大越有利于双方合作。同理可得企业 1 市场风险 W_1 越小越有利于双方合作。

证明：$$\frac{\partial x^*}{\partial G}=0,\ \frac{\partial z^*}{\partial G}=-\frac{C_1-R_1}{(\beta C_3+G_1-L-W_1)^2},\ \frac{\partial S}{\partial G}=-\left(\frac{\partial x^*}{\partial G}+\frac{\partial z^*}{\partial G}\right)>0 \tag{4.60}$$

②考虑知识溢出 L 对博弈向双方合作演化的影响，知识溢出越多越不利于其演化发展，因为面积 S 对 L 的变化率小于 0，所以知识溢出越多越不利于双方合作。

证明：$$\frac{\partial x^*}{\partial L}=\frac{\gamma C_1+R_3-C_3}{(\gamma C_1+L)^2},\ \frac{\partial z^*}{\partial L}=\frac{C_1-R_1}{(\beta C_3+G_1-L-W_1)^2},$$

$$\frac{\partial S}{\partial L}=-\left(\frac{\partial x^*}{\partial L}+\frac{\partial z^*}{\partial L}\right)<0 \tag{4.61}$$

③考虑知识转化率 β 对博弈向双方合作演化的影响，知识转化率越高越有利于其演化发展，因为面积 S 对 β 的变化率大于 0，所以知识转化率越高越有利于双方合作。同理可得知识费用率 γ 越高越有利于双方合作。

证明：

$$\frac{\partial x^*}{\partial \beta}=0,\ \frac{\partial z^*}{\partial \beta}=-\frac{(C_1-R_1)C_3}{(\beta C_3+G_1-L-W_1)^2},\ \frac{\partial S}{\partial L}=-\left(\frac{\partial x^*}{\partial L}+\frac{\partial z^*}{\partial L}\right)>0 \tag{4.62}$$

（2）$\beta C_3+G<L+W_1$。此时表示企业 1 将学研机构 3 知识价值转化的市场价值加上合作获得的政府补贴小于市场化面临的风险和知识溢出损失，合作成果不能够适应市场需求。

情形 C4：企业 1 单方主导合作的过程收益能够承担合作成本，并且双方都参与合作所获得的总收益大于参与合作面临的合作成本和风险成本总和，即

$$\begin{cases}R_1-C_1>0\\R_3-C_3>0\\\beta C_3+G+R_1>L+W+C_1\\\gamma C_1+R_3>C_3\end{cases}\text{或}\begin{cases}R_1-C_1>0\\R_3-C_3<0\\\beta C_3+G+R_1>L+W+C_1\\\gamma C_1+R_3>C_3\end{cases} \tag{4.63}$$

此时系统都只有四个均衡点 $E_1(0,\ 0)$、$E_2(1,\ 0)$、$E_3(0,\ 1)$、$E_4(1,\ 1)$，

点 $E_4(1,1)$ 即（合作，合作）是渐近稳定，如图 4.14 所示，表明系统的最优均衡点。

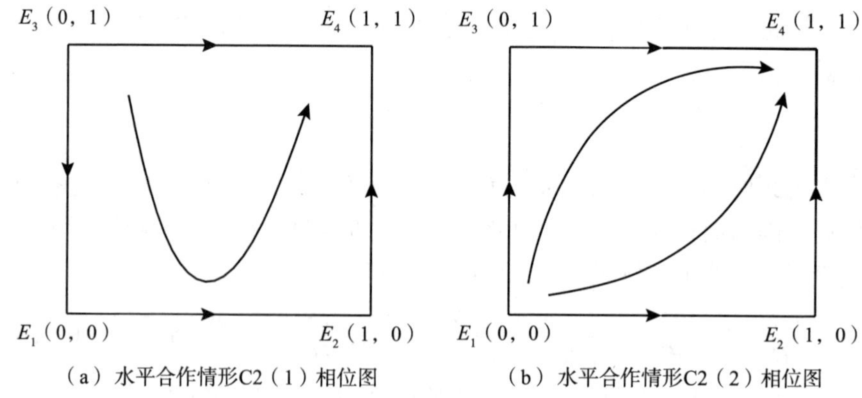

（a）水平合作情形C2（1）相位图　　（b）水平合作情形C2（2）相位图

图 4.14　水平合作情形 C4 相位图

通过对混合合作演化博弈分析，得到满足双方合作的条件是：

①$\beta C_3 + G > L + W_1$ 时，

$$\begin{cases} R_1 - C_1 > 0 \\ R_3 - C_3 - L > 0 \end{cases} 或 \begin{cases} \beta C_3 + G + R_1 > L + W + C_1 \\ \gamma C_1 + R_3 > C_3 \end{cases} \tag{4.64}$$

表明当合作成果不能适应市场，只要双方单方参与合作的过程收益能够承担合作成本，企业双方就会选择合作，若任意一方或双方主导合作的过程收益不能支撑合作成本，则需要双方合作后总收益大于成本，双方才会都选择合作。

②$\beta C_3 + G < L + W_1$ 时，

$$\begin{cases} R_1 - C_1 > 0 \\ \beta C_3 + G + R_1 > L + W + C_1 \\ \gamma C_1 + R_3 > C_3 \end{cases} \tag{4.65}$$

此时，表明当合作成果不能适应时，必须要企业 1 单方主导合作的过程收益大于合作成本才会可能出现产生合作，并且还需要双方合作后总收益大于总成本，双方才会都选择合作。也就是说，在此情况下，企业的收益情况是促进双方合作的首要条件，在产学研的合作中处于主导地位。

4.3.4　仿真结果及敏感性分析

1. 电动汽车选择行为扩散结果

在 ANYLOGIC 8.7.2 进行所有的模拟实验，包括多政策情景模拟实验和敏感性分析实验。基准情景用来显示消费者电动汽车选择行为的情况。在图 4.15 中，

BEVs 和 PHEVs 的平均市场接受度是运行了 30 次之后得到的。从基准情景的整体演化趋势来看，PHEVs 的增长趋势远远高于 BEVs。整个演化过程是一条 S 形增长曲线。虽然 BEVs 的初始比例是 PHEVs，但 PHEVs 市场接受度的增长速度远远高于 BEVs。当达到平衡时，电动汽车的市场份额为 36.7%，其中 PHEV 为 25.5%，BEV 为 11.2%。结果表明，对于私人乘用车领域的绝大多数消费者而言，他们更愿意采用 PHEVs 而不是 BEVs。

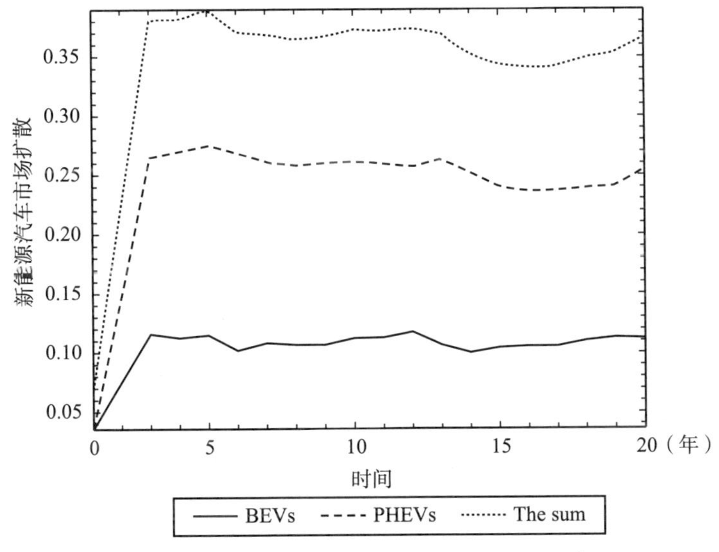

图 4.15　基准情景下电动汽车的市场接受度

图 4.16 显示了电动汽车在不同政策干预下的演变。政府可以采取不同的策略来引导消费者接受电动汽车。由图 4.16 可以看出充电设施在早期阶段的激励作用明显大于补贴，但两者的最终演变近乎一样。充电设施的补贴政策可能是对电动汽车补贴政策的有效替代。在政策混合情景下市场对电动汽车的接受度最高，与单纯的电动汽车补贴或充电设施补贴方案相比，两种政策的结合是促进电动汽车发展的最有效方案。

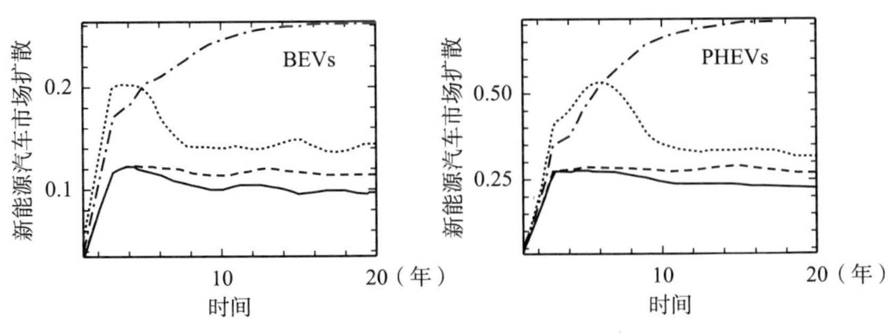

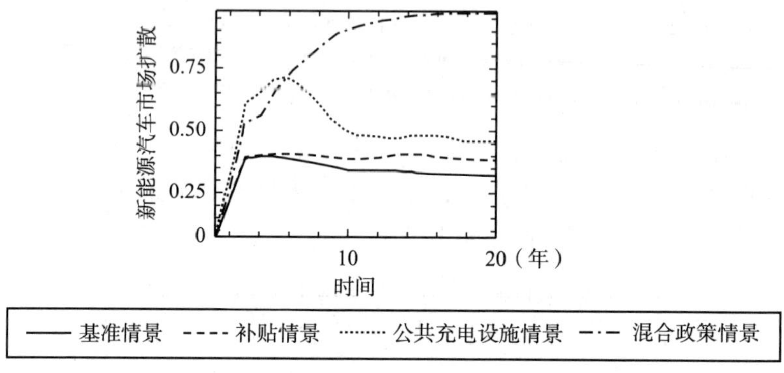

图 4.16　四种政策情景下电动汽车的市场接受度

2. 敏感度分析

（1）社会网络影响。消费者并不是孤立存在的，他们在作出购买决定时往往会受到社会网络的影响。在现实中，消费者更愿意参考产品的“口碑”、朋友的推荐，并有一定的从众心理（Kim et al.，2011；Ning et al.，2020）。我们使用混合政策情景来分析社会网络对电动汽车扩散的影响。图 4. 17 显示，随着社会网络影响的增加，电动汽车（包括 BEVs 和 PHEVs）的扩散率明显下降。换言之，电动汽车的市场接受度与社交网络的影响呈负相关，社交网络不利于电动汽车的扩散。

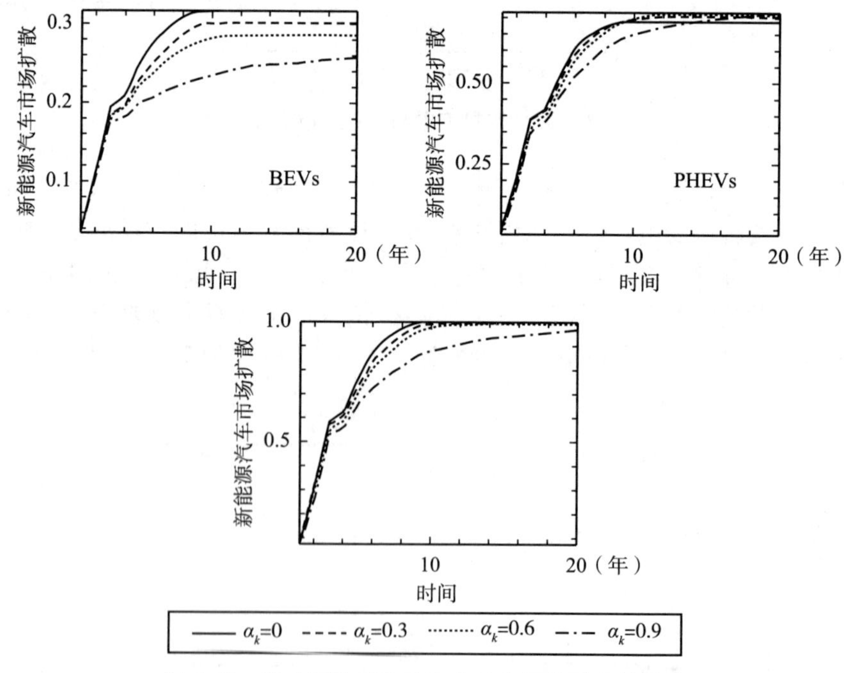

图 4. 17　社会网络对电动汽车的市场接受度的影响

（2）电价和油价影响。图 4. 18 和图 4. 19 分别表示电价和油价对电动汽车普及的影响。结果显示，电价的上涨与电动汽车的扩散成反比，油价的上涨与电动汽车的扩散成正比。显然，该结论与我们的直觉是一致的，但值得注意的是，这两个发现对社会实践有重要意义。首先，电价和油价的相反作用可能是推动私人乘用车从 CVs 向 EVs 转换一种平衡政策。其次，虽然这种平衡行为促进了车辆的电气化，但它并没有促进车辆从 PHEVs 向 BEVs 的转换。

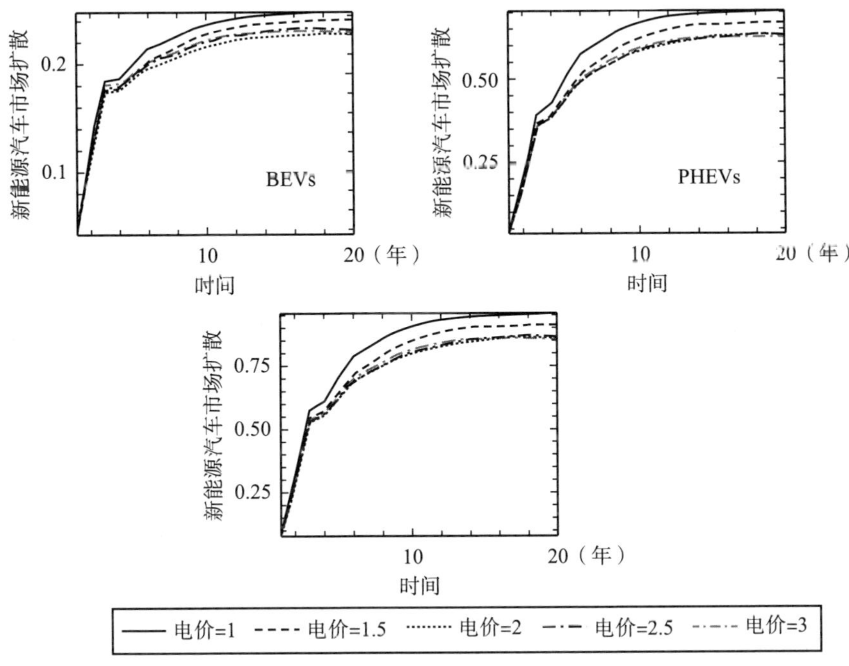

图 4. 18　电价对市场接受电动汽车的影响

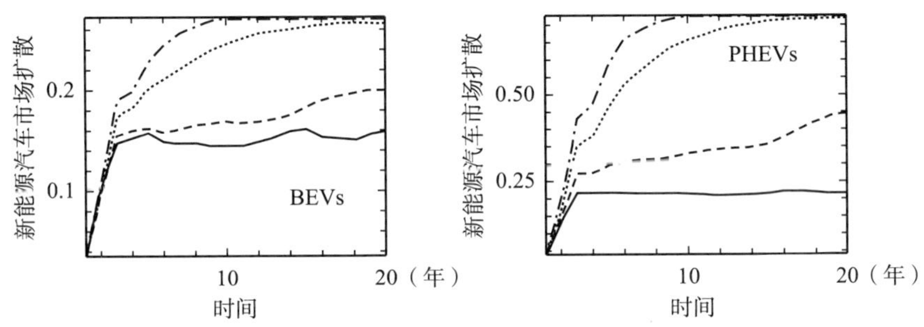

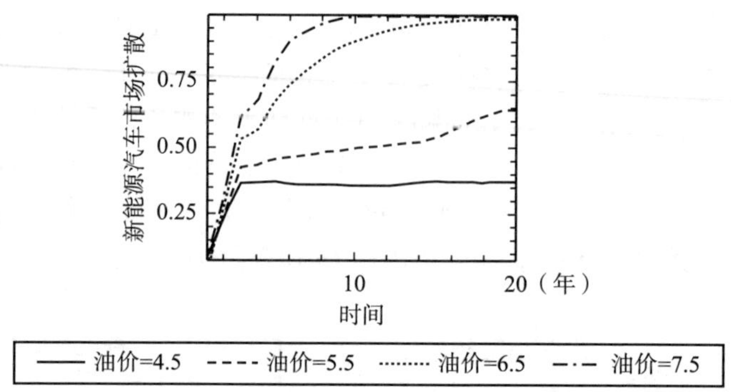

图 4.19　油价对市场接受电动汽车的影响

（3）制造商技术学习率的影响。图 4.20 显示了技术学习率对电动汽车推广的影响。制造商的技术学习率与电动汽车的推广呈正相关。技术学习降低了电动汽车制造商的汽车生产成本，促使消费者采用电动汽车的意愿增强。值得注意的是，随着电动汽车生产成本的降低，尽管 BEV 的销量大幅增加，但 PHEV 的销量却增加得更多。这表明，电动汽车的成本降低并不足以推动 PHEV 向 BEV 的转换，而是有助于减少市场上的 CV。在实现道路车辆电气化的过程中，需要更多的非经济激励措施。

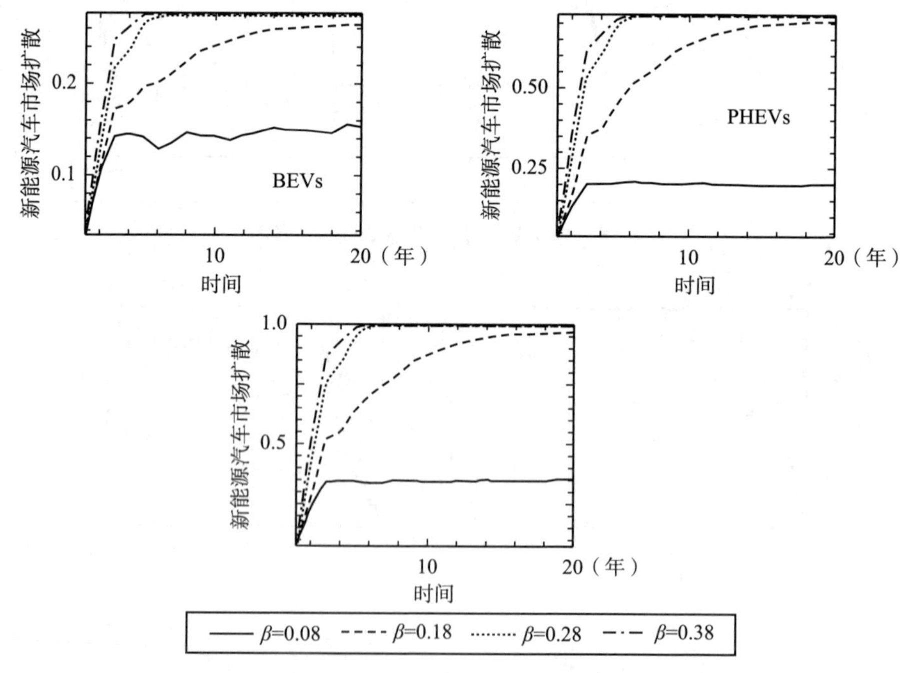

图 4.20　技术学习率对电动汽车的市场接受度的影响

4.3.5 政策评估与建议

扩大电动汽车在私人乘用车领域的市场份额已成为当今社会最重要的问题之一。深入了解私人乘用车领域消费者的决策逻辑，对于制定电动汽车扩散干预政策非常重要。为此，在模拟结果的基础上分两部分进行讨论分析，即政策和消费者需求。

1. 政策分析

清洁能源和技术扩散一般都与政策有关，本研究得出了三个与政策有关的结论。

（1）购车补贴政策的效果相对较弱，其效果不如充电设施补贴的效果明显。补贴政策的效果正在减弱，支持公共充电基础设施是大规模接受 BEV 的关键，而政府补贴的效果有限（Myriam Neaimeh et al.，2017；Georgina Santos & Huw Davies，2020）。大众将电动汽车视为满足其出行需求的工具，其中满足充电需求是基本或必需的属性，而政府补贴是有吸引力的属性（Yang et al.，2015）。尽管大约有 25% 的中国民众认为补贴是影响购买电动汽车的主要因素，但便利性因素对消费者来说更重要（Wang et al.，2017）。补贴会提高消费者的满意度，但如果不提供补贴，也不会引起消费者的不满（Li et al.，2018；Yang et al.，2015）。满足充电需求是私人乘用车消费者采用电动汽车的基本条件，他们也更愿意为使用充电服务或充电设施支付更多费用（Ruipeng Tan & Boqiang Lin，2020）。如果这种需求得不到满足，他们会非常不满，不愿意使用电动汽车。

（2）混合政策激励比任何单一政策都要好。混合政策比单一政策表现更好。这意味着政府不应该放弃补贴政策，只对充电设施进行补贴。根据王宁等（Ning Wang et al.，2019）的研究，中国逐步取消补贴，导致电动汽车市场份额下降 42%。电动汽车的需求急剧下降，势必也不利于充电设施行业的发展，因为两者是一种循环的因果关系。

（3）电价和油价的反作用力是一个很好的平衡政策。需要认真对待平衡油价和电价的政策。这两个因素是影响消费者车辆选择的成本因素，但对这两个影响因素的合理利用还没有深入考虑，在现实应用中也缺乏对这一因素的合理应用（Yi Hu et al.，2020；Jingjing Li et al.，2019）。在中国，充电设施的服务价格不受政府监管，充电设施企业较少，尚未形成竞争格局，地方垄断不利于电价的合理竞争（Lihui Zhang et al.，2019；Zhenli Zhao et al.，2020）。因此，合理的电价制定仍是一个有待解决的问题，直接影响到电动汽车的市场接受度。对此，政府和企业在重视合理制定电价的同时，还要采取平衡电油价格的政策策略，为实施更具吸引力的电价策略提供外部环境。

2. 消费者需求分析

作为一种高成本的耐用产品，电动汽车的购买决定不可避免地受到消费者的偏好和外部因素的影响，如产品的口碑和朋友的建议。我们得到了三个重要的发现。

（1）与 BEVs 相比，消费者更喜欢 PHEVs。造成消费者更喜欢 PHEVs 而不是 BEVs 的原因可能有两个：第一，可能与使用 BEV 时的阻碍有关，比如 BEV 的续航里程没有 PHEV 长（Chris Silvia & Rachel Krause，2016）；第二，可能与中国的政策导向有关。在中国，PHEVs 被视为 EVs 的一种，属于清洁汽车（Zhou et al.，2019），是实现从 CVs 到 BEVs 过渡的中间产品。这意味着 BEVs 的许多支持性政策也适用于 PHEVs，如免收过路费或可以在公交车道行驶（Ning Wang et al.，2019）。因此，从消费者效用理论的角度来看，PHEVs 在综合使用和政策优惠方面比 BEVs 更具优势。然而，考虑到 PHEV 在中国是一种过渡性产品，其政策支持应该在后期弱化或取消。在 BEV 电池技术取得重大突破之前，政府应坚持 PHEV 作为过渡性产品的策略，这与消费者在私人乘用车领域的出行需求并不冲突，有机会实现大量潜在的 PHEV 购买需求。电动汽车企业在发展电池技术的同时，也可以把 PHEV 市场作为服务对象，为 BEV 技术的突破获得更多的资金支持。

（2）在私人乘用车领域，消费者对电动汽车的态度是负面的，形成了不利于电动汽车普及的社会网络氛围。在私人乘用车领域，消费者对电动汽车的态度是相对不积极的。可能的解释是，消费者对电动汽车的理解仍然相对消极，认为有更多的风险，如充电慢、充电不方便，不建议周围的人使用电动汽车（Shanyong Wang et al.，2018）。在中国，消费者对电动汽车的认识是刻板的、固定的，仍然停留在对电动汽车的刻板印象中（车辆 + 电池 + 政府政策）。对电动汽车知识的缺乏和对电动汽车高风险的认知已经成为阻碍消费者接受电动汽车的重要心理障碍，特别是在逐步取消补贴的情况下（Shanyong Wang et al.，2018）。消费者陷入了“态度高、行为冷”的状态，即对购买电动汽车持积极态度，但实际购买率却很低，这也使国家陷入了“政策热、市场冷”的尴尬格局（Jingjing Li et al.，2020；Shanyong Wang et al.，2018）。这种负面影响可以反映在 BEVs 和 PHEVs 的市场接受度上（见图 4.15）。因此，公众对电动汽车的认知偏差仍然存在（Lin & Wu，2018）。政府有必要设计更多的活动和更合理的政策来引导消费者对电动汽车的认知，并改善电动汽车的实际使用环境，如充电桩的布局和运营。

（3）可持续消费需求的增加要求电动汽车生产技术的不断升级。可持续消费需求的增加要求电动汽车生产技术的不断升级。许多研究表明，高成本是阻碍电动汽车普及的主要因素之一（Junquera et al.，2016；Shanyong Wang et al.，2018）。然而，电动汽车的成本不仅与其研发投资成本有关，而且还与生产成本有关。中国的电动汽车市场只占总市场的1.37%，大多数汽车制造商都非常注重电动汽车的研发投入，而忽视了生产线本身的技术升级。较低的生产需求使得电动汽车的生产成本相对于电动汽车来说更加昂贵，而电动汽车和电动汽车的混合生产也使得生产技术更加复杂。因此，改进电动汽车的生产线技术是一个重要的现实问题，本研究的结果表明，改进电动汽车的生产线技术有助于电动汽车的普及。为此，政府和厂商在积极引导消费需求产生的同时，应重视生产线技术的改进，如制定相关政策支持，或对标相关技术企业，推广先进生产技术。

第5章　新能源汽车组织合作与产业融合研究

产业的发展如同现代市场经济，受到“无形的手”和“有形的手”共同推动。“无形的手”是指由市场需求、创新技术等各种要素相互关联、相互制约而形成的关系，产生的价值规律在无形中对新能源汽车产业发挥着自动调节的作用。“有形的手”是指国家政府及相关部门遵循新能源汽车产业的经济属性，采取一定的政策资源倾斜以及法律行政手段，主动调控新能源汽车产业发展。

中国虽已经成为新能源汽车大国，但却不是新能源汽车强国，新能源产品仍存在技术研发与创新缺乏动力等缺陷，技术与服务不能满足日益增长的消费者需求，产品的利用率和用户接纳率较低。为此，如何从组合合作和产业融合的视角，科学、高效地提升新能源汽车的合作发展，提升产业与生产性服务业的协同度，并由此提高新能源汽车的技术利用率，促进新能源汽车的市场扩散，成为当前新能源汽车行业和自主新能源汽车品牌企业亟须解决的课题。

本章基于组织和合作以及产业融合的相关理论框架，对不同企业间的合作演化发展趋势和新能源汽车产业组织结构演变进行探究，同时考虑了静态和动态条件下的指标因素，构建了合作和融合机制下的新能源汽车 SIR 扩散模型，围绕重庆市新能源汽车产业合作融合与产业扩散情况进行实证分析，依据所得结果提出政府政策建议和企业发展建议。

5.1　新能源汽车组织合作与产业融合的分析

5.1.1　基于组织结构演变的企业合作行为分析

1. 动力机制作用下的组织发展趋势

市场发展轨迹和增长方式转变对产业结构调整起到决定性和能动性作用（薛白，2009）。宏观环境的转变为产业组织发展提供了前提条件，新能源汽车产业组织不断与周围变化的环境互动，在政策推动、市场拉动以及创新驱动的三重动力机制作用下，新能源汽车行业中的不同企业及其相关主体的产业组织结构将发生转变，进入新的发展阶段。

（1）宏观环境。随着信息时代的到来，以计算机和互联网为代表的信息技术与新能源汽车产业深度融合，带来丰富的交互体验和开放式平台，推动产业组织结构升级（张贵和周立群，2005）。同时，互联网的发展延伸出网络化的制造生产平台、电子商务平台、协同商务平台等，改变了市场交易路径和信息传递方式，利用信息技术进行数据的采集、传输、存储、处理和反馈的闭环，通过提取有价值的信息，完成汽车产品的研发、制造、销售和服务等全产业链和产品全生命周期的管理、决策和控制。所有汽车产业内的传统企业和新兴进入者通过平台进行自组织，创造了更多的合作可能。并且信息的传递不再是金字塔结构中的链条式逐级传递，而应当具备互联网“短、平、快”的特征，平级式垂直传递，大大提高了企业决策的准确性和整体运作的效率，能够迅速应对市场的变化。

（2）政策作用。我国在 1992 年“八五”重点科技攻关计划项目中，首次提及了电动汽车这一新能源产品。2001 年，国家启动了“863”计划电动汽车专项，正式拉开我国新能源汽车产业发展的序幕，上至国家下至地方政府连续多年来出台一系列政策文件支持新能源汽车的发展，具体见表 5.1。

表 5.1　　2001～2023 年新能源汽车产业发展重要政策文件

颁发时间	名称	内容	类型
2001.09	《“十五”863 计划电动汽车重大科技专项》	提出“三纵三横”研发布局：三纵是指燃料电池汽车、混合动力汽车、纯电动汽车，三横指多能源动力总成系统＋控制系统，驱动电机＋控制系统、动力电池＋控制系统	技术类
2006.02	《国家中长期科学技术发展规划纲要》	指出重点开发混合动力汽车，替代燃料汽车和燃料电池汽车的整车设计、集成和制造技术，动力系统集成和控制技术，燃料电池发动机，动力电池基于驱动电机技术	技术类
2007.11	《新能源汽车生产准入管理规则》	对新能源汽车作出概念界定，制定出各类新能源汽车生产的统一标准	示范类
2007.12	《产业结构调整指导目录》	将新能源汽车正式纳入鼓励产业目录	示范类
2009.01	《关于开展节能与新能源汽车示范推广试点工作的通知》	决定在北京等 13 个城市开始节能与新能源汽车“十城千辆”示范推广工作	示范类
2012.06	《节能与新能源汽车产业发展规划》	明确当前重点推进纯电动汽车和插电式混合动力汽车产业化，推广普及非插电式混合动力汽车，力争到 2020 年纯电动汽车和插电式混合动力汽车累计产销量超过 500 万辆	推广类
2012.09	《新能源汽车产业技术创新财政奖励资金管理暂行办法》	出台奖励资金支持对象包括新能源汽车整车项目和动力电池项目两大类	技术类
2013.09	《关于继续开展新能源汽车推广应用工作的通知》	启动了新一轮新能源汽车推广应用工作，批复了 39 个推广应用城市和城市群共计 88 个城市作为新一轮新能源汽车示范应用城市	推广类

续表

颁发时间	名称	内容	类型
2014.07	《关于加快新能源汽车推广应用的指导意见》	审议通过了免征新能源汽车车辆购置税方案，对纯电动汽车、插电式混合动力汽车和燃料电池汽车从2014年9月1日到2017年底，免征车辆购置税	推广类
2015.02	《国家重点研发计划新能源汽车重点专项实施方案（征求意见稿）》	提出计划到2020年建立起完善的电动汽车动力系统科技体系和产业链	推广类
2015.10	《电动汽车充电基础设施发展指南（2015—2020年）》	明确提出到2020年，全国将新增集中式充换电站1.2万座，分散式充电桩480万个，以满足全国500万辆电动汽车充电需求	推广类
2016.01	《关于“十三五”新能源汽车充电基础设施奖励政策及加强新能源汽车推广应用的通知》	指出2016—2020年中央财政将继续安排资金对充电基础设施建设、运营给予奖补	推广类
2017.09	《乘用车企业平均燃料消耗量与新能源汽车积分并行管理办法》	规定实行双积分政策，明确了积分抵扣制度的基本方法，新能源汽车的正积分可以抵扣同等数量平均燃料消耗的负积分	推广类
2018.02	《关于调整完善新能源汽车推广应用财政补贴政策的通知》	指出燃料电池汽车补贴力度保持不变，燃料电池乘用车按燃料电池系统的额定功率进行补贴，燃料电池客车和专用车采用定额补贴方式。过渡期内，新能源乘用车按照2017年补贴额度0.7倍进行	推广类
2019.03	《关于进一步完善新能源汽车推广应用财政补贴政策的通知》	各类型车辆最高补贴下降幅度明显，对于续航及能量密度由“鼓励高续航/高能量密度”向“惩罚低续航/低能量密度”的方向转变，同时提高了最低能量密度门槛	技术类
2020.11	《新能源汽车产业发展规划（2021—2035年）》	明确了未来15年新能源汽车产业的发展方向，进一步表明了国家推动新能源汽车产业发展的决心	推广类
2021.07	《中国新能源汽车行业市场前瞻与投资战略规划分析报告》	分析了新能源产业发展综述，国内外产业发展走向，新能源商业模式等发展现状，利用市场数据把握整体新能源汽车和产业发展走向	推广类
2021.11	《2021中国新能源汽车城市发展报告》	指出我国新能源汽车产业价值链将逐步形成，产业发展重心将发生转移，出现“以主要城市或者城市群为发展中心，形成优质产业链，实现产业高质量发展”的全新局面	推广类
2022.01	《关于进一步提升电动汽车充电基础设施服务保障能力的实施意见》	指出优化城市公共充电网络建设布局，政府对作为公共设施的充电桩建设给予财政支持，鼓励地方建立与服务质量挂钩的运营补贴标准，进一步向优质场站倾斜	推广类
2023.05	《关于加快推进充电基础设施建设　更好支持新能源汽车下乡和乡村振兴的实施意见》	指出适度超前建设充电基础设施，创新充电基础设施、运营、维护模式，合理推进集中式公共充电场站建设	推广类
2023.06	《关于进一步构建高质量充电基础设施体系的指导意见》	指出适度加快重点区域建设，提升运营服务水平。鼓励地方建立与服务质量挂钩的运营补贴标准，加大对大功率充电、车网互动等示范类项目的补贴力度	推广类

根据近年的政策梳理发现，我国针对新能源汽车产业出台的政策文件可以分为技术驱动、示范运行和产业推广三类。萌芽期以技术为核心制定政策，以技术带动产业的起步，并且进行示范运行以验证产业发展可行性；发展期以市场为核心，进行示范运行和产业推广，以市场促进产业的完善。

①萌芽期。2001—2005 年我国新能源汽车产业政策以技术驱动为主要目标，鼓励相关科技研究与企业研发投入，在关键零部件和核心技术上取得了一定的研究成果，同时规范行业标准与市场秩序，为新能源汽车投放市场奠定基础。2006—2009 年我国新能源汽车产业以示范运行为主要目标，实现新能源汽车技术成果转化，我国自主研发的纯电动、混合动力和燃料电池汽车相继问世，开始进行量产，并大量投放市场。同时，实施财政补贴政策，通过价格补贴开始刺激市场需求。2010—2014 年以产业推广为主要目标，鼓励政府与私人新能源汽车采购，挖掘私人需求的同时推动公共需求。

②发展期。2014 年至今我国新能源汽车产业政策以市场深化为主要目标。在国家和地方政府政策支持下，新能源汽车产业实现了规模化和产业化的跨越式发展，连续 7 年成为全球新能源汽车产销量最大的市场。随着市场培育的逐渐完善，2015 年国家和地方财政补贴退坡，并且安排资金对新能源汽车基础设施建设给予补贴，修订新能源汽车产业相关管理办法，规范化管理新能源汽车产业各项活动，政策从产业扶持转为产业监督，保障产业健康发展。

（3）市场作用。纵观我国新能源汽车产业发展变迁，在市场、创新以及政策驱动下历经从生产到销售再到服务的市场供给重心转变，以及从硬件到应用再到服务的市场需求重心转变，如图 5. 1 所示。

①萌芽期。新能源车仅作为消费者的硬件需求，主要以安全驾驶、美观舒适、操作灵活、节能减排等汽车本身的需求为主。加之，新能源汽车处于产业化起步阶段，更多的是关注生产制造环节，需要不断地提升技术水平和生产效率以实现价值增值，推进新能源汽车的进一步市场化。萌芽阶段与发展阶段过渡期，新能源汽车功能升级以满足消费者的应用需求，主要以通信导航、智能娱乐、智能互联等应用拓展为主。因此，新能源汽车产业还是以整车企业为中心，从生产制造向更高价值的研发销售等价值链前后延伸，加强销售以及售后环节，完善新能源汽车功能、加强营销体系。

②发展期。随着消费者对汽车服务需求升级，以及新能源汽车互联网化加速，加上共享经济的蓬勃发展，新能源汽车正从单纯的硬件工具转变为智能终端，逐渐成为服务的载体，客户由购买汽车转向购买服务。新能源汽车已不再作为硬件存在，而是为客户提供多元服务，所以汽车制造与汽车服务相互渗透，越来越多的行业、企业参与到新能源汽车产业中。而且市场的响应速度也必须加

快，不仅是新能源车更新换代周期缩短，并且新车开发周期也逐渐缩短，才能保持产品新鲜化、契合客户需求变化。因此，在市场拉动下，新能源汽车企业需要把握客户差异化需求、顺应信息时代发展，众多服务企业将崛起，以客户为中心打通产业各个环节。

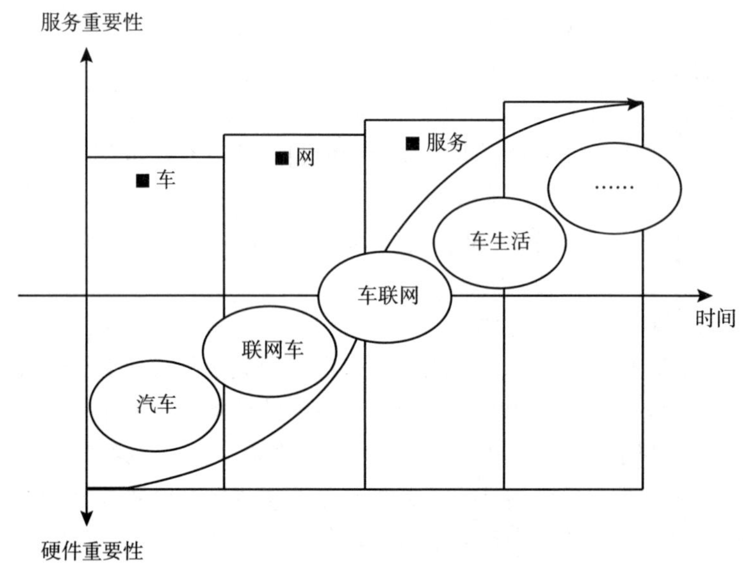

图 5.1　新能源汽车市场需求演变

（4）创新作用。创新不仅带来了技术的重大突破，降低了产业的进入壁垒；创新还吸引了众多企业参与，带来了全新的商业模式，促进产业的多元化发展。产品创新在我国新能源汽车产业的发展历程中起到了关键性作用。电池作为新能源汽车的核心零部件，其性能的不断优化促进了产业全面发展。高能量密度动力电池、高镍三元正极、硅基负极、涂覆隔膜、新型锂盐电解液、集成化设计等新能源核心材料在政策扶持下大力发展，核心材料产能利用率提升25% ~40%，造价仅相当于国外同类设备的60%①，核心零部件的国产化替代，打破了国际垄断。新能源电动汽车装配的电池不同于传统的配套零部件，需要电池制造企业掌握动力电池核心技术进行优化研究，并逐渐拓展成整车企业市场的“核心产品”。

此外，随着新一代信息技术与制造业深度融合，新能源汽车作为实现智能化、网络化的重要载体，其不仅吸引了金融、互联网等众多企业的加入，而且正在形成新的分工方式、商业模式。例如，互联网行业巨头腾讯参与到新能源汽车

① 中国汽车工业协会。

整车制造、自动驾驶技术创新、车载软硬件开发以及互联网出行、二手车交易、P2P 租车等后市场领域。因此，在创新驱动下，新能源汽车产业中涌现出新的产业成员，带来了新的商业模式，加强实体经济与虚拟经济融合，推进企业线上线下的互动。

2. 新能源汽车产业的组织结构演变

（1）分工深化催生网络组织结构。在工业时代向信息时代转变的宏观环境下，由于市场、创新、政策作用，汽车产业的分工从标准化、大批量生产模式下的“泰勒制 + 福特制”（即管理层和作业层分离、等级分明且部门之间没有横向联系、流水线式的生产组织模式）发展到个性化、小批量生产模式下的“丰田制”（即将福特模式与柔性生产方式结合，不过两者都是以整车企业为中心）。但是随着信息时代下互联网的渗透，汽车行业对企业提出了更高的要求。为保障对客户需求快速响应，产业企业必须更快速、更有效地与全球范围的零部件供应商、整车生产商以及分销商进行信息共享与链接合作，以实现定制化生产。除此之外，产业规模也逐渐扩大，市场需求拓展以及服务企业崛起，产业组织成员更加复杂，将产生大规模跨企业边界合作。新的产业分工将变得更为丰富化，原来的产业中心企业对市场的控制能力逐渐降低，以至于产业的集中度开始下降。对新能源汽车产业来说，其组织模式也正由“少品种、大批量、高耗低效、固定款式、单制定做、多库存慢交货、外延扩张”生产模式向基于“多品种、小批量、低耗高效、弹性款式、按需设计、多制定做、零库存快交货、内涵扩张”的生产模式转变，由以整车企业为中心的刚性集中组织模式向无中心企业的网络柔性分散组织模式转变（孙天琦，2001）。

（2）产业组织网络结构特征。产业组织结构是指产业中企业数量、规模分布以及企业间的分工合作关系（崔焕金和刘传庚，2012）。工业时代是基于分工的协作，而信息时代是基于协作的分工，改变了工业时代分工深化与交易费用增加之间的绝对关系，极大地提升了劳动效率，降低了合作成本。所以，新能源汽车产业组织结构形态日趋扁平化、组织性质柔性化、组织格局分散化、组织边界开放化，形成复杂化分工和去中心化网络组织结构。表 5. 2 为工业时代与信息时代劳动分工对比。

表 5. 2　　工业时代与信息时代劳动分工对比

项目	工业时代	信息时代
市场需求	同质化需求	差异化需求
分工方式	“福特制”“丰田制”	“众包制”“平台制”
生产模式	标准化、规模化	个性化、差异化

续表

项目	工业时代	信息时代
组织模式	整车企业为中心的刚性集中组织	无中心企业的网络柔性分散组织
组织结构	金字塔层级式，劳动分工较复杂	高度网络化，劳动分工复杂

早在20世纪中叶，扁平化已成为组织发展趋势，但受限于金字塔层级式管理体制，组织难以与技术进步、分工深化以及不断扩大的市场规模匹配（姚智谋和朱乾龙，2011）。在信息时代的宏观背景下，信息的传递不再是金字塔结构中的链条式逐级传递，而是具备互联网特征的平级式垂直传递，为组织扁平化发展提供了技术支撑。汽车产业向新能源汽车产业切换，亟须扩大产业规模提升规模效益，但所获得总收益又不足以承担规模扩大带来的运行成本，并且也无法满足客户日益增长的服务需求。当面临剧烈环境变化和巨大发展阻碍时，企业间易于形成合作以共同渡过难关（刘静波，2007）。因此，处于发展期的新能源汽车产业分工必须持续深化，产业网络分工组织形态应运而生，并且由初期的中心式组织结构向无中心式网络化转变。

①中心网络结构。指以整车企业为中心，零部件供应商、分销商、经销商为其提供产品和服务，即众多中小企业围绕大型整车企业形成的组织结构，如图5.2所示。产业内存在多个中心整车企业，每个中心企业又牵头形成了多个生产体系。

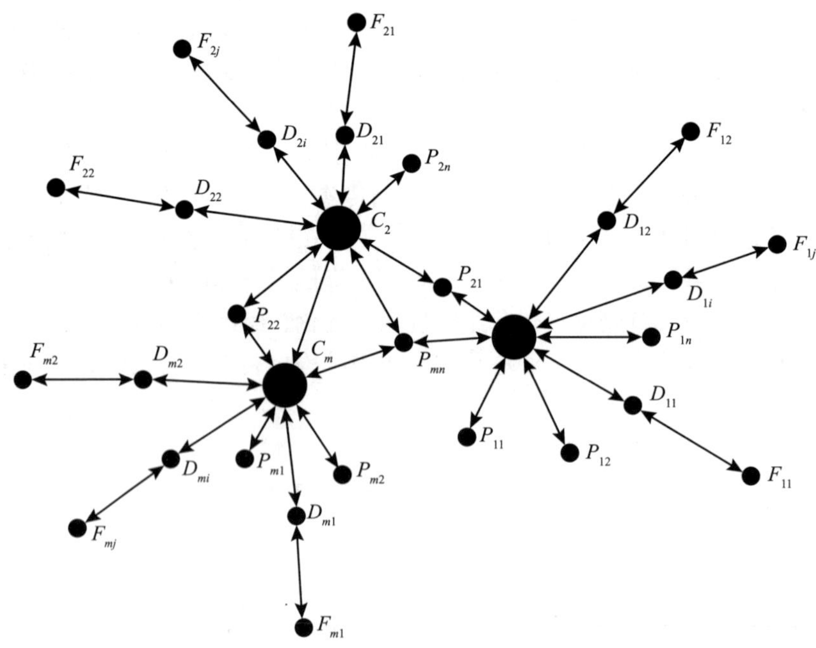

图5.2　中心网络结构

②多级网络结构。指中心结构与无级结构的过渡状态。随着新能源汽车产业的发展，将吸引新的元素、新的成员加入，整车企业主动甚至被动接受融合，促使产业内产生新的合作关系，涌现出新的核心级，削弱整车企业的权利地位，使得整个产业组织网络中心程度降低，如图 5.3 所示。

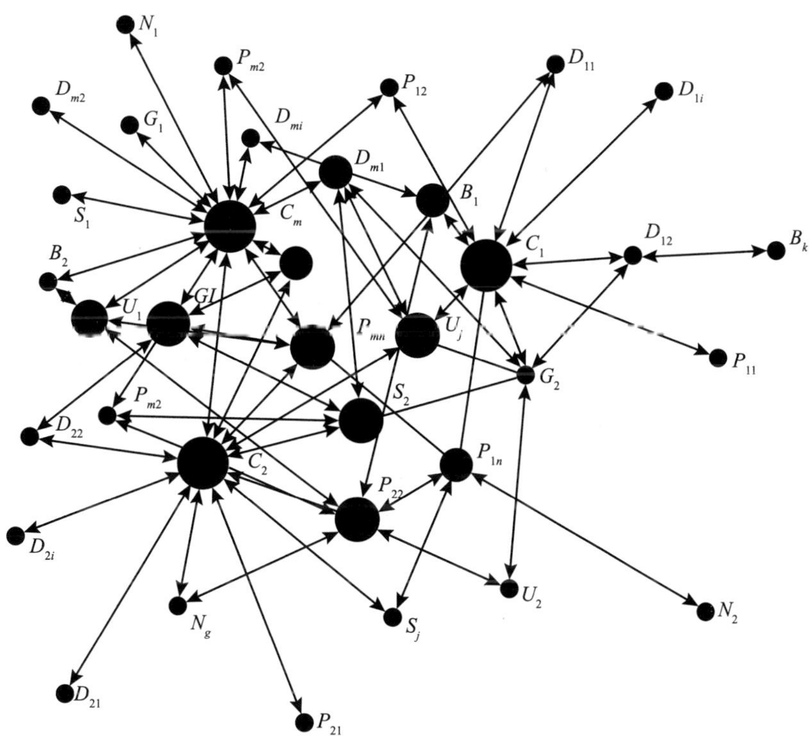

图 5.3　多级网络结构

③无级网络结构。指无中心式网络组织结构，是一种理想状态。随着万物互联，每个企业都有机会同其他企业合作成为中心企业，也就是整个网络没有中心企业，如图 5.4 所示。无中心式组织结构强调企业之间密切的合作网络，能够有效提高资源利用率，提升产业组织化程度，达到多赢目标。

3. 演变趋势下的企业合作行为分析

（1）企业网络结构影响。企业合作行为指的是企业在市场上为实现目标而采取的适应市场获取利益的行为。这里的企业合作行为指的是新能源汽车产业组织中的成员，为了实现目标获得利益，彼此相互配合的一种联合行动和方式。根据 SCP 分析范式，产业组织结构将会影响企业合作行为。通过发展动力机制着手对新能源汽车产业组织结构演变展开分析，得到新能源汽车产业组织正向无中心式网络化结构转变。高度网络化的组织结构具备开放性、可达性、易变性（何苏华，2005），为企业合作提供了更多的机会，企业合作将更加频繁，也更加复杂。同时，企业之间的合作也带有突出的网络性特征，会促进网络化组织结构形成。

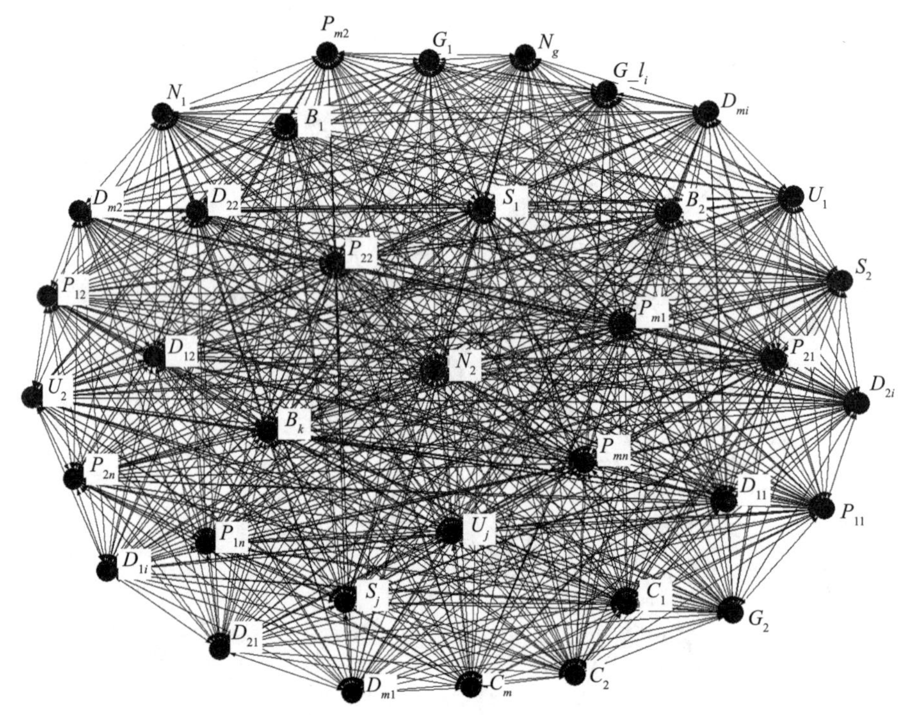

图 5.4　无级网络结构

（2）企业合作行为特征。高度网络化结构下的企业合作行为具有多样化以及动态性的特征。多样化表现在企业有更多的机会连接其他企业，不仅出现上下游纵向企业之间的合作，也会出现相同环节横向企业之间的合作，以及提升国家创新能力的产学研之间的合作。动态性表现在企业处于动态复杂的网络变化环境，将根据自身所处的环境，动态选择合作策略，从而达到双方优势互补，实现资源优化配置。可以将新能源企业合作行为按企业之间的关系不同分成垂直合作、水平合作和混合合作。

①垂直合作。处于产业链上不同节点的企业合作，例如整车企业与零部件企业、整车企业与运营企业等，共同参与产品研发以及共享资源等。随着技术难题的攻克以及企业规模的扩张，由卖方市场向买方市场过渡，客户对产品服务要求提高，市场交易成本逐渐增加。因此，为了缩减市场交易成本、降低市场不确定性，产业链各级企业展开合作。

②水平合作。处于产业内同类企业之间的合作，例如两个整车企业的合作、两个零部件企业合作，双方共同参与新能源汽车关键技术开发以及共同参与合资项目等。面临不确定的市场环境，企业为了谋取相对稳定的利润而提高资源利用效率，降低企业经营成本；同时，产业类同类企业将会展开合作，共享部分资源信息，通过合作获取双赢。

③混合合作。产学研之间的合作，指产业企业与学研机构合作。其中，“产”指的是产业企业，“学”指的是高等院校，“研”指的是科研院所。新能源汽车产业属于资金与技术密集型产业，技术创新是新能源汽车产业培育的重要因素，需要较为密集的知识投入和知识产出。尤其新能源汽车正处于产业发展期，新能源工业技术以及相关产业支撑仍然较为薄弱，无论是新能源汽车的技术研发还是市场推广需要同高等院校、科研院所等学习型组织进行互动合作。

（3）企业合作绩效分析。根据复杂系统理论，系统内部各种要素的非线性互动是推动系统从无序向有序发展的内部动力（Malerba，2006）。企业合作也能够反过来促进产业组织形成基于分工协作的整合式服务网络，强化协同效应，带给企业无法通过独立运营而获得的绩效。

第一，降低交易成本。当企业面对市场完成与其他企业的交易时，由于契约不完善、信息不对称、交易不确定等问题，将会产生较高的交易费用。而通过产业整合与企业合作后，企业之间的交易就变成企业内部的协调，从而降低交易成本。

第二，优化资源配置。通过企业合作进行产业整合，有利于提高资源利用效率，引导未来资源优化配置，提升产品的综合配套能力，优化原有的产品结构，提升市场竞争能力，促进产业结构的优化升级。

第三，实现规模效应。通过企业合作连接产业内诸多参与者，企业合作规模、合作范围扩大，有利于提高产业组织化程度，实现产业整合，促进企业间的协同发展，产生规模效应，获得范围经济。

第四，降低经营风险。当企业与外部其他企业进行市场交易时，由于各方面的不确定性将会产生一定的风险，而产业整合与企业合作，外部的交易变成了内部的协作，能够形成稳定的协作关系，从而降低经营风险。

5.1.2 新能源汽车与生产性服务业产业融合互动关系研究

1. 新能源汽车产业价值链

价值链的概念最早是迈克尔·波特在 20 世纪 80 年代提出的，《竞争优势》指出每个企业的生产运作都由一些独立的生产部门或生产环节组成一个完整的生产活动，包括许多生产活动，如研发设计、材料采购、制造、包装策划、广告营销、物流分配、售后服务等。价值链还涉及一系列的运营和管理部门，如技术研发、采购管理、财务预算、质量进度控制等，这些生产活动和辅助活动共同构成了企业的价值链（Lingyi Kong & Xiao Liang，2018）。由于技术上的创新，新能源汽车的产业价值链与传统汽车相比有了一定的变化，它不再是“零部件制造商—整车制造商—汽车销售商—消费者”这样的传统格局。根据《战略性新兴产业重点产品和服务指导目录》2018 年版和新能源汽车运营实际情况，本章将其产业价值链分为上游、中游、下游三部分，其中上游负责矿产资源供应，如锂矿、铜矿、稀土矿、铝矿、镍矿；中游负责三电系统（电池、电控、电机）设计研发，以及三电系统制造环节的子系统供应；下游是整车制造与配套服务等关键环节，涉及运营及整个新能源汽车后市场。科研院所、新能源制造车企和政府部门等是产业链的行为主体，各环节与主体间具有多重复杂的相互关系和功能定位。新能源汽车产业价值链如图 5.5 所示。

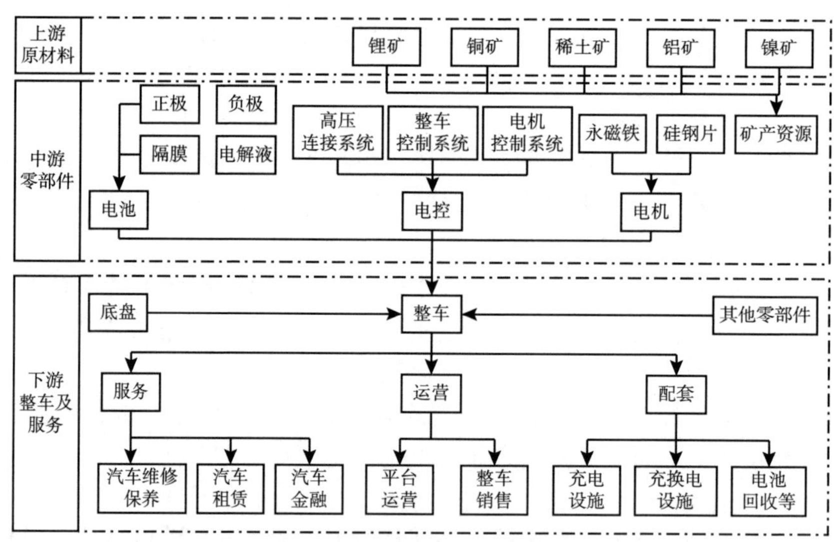

图 5.5 新能源汽车产业价值链

由图 5.5 可知，新能源汽车产业价值链围绕电池系统展开，进而辐射至电气系统（驱动电机、电控系统）、整车以及上游资源与下游的运营及配套设施服务，其主要核心技术就是由电池、电控、电机组成的三电系统，这也是新能源汽车较传统汽车产业链的价值延伸。显然，电池系统是新能源汽车产业链中价值最高的环节，尤其是对纯电动车，其动力电池成本占比高达 60%。电机是车载动力实现锂电池电能转化为机械能的关键系统。电控是指控制驱动电机的系统，其主要作用是控制驱动电机的电压和电流，完成对电动机转矩、转速和转向的控制。现阶段，新能源汽车正处在市场化初级阶段，绝大多数企业对于新能源汽车的技术研发仍然局限于对三电系统的改进研发，主要发挥了技术的推动作用，而忽视了消费的拉动作用。与成熟的燃油汽车供应链相比，新能源汽车的供应链响应速度慢、柔性低。如何提高新能源汽车的供应链柔性，也是平衡新能源汽车绿色技术公共收益与私人收益的关键所在。

2. 生产性服务业特征

生产性服务业被定义为市场化的中间服务（非最终消费服务），是供应链对于相关产品与服务输出的中间投入要素，具有专业化程度高、知识密集的特点（吕政等，2006）。根据生产性服务业统计分类，生产性服务业涉及研发设计与其他技术服务、货物运输仓储和邮政快递服务、信息服务、金融服务、节能与环保服务、生产性租赁服务、商务服务、人力资源管理与培训服务、批发经纪代理服务、生产性支持服务，其中，最为常见的服务产品包括设计和研发（21.29%）、系统和解决方案（15.70%）、零售和分销（12.18%）以及维护和支持服务（11.94%）。生产性服务业的发展阶段分析见表 5.3。

表 5.3　　生产性服务业发展阶段与特征

发展阶段	种子期	成长期	成熟期
特征内涵	相关制造企业已有需求，但是供应链外部服务供应市场尚未形成	外部供应市场形成中且供应企业呈现竞争态势，相关制造企业具有强需求特征	供应链市场服务专业化程度高、分工更为细致明确，能够提供标准化、定制化的个性化服务

显然，生产性服务业在供应链价值链的各个环节中的作用变得越来越重要，其促进了人力、知识、技术和资本等生产资本顺利融入生产过程，成熟期的生产性服务业甚至能够有效指导供应链的个性化定制以及创新型服务的设计，是提高供应链生产效率和产品价值的源泉（Lingyi Kong & Xiao Liang，2018）。此外，生产性服务业不仅能够实现中间投入规模经济、共享熟练劳动力，而且可以更好地吸收来自同行、供给方和需求方的正向知识溢出（刘奕等，2017）。生产性服务业不仅能保持工业生产过程的连续性、促进工业技术进步，而且对产业实现新能源产业价值链高端延伸、提升产业服务效率具有重要意义（冯运生，2010）。

相对于新能源汽车产业，有效融合生产性服务业无疑是最为需要的。依据表 5.3 的特征可以发现，当前新能源汽车生产性服务业处于发展阶段的种子期，其外部的生产性服务市场还未形成，这一点由市场上的新能源汽车产业布局、技术研发、供应链体系就可以证实。大多数新能源汽车是由传统汽车转型而来，受限于消费需求，当前的新能源汽车供应链较为封闭，配套的服务设施承建主体主要为相关主机厂，第三方竞争市场尚未形成。

3. 新能源汽车与生产性服务业的融合路径

新能源汽车产业发展模式已经形成了以整车生产为主导的模式，而其辅助的生产性服务业产业的发展则处于相对落后或滞后的阶段，产业结构失衡现象非常明显，从而造成新能源汽车产业很可能重走“技术与关键零部件进口→组装→销售→微薄利润”这条传统汽车产业的老路（吴艳和贺正楚，2016）。显然，新能源汽车的发展路径依赖于传统汽车发展路径，但是却并没有超越传统汽车。传统燃油车已经开始实现个性化定制，对客户需求实现动态化响应，而新能源汽车仍然执着于最初的“进口—组装”技术路线，这样对于新能源汽车的市场困难化问题解决是没有帮助的。新能源汽车和生产性服务业之间若可以形成有效的良性互动，即形成互相促进、互相补充的良性循环，那么新能源汽车产业对传统汽车轨道路径的依赖就会大大降低，走出传统汽车产业发展陷阱的可能性就更大。由于技术创新、放松管制、跨国公司发展等因素驱动，新能源汽车产业进入了优化整合的新阶段，新能源汽车与生产性服务业得以相互渗透、融合，就像产业分离或价值整合对新能源汽车与生产性服务业的融合路径设计可谓正当其时（Kannegiesser et al.，2014）。基于此，结合相关文献，本节以最大化消费者效用为基准思想，从微观与宏观两个视角对新能源汽车与生产性服务业的融合路径进行了分析，并设计了微观与宏观两种融合路径，如图 5.6 所示。

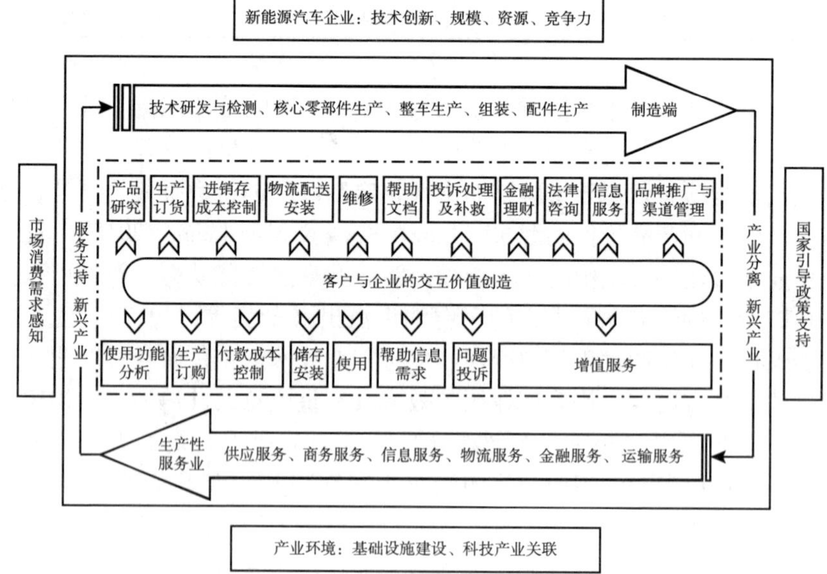

图 5.6　新能源汽车与生产性服务业融合路径

（1）技术与产品互补的微观融合模式。新能源汽车与生产性服务业类似实与虚的二元关系，依靠共性技术、基础技术与新能源汽车的互补，迈出新能源汽车产业融合的第一步。比如，物联网技术是打通智能网联产业与新能源汽车产业边界壁垒的基础性技术，其有助于沟通新能源汽车与供应服务业、商务服务业等产业，及时感知、分析、传递客户的潜在需求；而检测、维修技术则是沟通新能源汽车与售后服务业的共性技术，其有助于动态感知车辆，为新能源汽车提供事前的故障检测。技术创新作为一种共性服务，在新能源汽车与生产性服务业间提供创新型支持，打破产业边界、模糊产业界限，在微观层面延伸新能源汽车的产业价值链，其常见表现为提供新的供应链运作模式、商业模式，直至新的产业出现。在新能源汽车行业，汽车金融、汽车信贷、汽车及电池租赁、汽车后市场等专业化、标准化的服务产品模块，就是新能源汽车生产性服务业高度化后可能延伸的新服务。

（2）服务驱动的宏观融合模式。本节基于消费者效用最大化的思想，把新能源汽车与生产性服务业的融合设计为服务驱动下宏观融合，包括制造服务化与服务型制造。制造服务化是在保证服务要素的投入和供给情况下，通过顾客全流程参与，在提高消费者满意度的同时实现供应链中各利益相关者的价值增值（刘斌等，2016）。依据微笑曲线理论，该模式可以通过上、中、下游的价值链延伸来提升企业出口附加值。其中，产业上游其主要表现为高效的企业组织结构、充足的人力资本和健全的创新研发系统（原毅军等，2007）；中游则表现为通过生产业态创新、规模经济、范围经济等提升企业核心竞争力（Francois，1990）；下游则表现为通过采用或增加产品差异化策略、物流运输、售后服务等增值服务来实现传统制造向价值链下游扩展（刘斌等，2016）。制造服务化意味着新能源汽车产业将由传统的产业分工、一体化、整合生产模式转向网络化组织和个性化小批量生产，凭借互联网、物联网和新能源汽车等技术，逐渐突破地理空间的限制，朝着虚拟化制造业企业发展，为客户提供全流程服务，产业价值链由制造端过渡到服务端，其可能的表现形式包括新能源汽车售后服务延伸、功能服务延伸、“车—售后—功能一体化”的整合性服务模式。服务型制造是指为了实现分散化制造资源的整合和各自核心竞争力的高度协同，达到高效创新的一种模式（李刚等，2009）。在这种模式下，新能源制造车企将不再关注车本身制造，而是将注意力转移到如何将服务元素融入制造的研发设计、生产制造、经营管理、销售运维、回收等环节（马丽亚，2015）。

4. 新能源汽车与生产性服务业产业融合共生系统设计

（1）融合共生目标。新能源汽车与生产性服务业的融合是需求论与供给论的结合，认为两个产业的互动关系是双向共生关系（Lingyi Kong & Xiao Liang，

2018）。基于生态种群理论，本节将新能源汽车与生产性服务业视为不同的生态种群，二者的群内和群间关系构成一个互动系统，由此构建新能源汽车与生产性服务业的融合共生系统。本节构建了新能源汽车与生产性服务业的融合共生系统，主要由共生主体、共生环境、共生模式三个模块组成，如图 5.7 所示。其中，新能源汽车与生产性服务业为共生主体；所有影响两产业良性互动的因素均为其共生环境，如环境变量、技术融合、业务整合、市场互动、经济效益；共生主体的交互关系构成了其基本的互动模式，见表 5.4。

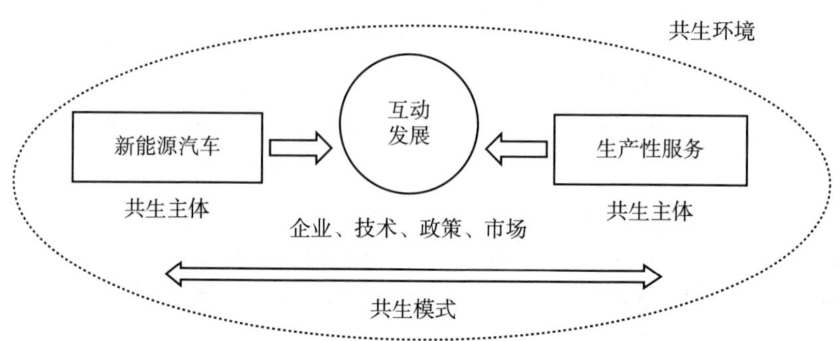

图 5.7　新能源汽车与生产性服务业产业共生系统

表 5.4　产业互动关系

产业互动关系	内涵特征
双向纯竞争	两个产业存在着较强的替代关系，生产资料、市场份额等均处于竞争状态
单向捕食	一个产业会抑制另一个产业发展，而后者发展则会显著促进前者的增长
双向中立	两个产业并不会互相影响，不具备显著积极或消极影响
单向偏害	一个产业会单向抑制另一个产业发展，反之不成立
单向共栖	一个产业发展会单向正向促进另一个产业，反之不成立
双向共生	两产业增长会显著促进彼此发展

（2）产业交互关系。在产业融合互动理论中，双向共生关系是产业最优发展模式。假若新能源汽车与生产性服务业表现为双向共生，那意味着任何一方的发展都会显著促进另一方的发展。然而，新能源汽车与生产性服务业之间的关系是局部稳定。产业关系的稳定除了内部因素外，还受制于技术创新及产业政策等外部因素。尽管技术作为重要的约束因子并不会在短时间内发生革命性的变化，但是新能源汽车在补贴退坡政策、双积分政策、碳排放政策等约束下，产业互动关系呈现梯形局部稳定状态。在高补贴政策作用下，新能源汽车销售趋势良好，即使生产性服务业发展滞后也并不影响其区间增长状态；同样地，生产服务业发

展会促进新能源汽车发展，但最主要因素仍是高补贴政策的刺激。由此可见，在新能源汽车产业发展初期，两个产业互动关系为双向中立关系，两个产业的发展不具备显著的影响关系。在后补贴时代，由于补贴退坡甚至消失，补贴政策的激励作用逐渐消退，新能源汽车产业市场竞争占据主导作用，其与生产性服务业的联系日渐紧密。生产性服务业的发展会显著刺激新能源汽车的发展，而新能源汽车的发展却未将生产性服务业作为战略发展重点。因此，当前两个产业的互动关系为单向共栖关系。

鉴于此，本章的研究问题由“新能源汽车与生产服务业融合互动”等价为两个产业的互动关系如何由单向共栖向双向共生关系转化或合作共生的动态均衡转化。

5.1.3 产业融合指标设计

在明确了新能源汽车与生产性服务业间的关系后，为了进一步明确促进单向共栖向双向共生关系转化的作用机制。本节基于演化动力理论，对产业互动过程中的交互影响因素进行了定性化分析。未来的政策导向及技术创新，必然会促使新能源汽车产业转型升级，这也是促使其与生产性服务业融合的内在动力。基于此，本节将这些作用因素定义为“演化动力”，并划分为两种类型，即内生动力和外生动力。

内生动力主要是针对两类产业融合过程中内在包含的各种生产要素与服务要素，换句话说，这些要素也就是产业融合函数中的变量因子。在新能源汽车与生产性服务业产业融合的内生动力分析中，本节主要提取了技术融合、业务整合、市场互动以及经济效益四个要素。外生动力则是内生动力的对立面，是一种决定产业融合与运作效率更为顶层的设计。为了更好地理解内生动力与外生动力，我们把内生动力比作一个函数的自变量，外生动力则是各自变量间联系的函数，二者共同作用后的函数结果即本章探究的产业融合。外生动力提供了产业融合的制度环境以及物理运作环境，本章用环境变量来特指外生动力所发挥的作用。

为了进一步揭示内生动力、外生动力与产业融合互动之间的关系，本章将上述三要素转化为 SEM 的结构变量建模分析，以下是各结构变量的内涵分析。

（1）环境变量。环境因素包括基础设施、市场化水平、政策调控、资源要素四个部分。基础设施建设不完善、不合理是新能源汽车市场化困难的重要因素，如充电桩建造缓慢以及利用率低、布局不完整、选址不合理造成的使用不便利等，进而影响了新能源汽车与生产性服务业的融合互动。市场化水平是产业融合互动的基础与前提，市场“看不见的手”起着调节产业发展最基础的作用。市场化水平的提升有助于打破供应链与市场价值交互过程边界，加速企业生产要素的互补性以及跨行业的知识流动速率，提升供应链的柔性与动态响应速度，进而促进产业良性互动。此外，市场化水平的提升也内在要求生产性服务业的快速介入，提升新能源汽车质量与售后服务，改善品牌同质化，增强产业竞争力。

政策调控与资源要素则提供了产业融合的制度环境与实体环境。能源政策、补贴政策、双积分、碳减排等政策的实施对新能源汽车企业技术创新、市场失灵以及刺激需求都有重要的作用（张洁，2018a）。比如，新能源汽车补贴于企业而言，刺激新能源汽车技术的创新、需求和生产；而于消费者个体而言，新能源汽车补贴平衡了公共利益与私人利益之间的矛盾，激发了消费者的购买欲，很好地调整了市场价格，这也是政府对于市场调控两种方式的重要表现。由于电池、电机、电控三电系统的快速发展，锂、镍等稀有资源需求量急剧上升，保证相关稀有资源的及时供应也成为新能源汽车产业发展的重要特征。资源要素的及时供应是新能源汽车行业保持稳定的重要因素，这无疑也对新能源汽车产业价值链延伸有重要的作用。因此，提出以下假设。

H5－1：环境变量对技术融合（H5－1a）、业务整合（H5－1b）、市场互动（H5－1c）有着显著的正向影响。

（2）技术融合。技术融合由核心技术、共性技术、技术创新度三个部分构成。核心技术是企业真正的核心资源，不仅决定了我国新能源汽车能否“弯道超车”，而且也是两个产业深度融合的基础。新能源汽车最为核心的技术是三电系统（电池、电机、电控），这些技术的优化不仅直接推动新能源汽车的扩散，而且能带动以新能源汽车为核心辐射出的相关生产性服务业。产业融合的主要动因是技术创新，其有助于产生替代性或关联性的技术与工艺，比如分布式能源储存技术，该技术良好的兼容性实现了相关技术的融合，提高了储能与节能效率，助推新能源汽车在北美汽车市场大获成功；再如自动驾驶新能源汽车，尤其是自动驾驶技术与新能源汽车结合下的一种新的融合产品，这种新技术、新产品在消费者的消费偏好研究中也呈现出极好的发展前景。随着物联网、大数据、云计算、人工智能、智能网联等新兴技术的出现，新能源汽车技术与这些技术融合的趋势日渐加速，这些技术的扩散导致新能源汽车横纵二维实现产业链延伸与升级，生产服务需求再次提升。技术融合是技术创新的重要方式，在基础技术、共性技术的支撑下，技术融合得以加强产业间的关联与互动，新能源汽车产业中物流、金融、管理咨询、法律业务、科研中介等生产性服务业更为专业化，服务需求更为强烈，甚至激发外部生产性服务市场，多方位深度实现消费需求与供应链的链接。因此，提出以下假设。

H5－2：技术融合对经济效益有显著的正向影响。

（3）业务整合。技术创新带来的互联互通、资源共享效应，在研发设计、生产管理、业务流程、组织管理、售后服务等越来越重要。先进的制造企业其市场管理、个性化定制能力、交易成本控制等方面表现更为优越，产品竞争力也更强。对于新能源汽车产业而言，当前产业服务型制造趋势明显，新能源汽车产业通过分散化制造资源的整合可以有效提高供应链相关企业协同度，打造更为专业化、个性化的产品与服务供应，甚至可以延伸与分离出新兴产业或部门。譬如，新能源汽车金融机构、汽车租赁公司等服务机构的出现与传统汽车服务模式及交易模式有所不同，其有别于传统的产业分离，而是制造服务化的一些外在表现。这种交易模式往往有助于实现经济与成本效益的最优化，引发对范围经济的追求。除此之外，商业模式创新也是这一服务型制造的典型模式，其背后真实的价值驱动仍是物流、信息流、资金流三流细化后的业务整合，比如北京绿狗车纷享模式、杭州微公交模式、比亚迪“三零”（零元购车、零排放、零成本）商业模式、重庆市公交“快速充电，定线运输”模式等，这些模式均拉动了新能源汽车的增长。因此，提出以下假设。

H5－3：业务整合对市场互动有着显著的正向作用。

（4）市场互动。生态学种群 Logistic 生长曲线规律表明，种群属性、种群密度协同对产业共生关系的形成具有重要的影响。对于新能源汽车与生产性服务业融合共生而言，种群属性代表新能源汽车产业市场需求的种类，如新能源汽车金融产品需求、保险需求、保养与售后服务、个性化定制需求等生产性服务；多元化的种群属性也促使产业分工更为明确，催生了一系列新的专业分工，如服务外包、制造高端化等。而种群密度协同则意味着两产业在规模体量、绩效、技术方面的协同。因此，市场互动对于产业的分工细致化及客户消费需求的刺激均有一定的促进作用，增加产业市场份额。因此，提出以下假设。

H5－4：市场互动对产业融合有显著的正向关系。

（5）产业融合。随着技术融合、业务整合、市场互动加深，产业融合过程中的新技术、新产品、新服务间接提升了消费需求层次，赋予消费者更高的感知期望，新能源汽车与生产性服务业组织结构也随之动态调整。面对多元化的生产及服务需求，产业集群度、产业集聚度、产业关联度成为产业融合迫切需要提升的重要方面，也是产业融合可以测量的外显指标。这些方面的改变，由传统汽车产业的发展路径可以获得，其中最为著名的是底特律、丰田汽车产业集团。就重庆市而言，新能源汽车产业也形成了“10＋3＋4＋30”的新能源汽车生产及服务体系。因此，产业融合变量受产业集群化、产业集聚度、产业关联度三个二级指标的影响。

（6）经济效益。对于产业融合而言，产业的经济效益是驱动两产业融合的关键动力，也是作为推动产业互动的重要内生动力。经济效益决定着产业的未来发展，良好的产业经济效益增长也是新能源汽车产业破除瓶颈，加速供应链知识流动，实现产业结构高级化，提升竞争力的重要推力。此外，劳动资本也决定了企业能否招到关键技术人才，实现产业新能源汽车技术创新的重要因素。因此，本章将经济效益分解为劳动资本与企业经济效益两个二级指标，并提出以下假设。

H5 -5：经济效益对产业融合有着直接的显著作用。

综上所述，环境变量、技术融合、业务整合、市场互动、产业融合、经济效益六个变量构成了新能源汽车与生产性服务业交互的内在机理，由此探究新能源汽车与生产性服务业融合的互动路径。相关产业融合互动变量设计内涵见表5.5。

表5.5　新能源汽车与服务性产业融合互动变量设计

潜变量	可测变量		指标说明
环境变量 D_1	基础设施	D_{11}	相关基础设施或必要物质条件，如充电桩
	政策调控	D_{12}	支持产业技术研发及市场扩散的相关政策，如补贴政策、财税等
	市场化水平	D_{13}	国家或地区的工业化程度，是技术、业务、市场融合的物质基础
	资源要素	D_{14}	产业供应消耗的能源与矿产
技术融合 D_2	核心技术	D_{21}	核心技术量及其掌握程度
	共性技术	D_{22}	企业间互补性或相似性技术的数量
	技术创新度	D_{23}	核心技术与共性技术的创新程度
业务整合 D_3	流程融合	D_{31}	制造流程与服务流程的解构与融合
	范围经济热衷度	D_{32}	对成本—效益最优化的追求而引发的范围经济程度
	商业模式创新	D_{33}	业务运作模式与商业模式的创新
市场互动 D_4	市场需求规模	D_{41}	对新能源汽车产业链相关产品的市场需求
	企业成长协同	D_{42}	新能源汽车供应链相关企业在规模、效益、技术方面的协同
	专业分工	D_{43}	服务外包与制造高端化的专业分工现象
产业融合 D_5	产业集聚度	D_{51}	围绕新能源汽车产业的高度专业化集聚现象
经济效益 D_6	产业协同度	D_{52}	新能源汽车产业与外部服务业的协同发展
	产业关联度	D_{53}	上下游产业链关联产业与新能源汽车生产服务业的互动程度
	劳动资本	D_{61}	劳动者获得报酬
	企业经济效益	D_{62}	新能源产业利润总额

5.2　新能源汽车组织合作演化博弈分析

新能源汽车产业中的企业因为利益产生合作，同时企业间存在利益冲突，也会出现利己行为，个体追求自身利益会损害整体利益，所以企业合作是有条件限制的，而博弈论则是解决合作难题的重要方法。并且新能源汽车产业处于持续变化的环境中，企业在长期的分工中不断调整各自的合作策略，需要运用动态的视角来深入研究企业合作行为。因此，本节构建了演化博弈模型，从定量角度分析企业合作产生的影响因素，探究企业合作演化的趋势和合作条件，以促进企业合作达到均衡且稳定的状态。

5.2.1 模型基本假设

博弈的参加者是指能够独立决策并承担结果的个人和组织（罗伯特·吉本斯，1999），组织是产业运行的主体，产业组织是由不同类型又相互联系的企业，在一定的合作、竞争机制作用下形成的企业集合，对新能源汽车产业来说就是产业组织中的企业和机构等成员，即零部件企业、整车企业、配套企业、运营企业、金融投资、地方政府、科研院所等，面临的利益分配、风险承担等合作情景不同，所以需要分类构建演化博弈模型。基本假设为H5－6～H5－10，相关参数符号及定义见表5.6。

H5－6：假设参与博弈的双方均是理性的经济人，决策行为均以实现自身利益最大化为目标，有限理性博弈的复制动态机制也就是完全理性博弈下的纳什均衡。

H5－7：假设参与博弈的双方均是有限理性且有限信息，这意味着博弈方往往不会一开始就找到最优策略，而是在反复博弈的过程中寻求较好的策略。

H5－8：假设政府是对博弈进行外部调控的主体，政府可以针对新能源汽车产业组织内部合作制定相应的治理机制（Merchant，1997），模型主要讨论新能源汽车财政补贴。

H5－9：假设企业和学研机构参与新能源汽车市场合作的策略选择概率分别为x，y，z且x，y，$z\in[0，1]$，均为时间的函数，其中x、y代表商业企业选择合作概率，z为学研机构选择合作概率。

H5－10：假设企业之间随机配对进行反复博弈，并且不断调整策略，调整策略的速度用生物进化的动态方程表示，即复制动态方程。

表5.6　参数符号及含义

参数	含义
m	企业双方合作新增的新能源汽车销量
R_i	企业i主导合作的过程收益，其中$i=1，2$
ΔR	企业双方合作产生协同效应带来的额外收益
α	额外收益分配系数，满足$0<\alpha<1$
G	政府对合作企业的财政补贴

续表

参数	含义
C_i	企业 i 合作产生的成本，其中 $i=1$，2
W_i	企业 i 合作产生的市场风险，其中 $i=1$，2
W	企业合作产生的总市场风险，满足 $W=W_1+W_2$
L	企业不合作但能够分享合作企业产生的溢出效应，包含知识、技术、经济溢出
β	知识转化率，知识价值转化成市场价值，成本价值所占的比率，满足 $0<\beta<1$
γ	知识费用率，知识转化成产品，知识成本所占产品成本的比率，满足 $0<\gamma<1$

5.2.2 模型的结论与讨论

结合 4.3.3 节演化博弈合作模型得到的结论，分析了形成稳定合作策略的条件以及企业合作策略动态变化过程。通过模型分析与合作条件讨论，在合作成果市场化的两种背景下（背景 1：合作成果市场化风险小；背景 2：合作成果市场化风险大），三种合作博弈具有以下特点。

第一，在合作成果市场化风险小时，只要博弈方主导合作的过程收益能够承担合作成本，则双方最终演化的结果是合作；若一方难以承担合作成本时，则需要其在双方都参与下的总成本大于总收益；若双方都不能承担合作成本时，则最终演化的结果将出现双方合作或都不合作这两种情况，具体情况取决于额外收益、政府补贴、市场风险、溢出损失、转化效率等因素。

第二，在合作成果市场化风险大时，只有垂直合作和混合合作的企业最终演化会产生合作，并且在混合合作中，企业的过程收益是促进双方合作的首要条件，学研机构的过程收益对双方合作影响较小。所以，从合作稳定的条件来看，对于达到合作稳定容易程度，混合合作 > 垂直合作 > 水平合作。

综上所述，企业开展合作的倾向主要取决于合作收益、合作成本、市场风险、政府补贴、溢出损失、转化效率。从短期来看，企业合作的收益和成本很难有较大程度地改变。因此，短期内，市场风险、政府补贴、溢出损失、转化效率对合作的达成更加重要。

为此，一方面，政府组织需要发挥协调和资金投入两方面的作用去完善外部合作环境及外部监管措施，以及提供资金支持并引导企业公平合作，从而避免机会主义行为，以集中优势资源进行技术、市场攻克；另一方面，知识成果转化是产学研合作的“最后一公里”，其发展呈现转化周期长、综合程度高、工作量巨大的情况，并且政府支持力度不足、转化动力不足、知识产权保护力度不够，所以需要加大政府科技成果产业化的扶持力度、拓宽科技成果转化融资渠道、注重科技成果转化的中间环节建设。

5.3　新能源汽车产业融合度测量

5.3.1　静态下新能源汽车产业融合度测量模型构建

1. 模糊型指标量化处理

在社会科学领域中，研究变量往往具有社会性与模糊性，导致绝大部分变量不能准确地定量分析，这部分变量被定义为潜变量。对于这些潜变量，可采用一些外显变量来间接测量，如客户的忠诚度（潜变量）就可以用企业形象、产品质量感知、产品质量期望、感知价格和顾客满意度等。对于这些不确定性指标，采用语言变量和模糊集实现定量处理是定性向定量转化的有效手段（Zhou et al.，2018）。

语言变量能够展现评价者的主观判断，通过模糊数与语言变量之间的映射关系实现对决策者信息的量化。本节用“无影响、很低影响、低影响、高影响、很高影响”等评价语言实现对特定指标的隶属程度。其映射结构见表 5.7。

表 5.7　定义相关语言变量及三角模糊数映射结构

语言变量	简写	三角模糊数
无影响	NI	(0，0，0.25)
很低影响	VL	(0，0.25，0.5)
低影响	L	(0.25，0.5，0.75)
高影响	HL	(0.5，0.75，1)
很高影响	VH	(0.75，1，1)

在模糊集理论中，三角模糊数和梯形模糊数是常出现的两种模糊数，为了简化相关计算，本节只采用三角模糊数。假设 $\tilde{A}=(a^L, a^M, a^U)$ 是一个三角模糊数，其隶属度函数为

$$\mu_{\tilde{A}}(x)=\begin{cases} x-a^L/a^M-a^L, & a^L\leqslant x\leqslant a^M \\ a^U-x/a^U-a^M, & a^M\leqslant x\leqslant a^U \\ 0, & \text{其他} \end{cases} \tag{5.1}$$

理论上有了隶属度函数，模糊指标的确定化将简化很多，但由于数据量的增多，单独的 x 确定将变得极其困难。因此，本节采用 GMIR 方法（周福礼，2018）来处理三角模糊数，其确定规则为

$$\mu_{\tilde{A}}=\text{defuzzy}(\tilde{A})=\frac{a^L+4a^M+a^U}{6} \tag{5.2}$$

假设有两个三角模糊数 $\tilde{A}_1=(a_1, b_1, c_1)$ 和 $\tilde{A}_2=(a_2, b_2, c_2)$，则其他运算为

$$\tilde{A}_1 \oplus \tilde{A}_2=(a_1+a_2, b_1+b_2, c_1+c_2) \tag{5.3}$$

$$\tilde{A}_1 \odot \tilde{A}_2=(a_1-a_2, b_1-b_2, c_1-c_2) \tag{5.4}$$

$$\alpha \tilde{A}_1=(\alpha a_1, \alpha b_1, \alpha c_1) \tag{5.5}$$

2. 模糊 DEMATEL 优化 SEM 指标数据结构

决策试验与评价方法（decision making trial and evaluation laboratory，DEMATEL）是基于失效模式和效果分析（failure mode and effect analysis，FMFA）研发设计的，往往被用于对指标集的量化因果关系进行因果分类、重要度排序和权重确定。结构方式建模（structural equation modeling，SEM）往往被运用于一些复杂社会系统的研究，通过探讨变量之间的因果关系，SEM 能很好地揭示事物发展、变化的规律及特点。本节引入了 DEMATEL 来优化 SEM 指标输入数据结构，通过考虑到各指标间的相关关系，增加模型数据的鲁棒性。假设研究问题服从 $C=(C_1, C_2, \cdots, C_j, \cdots, C_n)$ 多准则决策并由一个专家决策小组 $E=(E_1, E_2, \cdots, E_k, \cdots, E_K)$ 进行相关决策。专家组的每一位成员被要求对评价准则中的相互影响关系进行判断。

（1）模糊综合直接影响矩阵 $\tilde{\boldsymbol{T}}$ 构建。基于三角模糊数，可以获得专家 k 就指标 C_i 对 C_j 的直接影响结果 $t_{ij}^k=(t_{ijk}^L, t_{ijk}^M, t_{ijk}^U)$。显然，对角线上的系数为 0。为了求得标准化后的综合评价决策矩阵，采用平均模糊直接影响矩阵 $\tilde{\boldsymbol{T}}$ 作为专家小组最终决策下的直接影响矩阵，其计算过程为

$$t_{ij}=(t_{ij}^1 \oplus t_{ij}^2 \oplus \cdots \oplus t_{ij}^k)/k \tag{5.6}$$

$$\tilde{\boldsymbol{T}}=\begin{matrix} \\ C_1 \\ C_2 \\ \vdots \\ C_4 \end{matrix}\begin{matrix} \begin{matrix} C_1 & C_2 & \cdots & C_4 \end{matrix} \\ \begin{bmatrix} 0 & t_{12} & \cdots & t_{1n} \\ t_{21} & 0 & \cdots & t_{2n} \\ \vdots & \vdots & \vdots & \vdots \\ t_{41} & t_{42} & \cdots & 0 \end{bmatrix} \end{matrix} \tag{5.7}$$

（2）归一化原始关系矩阵，构建模糊规范直接影响矩阵 $\tilde{\boldsymbol{M}}$。根据公式（5.8），可以直接获得模糊直接影响矩阵中各行元素 t_{ij}^U 相加的最大值 s，由此可以获得归一化后的模糊规范直接影响矩阵 $\tilde{\boldsymbol{M}}$。

$$s=\max_{1 \leqslant i \leqslant n}\left(\sum_{j=1}^{n} t_{ij}^U\right) \tag{5.8}$$

$$\tilde{\boldsymbol{M}}_{ij}=\frac{t_{ij}}{s}=\left(\frac{t_{ij}^L}{s}, \frac{t_{ij}^M}{s}, \frac{t_{ij}^U}{s}\right) \tag{5.9}$$

（3）构建模糊综合影响矩阵 $\tilde{\boldsymbol{P}}$，利用拆分矩阵法计算多指标之间的综合影

响矩阵。将模糊规范直接影响矩阵 $\tilde{\boldsymbol{M}}$ 拆分为 $\tilde{\boldsymbol{M}}_L=[m_{ij}^L]_{nn}$，$\tilde{\boldsymbol{M}}_M=[m_{ij}^M]_{nn}$，$\tilde{\boldsymbol{M}}_U=[m_{ij}^U]_{nn}$，则可以求解出模糊综合影响矩阵 $\tilde{\boldsymbol{P}}$。林晓华等（2011）证明了这种拆分方法对于区间模糊集中数据保持模糊性的可行性。

$$\tilde{\boldsymbol{P}}=\lim_{k\to\infty}(\tilde{\boldsymbol{M}}\oplus\tilde{\boldsymbol{M}}^2\oplus\cdots\oplus\tilde{\boldsymbol{M}}^k)=\tilde{\mathrm{m}}(1-\tilde{\mathrm{m}})^{-1}=[\tilde{p}_{ij}^L,\ \tilde{p}_{ij}^M,\ \tilde{p}_{ij}^U] \tag{5.10}$$

$$[\tilde{p}_{ij}^L]=\tilde{\mathrm{m}}_L(I-\tilde{\mathrm{m}}_L)^{-1} \tag{5.11}$$

$$[\tilde{p}_{ij}^M]=\tilde{\boldsymbol{M}}_M(I-\tilde{\boldsymbol{M}}_M)^{-1} \tag{5.12}$$

$$[\tilde{p}_{ij}^U]=\tilde{\boldsymbol{M}}_U(I-\tilde{\boldsymbol{M}}_U)^{-1} \tag{5.13}$$

（4）影响因素分析。通过对模糊综合影响矩阵 $\tilde{\boldsymbol{P}}$ 中模糊集进行行、列相加，可以分别得到相应指标的模糊影响度矩阵 $\tilde{\boldsymbol{D}}_i$ 与模糊被影响度 $\tilde{\boldsymbol{C}}_i$。因子 i 的模糊中心度（$\tilde{\boldsymbol{D}}_i\oplus\tilde{\boldsymbol{C}}_i$）则表示其在当前评价体系中所发挥的作用程度，其中（$\tilde{\boldsymbol{D}}_i\oplus\tilde{\boldsymbol{C}}_i$）^{def}越大表示它与其他指标的相关性越强，反之越弱。此外，（$\tilde{\boldsymbol{D}}_i\odot\tilde{\boldsymbol{C}}_i$）是因子 i 的模糊原因度，若（$\tilde{\boldsymbol{D}}_i\odot\tilde{\boldsymbol{C}}_i$）$^{\mathrm{def}}>0$，表明指标 i 对其他指标的影响大，称为原因指标；若（$\tilde{\boldsymbol{D}}_i\odot\tilde{\boldsymbol{C}}_i$）$^{\mathrm{def}}\leqslant 0$，表明指标 i 受其他指标的影响大，称为结果指标。

$$\tilde{\boldsymbol{D}}=(\tilde{\boldsymbol{D}}_i)_{n\times1}=[\sum_{j=1}^{n}\tilde{p}_{ij}]_{n\times1} \tag{5.14}$$

$$\tilde{\boldsymbol{C}}=(\tilde{\boldsymbol{C}}_i)_{1\times n}=[\sum_{i=1}^{n}\tilde{p}_{ij}]_{1\times n} \tag{5.15}$$

根据公式（5.2），可获得去模糊化后的中心度 M_i 及原因度 R_i。由此可获得每一个指标的综合效用值，据此可得到其影响关联图（influence relation map，IRM）。

$$W_{i0}=[(D_i\oplus C_i)^2+(D_i\odot C_i)^2]^{1/2} \tag{5.16}$$

$$w_i^s=\frac{W_{i0}}{\sum_{i=1}^{n}W_{i0}} \tag{5.17}$$

（5）获得优先级后的 SEM 结构数据组 $\tilde{\boldsymbol{Z}}$。SEM 数据结构是由多指标联合组成，其数据结构为 $[\tilde{\boldsymbol{Z}}_{ij}]=(z_{ij}^L,\ z_{ij}^M,\ z_{ij}^U)$，表示被调查者 i 对指标 j 所作出的决策。考虑到指标关联，其数据结构转化为

$$\boldsymbol{w}_j^s[\tilde{\boldsymbol{Z}}_{ij}]=(w_j^s z_{ij}^L,\ w_j^s z_{ij}^M,\ w_j^s z_{ij}^U) \tag{5.18}$$

公式（5.18）表示主观权重 $\boldsymbol{w}_j^s$ 对指标 j 赋权后的数据组 $[\tilde{\boldsymbol{Z}}_j]$。由此得到考虑优先级的 SEM 结构数据组 $\tilde{\boldsymbol{Z}}$。

显然，模糊 DEMATEL－SEM 方法是在 SEM 基础上处理包含不确定性模糊信息和语言变量的多准则互动关系分析方法。其中，模糊集被用来表示专家小组的模糊偏好与意见；由二级变量组成的多准则的内在关系用 DEMATEL 进行处理，各个指标的重要度也用权重法求得。由于 SEM 外显变量的每一个指标都是一个

数组，里面包含几十上百个的数据。本节将模糊 DEMATEL 获得的权重与 SEM 的各个指标数据相乘，以赋予各指标在建模中的优先级，最后处理过的模糊集数据作为 SEM 的直接输入参数。

本节整个模糊 DEMATEL_SEM 方法实施流程如图 5.8 所示。

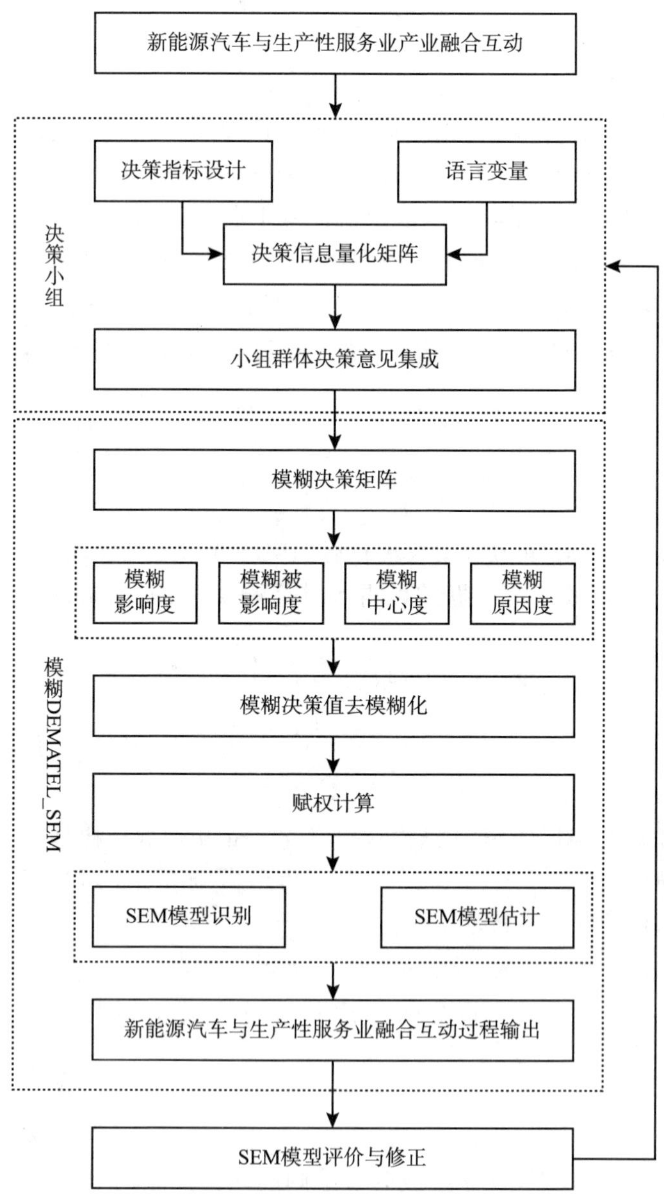

图 5.8　模糊 DEMATEL_SEM 方法实施流程

3. 产业融合度测算模型设计

新能源汽车与生产性服务业产业融合度的测算是基于 SEM 的结构模型中求得的，为了得到这二者的内在关联，首先要对 SEM 基本原理进行分析。SEM 通常包括三个矩阵方程式，分别为

$$\boldsymbol{x} = \boldsymbol{\alpha\xi} + \boldsymbol{e} \tag{5.19}$$

$$\boldsymbol{y} = \boldsymbol{\nu\eta} + \boldsymbol{\varepsilon} \tag{5.20}$$

$$\boldsymbol{\eta} = \boldsymbol{\Phi\eta} + \boldsymbol{\Psi\xi} + \boldsymbol{\gamma} \tag{5.21}$$

其中，方程（5.19）和方程（5.20）被称为测量模型，方程（5.21）则是结构模型。方程（5.19）中，$\boldsymbol{x}$ 为外生观测变量向量，$\boldsymbol{\xi}$ 为外生潜变量向量，$\boldsymbol{\alpha}$ 为外生观测变量与潜变量之间的关系，$\boldsymbol{\alpha}$ 也是外生观测变量在外生潜变量上的因子载荷矩阵，$\boldsymbol{e}$ 为外生变量的误差项向量。方程（5.20）中，$\boldsymbol{y}$ 为内生观测变量向量，$\boldsymbol{\eta}$ 为内生潜变量向量，$\boldsymbol{\nu}$ 为内生观测变量与内生潜变量之间的关系，$\boldsymbol{\nu}$ 也是内生观测变量与内生潜变量的因子载荷矩阵，$\boldsymbol{\varepsilon}$ 为内生变量的误差项向量。方程（5.21）中，$\boldsymbol{\Phi}$ 和 $\boldsymbol{\Psi}$ 都是路径系数，$\boldsymbol{\Phi}$ 表示内生潜变量之间的关系，$\boldsymbol{\Psi}$ 则表示外生潜变量对于内生潜变量值的影响，$\boldsymbol{\gamma}$ 为结构方程的误差项。为了直观展示，一个结构方程全模型路径分析图被给出，如图 5.9 所示。

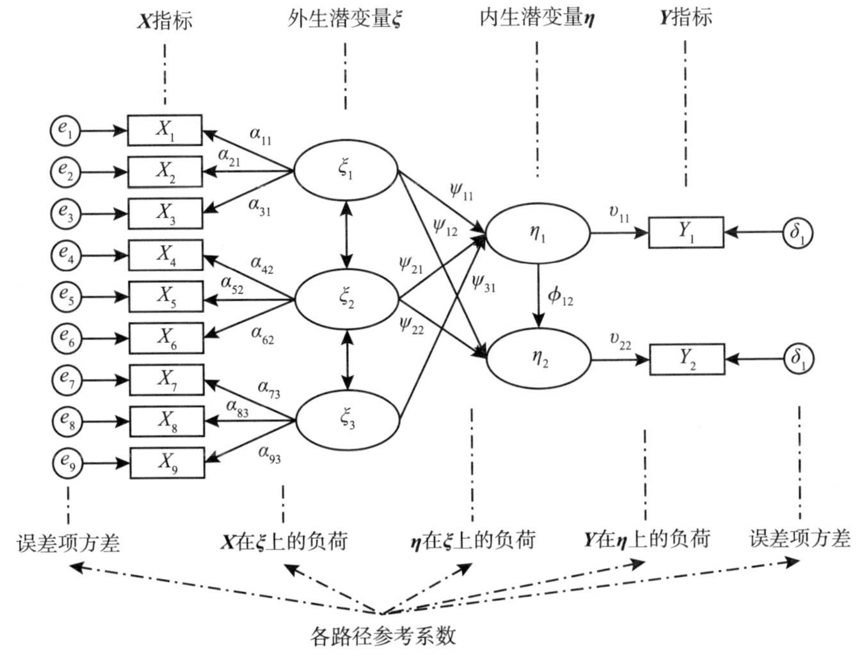

图 5.9　结构方程全模型路径分析

在用 SEM 对新能源汽车产业融合互动建模之后，通过剔除无效的影响路径，可以得到新能源汽车产业融合互动路径关系图。由于结构方程模型分析过程中，其内在潜变量就是产业融合。因此，通过结构方程模型的测量方程与结构方程的计算，可以测算出新能源汽车与生产性服务业的产业融合度。为了方便阅读，本节以图的模型为分析对象，并假设 η_2 为本节要计算的产业融合度，其相关产业融合度测算过程为

$$\begin{bmatrix} x_1 \\ x_2 \\ \vdots \\ x_9 \end{bmatrix} = \begin{bmatrix} \alpha_{11} & & \\ \alpha_{21} & & \\ \alpha_{31} & & \\ & \alpha_{42} & \\ & \alpha_{52} & \\ & \alpha_{62} & \\ & & \alpha_{71} \\ & & \alpha_{83} \\ & & \alpha_{93} \end{bmatrix} \begin{bmatrix} \xi_1 \\ \xi_2 \\ \xi_3 \end{bmatrix} + \begin{bmatrix} e_1 \\ e_2 \\ \vdots \\ e_9 \end{bmatrix} \tag{5.22}$$

$$\begin{bmatrix} Y_1 \\ Y_2 \end{bmatrix} = \begin{bmatrix} \nu_{11} & \\ & \nu_{22} \end{bmatrix} \begin{bmatrix} \eta_1 \\ \eta_2 \end{bmatrix} + \begin{bmatrix} \delta_1 \\ \delta_2 \end{bmatrix} \tag{5.23}$$

$$\begin{bmatrix} \eta_1 \\ \eta_2 \end{bmatrix} = \begin{bmatrix} & 0 \\ \phi_{12} & \end{bmatrix} \begin{bmatrix} \eta_1 \\ \eta_2 \end{bmatrix} + \begin{bmatrix} \psi_{11} & \psi_{21} & \psi_{31} \\ \psi_{12} & \psi_{22} & 0 \end{bmatrix} \begin{bmatrix} \xi_1 \\ \xi_2 \\ \xi_3 \end{bmatrix} + \begin{bmatrix} \gamma_1 \\ \gamma_2 \end{bmatrix} \tag{5.24}$$

其中，公式（5.22）和公式（5.23）是测量模型，公式（5.24）是结构模型。值得注意的是，结构方程模型中的路径系数均为已知。因此，从公式（5.23）和公式（5.24）均可以得到 η_2。考虑到要测量模型的系统误差，通过上述两值得到平均值，作为最终的 η_2。模型进一步化简可得

$$\eta_1 = \psi_{11}\xi_1 + \psi_{21}\xi_2 + \psi_{31}\xi_3 + \gamma_1 \tag{5.25}$$

$$\eta_{21} = (\phi_{12}\psi_{11} + \psi_{12})\xi_1 + (\phi_{12}\psi_{21} + \psi_{22})\xi_2 + \phi_{12}\psi_{31}\xi_3 + \phi_{12}\gamma_1 + \gamma_2 \tag{5.26}$$

只要求得 ξ_1、ξ_2 与 ξ_3 就可以求解出产业融合度 η_2 的值。考虑到模型运作测量变量以数组的形式出现，因此将外显变量的平均值、载荷因子及误差项方差作为潜变量的输入值。进一步化解得

$$\xi_1 = \frac{\bar{x}_1 - \bar{e}_1}{\bar{\alpha}_1} \tag{5.27}$$

$$\xi_2 = \frac{\bar{x}_2 - \bar{e}_2}{\bar{\alpha}_2} \tag{5.28}$$

$$\xi_3 = \frac{\bar{x}_3 - \bar{e}_3}{\bar{\alpha}_3} \tag{5.29}$$

$$\eta_2 = \frac{\eta_{21} + \eta_{22}}{2} \tag{5.30}$$

$$\eta_{22} = \frac{\bar{Y}_2 - \bar{\delta}_2}{\bar{\nu}_{22}} \tag{5.31}$$

最后，以外部与内部值的平均值作为产业融合度 η_2 的最终值，其计算过程为

$$\eta_2 = \frac{\eta_{21} + \eta_{22}}{2} \tag{5.32}$$

5.3.2 考虑产业融合的新能源汽车 SIR 扩散模型

产业生命周期理论表明，一个产业的发展周期要经历出现、快速发展、缓慢变动到衰退甚至消失四个过程，国内学者也将新能源汽车的发展划分为萌芽期、发展期、成熟期及蜕变期。新能源汽车其本质上是一种“亲社会”与“亲环境”的交通工具，其减少能耗、降低排放与污染的特性赋予新能源汽车极佳的发展前景。由于技术创新与融合，新能源汽车作为一种绿色技术在产业末期会发生技术跃迁，因此与传统产业不同，新能源汽车产业的韧性更强，将衰退期转化为蜕变期的可能性更大，以实现新能源产业的转型与升级，如图 5.10 所示。

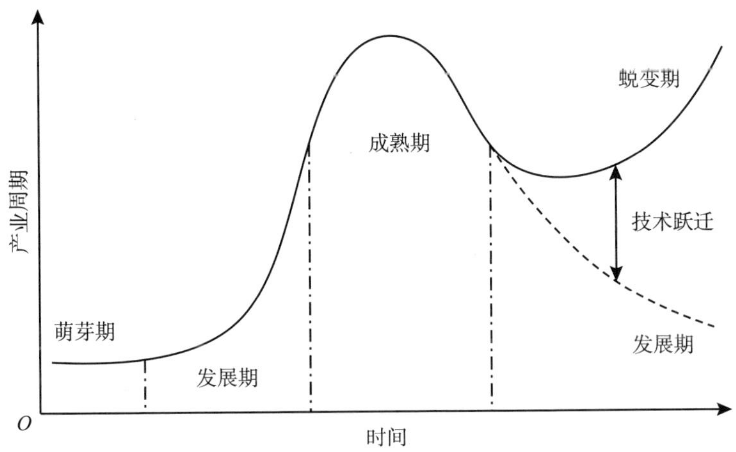

图 5.10 新能源汽车产业发展周期

在产业生命周期的视角下，每个阶段的新能源汽车的产业融合度是变化的。理论上新能源汽车的产业融合度应与产业生命周期成正相关关系，即产业生命周

期越高，其产业融合度也越高，表示产业越成熟。显然，这与新能源汽车产业生命周期内涵思想是一致的。在蜕变期，新能源汽车想要避免衰退只有实现技术融合创新，使技术轨道发生跃迁，而这种技术融合正是产业深度融合的表现，属于产业融合的范畴。鉴于此，本节提出了基于产业生命周期来构建产业融合状态转移的设计思路，用产业生命周期的瞬时变化率来表示产业融合度的变化趋势。同时，为了量化新能源汽车产业生命周期，本节选取新能源汽车综合效用因子来描述其演变过程。

周等（Zhou et al. ，2018）依据动力锂电池出货量 z_1、新能源汽车产量 z_2、新能源汽车销量 z_3、新能源汽车保有量 z_4、公共充电桩数量 z_5、分时租赁市场规模 z_6 共6个指标建模新能源汽车的产业发展，其统计数据见表5.8。运用主成分分析法确定了我国新能源汽车产业发展水平的效用表达式为

$$U = 0.955z_1 + 0.991z_2 + 0.991z_3 + 0.992z_4 + 0.992z_5 + 0.950z_6 \tag{5.33}$$

表5.8　　2008～2017年新能源汽车产业发展数据统计

年份	z_1（亿只）	z_2（万辆）	z_3（万辆）	z_4（万辆）	z_5（万个）	z_6（亿元）
2008	10.33	0.31	0.38	0	0	0
2009	18.75	0.46	0.41	0.11	0.05	0
2010	26.87	0.72	0.71	1	0.11	0
2011	29.66	0.84	0.82	2	0.68	0
2012	41.78	1.26	1.28	3	1.79	0
2013	47.68	1.75	1.76	5	2.12	0
2014	52.87	7.85	7.48	12	2.3	0
2015	55.98	34.05	33.11	58	4.96	0.52
2016	78.42	50.70	51.70	109	15	3.62
2017	118.74	79.40	77.70	153	21.39	10.64

注：根据林晓华等（2011）整理所得。

依据表5.8数据，本节拟合出我国新能源汽车发展综合效用发展曲线，其拟合回归模型为

$$U = 0.0004x^2 - 0.0009x + 0.9571 \tag{5.34}$$

其中，U 表示新能源汽车综合效用因子，x 表示时间。

为了构建时变状态下的新能源汽车产业融合度测量模型，本节基于马尔可夫链的平移状态转移算子思想构建了新能源汽车产业融合度平移状态转移算子，并

构建基于平移状态转移算子的新能源汽车产业融合度测量模型为

$$\eta_2(x+1)=\eta_2(x)+U'(x) \tag{5.35}$$

其中，$\eta_2(x+1)$ 表示 $x+1$ 时的产业融合度，$U'(x)$ 表示 x 时产业融合度的瞬时变化率。

基于之前的产业融合度测量模型，通过改编经典 SIR 扩散模型可以设计动态的 SIR 扩散模型，进而分析不同时间状态下的产业融合对新能源汽车扩散的影响。在此模型中，由于产业融合的时变性，SIR 模型中的日接触率 λ 与日移出率 μ 都受到一定程度的影响。由于产业融合有助于新能源汽车产业价值链升级，改善产业环境，提高消费者的消费体验。因此，产业融合一定程度上有助于提高消费者对于新能源汽车的日接触率，同时减少其移出率。为了表示这种影响，我们结合时变产业融合状态转移方程，本节设计考虑产业融合的日接触率为 $\lambda(t)=\lambda_0[1+\eta(t+1)^m]$，日移出率为 $\mu(t)=\mu_0[1-\eta(t+1)^m]$，其中 m 为产业融合度对接触率、移出率的影响因子。其算法伪代码见表 5.9。

表 5.9　　考虑产业融合的 SIR 算法伪代码

算法

```
t←0:365:4380;
x0←2018 年的状态值;
mu←0.0004;lambda←x0(2)/363.16/490
xx2←x0;
for i←0 to 4380 do
    t0←0:365:4380;
// 产业融合度测算公式
    eta(i+1()i/365 - 0.0009 + 0.638);
// 日移出率、日接触率计算公式
    lambda1←lambda·(1+eta(i+1)^8);
    mu1←mu·(1+eta(i+1)^8)
    [t0,xx3] = ode45(@(t,x) SIRModel(t,x,lambda1,mu),t0,xx2);
    do1{ii/365+1} = xx3(1,:);
    xx2 = xx3(2,:);
end
d01{1}←x0;
d01←cell2mat(d01);
S_Value←d01():,1);
I_Value←d01(:,2);
R_Value←d01(:,3);
```

5.4 实证分析

根据 5.2 节与 5.3 节建立的新能源汽车企业合作演化博弈模型和考虑产业融

合的新能源汽车 SIR 扩散模型，本节将模型应用于重庆市新能源汽车的情况，分析重庆市企业的合作情况和重庆市在产业融合下的新能源汽车扩散情况。

5.4.1 现状简介

重庆市是汽车生产和消费的重要城市，现已成为全国最大的汽车生产基地，拥有长安、力帆、福特等 14 家整车生产企业，形成了以长安为龙头的 8 大汽车品牌商和 1000 家汽车零配件配套厂商共同发展的“1 + 8 + 1000”产业格局。鉴于重庆市良好的汽车产业集群，科技部亦批准重庆市作为国家新能源汽车高新技术产业基地，2016 ~ 2020 年重庆市出台了多项有关节能与新能源汽车扶持的政策与措施，提升重庆市新能源汽车基础研究的整体水平，完善新能源汽车服务网络和基础设施，重庆市从研发环节、生产环节到市场环节都取得了不错的成绩，极具代表性，见表 5.1。所以，以重庆市为例研究新能源汽车产业组织发展情况。

尽管重庆市新能源汽车产业生态已初步形成，但在宏观层面上，重庆市新能源汽车产业规模化和产业化过程中也面临着一系列难题，如新能源汽车定价不合理、市场频发“骗补事件”、基础设施不完善、未建立起完善的自主开发创新体系、研发投入及分配不足等。这些问题的产生主要源于重庆市新能源汽车产业发展模式并未脱离传统汽车产业发展轨道路径的影响。而补贴退坡后，这些问题逐渐暴露，其影响由重庆新能源历年推广量可以看出，2018 年比 2017 年的推广量减少 4496 辆，这对产业初期的新能源汽车产业来说无疑是一个巨大的打击，如图 5.11 所示。

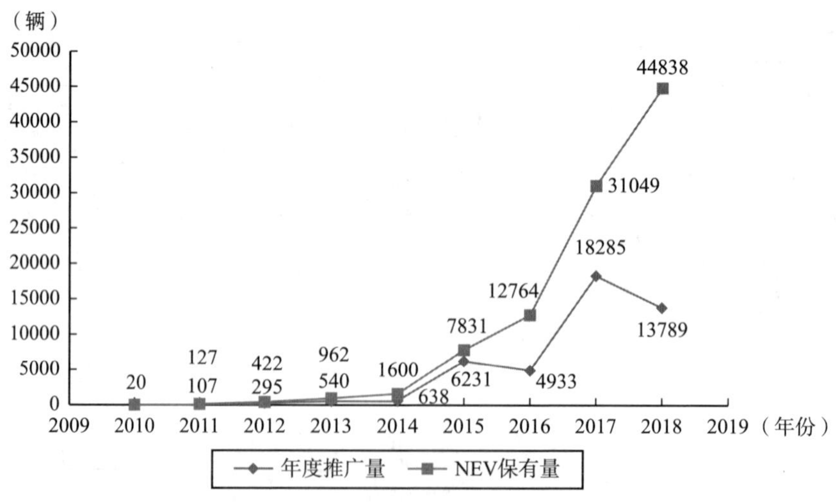

图 5.11　2010—2018 年重庆市新能源汽车年度推广量与保有量

在微观层面上，重庆市新能源汽车产业中拥有国内知名汽车制造企业，如 C 企业，坚持以“引领汽车文明，造福人类生活”为使命，秉承“节能环保，科技智能”为理念，主要业务涵盖整车研发、制造、销售以及发动机的研发、生产，并利用自身主体厂优势积极发展电子商务、分时租赁等新业务。C 企业现已形成轿车、SUV、MPV、交叉型乘用车、客车、货车等多档次、宽系列、多品种的产品谱系，覆盖传统燃油和新能源车型，拥有排量从 1. 0L 到 2. 0L 的发动机平台。2017 年，C 企业销售汽车 287. 2 万辆，市场占有率 9. 95%，其中新能源汽车销量大幅提升，新能源产品快速上市，全年销售突破 6 万辆，同比提升 180%。早在 2001 年，C 企业就开启了新能源汽车的探索之旅，从第一台新能源汽车下线，到业内首次纯电动车带电碰撞试验。直到 2009 年，历时 6 年研发测试的纯电动乘用车上市。C 企业新能源汽车经过近 20 年的发展，累计为用户提供 20 余款纯电动汽车产品。

基于上述分析，以重庆市为例研究新能源汽车产业组织发展、融合，以及新能源汽车的创新扩散效应具有很好的代表性。

5. 4. 2　面向重庆市新能源汽车产业的企业合作实证分析

1. 研究方法与数据来源

本节采用社会网络分析法构建社会网络模型来模拟重庆市新能源汽车产业 154 相关企业、学研机构以及政府部门之间的互动关系。利用量化的语言对网络结构进行描述，探索新能源汽车产业组织网络发展情况。社会网络分析法起源于 20 世纪 90 年代，是人类学、心理学、社会学、统计学等领域综合发展而来的，是一门应用图论和数学方法来定量分析复杂网络关系的技术，也是一种综合社群图法和矩阵代数方法（刘军，2004）。社会网络的“点”是各个社会行动者，即新能源汽车产业企业，“边”是行动者之间的各种社会关系，即商业关系；社会网络是由多个点及其连线的集合。

根据《节能与新能源汽车产业发展规划》《重庆市新能源汽车与智能汽车产业集群发展规划》以及重庆市新能源汽车生产体系等，本节初步确定了重庆长安、重庆力帆、恒通客车、重庆五洲龙、重庆瑞驰五家新能源汽车产业组织核心企业，通过提名生成法（罗家德，2010）在上述企业展开调研。按照图 2. 12 所示的新能源汽车产业构成，从产品链、服务链和知识链三个维度搜集与这些企业有合作关系的其他新能源汽车产业组织成员。其中，产品链指的是新能源汽车生产制造相关企业，是零部件、整车生产等企业；服务链指的是新能源汽车后市场相关企业，是运营平台、配套服务、金融投资等企业；知识链是指为新能源汽车产业提供技术知识输出的企业，是高校科研院所、创新研发机构以及地方部门。

为进一步保证数据信息的全面性和有效性，我们还通过查询企业官网、企业年报、网络新闻以及国家发改委的汽车公告查询系统，将广度搜索和深度挖掘相结合，补充完善重庆市新能源汽车产业组织其他成员以及成员之间相互关系。

2. 产业组织结构

通过整合多渠道所获取的信息资料来构建社会网络邻接矩阵，此矩阵代表重庆市新能源汽车产业组织成员之间的二元无向关系。矩阵行和列代表来自一个行动者集合的社会行动者，即重庆市新能源汽车产业组织主要成员；矩阵要素代表合作关系的存在与否。

假设重庆市新能源汽车产业组织中共有 n 个成员，用 $V_1\ V_2\cdots V_n$ 表示，他们之间的合作关系表示为

$$\begin{array}{cccccccc} & V_1 & V_2 & V_3 & V_4 & V_5 & \cdots & V_n \\ V_1 & 1 & 1 & 0 & 1 & 1 & \cdots & 1 \\ V_2 & 1 & 1 & 1 & 1 & 0 & \cdots & 1 \\ V_3 & 0 & 1 & 1 & 0 & 0 & \cdots & 1 \\ V_4 & 1 & 1 & 0 & 1 & 0 & \cdots & 1 \\ V_5 & 1 & 0 & 0 & 0 & 1 & \cdots & 0 \\ \vdots & \vdots & \vdots & \vdots & \vdots & \vdots & \vdots & \vdots \\ V_n & 1 & 1 & 1 & 1 & 0 & \cdots & 1 \end{array} \tag{5.36}$$

其中，1 表示两个成员之间彼此有合作联系，0 表示没有合作关系。例如 V_1 和 V_2 之间有合作关系，则 $b_{12}=1$ 和 $b_{21}=1$ 将其用矩阵（邻接矩阵）表示。定义邻接矩阵为 $\boldsymbol{B}=\{b_{ij}\}_{N\times N}$，其中，

$$b_{ij}=\begin{cases}1,\ V_i\in V,\ e_j\in E,\ \text{关联}\\0,\ V_i\in V,\ e_j\in E,\ \text{不关联}\end{cases} \tag{5.37}$$

3. 企业合作网络分析

为了进一步分析重庆市新能源汽车产业组织的网络特征，本节从中心权力、网络密度以及聚集系数对组织结构进行量化分析。

（1）中心权力。中心性是社会网络分析中的重要指标，分为中心势和中心度，中心势是指整体的图的中心度，中心度是指点的中心度。中心势刻画的是产业企业网络整体所具有的中心趋势，即社群图的总体整合度或一致性。一个社群图的中间中心势的指数计算公式为

$$C_B = \frac{\sum_{i=1}^{n} CABi_{AB\max}}{n^3 - 4n^2 + 5n - 2\frac{\sum_{i=1}^{n} CRBi_{RB\max}}{n-1}} \tag{5.38}$$

其中，C_{ABi}是点的绝对中间中心度，$C_{AB\max}$是最大值；C_{RBi}是点的相对中间中心度，$C_{RB\max}$是最大值；中心势 C_B 越接近于 1，说明网络越具有集中优势（Freeman Linton C，1978）。运用 Ucinet 6.0 进行计算得到表 5.10，求得网络中间中心势为 49.66%。

表 5.10　　　　　　　　　　整体网中心势分析数据

	Betweenness	n Betweenness
Mean	347.156	1.493
Std Dev	1398.299	6.013
Sum	53462.000	229.885
Variance	1955240.625	36.152
SSQ	319666720.000	5910.542
MCSSQ	301107072.000	5567.380
Euc Norm	17879.227	76.880
Minimum	0.000	0.000
Maximum	11820.847	50.829
Network Centralization Index = 49.66%		
Output actor - by - centrality measure matrix saved as dataset Freeman Betweenness		
Running time：00：00：01		

中心度刻画单个企业在产业企业网络中所处的核心位置，一个组织成员与组织中很多其他成员有直接的关联，那么该成员就位于中心地位，拥有较大的权力且中间中心度高。点表示绝对中间中心度，刻画企业对资源的控制程度，计算公式为

$$C_{ABi} = \sum_{j}^{n}\sum_{k}^{n} b_{ij}(i),\ j \neq k \neq i,\ j < k \tag{5.39}$$

其中，b_{ij}表示点 i 能够控制点 j 和点 k 之间的交往能力，标准化后的中间中心度即相对中间中心度，计算公式为

$$C_{RBi} = \frac{2C_{ABi}}{n^2 - 3n + 2} \tag{5.40}$$

其中，C_{ABi}是点 i 的绝对中间中心度，相对中间中心度取值范围为 0 ~ 1，可以用

于比较不同网络图中点的中间中心度。运用 Ucinet 6.0 进行计算，求得所有企业和机构的中心度，选取中心度排名前 20 的企业和机构，见表 5.11。

表 5.11　　　　个体网络中间中心度分析结果

企业和机构	中介中心度	标准化中介中心度
力帆集团	11820.847	50.829
长安汽车	8563.077	36.821
重庆五洲龙	5913.119	25.426
恒通客车	5475.344	23.544
重庆瑞驰汽车	4860.798	20.901
中国建设银行	2717.688	11.686
重庆大学	1732.285	7.449
重庆市人民政府	1168.559	5.025
宁德时代新能源	1162.538	4.999
小康工业	1073.849	4.618
重庆戴普思	952.459	4.096
博世集团	748.890	3.220
吉利汽车	629.729	2.708
新能源汽车产业发展	602.255	2.590
阿里巴巴	475.694	2.045
重庆特瑞电池材料	438.575	1.886
中航锂电	374.718	1.611
深圳市大地和电气	360.287	1.549
中国汽车工程研究院	287.037	1.234
清华大学	287.037	1.234

（2）网络密度。运用网络密度来描述新能源汽车产业组织中各个成员与整体企业网络的关系紧密程度，主要从关系互惠性、成员之间的接近性、成员之间点的度数以及内外部成员之间的关系密度四个角度进行处理。网络密度越大说明产业组织成员间的联系越密切，产业关联渠道和合作行为越多；反之，产业组织成员联系稀疏。网络密度计算公式为

$$Density = \frac{m}{\frac{n(n-1)}{2}} = \frac{2m}{n(n-1)} \tag{5.41}$$

其中，n 为企业网络中的成员个数，m 是企业网络中包含的关系数，理论上最大的关系总数是 $n(n-1)/2$。网络密度是实际关系数除以理论上最大的关系数，运用 Ucinet 6.0 进行计算，见表 5.12，求得网络密度为 1.77%。

表 5.12　　网络密度分析结果

DENSITY/AVERAGE MATRIX VALUE		
Input dataset：H：\Ucinet		
Output dataset：H：\Ucinet		
	Density	No. of Ties
Sheet1	0.0177	416.0000
Running time：00：00：01		

（3）集聚系数。集聚系数是图中的点倾向于集聚在一起的程度的一种度量，反映组织成员之间的合作广度，取值范围为 0～1，值越大越容易建立合作关系。计算公式为

$$ClusteringCoefficient = \frac{2n}{k(k-1)} \tag{5.42}$$

其中，n 为企业网络中的成员个数，k 为节点所有相邻节点个数，运用 Ucinet 6.0 进行计算，见表 5.13，求得网络集聚系数为 25.1%。

表 5.13　　聚集系数计算结果

Input dataset：H：\Ucinet	
Relation：	
Overall graph clustering coefficient：	0.251
Weighted Overall graph clustering coefficient：	0.017
Display of node－level coefficients suppressed－－please use Display function from main menu.	
Please note that the weighted clustering coefficient is simply transitivity.	
Running time：00：00：01	

从整体网络来看，重庆市新能源汽车产业企业网络整体中心势分值较高，说明企业网络存在较大的不均衡性，也就是说少数企业和机构处于核心位置，较多企业和机构处于网络的边缘。同时，网络密度分值非常低，社群关系既不是团结的也不呈现本地化，呈现稀疏连接，缺乏相互关系。从个体网络来看，根据组织成员中间中心度和单点网络密度排序情况，力帆集团、长安汽车、重庆五洲龙、恒通客车、重庆瑞驰五家整车企业，金融机构中国建设银行，高校重庆大学，政府部门重庆市人民政府，以及零部件制造商宁德新能源等具有最高的核心地位。网络密度大且处于中心位置的组织成员具有资源和信息优势，组织成员在网络中的地位和位置不同，从而获得资源和利益的能力有所不同（Seville，1996），也就是说重庆市汽车产业组织中龙头企业对于整个产业发展起着至关重要的作用。

综上分析，从重庆市新能源汽车产业社会网络分析结果来看，当前我国新能

源汽车组织已经初步显示出网络化发展特征，中心企业不再局限于传统整车企业，新的电池制造企业、高校研究院以及互联网企业涌现。但网络凝聚程度还是比较低，网络合作关系也不均衡，中心程度仍然较高，呈现出多级结构网络，不利于产业组织的协调发展。因此，亟须加强企业各个关联方的协调合作，组织去中心化才能发挥整体网络组织优势，形成企业间的合力与集体效率（Schmitz，1999）。

因此，新能源汽车产业需要加强产业组织合作，达到去中心化，实现网络化均衡发展。通过垂直合作，协调互补性资源和能力来获得合作利润；通过水平合作，提高市场集中度，增强企业对市场的控制力，从而提高绩效获得利润；通过产学研合作，增强我国新能源汽车产业自主创新能力，形成科学的经济发展模式。

4. 企业合作行为分析

以重庆市新能源汽车产业中的C企业为例，重点对其合作战略进行梳理。随着新能源、智能化上升至国家战略，新能源汽车销量上升，但同时企业正遭遇利润下滑和投入过大导致的现金流紧缺等问题，企业经营风险增大。C企业正在加速往品牌向上、智能网联、共享出行以及后市场领域进行战略转型，正由单一的制造向全产业链发展转变，结合企业经营以及融资环境状况来全面开展多元化的共享合作。

C企业基于人、车、产业和大自然问题提出新能源全新战略——“香格里拉计划”，旨在通过“千亿行动”“万人研发”“伙伴计划”“极致体验”四大战略行动，实现2020年三大新能源专用平台的打造和全谱系产品的电气化。C企业携手中国一汽、东风汽车、蔚来汽车、宁德时代等行业伙伴以及滴滴集团、阿里、腾讯等跨界企业，通过合资参股、联合开发、产业链合作等多种合作方式，在电池能量密度研究、充电方式、电池成本控制、智能网联新能源汽车研发、充电环境的建设、行业标准的建立、出行方案的提供、电商平台的运营、新能源品牌提升等多个领域开展深度创新合作，具体合作见表5.14。

表5.14　　C企业新能源汽车领域合作

时间	合作企业	合作方案
2009.08	重庆大学、中汽研	共同突破新能源汽车电磁兼容难题，提出新能源汽车EMC的开发技术
2016.03	特来电	双方将在新能源汽车充电网络建设、运营以及新能源汽车技术方面展开全方位合作
2017.04	蔚来汽车	双方将全面推进新能源汽车、智能网联汽车产业链合作
2017.10	宁德时代	间接参股宁德时代加强新能源合作
2017.10	阿里巴巴	双方在智能车联网平台、车联网服务以及企业社交领域三大方面展开战略合作
2017.12	一汽、东风	三方在前瞻技术创新、全价值链运营、走出去、新商业模式等领域展开合作
2018.02	滴滴	共同建设面向未来的新能源共享汽车服务体系

续表

时间	合作企业	合作方案
2018.03	雪铁龙、标志	三方共同增资 36 亿元积极发展新能源汽车
2018.04	腾讯	基于车联网整体解决方案、大数据云等领域进行深度合作，成立合资公司

根据社会网络分析结果显示，C 企业中心度较高，在产业中处于中心地位，掌握产业资源丰富，并且拥有雄厚的资金实力，能够承担合作产生的市场风险和溢出损失。所以，C 企业比较容易形成与各企业的合作。通过对 C 企业的合作企业梳理，可以发现 C 企业在新能源汽车领域的合作包含垂直合作、水平合作以及混合合作三种合作行为。本章演化模型中的三种合作行为都有涉及，见表 5. 15。

表 5. 15　　C 企业合作分类

垂直合作	水平合作	混合合作
宁德时代 特来电 阿里 腾讯	一汽 东风 标致 雪铁龙	重庆大学 中汽研

从新能源汽车领域合作促成的时间来看，相对较早出现产学研混合合作，然后是垂直合作和水平合作，一定程度验证了合作稳定容易程度，混合合作 > 垂直合作 > 水平合作。

从 C 企业的合作实践来看，当前新能源汽车产业中的企业在新能源领域仅仅扩大产量是举步维艰的。“闭门造车” 的时代已经过去，企业纷纷转型升级寻求新的突破点，企业在整合全球优秀的资本、顶尖的技术、专业的人才等众多资源。

5. 4. 3　基于产业融合的重庆市新能源汽车产业扩散实证分析

1. 数据来源及处理

为了保证样本数据的可行性，在新能源汽车与生产性服务业产业融合互动方面，本节的实证数据来源于网络问卷调查，问卷由变量的测量题项组成。为了保证问卷质量，采取了一些措施：首先，将问卷发给新能源汽车生产企业、4S 店、生产类服务企业及相关新能源汽车研究专家对于原始问卷的内容提出各自的修改意见；其次，以研讨会的形式进行专题讨论，最终确定调研问卷。

（1）基于模糊 DEMATEL 的数据关联性分析。为了理解指标间关联，邀请 7 位新能源汽车业内专家成立决策小组，对指标间关联程度进行相关评分，评分标准采取 Linkert 五点量表，1 为无影响，3 为低影响，5 表示很高影响。在获取数据后，采用 5. 3. 1 节的模糊语言变量，实现模糊集中的语言变量与相关三角模糊数的转化，其中一个专家的量表见表 5. 16。

表 5. 16　　决策者 1 模糊直接影响矩阵

DM_1	C_{11}	C_{12}	C_{13}	C_{14}	C_{21}	C_{22}	C_{23}	C_{31}	C_{32}	C_{33}	C_{41}	C_{42}	C_{43}	C_{51}	C_{52}	C_{53}	C_{61}	C_{62}
C_{11}	0	HL	L	VH	VL	NI	NI	NI	VL	L	VL	NI	NI	VL	VL	VL	L	VL
C_{12}	VH	0	HL	L	L	VL	VL	NI	VL	NI	VL	VL	NI	VH	VL	L	L	VL
C_{13}	HL	VL	0	VL	L	VL	NI	NI	VL	VL	L	VL	VL	VL	L	HL	VH	VH
C_{14}	HL	L	VL	0	VL	VL	VL	NI	NI	VL	VL	NI	VL	L	L	HL	L	VL
C_{21}	L	NI	VL	VL	0	L	L	VL	VL	VL	VL	VL	L	VL	NI	NI	VL	VL
C_{22}	NI	NI	VL	L	L	0	VL	VL	VL	NI	NI	NI	VH	HL	HL	HL	VL	VL
C_{23}	NI	L	VL	VL	VL	L	0	NI	VL	VH	HL	L	L	L	L	VL	VL	NI
C_{31}	NI	VL	VL	VL	VL	L	L	0	HL	VL	NI	NI	VL	VL	VL	VL	VL	VL
C_{32}	VL	L	VL	VL	L	VL	L	NI	0	NI	NI	VL	VL	VL	NI	VL	NI	NI
C_{33}	VL	VL	NI	L	VH	HL	VH	VH	VL	0	VL	HL	L	VL	VL	VL	NI	NI
C_{41}	NI	VL	VH	VL	VH	VH	L	VL	VL	VL	0	NI	VL	VH	HL	HL	VH	VH
C_{42}	NI	L	VL	VL	VL	NI	NI	VL	VL	L	VL	0	HL	L	L	VL	VL	NI
C_{43}	L	HL	NI	NI	VH	VH	HL	HL	L	L	VL	L	0	HL	HL	VH	VL	VL
C_{51}	VL	VH	VL	L	L	HL	L	VL	VL	VL	NI	HL	VH	0	VH	VH	L	VL
C_{52}	VL	HL	VL	VL	NI	VL	VL	VH	VL	L	NI	VL	VL	VL	0	L	VL	VL
C_{53}	VL	HL	VL	VL	NI	VL	VL	HL	L	VL	NI	VL	VL	L	VL	0	VL	VL
C_{61}	VL	VL	VH	L	VL	NI	NI	NI	VL	VL	L	VL	L	VL	NI	VL	0	VH
C_{62}	NI	NI	HL	VL	NI	NI	VL	L	VL	VL	VH	HL	L	HL	L	HL	VH	0

根据公式（5. 6）和公式（5. 7）可以得到模糊综合直接影响矩阵 $\tilde{\boldsymbol{T}}$。根据公式（5. 8）和公式（5. 9）可得模糊规范直接影响矩阵 $\tilde{\boldsymbol{M}}$。根据公式（5. 10）~公式（5. 13）可得模糊综合影响矩阵 $\tilde{\boldsymbol{P}}$。依据公式（5. 14）和公式（5. 15），可得模糊中心度（$\tilde{D}_i \oplus \tilde{C}_i$）与模糊原因度（$\tilde{D}_i \odot \tilde{C}_i$），去模糊化后得到结果见表 5. 17。

表 5. 17　　评价因子指标的影响度、被影响度、中心度和原因度

因子指标	影响度 D	被影响度 C	中心度（$\tilde{D}_i \oplus \tilde{C}_i$）^{def}	原因度（$\tilde{D}_i \odot \tilde{C}_i$）^{def}
C_{12}	2. 6213	3. 0311	5. 6524	-0. 4098
C_{13}	3. 1173	3. 2300	6. 3473	-0. 1127
C_{14}	2. 4463	2. 3926	4. 8389	0. 0537
C_{21}	2. 9775	3. 0587	6. 0362	-0. 0812
C_{22}	3. 0295	3. 1334	6. 1629	-0. 1038
C_{23}	3. 0924	3. 0033	6. 0957	0. 0891

续表

因子指标	影响度 D	被影响度 C	中心度 $(\widetilde{D}_i \oplus \widetilde{C}_i)^{def}$	原因度 $(\widetilde{D}_i \odot \widetilde{C}_i)^{def}$
C_{31}	2. 9184	2. 8814	5. 7998	0. 0370
C_{32}	2. 9775	2. 8195	5. 7970	0. 1581
C_{33}	2. 9925	2. 8712	5. 8637	0. 1213
C_{41}	2. 8639	3. 2379	6. 1018	-0. 3741
C_{42}	3. 1526	2. 9806	6. 1332	0. 1720
C_{43}	2. 9358	2. 9607	5. 8966	-0. 0249
C_{51}	3. 2130	3. 3314	6. 5444	-0. 1185
C_{52}	3. 1292	3. 0702	6. 1994	0. 0591
C_{53}	3. 2041	3. 1102	6. 3143	0. 0940
C_{61}	2. 7709	2. 2885	5. 0594	0. 4825
C_{62}	3. 3848	3. 2485	6. 6333	0. 1362

以中心度与原因度分别为横坐标与纵坐标构建评价指标的影响关联图，如图5. 12所示。根据公式（5. 16）和公式（5. 17），可得18个因子综合影响因子权重，见表5. 18。

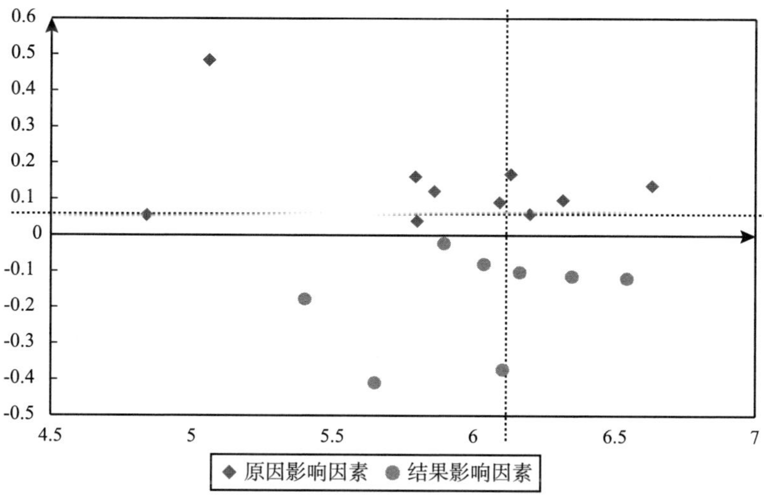

图5. 12　18因子指标影响关联图

表5. 18　　各因子综合影响因子权重

因子	C_{11}	C_{12}	C_{13}	C_{14}	C_{21}	C_{22}	C_{23}	C_{31}	C_{32}
效用值	0. 0506	0. 0530	0. 0594	0. 0452	0. 0564	0. 0576	0. 0570	0. 0542	0. 0542
因子	C_{33}	C_{41}	C_{42}	C_{43}	C_{51}	C_{52}	C_{53}	C_{61}	C_{62}
效用值	0. 0548	0. 0572	0. 0574	0. 0551	0. 0612	0. 0580	0. 0590	0. 0475	0. 0620

（2）SEM 输入参数预处理。为了采用 SEM 进行新能源汽车与生产性服务业产业互动建模研究，在获得各因子综合因子权重后邀请了被调查的新能源汽车生产企业、4S 店、生产类服务企业及相关新能源汽车研究专家对上述指标影响新能源汽车与生产性服务业融合的程度进行评分，评分标准同上。在获取数据后，采用 5.3.1 节公式（5.18）进行数据加权处理。调研过程中，以问卷星的形式发放问卷共回收 150 份，剔除回答时间低于 2 分钟问卷，有效问卷为 95 份，有效回收率为 63.33%。

（3）信度与效度分析。李克特量表中内部一致性的检测通常采用 Cronbach' α 系数（信度检测）来进行。根据 Cronbach' α 的测量标准：Cronbach' $\alpha < 0.3$ 表示不可信；$0.3 <$ Cronbach' $\alpha \leqslant 0.4$ 表示初步研究勉强可信；$0.5 <$ Cronbach' $\alpha \leqslant 0.7$ 表示可信；Cronbach' $\alpha > 0.7$ 表示很可信。本节运用 SPSS 22.0 软件测度出整个量表的 Cronbach' α 系数为 0.921，表明该量表具有较高的信度。相关潜变量的 Cronbach' α 系数也均大于 0.7，表明信度较高，见表 5.19。

表 5.19　　信度分析结果

变量名称	因子名称	题数	Cronbach' α 系数		
环境变量	基础设施	2	0.9220	0.9220	0.921
	政策调控	1	0.9230		
	市场化水平	3	0.9180		
	资源要素	1	0.9200		
技术融合	核心技术	3	0.9140	0.9140	
	共性技术	1	0.9150		
	技术创新度	2	0.9150		
业务整合	流程融合	2	0.9180	0.9180	
	范围经济热衷度	1	0.9170		
	商业模式创新	1	0.9180		
市场互动	市场需求规模	2	0.9160	0.9160	
	企业成长协同	2	0.9150		
	专业分工	2	0.9170		
产业融合	产业集聚度	2	0.9160	0.9160	
	产业协同度	1	0.9140		
	产业关联度	1	0.9140		
经济效益	劳动资本	1	0.9170	0.9170	
	企业经济效益	1			

内容效度表示问卷设计是否能有效表示测量的主题或内容。本节的问卷设计

以新能源汽车及产业互动理论为基础，参照国内外学术文献设计，并依据新能源汽车与生产性服务业相关特征进行调整，并获得了新能源汽车相关专业人士的认可，本问卷内容效度有效。

结构效度表示测量结果所涉及结构与测量值的对应程度，通常采用因子分析进行测量。本章用 AMOS 进行验证性因子分析，进一步检验论文理论模型与收集数据的契合程度，具体如图 5.13 所示。

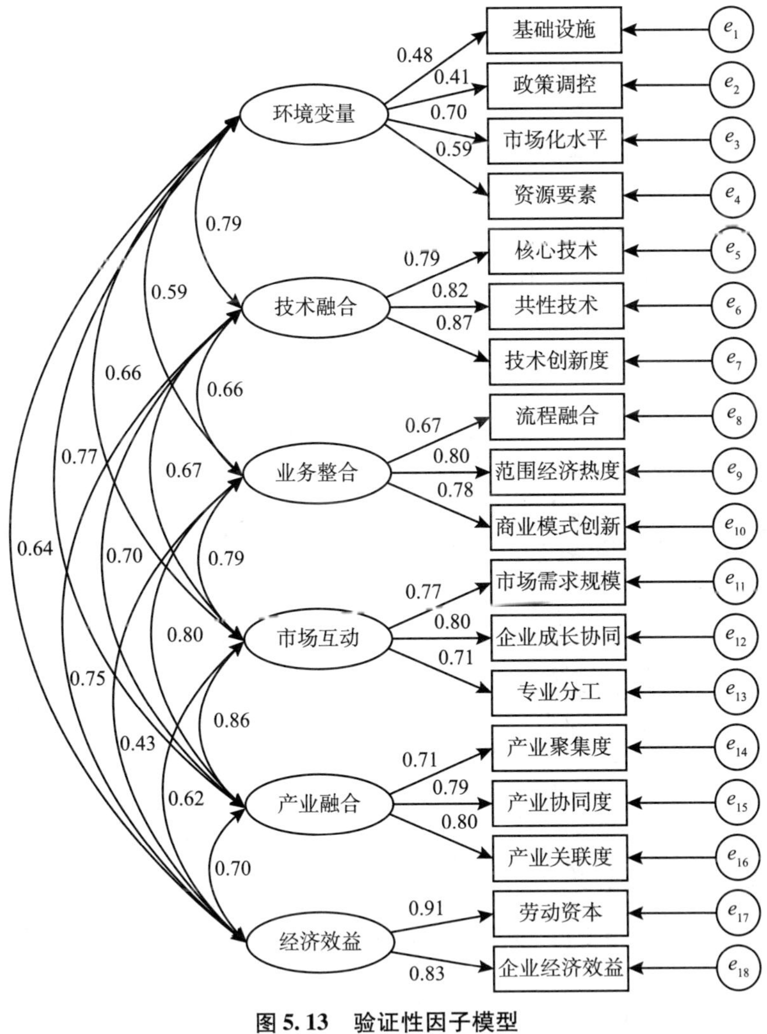

图 5.13　验证性因子模型

由图 5.13 可知，大多数路径系数均在 0.50 以上，且估计系数全部满足

$p<0.01$，统计意义上具有显著性。因此，测量指标对潜在变量的契合程度很好，符合用来测量潜在变量的前提。此外，本章采用 C_{min}/DF、*GFI*、*AGFI*、*CFI*、*RMSEA*、*NFI*、*IFI*、*TLI* 这 8 个国际通用的拟合指标来评价理论模型，见表 5.20。结果表明，本章的产业融合结构模型整体拟合度较好，结构效度较高，具有可信度，可以使用本章的新能源汽车产业融合度测量模型验证产业融合创新扩散的理论构想。

表 5.20　　验证因子模型拟合优度指数

拟合指标	C_{min}/DF	*GFI*	*AGFI*	*CFI*	*RMSEA*	*NFI*	*IFI*	*TLI*
可接受值	<3.0	>0.9	>0.9	>0.9	<0.10	>0.9	>0.9	>0.9
实际值	2.084	0.915	0.638	0.841	0.083	0.737	0.921	0.904

2. 产业互动关系研究

（1）结构方程分析。在分析完信度和效度后，本节利用 IBM SPSS AMOS 22.0 软件进行 SEM 建模分析。图 5.14 给出了产业互动结构模型及全模型路径系数。

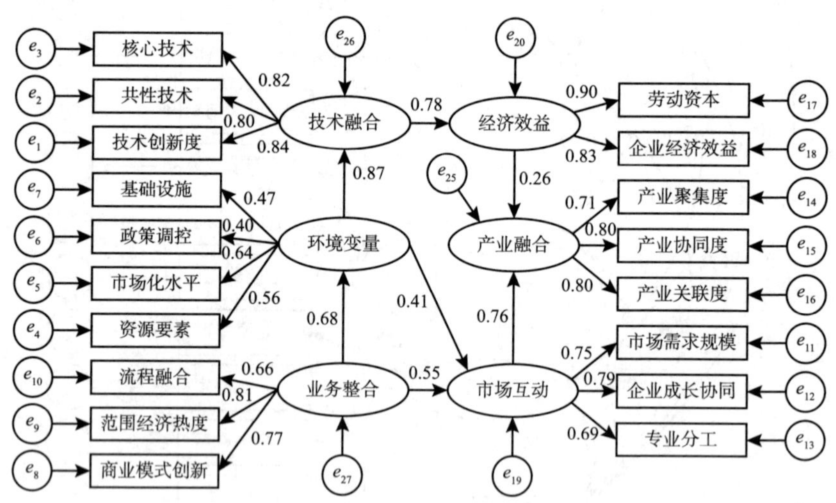

图 5.14　产业互动结构模型及全模型路径系数

根据吕政等（2006），若结构方程模型 C. R. 值大于 1.96（$p<0.05$），则可认为变量关系在数理统计范围内呈显著正相关关系，其度量指标可以充分反映其对应潜变量的情况。由表 5.21 可知，全模型路径系数 *C. R.* 均大于 1.96，p 值均

小于0.05，表明所建的新能源汽车与生产性服务业融合因素度量指标能够有效建模，描述客观事实。

表 5.21　　理论模型的路径系数与假设检验

变量关系	Estimate	S. E.	C. R.	p	对应假设	检验结果
技术融合←环境变量	1.434	0.293	4.900	***	H5－1a	√
业务整合←环境变量	1.309	0.335	3.908	***	H5－1b	√
市场互动←业务整合	0.475	0.132	3.603	***	H5－3	√
市场互动←环境变量	0.691	0.280	2.470	0.014	H5－1c	√
经济效益←技术融合	1.025	0.144	7.122	***	H5－2	√
产业融合←市场互动	0.797	0.157	5.062	***	H5－4	√
产业融合←经济效益	0.210	0.099	2.116	0.034	H5－5	√
技术创新度←技术融合	1.000					
共性技术←技术融合	1.154	0.125	9.263	***		√
核心技术←技术融合	0.978	0.110	8.931	***		√
资源要素←环境变量	1.000					
市场化水平←环境变量	1.079	0.237	4.560	***		√
政策调控←环境变量	0.866	0.273	3.168	0.002		√
基础设施←环境变量	0.657	0.183	3.588	***		√
商业模式创新←业务整合	1.000					
范围经济热度←业务整合	0.958	0.134	7.125	***		√
流程融合←业务整合	0.710	0.125	5.661	***		√
市场需求规模←市场互动	1.000					
企业成长协同←市场互动	1.053	0.137	7.712	***		√
专业分工←市场互动	0.847	0.134	6.340	***		√
产业聚集度←产业融合	1.000					
产业协同度←产业融合	1.123	0.170	6.623	***		√
产业关联度←产业融合	1.006	0.155	6.507	***		√
劳动资本←经济效益	1.000					
企业经济效益←经济效益	1.032	0.118	8.768	***		√

注：*** 表示 $p<0.001$。

（2）结果分析。在内生潜变量中，“环境变量”对“技术融合”的影响最大，其标准化路径系数为0.87，C. R. 值为4.9，该路径系数在 $p<0.001$ 的水平上正向显著，即 H5－1a 成立；“环境变量”对“业务整合”的标准化路径系数为0.68，C. R. 值为 3.908，该路径系数在 $p<0.001$ 的水平上正向显著，即 H5－1b 成立；“环境变量”对“市场互动”的标准化路径系数为0.41，C. R. 值

为2.407，该路径系数在 $p<0.05$ 的水平上正向显著，即假设 H5－1c 成立。这表明，重庆市新能源汽车产业中基础设施建设、政策调控、市场化水平、资源要素构成的环境变量是新能源汽车与生产性服务业融合的重要基础。在技术创新端，环境变量支持了重庆市新能源汽车共性技术与核心技术的创新，是产业技术持续的创新动力，如长安的 L4 级自动驾驶新能源汽车，实现了智能化、电动化、新能源化合共享化“四化融合”，成为2018 年度中国最新的十大黑科技之一。在业务整合方面，环境变量督促了重庆市新能源车企的优化组织结构，促进了新的商业模式的创新，培养了区域范围内的经济热度，如快充式电动公交车就是由重庆普及开来的。在市场互动方面，环境变量促进新能源汽车产业分工更细、专业化更高，增强了与市场之间的互动。

“技术融合”对“经济效益”的标准化路径系数为0.78，C.R. 值为7.122，该路径系数在 $p<0.001$ 的水平上正向显著，即技术融合对促进经济效益有正向影响作用，H5－2 成立。这表明，技术融合是增进新能源汽车产业实现创新扩散的重要因素，有助于新能源汽车产业盈利，其中劳动资本的输入是技术融合发挥效用的重要因素。“业务整合”对“市场互动”的标准化路径系数为0.55，C.R. 值为3.603，该路径系数在 $p<0.001$ 的水平上正向显著，即业务整合对促进市场互动有正向影响作用，H5－3 成立。这表明，微观视角下新能源汽车产业供应链与消费市场的互动对产业融合的重要性，这也对新能源汽车的供应链管理提出了新的要求，需要提高其柔性与效应速度。“经济效益”与“市场互动”对“产业融合”的标准化路径系数分别为0.26 和0.76（$p<0.05$），对应在 $p=0.05$ 与 $p=0.001$ 水平上显著相关，H5－4、H5－5 均成立。这意味着，消费市场与市场盈利对新能源汽车产业融合的重要性，而经济效益对产业融合弱的路径系数表明当前新能源汽车产业市场难以盈利的困局，在一定程度上制约了产业融合的发展。

此外，核心技术（$\alpha_{21}=0.82$）、共性技术（$\alpha_{22}=0.80$）、技术创新度（$\alpha_{23}=0.84$）、基础设施（$\alpha_{11}=0.47$）、政策调控（$\alpha_{12}=0.40$）、市场化水平（$\alpha_{13}=0.64$）、资源要素（$\alpha_{14}=0.56$）、流程融合（$\alpha_{31}=0.66$）、范围经济热度（$\alpha_{32}=0.81$）、商业模式创新（$\alpha_{33}=0.77$）、劳动资本（$\alpha_{61}=0.90$）、企业经济效益（$\alpha_{62}=0.83$）、产业集聚度（$\alpha_{51}=0.71$）、产业协同度（$\alpha_{52}=0.80$）、产业关联度（$\alpha_{53}=0.80$）、市场需求规模（$\alpha_{41}=0.75$）、企业协同成长（$\alpha_{42}=0.79$）、专业分工（$\alpha_{43}=0.69$）在统计意义上影响显著（$p<0.001$），表明各观察变量对潜变量的测量效果较好。

（3）模型检验效果评价。表5.22 展示了产业融合研究模型整体的拟合优度指标，结果表明该模型的整体拟合度较好，模型的可信度高，观测数据支持本章提出的假设。

表 5.22　　模型拟合优度指数

拟合指标	C_{min}/DF	*GFI*	*AGFI*	*CFI*	*RMSEA*	*NFI*	*IFI*	*TLI*
可接受值	<3.0	>0.9	>0.9	>0.9	<0.10	>0.9	>0.9	>0.9
实际值	2.063	0.930	0.679	0.853	0.097	0.737	0.857	0.912

3. 产业融合状态转移方程

根据结构方程模型路径系数，得到其误差系数项均为 0。18 个外显变量模糊集处理后数据的平均值见表 5.23。

表 5.23　　18 因子均值

因子	C_{11}	C_{12}	C_{13}	C_{14}	C_{21}	C_{22}	C_{23}	C_{31}	C_{32}
均值	0.8046	0.7557	0.7057	0.7702	0.7469	0.7149	0.7627	0.6726	0.6829
因子	C_{33}	C_{41}	C_{42}	C_{43}	C_{51}	C_{52}	C_{53}	C_{61}	C_{62}
均值	0.7123	0.7329	0.7107	0.6382	0.6471	0.7026	0.7368	0.6487	0.6877

根据产业融合度测量原理，可得新能源汽车与生产性服务业产业融合度测算结果及中间变量值见表 5.24。

表 5.24　　产业融合度测算中间变量

D_1	D_2	D_3	D_4	D_5	D_6
1.5198	1.1132	0.9813	1.0484	0.638	0.8215

节点状态下的新能源汽车与生产性服务业产业融合度值为 0.638。结合公式（5.34）和公式（5.35）可得，时变状态下的新能源汽车产业融合度状态转移公式为

$$\eta_2(x+1)=0.008/365\cdot x-0.0009+0.638=0.008/365\cdot x+0.6371 \tag{5.43}$$

4. 新能源汽车创新扩散研究

（1）参数估计。为了探究产业融合度对新能源汽车创新扩散的影响，以 SIR 模型对其建模仿真研究前，需要对日接触率与移出率进行参数估计。《2018 年重庆市国民经济和社会发展统计公报》显示，重庆市私人轿车保有量为 363.16 万辆。由唐会（2016）以及公开资料整理测算，可知 2010—2018 年重庆市新能源

汽车历年年度推广量与保有量，见表5.25。在不考虑产业融合度的状态下，设置新能源汽车扩散的日接触率为 $\lambda_0 = k \cdot x_0(2)/\sum x_0$，其中 k 为有效接触率。鉴于2015年以前，重庆市新能源汽车保有量较少，有较大的系统误差。因此，以2015年为初始参数状态，假设SIR模型的初始参数设置为 $x_0 = [362.38, 0.7831, 0]$，表示易感染群体为362.38万辆，已感染为0.7831万辆，移出节点为0。时间跨度为5475天，即15年。

表5.25　2010—2018年重庆市新能源汽车年度推广量与保有量

年份	2010	2011	2012	2013	2014	2015	2016	2017	2018
年度推广量	20	107	295	540	638	6231	4933	18285	13789
保有量	20	127	422	962	1600	7831	12764	31049	44838

由于重庆市新能源汽车可用有效数据量有限，为了使模型估计准确，本节采用两个规则对模型进行参数估计及模型修正：首先，使用2015—2018年的新能源汽车保有量进行模型参数估计；其次，由于重庆市新能源汽车当前产业发展缓慢，截至2019年末，新能源汽车保有量为6万~8万辆。通过以上规则，逆向拟合得到，有效接触率为 $k = 1/490$，日接触率为 $\lambda_0 = 4.4007\exp(-6)$，日移出率为 $\mu_0 = 0.0004$。2019年重庆市新能源汽车保有量约为6.7823万辆，符合检验准则二，估计有效。其模型参数估计如图5.15所示。

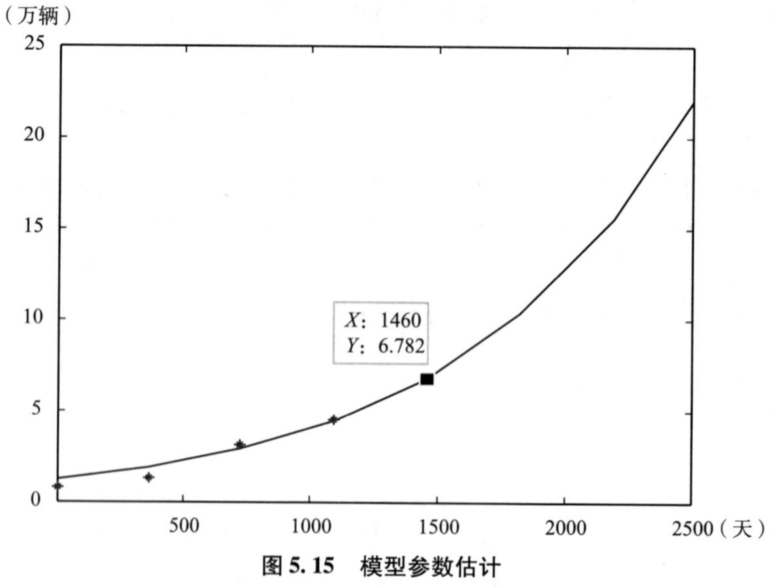

图5.15　模型参数估计

（2）静态产业融合下的新能源汽车创新扩散。静态产业融合度是指在前提假设一段时间内的产业融合度不随时间发生变化，此时设置有效接触率为 $k=1/490$，日接触率为 $\lambda_0=4.4007\exp(-6)$，日移出率为 $\mu_0=0.0004$，以 $x_0=[357.5008, 4.4302, 1.2321]$ 为初始参数，其扩散图如图 5.16 所示。

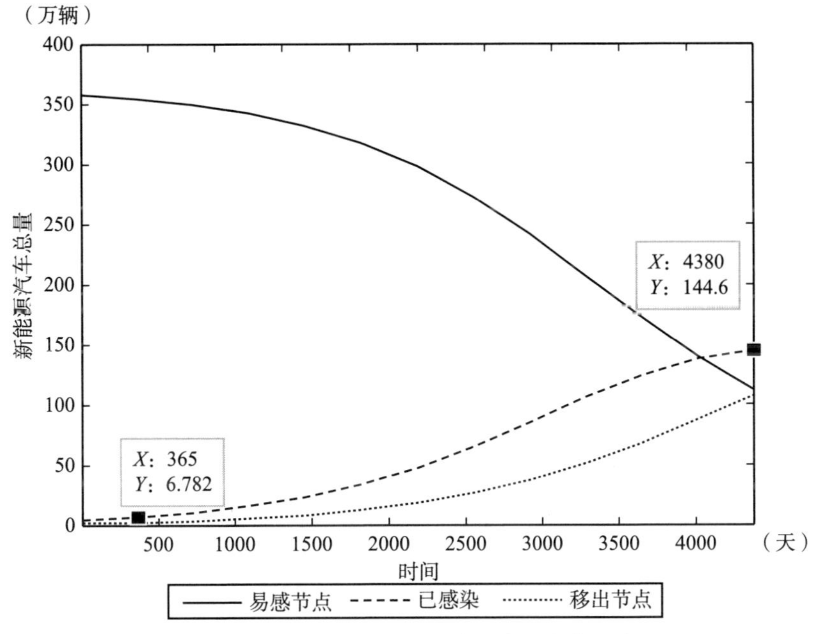

图 5.16　静态产业融合度下的新能源汽车扩散图

仿真结果显示，1 年后重庆市新能源汽车感染量将达到 6.782 万辆，11 年后将达到 144.6 万辆，为私家车保有量的 39.82%。该结果与学界及业界对新能源汽车 11 年后的期许是相一致的。到 2030 年新能源感染受众为 2/3，感染速率先增加后减少，而移出速率却越来越快，这种现象的主要原因是没有考虑移出受众的二次感染所致。

（3）时变产业融合下的新能源汽车创新扩散。产业融合有助于新能源汽车改善技术与市场脱节，为了测量这种影响效用，构建了时变产业融合度下的新能源汽车创新扩散仿真模型。时变产业融合状态转移方程为公式（5.81），日接触率为 $\lambda(x)=\lambda_0[1+\eta(x+1)^m]$，$\mu(x)=\mu_0[1-\eta(x+1)^m]$，其中 m 为产业融合度对接触率、移出率的影响因子。为了确定 m 值，采用敏感性分析 m 对扩散的影响效用，在已感染曲线达到最终平衡前，采用中位数确定其保守值为 8。其敏感分析如图 5.17 所示。

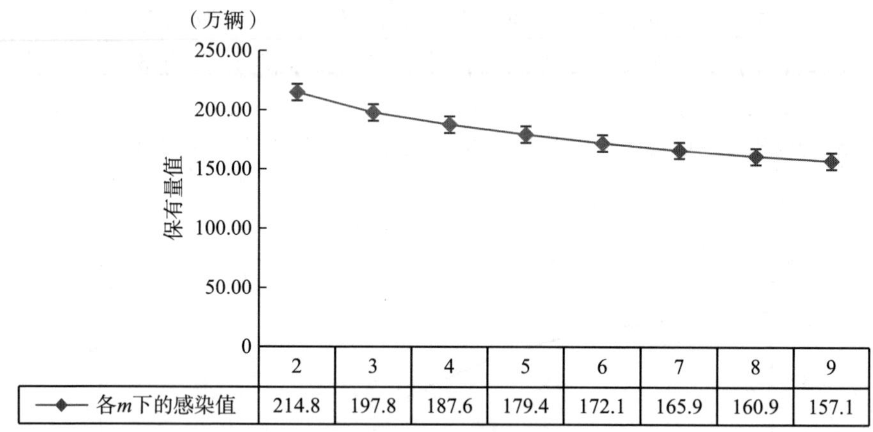

	2	3	4	5	6	7	8	9
各m下的感染值	214.8	197.8	187.6	179.4	172.1	165.9	160.9	157.1

图 5.17 m 值敏感分析图

基于 SIR 扩散模型，仿真得其扩散结果如图 5.18 所示。结果显示，在第 1 年已感染群体为 10.74 万辆，较静态产业融合度下新能源汽车保有量增加 3.958 万辆；10 年后感染群体为 161 万辆，约为重庆市私家汽车保有量的 44.33%，较静态产业融合度下增加 16.4 万辆，提高保有量 4.51%。

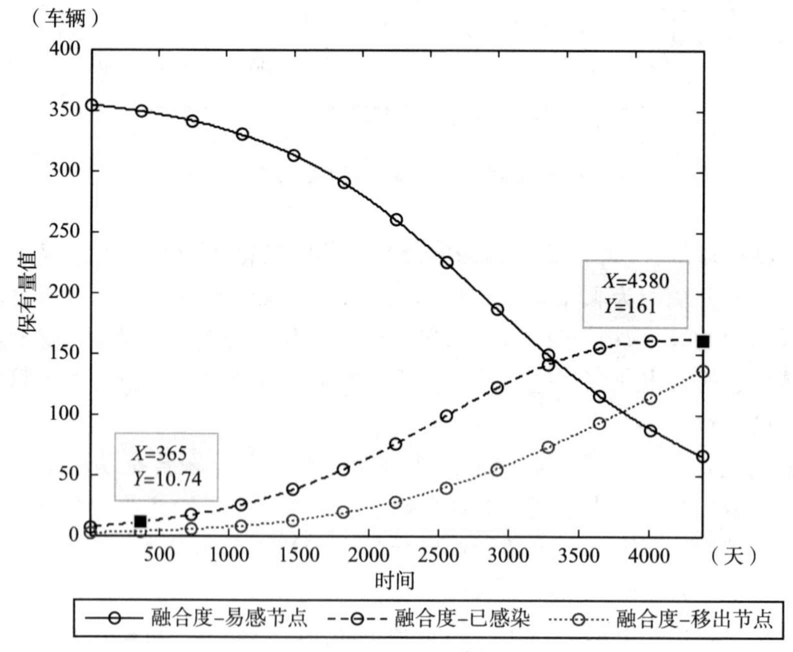

图 5.18 时变产业融合度下的新能源汽车扩散图

（4）对比分析。为了展示产业融合对新能源汽车扩散效用的改善，两种场景下的新能源汽车 S、I、R 扩散对比图，如图 5. 19 ~ 图 5. 21 所示。在新能源汽车产业融合度作用下，新能源汽车技术与业务融合、产品与市场融合越发紧密与成熟，新能源汽车扩散感染速率、接触率、移出率均逐渐增大。由图可知，静态下新能源汽车产业的规模效应大约在 1500 天（约 2022 年）开始产生，而时变状态下其规模效应在 800 天左右（约 2020 年）产生，融合效应的促进作用提前两年开始真正发挥作用。这意味着新能源汽车产业开始真正走出产业发展期初期阶段，进入发展期中后期，即快速发展阶段，产业的规模效应开始发挥作用，这一阶段高接触、高感染、高移出是其显著特征。此外，在模拟时间末端（即 2030 年），考虑产业融合效应有助于新能源汽车扩散效应峰值提前到达。在不考虑二次感染的情况下，促进峰值在 2030 年出现是一个极好的结论，对新能源汽车产业与社会有重大的意义，而这是静态产业融合所达不到的。

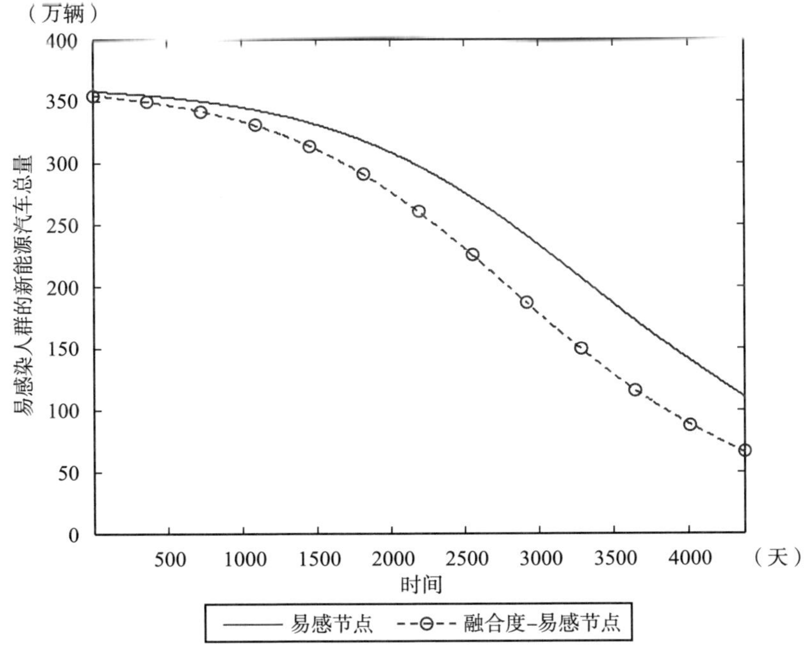

图 5. 19　静态 vs 时变产业融合度 S 扩散对比

（5）社会效益评估。为了评估新能源汽车替代燃油车所带来的潜在社会效益，本书选取国内 C 公司的新能源汽车与汽油驱动的传统燃油车作为参照对象，对比结果见表 5. 26。参照对象满足以下三个设定：该车型既有新能源汽车 EV 版，也有以汽油为动力驱动的燃油版；车辆寿命均为 12 年；每年行驶 10000 公里。其中，空气排放因子指的是新能源汽车没有废气排放，因此新能源汽车没有污染气体产生，传统汽油车则采用中国第六阶段机动车污染物排放标准，简称国 VI。

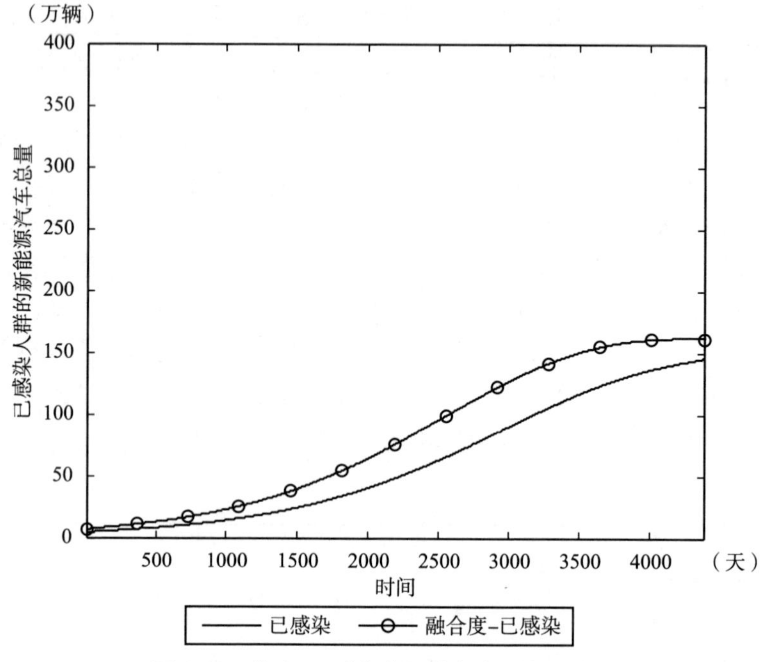

图 5.20　静态 vs 时变产业融合度 I 扩散对比

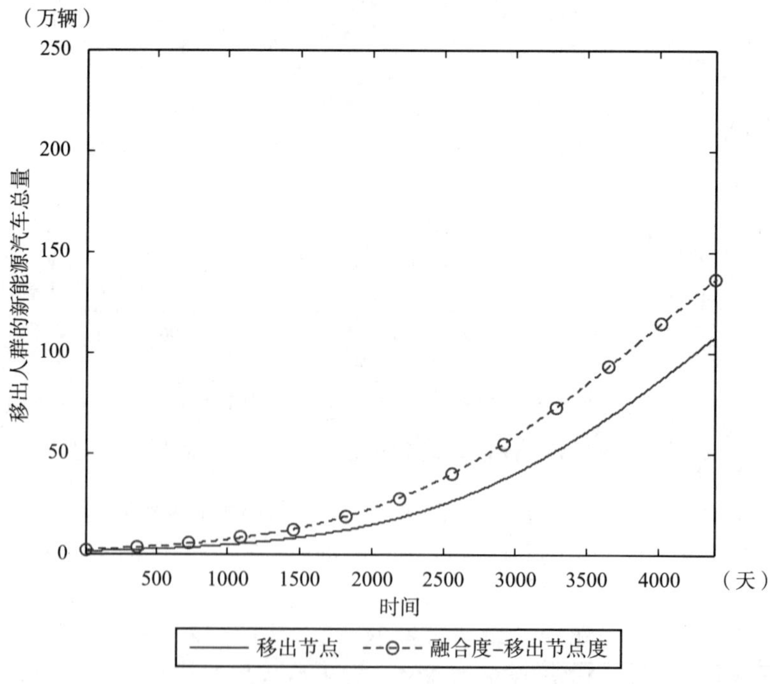

图 5.21　静态 vs 时变产业融合度 R 扩散对比

表 5.26　　　　中国新能源汽车与传统燃油车对比

指标	新能源汽车	汽油驱动的传统汽车
百公里耗能	17.3kWh	10L
能源使用	电力	汽油
能源成本价	0.6￥/kWh	7.2￥/L
环保标准	国 VI	国 VI
空气污染排放因子（g/km）CO	0	0.7
THC	0	0.1
NO_x	0	0.25
CO_2	172.948	1196.4

由表 5.26 知，新能源汽车的能源经济性（单位能量下的公里数）几乎是传统燃油车的 7 倍［10×7.2/(17.3×0.6)］。由此可见，新能源汽车替代燃油车的能源节约效益与其扩散成正相关关系。图 5.22 展示了静态与时变产业融合度下新能源汽车扩散对能源节约的影响。显然，能源节约效益与其扩散趋势很相似，在 2022 年后大规模节能效应开始出现。与传统燃油车相比，到 2030 年考虑产业融合有助于节省 91.11 万升汽油，但电能耗用将激增到 184.18 万度，能源经济性节省 545.484 万元；而静态产业融合度下的新能源汽车扩散则有助于节省汽油 68.66 万升，电能耗用是 181.35 万度，能源经济性节省 384.54 万元。因此，总的来说，新能源汽车的推广不仅有助于能源的节约，减少对石油燃料的依赖，而电能的能源经济性也比汽油燃料的更高。此外，产业融合的介入会放大这种效应，节能更多。

为了实现城市发展的可持续，建设宜居城市，新能源汽车的扩散有助于替代传统燃油车，更快更好地实现城市的绿色发展。在环境效益方面，本节主要考虑新能源汽车扩散对二氧化碳（CO_2）、一氧化碳（CO）、碳氢化合物（THC）与氮氧化物（NO_x）减少的影响来评估其带来的环境社会效益。值得注意的是，在 CO_2 测算中，本章采用了我国碳排放交易平台推荐的转化算法，即 1kWh 产生 0.997 克 CO_2，该数据比黄等（Huang et al.，2018）的 1kWh 产生 0.521 克 CO_2 的数值要高，其主要原因是我国大陆电力供应 83.2% 来源于火力发电。如图 5.23 所示，本节计算了新能源汽车电力消耗产生的 CO_2 与同样条件下燃油车使用所产生的 CO_2，结果表明即使新能源汽车使用的电力来源于煤炭等石油能源的供应，新能源汽车对于传统燃油汽车的替代仍会降低其 CO_2 的排放。到 2030 年，在不考虑产业融合的场景下新能源汽车扩散会减少 14.799 吨 CO_2 排放，而在考虑产业融合的场景下新能源汽车扩散会减少 16.4723 吨 CO_2，降低 CO_2 排放量 11.31%。

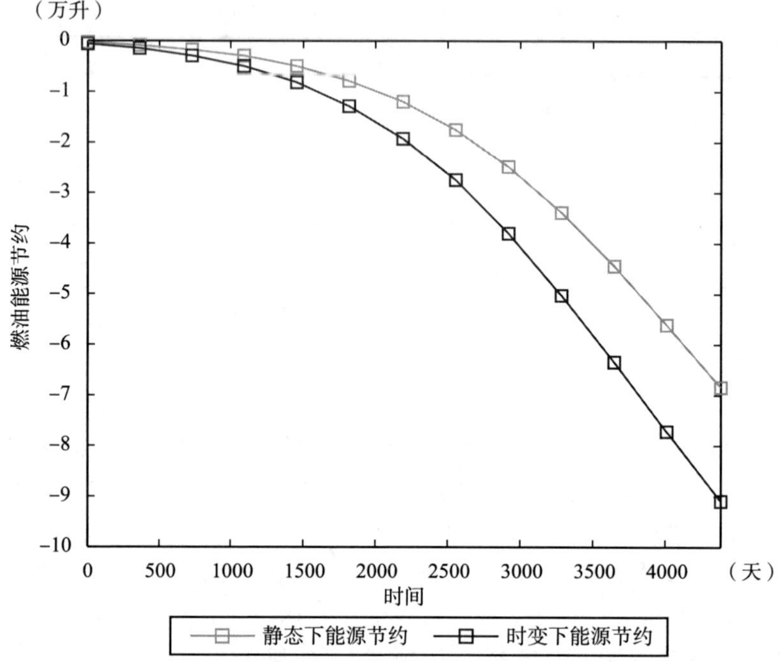

图 5.22　静态与时变产业融合度下的新能源汽车扩散对能源节约的影响

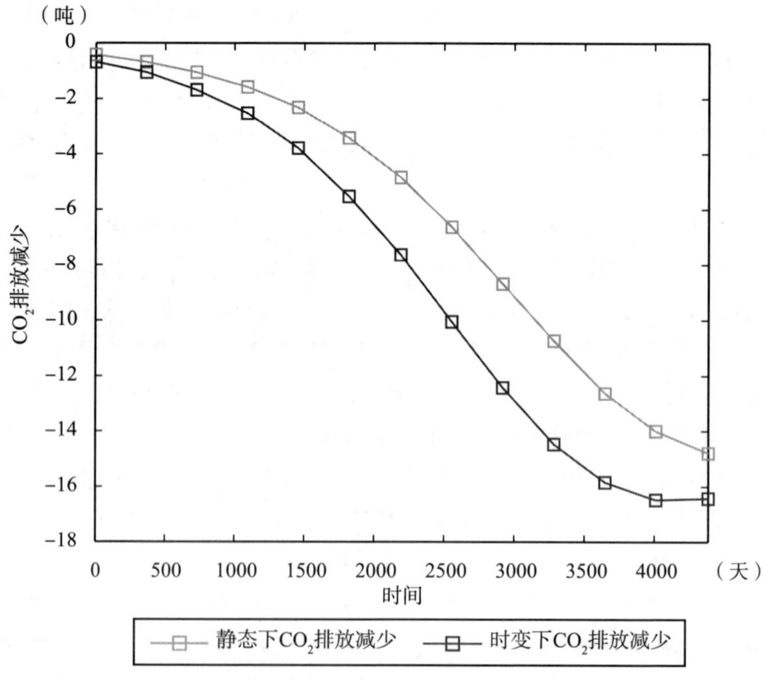

图 5.23　静态与时变产业融合度下新能源汽车扩散对二氧化碳排放减少的影响

新能源汽车的扩散也有助于空气污染的减少。为了评估这种影响，本节采用国家第六阶段机动车污染物排放标准作为参考标准，即 CO 排放标准为 0.7g/km、THC 排放标准为 0.1g/km、NOx 排放标准为 0.25g/km，而这一标准对于轻型乘用车将于 2020 年执行，其排放标准较国 V 提高了近 1/3。如图 5.24 所示，新能源汽车对传统汽车的替代在空气污染方面的降低有显著的影响，新能源汽车扩散的越多其环保效应越明显，其中尤以 CO 与 NOx 减少最为明显。截至 2030 年，CO 排放减少 0.0745 吨，较静态环保率提高 32.56%；NOx 排放减少 0.0266 吨，较静态环保率提高 32.34%；THC 排放减少 0.0106 吨，较静态环保率提高 32.5%。

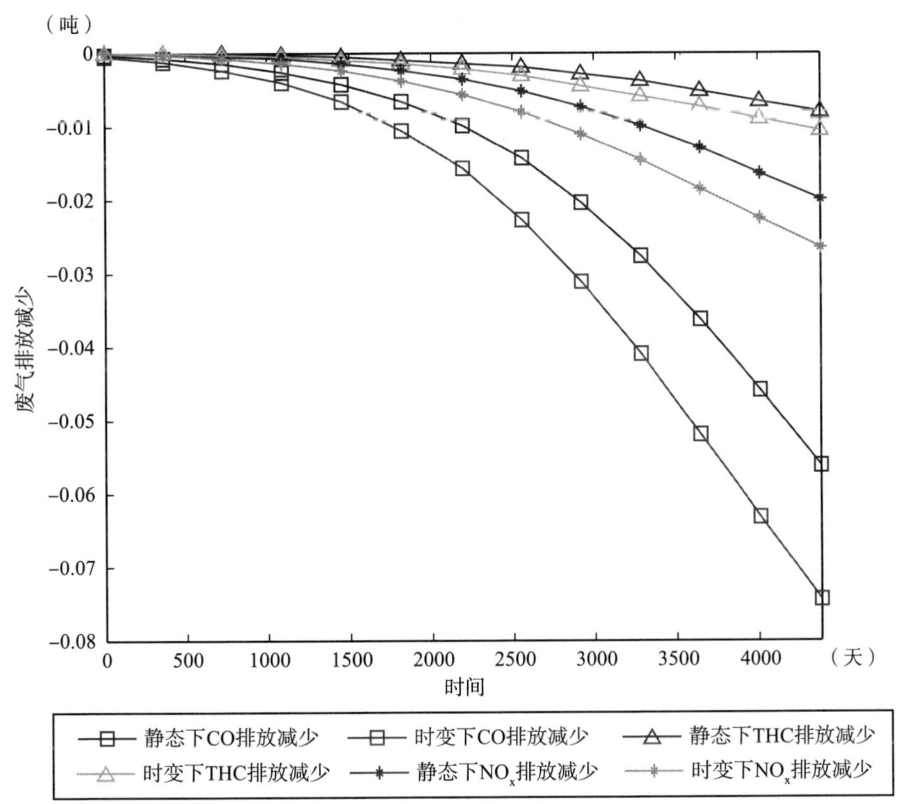

图 5.24　静态与时变产业融合度下新能源汽车扩散对于废气排放减少的影响

5. 管理建议

对政府来说，首先，由结构方程模型可知，环境变量作为整个模型的基础变量间接影响了产业融合。这表明，新能源汽车与生产性服务业实现融合所需的基础设施、政策调控、市场化水平、资源要素至关重要。政府应该发挥宏观调控作用，不仅要保障新能源汽车生产方面的供给，而且要关注消费者使用体验，创造良好的市场环境氛围，如完善基础设施布局、政策引导消费者购买、激励企业研发更多的创新型技术以及围绕新能源汽车的金融、保险、物流相关的商业模式，提升消费者体验。

其次，由本章的SIR扩散模型结果可知，与忽略生产性服务业的潜在促进作用相比，考虑产业融合度能有效提升新能源汽车的保有量，促进新能源汽车消费浪潮提前到来。此外，新能源汽车的扩散对能源节省、环保效益均有很好的促进作用，证明了新能源汽车作为一项绿色技术的潜在优势。因此，政府应坚定信心推广新能源汽车，同时关注生产性服务业对于新能源汽车产业升级、价值链延伸的巨大推动作用，宏观引导企业改变新能源汽车发展对传统汽车发展路径的巨大依赖作用。

对企业来说，首先，由结构方程模型可知，技术融合、业务整合、经济效益、市场互动对新能源汽车与生产性服务业的产业融合均有影响，且与环境变量有强相关关系。这表明，新能源车企应该关注大环境对于企业技术研发与业务整合的支撑作用，把握机遇实现更多的融合技术研发，占领新能源汽车技术领域的制高点，同时围绕消费者打造更多的业务模式及商业模式，实现技术与业务的协同作用，为企业谋求更多的经济效益。此外，企业也应该关注人才的引进机制，关注技术人才的薪资待遇，为企业的长远发展积累技术资本。

其次，由本章的SIR扩散模型结果可知，新能源汽车在碳排放及环保效益方面有着显著的影响作用。新能源汽车应该关注碳经济方面的潜在收益，如双积分政策带来的碳交易、围绕消费者使用新能源汽车带来的环保效益构建相关的商业模式来扩大自身车企的影响、政府对碳减排的扶持政策项目等。

第6章　新能源汽车动力电池回收模式设计与机制分析*

随着我国新能源汽车市场渗透率逐年提升，动力电池退役渐成规模。动力电池处置不当造成环境污染和资源浪费，因此做好动力电池的回收利用刻不容缓。尽管国内电池回收产业受到政策和市场的双重助推，但电池回收处理体系仍待完善，突出表现为正规回收渠道不畅，电池回收率和再生利用率较低。为此，本书采用理论研究挖掘影响动力电池回收的关键因素，基于关键因素构建“政府—回收处理商—消费者”三方演化博弈模型，借助模型分析、实证研究分析动力电池回收策略。

通过文献研究与专家访谈，从政府、企业和消费者三个维度出发，识别并筛选动力电池回收的影响因素。运用模糊 G1 – ISM 法分析动力电池回收的影响因素以及各因素间的影响关系，确定政府补贴、监管和企业技术水平是动力电池回收的关键影响因素，丰富了在动力电池回收领域的关键影响因素识别方法。

考虑回收处理商技术投资，构建“政府—回收处理商—消费者”三方演化博弈模型，拓展动力电池演化博弈主体策略的研究范围。从政府、回收处理商和消费者收益角度出发，分析不同情景下的三方策略演化路径，求解得到 8 种演化均衡解，并用 MATLAB 进行数值仿真，验证模型的有效性。

对深圳市动力电池回收体系进行实证研究，基于深圳市动力电池回收现状，对模型进行赋值与仿真，发现政府不补贴，消费者不积极参与回收。为促进动力电池的回收，探讨政府有无补贴时，不同参数变化对政府、回收处理商和消费者策略演化的影响。当政府暂无补贴时，回收处理商的投资成本与收益增加率对回收处理商的策略影响较大，增大消费者收益对消费者回收意愿有正向作用；当政府进行补贴时，政府补贴金额对回收处理商和消费者的决策影响较大，政府额外收益、补贴金额与额外管理成本均影响政府的演化均衡策略。从促进动力电池循环利用出发，提出政府加大技术补贴、回收处理商合理投资和消费者树立环保理念等建议。

---

* 本章主要来自《汽车退役电池回收决策与网络构建研究》《基于演化博弈的动力电池回收策略研究》。

6.1 动力电池影响因素与退役电池回收模式的分析

6.1.1 动力电池回收的影响因素识别与筛选

1. 动力电池回收的影响因素识别

通过文献分析法对影响动力电池回收的影响因素进行识别，共检索到以“动力电池回收影响因素”“动力电池逆向供应链影响因素”“动力电池闭环供应链影响因素”为主题的文献84篇，并从中筛选出54篇有效参考文献。由于动力电池回收领域研究影响因素的可参考文献较少，所以参考部分逆向供应链和闭环供应链的文献来选取指标。

为区别不同主体的影响因素，从政府、回收企业和消费者三个层面筛选出动力电池回收过程的影响因素，见表6.1。

表6.1　动力电池回收的影响因素识别

主体	影响因素	含义	支撑文献
政府	财政补贴	政府对回收主体的资金支持	Huaying Gu et al.，2017；Huihui Liu et al.，2016；Yihui Tian et al.，2014；刘娟娟和马俊龙，2021
	监管机制	政府对回收处理动力电池企业的监管	李欣和穆东，2018；栾常锦，2020；孙嘉楠和肖忠东，2018；徐建中和陆军，2011
	法律操作性	政府出台政策后的可实施操作性	彭频等，2020
回收企业	技术水平	企业处理退役电池的技术能力	彭频等，2020；尤建新等，2014；赵世佳等，2018；朱国才，2018
	企业战略	企业对动力电池回收的管理策略和指导方案	侯兵等，2014；宋丹丹，2016；孙嘉楠和肖忠东，2018
	管理能力	企业对回收动力电池的协调管理能力	侯兵等，2014；彭频等，2020；宋丹丹，2016
	回收网络	回收网络的完备性决定回收的难易度	韩宁，2019；朱凌云和陈铭，2019
	回收渠道	线上、线下渠道影响回收动力电池的数量	I－Hsuan Hong & Jun－Sheng Yeh，2012；Xianpei Hong et al.，2015；Yanyan Tang et al.，2018；尤建新等，2014
	回收价格	回收价格决定消费者参与回收的积极性	冯立攀，2015；景熠等，2018；朱国才，2018
	回收竞争	非正规回收渠道对回收产生影响	付小勇等，2012；彭频等，2020；姚锋敏和滕春贤，2017
	回收合作	企业合作回收影响回收动力电池的数量	贡文伟，2010；彭频等，2020；王娟，2010

续表

主体	影响因素	含义	支撑文献
回收企业	合作风险	指合作企业的能力、利益分配等	蔡世龙，2012；魏晴晴和黄祖庆，2019；易海燕，2007
	逆向风险	指回收机制、正逆向的顺利对接等	蔡世龙，2012；魏晴晴和黄祖庆，2019；易海燕，2007
	低碳行为	企业参与回收工作的积极性	王建华等，2020；杨东红等，2012
消费者	回收态度	影响消费者参与回收的积极性	Zugang Liu et al.，2011；胡永琼，2018；梁晓萍，2014
	消费者偏好	消费者对于回收渠道、回收价格等的偏好	Yuan Shao et al.，2018；张艳丽，2017
	低碳意识	消费者对回收分类等环保知识的了解	Zhaohua Wang et al.，2011；Jenni Ylä - Mella et al.，2015；彭频等，2020；许庆春和陈义华，2011

2. 动力电池回收的影响因素筛选

基于文献研究识别得到的影响因素，选择来自科研院校和企业的相关专家作为调查对象，分析影响动力电池回收的因素。根据问卷调查结果，法律操作性的同意比例仅为36%，且法律操作性对于研究动力电池回收的实操性较弱，暂不纳入考虑。企业战略决定着企业的低碳行为，故合并为企业战略进行研究；回收渠道与回收网络均属于回收模式，所以合并为回收模式。同时合作风险、逆向风险与回收竞争均可归属于回收风险，所以将三个因素合并为回收风险。结合以上调查结果，筛选得到影响动力电池回收的指标体系，见表 6.2。

表 6.2　影响动力电池回收的指标体系

主体	影响因素	含义
政府	财政补贴 S_1	政府对回收主体的资金支持
	监管机制 S_2	政府对回收处理动力电池的监管
回收企业	回收价格 S_3	回收价格决定消费者参与回收的积极性
	回收风险 S_4	包含合作企业能力、竞争对手对回收等影响
	管理能力 S_5	企业对回收动力电池的协调管理策略与能力
	回收模式 S_6	回收渠道、方式等对电池回收数量有影响
	技术水平 S_7	技术决定退役电池的处理效率和再生利用率
	企业战略 S_8	企业对动力电池回收的管理策略和指导方案
消费者	回收态度 S_9	影响消费者参与回收的积极性
	消费者偏好 S_{10}	如渠道偏好、价格偏好等

基于筛选得到的指标体系设计专家打分表，邀请来自三个公司的专家对影响

动力电池回收的指标进行打分。专家的研究领域有动力电池节能与新能源汽车核心技术研发、系统集成设计、电驱动系统零部件制造和动力电池系统管理等，能够保证数据的可靠性。表6.3为各专家给出的分数均值。

表6.3　影响动力电池回收的各指标影响程度

S_{ij}	S_1	S_2	S_3	S_4	S_5	S_6	S_7	S_8	S_9	S_{10}
S_1	1	0.18	0.54	0.49	0.57	0.34	0.13	0.31	0.5	0.29
S_2	0.13	1	0.51	0.64	0.6	0.33	0.14	0.29	0.21	0.17
S_3	0.11	0.14	1	0.64	0.45	0.37	0.11	0.38	0.64	0.57
S_4	0.13	0.16	0.73	1	0.39	0.56	0.13	0.33	0.13	0.49
S_5	0.11	0.11	0.27	0.26	1	0.39	0.13	0.34	0.13	0.14
S_6	0.13	0.11	0.27	0.37	0.24	1	0.11	0.44	0.11	0.26
S_7	0.11	0.1	0.41	0.34	0.44	0.47	1	0.27	0.63	0.26
S_8	0.1	0.1	0.33	0.31	0.27	0.41	0.13	1	0.13	0.14
S_9	0.14	0.11	0.71	0.43	0.23	0.39	0.11	0.31	1	0.51
S_{10}	0.11	0.11	0.34	0.51	0.49	0.37	0.11	0.29	0.29	1

注：i代表行指标，j代表列指标，S_{ij}表示第i个行因素对第j个列因素的影响程度。

6.1.2　动力电池回收影响因素的模糊G1－ISM分析

1. 模糊G1－ISM结构模型的框架

传统ISM可以简化复杂系统中的联系，并将因素的影响结果结构化和可视化，但它只能表达出元素之间的直接影响关系，即有影响和无影响，而没有考虑元素之间的影响强弱度。在实际问题中，系统中各要素之间存在强相关性和弱相关性，仅通过有无影响关系来确定关键因素可能会造成偏差。此外，判断影响因素的相关性本身就存在主观性，也对分析结果产生一定影响。基于此，在ISM的基础上引入了模糊理论与序关系分析法，旨在减少主观性，保证分析结果的准确性和合理性。

模糊G1－ISM方法论框架为根据文献综述法和专家访谈法确定动力电池回收利用的影响因素，邀请科研院校和企业的相关专家给出评分。基于模糊G1法确定各因素的相对重要度、权重系数和协作相关度，进而建立判断矩阵。运用解释结构模型，确定区分强弱相关性的阈值，基于判断矩阵建立邻接矩阵，进而得到可达矩阵。最后基于可达矩阵划分出动力电池回收影响因素层次结构。具体操作流程如图6.1所示。

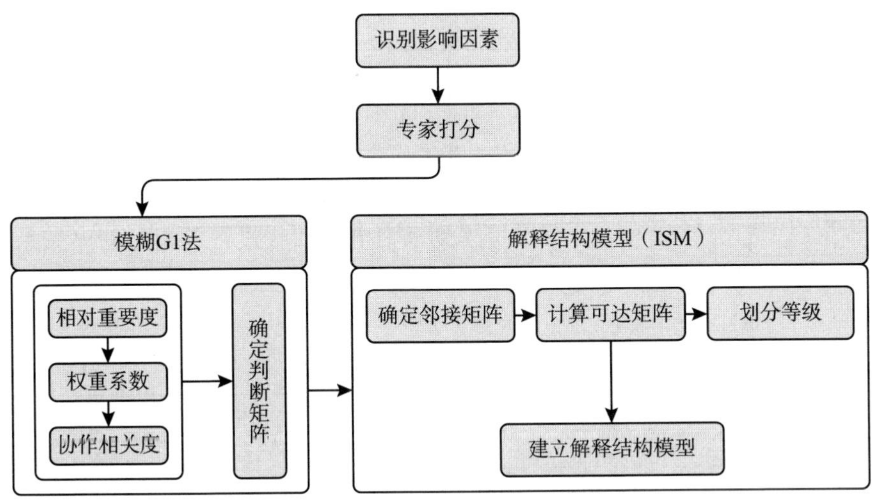

图 6.1　模糊 G1－ISM 方法论框架

2. 模糊序关系分析法

（1）模糊 G1 法。

第一步，确定序关系与相对重要度。

将影响动力电池回收的因素看作一个系统，含有 $\{S_1, S_2, \cdots, S_n\}$（$n=10$）共 10 个不同的指标集合，以指标 S_1、S_2、S_3、S_4 例，假设 S_2、S_3 和假设 S_4 对 S_1 的影响度分别为 $S_2>S_4>S_3$，则序关系为 $S_2>S_4>S_3$。由此如果指标集 $\{S_1, S_2, \cdots, S_n\}$ 具有 $S_1^*>S_2^*>\cdots>S_n^*$ 的关系，即指标集依据影响度的大小确立了序关系。

相对重要度 γ_t 表示相邻指标间的重要程度之比，计算公式为

$$\gamma=\frac{\omega_{t-1}}{\omega_t} \quad t=2, 3, \cdots, n \tag{6.1}$$

其中，ω_t 为序关系中第 t 个指标的权重。

根据序关系确定相对重要度 γ，γ 的赋值参考表 6.4。

表 6.4　相对重要度的取值标准

γ	指标 S_t 与 S_{t-1} 的重要程度之比
1	S_t 与 S_{t-1} 同等重要
1.2	S_{t-1} 比 S_t 稍微重要
1.4	S_{t-1} 比 S_t 相对重要
1.6	S_{t-1} 比 S_t 明显重要

续表

γ	指标 S_t 与 S_{t-1} 的重要程度之比
1.8	S_{t-1} 比 S_t 非常重要
1.1，1.3，1.5，1.7	对应于中间情况

根据以上打分结果和打分标准可得到动力电池回收过程各指标的序关系以及相对重要度，见表6.5。

表6.5　各指标序关系以及相对重要度

指标	序关系与相对重要度 γ								
S_1	S_5	S_3	S_9	S_4	S_6	S_8	S_{10}	S_2	S_7
γ		1.2	1.2	1.4	1.2	1.2	1.1	1.2	1.3
S_2	S_4	S_5	S_3	S_6	S_8	S_9	S_{10}	S_7	S_1
γ		1.1	1.2	1.4	1.1	1.2	1.1	1.1	1.1
S_3	S_4	S_9	S_{10}	S_5	S_8	S_6	S_2	S_1	S_7
γ		1	1.2	1.3	1.2	1.1	1.5	1.1	1
S_4	S_3	S_6	S_{10}	S_5	S_8	S_2	S_9	S_1	S_7
γ		1.4	1.2	1.2	1.2	1.4	1.1	1.1	1
S_5	S_6	S_8	S_3	S_4	S_{10}	S_7	S_9	S_1	S_2
γ		1.2	1.2	1.1	1.3	1.1	1	1.1	1
S_6	S_8	S_4	S_3	S_{10}	S_5	S_1	S_2	S_7	S_9
γ		1.1	1.3	1.1	1.1	1.2	1.1	1	1
S_7	S_9	S_6	S_5	S_3	S_4	S_8	S_{10}	S_1	S_2
γ		1.3	1.1	1.1	1.1	1.3	1.1	1.4	1.1
S_8	S_6	S_3	S_4	S_5	S_{10}	S_7	S_9	S_1	S_2
γ		1.2	1.1	1.1	1.3	1.1	1	1.1	1
S_9	S_3	S_{10}	S_4	S_6	S_8	S_5	S_1	S_2	S_7
γ		1.5	1.2	1.1	1.2	1.2	1.2	1.1	1
S_{10}	S_4	S_5	S_6	S_3	S_9	S_8	S_1	S_2	S_7
γ		1.1	1.2	1.1	1.2	1.1	1.5	1	1

第二步，计算权重系数。

根据相对重要度 γ，计算得出动力电池回收过程各指标的权重大小计算公式为

$$w_n = [1 + \sum_{k=2}^{n} \prod_{i=k}^{n} \gamma_i]^{-1} \tag{6.2}$$

$$w_{t-1} = \gamma_t w_t \quad t = n, \cdots, 3, 2 \tag{6.3}$$

由表6.5可得到动力电池回收过程各指标的权重系数，见表6.6。

表6.6　　各指标权重系数

w_t	S_1	S_2	S_3	S_4	S_5	S_6	S_7	S_8	S_9	S_{10}
S_1	0	0.169	0.053	0.089	0.044	0.107	0.219	0.128	0.063	0.141
S_2	0.195	0	0.079	0.060	0.066	0.111	0.177	0.122	0.146	0.161
S_3	0.185	0.168	0	0.054	0.085	0.112	0.185	0.102	0.054	0.065
S_4	0.234	0.194	0.057	0	0.115	0.080	0.234	0.138	0.213	0.096
S_5	0.156	0.156	0.090	0.099	0	0.075	0.142	0.075	0.142	0.129
S_6	0.162	0.178	0.111	0.086	0.135	0	0.178	0.078	0.178	0.123
S_7	0.179	0.197	0.081	0.089	0.074	0.067	0	0.116	0.052	0.128
S_8	0.177	0.177	0.093	0.102	0.113	0.078	0.161	0	0.161	0.146
S_9	0.229	0.231	0.067	0.120	0.190	0.132	0.231	0.159	0	0.100
S_{10}	0.180	0.180	0.091	0.063	0.069	0.083	0.180	0.120	0.109	0

第三步，计算综合相关度。

综合相关度 CD 指在考虑重要性排序的情况下，一个指标对其他指标的最终影响，计算公式为

$$CD = (S_{ij} w_t)^{1/2} \tag{6.4}$$

根据表6.3和表6.6可计算得到动力电池回收过程中各指标的综合相关度，见表6.7，其中，CD_{ij}指综合相关度矩阵中第 i 行和第 j 列的元素。

表6.7　　各指标的综合相关度

CD_{ij}	S_1	S_2	S_3	S_4	S_5	S_6	S_7	S_8	S_9	S_{10}
S_1	0	0.179	0.169	0.209	0.158	0.190	0.169	0.199	0.178	0.202
S_2	0.159	0	0.201	0.196	0.199	0.191	0.158	0.188	0.175	0.166
S_3	0.143	0.153	0	0.187	0.195	0.204	0.143	0.197	0.187	0.193
S_4	0.174	0.176	0.204	0	0.212	0.212	0.174	0.214	0.185	0.217
S_5	0.131	0.131	0.156	0.161	0	0.171	0.136	0.160	0.136	0.134
S_6	0.145	0.140	0.173	0.178	0.180	0	0.140	0.185	0.140	0.179
S_7	0.140	0.140	0.182	0.174	0.180	0.178	0	0.177	0.180	0.182
S_8	0.133	0.133	0.175	0.178	0.174	0.178	0.145	0	0.145	0.143
S_9	0.179	0.160	0.218	0.227	0.209	0.227	0.160	0.222	0	0.226
S_{10}	0.141	0.141	0.176	0.179	0.184	0.174	0.141	0.186	0.178	0

（2）确定判断矩阵。由于综合相关度中的 S_{ij} 和 ω_t 数量级上有很大的差异，为消除量纲影响，现对数据进行归一化处理。由此获得判断矩阵 **P**。

$$\boldsymbol{P}=(p_{ij})_{n\times n}=\frac{cd_{ij}-\min cd_{ij}}{\max cd_{ij}-\min cd_{ij}} \tag{6.5}$$

其中，P_{ij}是指判断矩阵中第 i 行、第 j 列的元素，CD_{ij} 指综合相关度矩阵中第 i 行、第 j 列的元素。由表 6.7 的数据计算得到影响动力电池回收因素的判断矩阵 **P**，见表 6.8。

表 6.8　判断矩阵

P	S_1	S_2	S_3	S_4	S_5	S_6	S_7	S_8	S_9	S_{10}
S_1	1	0.498	0.393	0.805	0.284	0.615	0.392	0.706	0.488	0.736
S_2	0.292	1	0.727	0.674	0.706	0.626	0.274	0.592	0.460	0.357
S_3	0.120	0.232	1	0.577	0.669	0.754	0.120	0.682	0.577	0.642
S_4	0.450	0.466	0.760	1	0.840	0.837	0.450	0.857	0.555	0.891
S_5	0.000	0.000	0.260	0.308	1	0.418	0.050	0.300	0.050	0.035
S_6	0.145	0.091	0.440	0.488	0.507	1	0.091	0.562	0.091	0.493
S_7	0.095	0.095	0.534	0.448	0.510	0.483	1	0.478	0.512	0.531
S_8	0.020	0.020	0.458	0.488	0.449	0.490	0.140	1	0.140	0.125
S_9	0.496	0.295	0.900	1.000	0.812	0.997	0.295	0.942	1	0.986
S_{10}	0.098	0.098	0.463	0.493	0.545	0.453	0.098	0.574	0.484	1

（3）解释结构模型 ISM。基于模糊 G1 法得到影响动力电池回收的指标体系的判断矩阵，基于判断矩阵即可运用解释结构模型来分析影响动力电池回收的关键影响因素。

第一步，确定邻接矩阵。

本书构建的动力电池回收影响因素集合中含有 $\{S_1, S_2, \cdots, S_n\}$ $(n=10)$ 10 个不同的指标，可构建 10×10 的邻接矩阵 $\boldsymbol{A}=[a_{ij}]$ 10×10。邻接矩阵中，两个指标间的关系为相关（$a_{ij}=1$）和不相关（$a_{ij}=0$）。

$$\boldsymbol{A}=(a_{ij})_{n\times n}=\begin{cases}a_{ij}=1 & p_{ij}\geqslant\lambda\\ a_{ij}=0 & p_{ij}<\lambda\end{cases} \tag{6.6}$$

为了明确指标之间的相互影响程度是否存在相关关系，需要引入阈值 λ 来设置边界。参考相关文献，本书将阈值 λ 设为 0.5。若两指标的 $P_{ij}<0.5$，则两指标的相关度为 0。由此得到表 6.9 所示的邻接矩阵 **A**。

表 6.9　邻接矩阵

A	S_1	S_2	S_3	S_4	S_5	S_6	S_7	S_8	S_9	S_{10}
S_1	1	0	0	1	0	1	0	1	0	1
S_2	0	1	1	1	1	1	0	1	0	0
S_3	0	0	1	1	1	1	0	1	1	1
S_4	0	0	1	1	1	1	0	1	1	1
S_5	0	0	0	0	1	0	0	0	0	0
S_6	0	0	0	0	1	1	0	1	0	0
S_7	0	0	1	0	0	0	1	0	1	1
S_8	0	0	0	0	0	0	0	1	0	0
S_9	0	0	1	1	1	1	0	1	1	1
S_{10}	0	0	0	0	1	0	0	1	0	1

第二步，计算可达矩阵。

可达矩阵 $\boldsymbol{M}$ 是指标间建立到达的路径，各指标通过一定路径可到达的程度。依据邻接矩阵 $\boldsymbol{A}$，即可得到可达矩阵 $\boldsymbol{M}=[m_{ij}]_{n\times n}$，具体计算公式为

$$\boldsymbol{M}=(\boldsymbol{A}+\boldsymbol{I})^{m+1}=(\boldsymbol{A}+\boldsymbol{I})^{m}\neq(\boldsymbol{A}+\boldsymbol{I})^{m-1} \tag{6.7}$$

$$\boldsymbol{M}=(m_{ij})_{n\times n}=(\boldsymbol{A}+\boldsymbol{I})^{m}=\boldsymbol{I}+\boldsymbol{A}+\boldsymbol{A}^{2}+\cdots+\boldsymbol{A}^{n} \tag{6.8}$$

根据公式（6.6）和公式（6.7）得到可达矩阵 $\boldsymbol{M}$，见表 6.10。

表 6.10　可达矩阵

指标	S_1	S_2	S_3	S_4	S_5	S_6	S_7	S_8	S_9	S_{10}
S_1	1	0	1	1	1	1	0	1	1	1
S_2	0	1	1	1	1	1	0	1	1	1
S_3	0	0	1	1	1	1	0	1	1	1
S_4	0	0	1	1	1	1	0	1	1	1
S_5	0	0	0	0	1	0	0	0	0	0
S_6	0	0	0	0	1	1	0	1	0	0
S_7	0	0	1	1	1	1	1	1	1	1
S_8	0	0	0	0	0	0	0	1	0	0
S_9	0	0	1	1	1	1	0	1	1	1
S_{10}	0	0	0	0	1	0	0	1	0	1

当邻接矩阵转化为可达矩阵时，存在邻接矩阵为“0”，但可达矩阵变为“1”，表明两因素间存在间接关系，如由邻接矩阵可看出技术水平与价格、回收风险和回收态度的值为 0，而在可达矩阵中其均变为 1，说明技术水平对价格、

回收风险和回收态度无直接关系，但通过因素间相互关联后，影响传递后技术水平与回收风险、回收态度等产生间接影响关系。

第三步，划分等级。

依据可达矩阵划分层级，即根据各指标间的可达关系，进而确定各指标间的逻辑关系，确定层级。具体操作如下所示。

①确定各指标的可达集合 $R(S_i)$ 和先行集 $Q(S_i)$。其中可达集 $R(S_i)$ 是要素 S_i 可到达的要素集合；先行集 $Q(S_i)$ 是可到达要素 S_i 的所有要素集合，计算公式为

$$R(S_i) = \{S_j \mid m_{ij} = 1\} \tag{6.9}$$

$$Q(S_i) = \{S_j \mid m_{ji} = 1\} \tag{6.10}$$

②计算共同集 $C(S_i)$，它是可达集和先行集的交集，即

$$C(S_i) = R(S_i) \cap Q(S_i) \tag{6.11}$$

③共同集和可达集一样的指标划分在同一层指标，即满足 $R(S_i) = R(S_i) \cap Q(S_i)$ 的 S_i 归类为一层指标。

④去除上述步骤已划分的指标，重复上述步骤，逐次找到二层、三层，……，N 层级指标。

通过表 6.10 的可达矩阵，得到影响动力电池回收的指标层级划分，结果见表 6.11。

表 6.11　　各指标的可达集与前因集

指标	$R(S_i)$	$Q(S_i)$	$C(S_i)$
S_1	1，4，6，8，9，10	1	1
S_2	2，3，4，5，6，8，9，10	2	2
S_3	3，4，5，6，8，9，10	1，2，3，4，9	3，4，9
S_4	3，4，5，6，8，9，10	1，2，3，4，7，9	3，4，9
S_5	5，6，8，10	1，2，3，4，5，6，9，10	5
S_6	5，6，8	1，2，3，4，6，9，10	6，10
S_7	3，4，5，6，7，8，9，10	7	7
S_8	8	1，2，3，4，6，8，9，10	8
S_9	3，4，5，6，8，9，10	3，4，7，9	3，4，9
S_{10}	5，8，10	1，3，4，6，7，9，10	10

本书采用 Matlab R2018a 软件，根据表 6.11 和可达矩阵中各指标间的影响关系，得到影响动力电池回收的指标层级结构，见表 6.12。

表 6.12　各指标的层次划分结果

层级	指标
第一层	管理能力 S_5，企业战略 S_8
第二层	回收模式 S_6，消费者偏好 S_{10}
第三层	回收价格 S_3，回收风险 S_4，回收态度 S_9
第四层	财政补贴 S_1，政府监管 S_2，技术水平 S_7

第四步，建立解释结构模型。

按照表 6.12 可得出直接因素为管理能力和管理战略，间接因素为回收模式和回收态度、回收风险、价格和消费者偏好，根本因素为政府财政补贴、监管和技术水平。根据表 6.11 的可达集和表 6.12 的层级顺序，用箭头表示各指标的影响关系，由此可绘制出动力电池闭环供应链影响因素的层次结构，如图 6.2 所示。

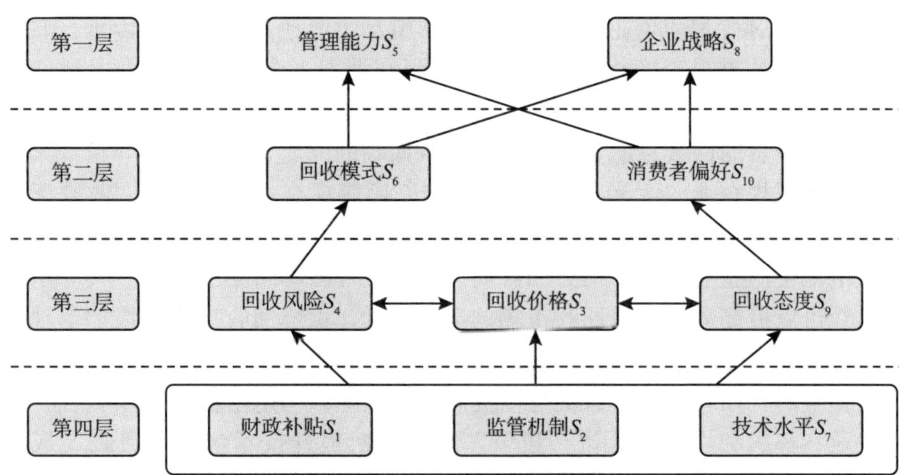

图 6.2　解释结构模型

3. 结果分析与讨论

由图 6.2 得到的结果可知，各影响因素对动力电池回收的作用效果不同，以下分各层进行讨论。

第一层为动力电池回收的直接影响因素，包括企业的企业战略和管理能力。企业在动力电池回收业务方面的管理策略和指导方案决定了企业对回收业务的重视程度，决定了企业能否很好地履行回收责任，在一定程度上能反映企业是否能够实现良性发展。企业的管理能力一方面依靠回收水平，另一方面取决于循环回收技术水平。回收水平主要是受到第二层和第三层的回收渠道、价格和模式、消费者偏好和环保意识影响以及第四层的政府的监管等。循环回收技术水平则需要借助政府的补贴鼓励政策与企业自身的技术投入等。即企业的企业战略和管理能力对动力电池回收的影响是通过下层指标的影响层层传递得到的，与中间层和底层因素协同影响动力电池的回收。

第二层和第三层为动力电池回收的间接影响因素，包括回收风险、回收价格、回收模式和消费者偏好、回收态度。这些因素均是来源于企业层面和消费者层面，也比较容易受到其他因素的影响。例如政府加大对非正规渠道的打击力度，可以降低其对回收市场的干扰，促使回收企业积极进行回收。关注政府的相关政策和规范要求也会督促企业合理尽责开展回收业务。此外，消费者的回收态度和偏好也会对回收企业的积极性产生影响。回收价格决定了企业的回收成本，也直接影响消费者参与回收的主动性。当政府和企业在加大环保宣传的力度时，也会对消费者的回收态度产生一定的影响。

第四层为政府的财政补贴、监管机制和技术水平，是动力电池循环利用的根本因素，即政府行为和企业的技术水平是影响动力电池回收的关键因素。政府对动力电池回收的重视程度将决定回收处理商和消费者参与回收动力电池的积极性。政府的财政补贴和监管对企业、消费者均有影响，在一定程度上会促进企业的回收和消费者的回收意愿。动力电池回收面临的问题，一方面是非正规渠道的竞争，导致正规企业“无米下炊”，回收难以形成规模效应，所以回收缺乏经济性。另一方面是在回收过程中出现责任转移的问题，车企把责任转移给电池生产企业，电池生产企业依赖第三方回收商，会将责任转移给第三方回收商。所以政府的监管可以提高动力电池回收市场的准入门槛，保障回收得到的废旧电池的质量、降低生产成本；同时明确落实回收责任主体，也能有效提高效益。此外，政府制定相应的补贴政策，一方面可以提升回收企业参与电池回收的积极性，鼓励回收企业在梯次利用技术上进行投资，通过不断提升技术水平来突破“成本倒挂”的瓶颈，另一方面对于激发消费者的积极参与回收也有一定的作用效果。对于企业来说，由于前期回收利用技术参差不齐，导致回收效率不高，而且梯次利用技术还未突破难题，所以电池回收利润率很低。因此技术水平的高低是影响动力电池回收效益的关键。因此企业加大回收技术的投入力度，深化动力电池回收产业链的合作，才有可能打破当前困境，提升回收利润。此时政府的补贴政策对推动回收企业的突破技术瓶颈有很强的鼓励作用，这样才能促进动力电池的良性循环利用。

6.1.3 汽车退役电池回收模式分析与决策

传统的逆向物流模式通常有自营、联营与外包模式三种，对于动力电池这种特殊产品，传统模式已无法适用。在生产者责任延伸制下，企业需要根据自身的业务能力与需求、回收价值等多重因素对回收流程进行分析，这些因素相互关联、相互制约。退役电池回收模式与决策研究，是新能源汽车产业可持续发展的基础与重心。

本节详细分析了汽车退役电池回收涉及的回收参与主体与回收路径，并基于传统逆向物流模式与国内相关产业布局现状，总结梳理了三种退役电池的回收模式。并从相关文献中，整理总结出了五类逆向物流影响因素，建立了回收模式的决策指标体系。最后对三种回收模式进行了模糊综合评价与决策。

1. 汽车退役电池回收模式分析

回收参与主体不同，对应的回收流程与处理方式也不同。因此，企业在进行逆向物流布局之前，需要理清回收参与主体间的关系与职责，找到自身的定位，明确具体的回收流程，详细地对回收模式进行分析，以便作出最合适企业自身发展的选择，从而保证有效地回收退役动力电池。

（1）汽车退役电池回收参与主体。动力电池在生产、销售、使用、回收等环节的全生命周期中涉及消费者、企业层面的主体，因此在设计退役动力电池回收模式前，需要结合汽车供应链上下游，对相关参与主体进行分析。

在整个逆向物流过程中许多组织主体都有着各自的作用，这些主体之间的业务关系如图 6. 3 所示。

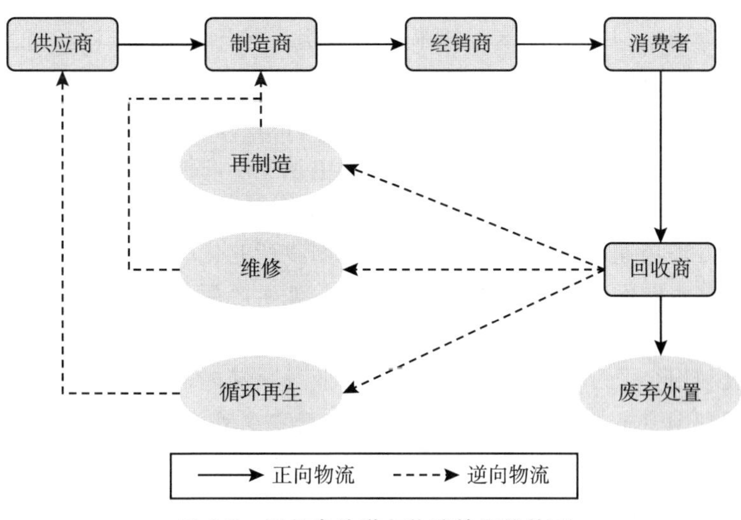

图 6. 3　退役电池逆向物流的组织关系

①汽车生产商。汽车生产商是动力电池正向供应链中的关键节点，虽然处于

电池生产商的下游，但由于车辆生产与动力电池配套，并通过经销商进行销售，因此同样承担回收义务。《新能源汽车动力蓄电池回收利用管理暂行办法》（以下简称《办法》）对在生产、使用、储存及运输过程中产生的废旧动力电池回收办法进行规定：落实生产者责任延伸制，汽车生产企业承担回收利用主体责任，建立动力电池回收渠道，负责回收新能源汽车使用及报废后产生的废旧动力电池（王斑，2019）。

②汽车经销商。电动汽车的企业下属或授权的销售门店，组成了电动汽车正向供应链下游的销售网络。在电动汽车销售服务体系中，在产品使用指导、维护保养、维修更换等方面，消费者与汽车经销商之间的联系更为密切。当电动汽车在使用过程中一旦出现故障，消费者首先与汽车经销商取得联系获取售后服务。汽车经销商掌握着更多的市场信息，因此在逆向物流供应链整合方面具有更大的优势，可将经销商设置为回收网点，原有的汽车正向销售网络转变为退役动力电池逆向回收网络。

③动力电池生产商。动力电池是电动汽车中技术高度集中的部件，制造成本约占整车成本的30% ~50%，电池生产商作为技术主导者，在正向供应链中占绝对优势的地位。得益于技术优势，电池生产商可以担任电池拆解、资源化回收职责，回收处理后的原材料可以直接投入生产，减少中间流通环节，能够节约大量生产成本。此外，《办法》要求电池生产商的工艺与产品结构应尽量标准化、通用化，以便于拆解，必要时需要向汽车生产企业、第三方回收处理企业或梯级利用企业提供动力电池拆解及储存技术支持，提供控制系统接口与通信协议等信息，协助各方进行电池的回收处理。

④第三方专业回收处理企业。动力电池的拆解工序复杂、难度大，在处理过程中存在电池放电、化学腐蚀等危险。虽然电池生产商拥有技术优势，一旦承担退役电池的回收处理仍需要投入大量的人力和物力。本着社会分工细化的原则，第三方回收处理企业应运而生，这也是电池回收产业化的必然选择。电池生产商可与其形成技术层面的合作关系，既能帮助电池生产商分解部分工作量，又能为第三方回收处理企业降低技术投入成本，优势资源的协同组合提高回收效率。

⑤梯级利用企业。梯级利用企业的主营业务是储能，在资源分级利用的大背景下，梯级利用企业与电池生产企业的合作势在必行。电池生产商通过技术渗透，指导梯级利用企业对电池进行拆解回收，而提取的原材料可以供电池生产商进行再制造，两者形成闭环关系。在合作关系的推动下，未来的梯级利用企业可能会有新的发展走向。

⑥消费者。由于动力电池与电动汽车是配套销售的，消费者一旦购买了电动汽车就拥有了电池的产权，即使电池报废后仍然保留着支配权与处置权。若消费

者可能选择不正规的回收渠道出售以获取高额回报，再次流通进市场的电池可能存在巨大的安全隐患，造成环境二次污染；若强制从消费者手中召回退役电池，则可能涉及产权问题；若没有法律法规的约束，消费者可能逃避回收责任。以旧换新、有偿回收等措施可以促使消费者主动参与到电池的回收过程。

⑦政府。动力电池回收过程通常受到技术水平、资金、政策等方面的限制，企业更愿意集中于发展核心业务，提高专业化水平与行业竞争力，往往缺乏对环保效益的重视。为此政府需要介入，实施一定调控机制以促进退役电池的回收。主要表现为建立相应的收费补贴机制，政府可以向电池生产商收取一定比例的环境保护税，并从财政中抽取一部分，补贴给电池回收相关责任企业，并对其减免税收。

（2）汽车退役电池回收路径。从美国、德国、日本等国家的实践经验来看，动力电池生产商与消费者都必须承担相应的回收责任。消费者需要将退役动力电池交至电池生产商开放的回收窗口或政府指定的电池回收网点，收集得到的电池将集中送往电池生产商进行再生处置或再利用。

2018年，国务院发布的《生产者责任延伸制度推行方案》中要求全面推行生产者责任延伸（EPR）和电动汽车动力电池回收利用体系，明确了回收责任主体，电动汽车企业和动力电池生产企业负责建立退役电池回收网络，利用售后服务网络回收电池，梯级利用企业、第三方回收处理企业同时承担相应责任。因此，从消费者到电池生产商，动力电池回收存在四条路径，如图6.4所示。

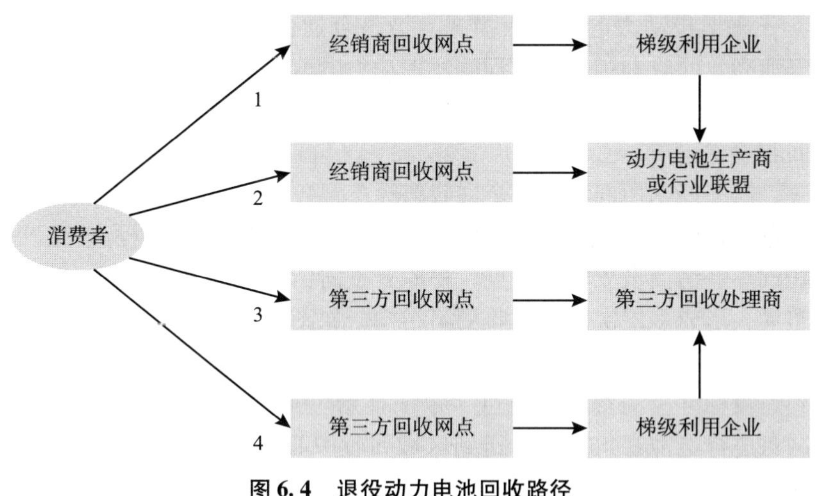

图6.4　退役动力电池回收路径

路径1：消费者将动力电池上交至电动汽车经销网点，由网点送至梯级利用企业进行再利用，失去再利用的价值的电池最终送回电池生产商或行业联盟；

路径 2：网点将回收的电池直接送至电池生产商或行业联盟进行再制造；

路径 3：由第三方回收处理企业独自建立回收网络，将从消费者处回收所得的电池送回自己的工厂，进行拆解后投入再制造生产；

路径 4：第三方回收处理企业将回收所得的电池送至梯级利用企业进行再利用，失去再利用的价值的电池最终再送回第三方回收处理商进行再制造。

多路径下电池回收流程中可能会遇到以下问题。

①信息不透明。逆向物流网络运行过程中的信息总是分散在各个环节中的责任主体，缺乏信息交互。当主体之间发生纠纷时，责任追究又耗时耗力；动力电池在生产以至销售的全生命周期过程中的信息不透明，将导致回收有关责任部门和管理人员无法获取待更换电池的相关信息，从而增大回收的难度，造成资金的浪费。

②安全风险。一方面，动力电池生产商掌握着电池生产的全部信息，包括生产原材料、生产过程、电池定价、电池质量等，可能存在部分不良生产商，为谋取更多的利润，在生产过程中偷工减料。电池生产商和电动汽车生产商之间的信息屏障，加之没有第三方监督机制，最终导致动力的电池质量问题，极大地增加了电池的安全风险；另一方面，由于消费者购买了电动汽车，便自然地拥有了配套动力电池的产权，当电池出现故障需要进行维修或更换时，消费者可能会选择不正规渠道进行维修或高价出售给缺乏资质的小作坊并再次流入市场，电池的安全性存在高风险，消费者的人身安全也存在巨大威胁。

（3）三种退役动力电池回收模式。为整合逆向物流各方资源优势，保证退役动力电池高效回收利用，最大程度发挥动力电池全生命周期价值，基于上述分析，总结梳理出三种回收模式，即委托汽车经销商回收模式、联营回收模式以及第三方回收模式。

第一，汽车经销商回收模式。回收路径 1、路径 2 指向汽车经销商回收模式时，退役电池皆通过经销商服务网点进行回收。该模式下，由汽车生产企业主导，委托汽车经销商设立回收网点，将原有正向销售网络进行拓展，进行逆向物流网络布局，形成多层次闭环回收网络结构，如图 6.5 所示。

回收流程为：动力电池发生可维修故障时，消费者可通过网点进行维修。若电池达到退役标准，消费者可通过“以旧换新”或“有偿回收”将其交至回收网点，网点进行电池富集后，运送到区域回收中心。回收中心进行检测分类后，根据电池剩余最大容量进行相应处理，以一定价格出售给梯级利用企业用于储能或返回原电池生产商进行拆解、提取原材料，重新投入生产。

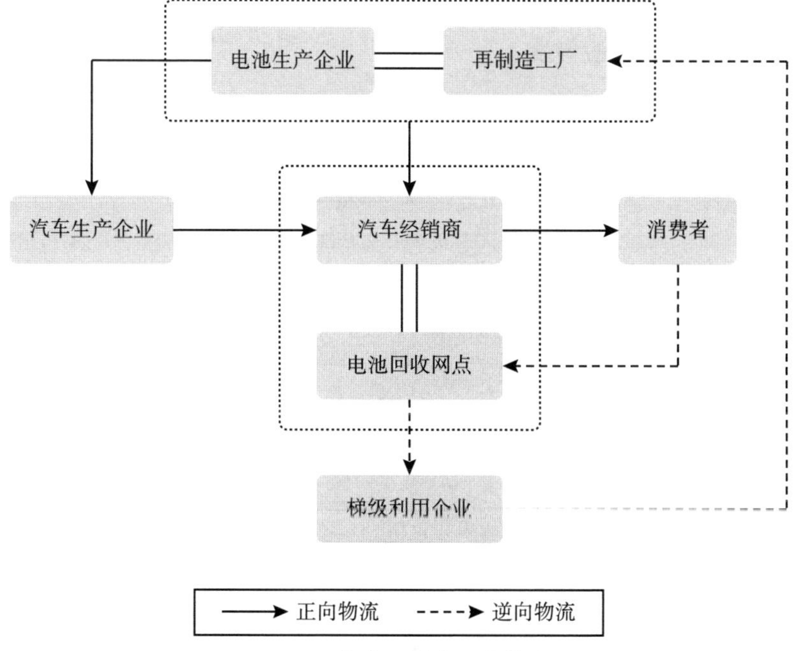

图 6.5　汽车经销商回收模式

该模式具有以下特点。

①汽车经销商集分销与售后服务于一体，因此掌握较多市场信息，利于进行回收需求预测，改善逆向物流供应链不确定因素带来的扰动。

②汽车制造商与经销商之间的协同合作可以促进消费者信息共享，进而有助于逆向物流供应链伙伴形成合作关系，加速供应链上下游企业实现合作共赢。

③闭环结构能够保证电池流回原生产商，电池生产商无须向其他回收处理企业公开技术信息，避免了核心技术、专利等商业机密泄露的风险。

④汽车经销商需要投入大量的资金与人力，汽车生产商需要定期向其支付委托费用，由于回报周期较长，盈利性较低，因此会在短期内加大汽车生产商的财务压力，存在一定的财务风险。

第二，联营回收模式。回收路径 1、路径 2 指向联营回收模式时，退役电池通过生产者联盟中的成员企业的经销网络进行回收。该模式下，由汽车生产企业联合电池生产企业利用自有的经销网络设置回收网点，将原有正向销售网络进行拓展，进行逆向物流网络布局，形成多层次闭环回收网络结构，如图 6.6 所示。

单一汽车生产商或动力电池生产商的能力有限，在进行动力电池回收过程中可能会遭遇以下瓶颈，例如退役电池数量规模庞大、种类繁多，回收企业的处理能力与回收需求不相适应；企业资金有限导致技术投入不足，必要的逆向物流设施不完善，回收处理能力受到限制；回收渠道较窄且分散，难以形成规模化运作等，此时可采用联营回收模式。

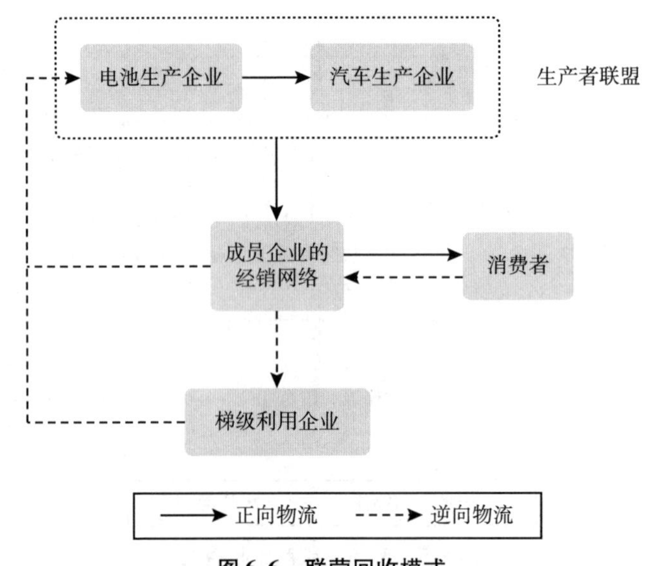

图 6.6　联营回收模式

该模式具有以下特点。

①联盟中的成员企业经销商形成的回收网络大、覆盖广，便于消费者进行电池投放，联盟实现大范围的资源调配的同时，承担较低的风险，促进成员企业间的优势互补，形成规模化回收布局。

②联盟可以避免企业并购所经历的漫长的整合过程，联盟中的成员企业资金、人力、技术相对投入较少，节约成本的同时提升利润空间，增强企业竞争力。

③成员企业优势、规模以及实力各不相同，联盟伙伴的选择以及合作关系的维持存在一定的风险与难度，难以实现成本均摊与利益分配。当成员企业的实力相当时，又存在争夺话语权以及权责划分等问题。

第三，第三方回收模式。回收路径 3、路径 4 指向第三方回收模式，退役电池通过第三方网络进行回收。该模式下，由第三方专业回收处理企业自行设置回收网点，进行逆向物流网络布局，形成了多层次闭环回收网络结构，如图 6.7 所示。

动力电池生产商与汽车生产商的规模、综合实力不尽相同，发展层次与战略布局也有所不同，有些企业可能不具有独自承担回收业务的能力，也可能出于某种原因无法加入生产者联盟，此时只能依托于专业的第三方回收企业进行回收处理的工作，生产商与第三方回收企业形成契约，并定期缴纳费用，由此便衍生出了第三方回收模式。

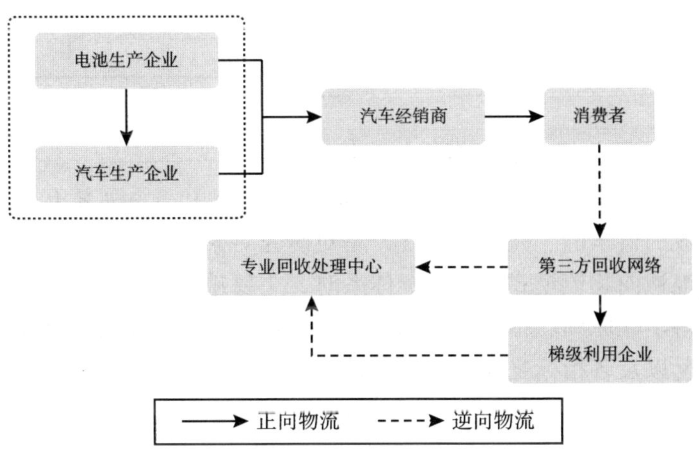

图 6.7　第三方回收模式

该模式具有以下特点。

①第三方回收企业须独自构建回收网络，依托自身专业的回收处理体系，可以规范回收过程中的电池富集、筛选、检测、拆解、再制造等环节，帮助委托企业即汽车生产商减小运作风险，更好地开展自身核心业务。

②汽车生产商不直接参与回收，对于物流过程控制能力与信息反馈的时效性较差，因此会影响服务质量，降低客户满意度。

③第三方回收处理企业将电池资源化后获得的有价金属及其他零部件返回原电池生产商不是唯一正向供应渠道，第三方企业也可以自行挖掘买方市场，从而实现更大范围的资源循环利用。

（4）三种回收模式的比较。通过以上分析，可以总结出三种模式的比较结果，见表 6.13。企业在进行逆向物流模式决策时，应先全面分析自身实力与条件，选择最合适的回收模式。不同的模式有各自的优缺点与适用范围，决策者不必拘泥于某种单一模式，可融合多种模式达到互补改进，用于企业发展的不同时期。

表 6.13　三种回收模式对比

指标	汽车经销商回收	联营回收	第三方回收
运营风险	高	中	低
客户满意度	高	中	低
信息反馈时效	高	低	中

续表

指标	汽车经销商回收	联营回收	第三方回收
投资成本	高	中	低
服务专业化	低	中	高
技术保密程度	高	中	低

2. 汽车电池回收模式决策指标体系构建

（1）评价指标体系构建原则。评价指标体系是由一系列相互联系，层次分明的指标组成的科学的、完整的系统，是对研究对象进行抽象后的概念模型。在构建退役电池逆向物流模式评价指标体系时，主要遵循以下原则（何波，2008）。

①简明科学性原则。指标体系的设计及选择必须能客观真实地反映评价对象的特点、状况以及各指标之间的真实关系。各评价指标应该具有典型代表性，不能过多过细，避免指标重复。同时又不能过少过简，避免信息遗漏。

②系统层次性原则。指标设置上按照层次递进关系，尽可能体现层次分明，从不同的侧面反映出逆向物流系统的主要特征和状态，并且能通过一定的梯度准确地反映指标间的支配关系。

③可比、可操作、可量化原则。构建指标体系时，指标选取的计算量度和计算方法必须统一，各指标尽量简单明了、微观性强，还要具有很强的现实可操作性和可比性。另外，选择指标时也要考虑能否进行量化处理，以便于进行数学计算与分析。

（2）回收模式决策指标选择与分析。指标是反映一定的社会总体现象数量特征的特定概念和具体数值，把若干有联系的指标结合起来形成指标体系，可从多方面认识和说明一个比较复杂现象的特征及内在发展规律（罗积善，2013）。我们参考了大量废旧汽车产品回收案例与相关文献，筛选整理出以下五类准则：经济、社会、柔性、技术、管理。

第一，经济因素。经济因素主要关注的是资源投入和使用过程中成本节约的水平和程度以及获取的经济效益。通过文献萃取，整理出了 4 个指标对回收模式的经济因素进行评价。对于厂商规模，难以将其评判为成本型指标或效益型指标，故将该指标剔除。最终从企业承担的运营成本、固定资产的投入、利润与收益三个方面加以衡量，具体筛选依据和过程见表 6. 14。

一是运营成本。主要指在总成本扣除固定资产折旧费、流动资金利息净支出后的成本。企业参与退役动力电池回收所产生的运营成本主要包括：退役电池在回收过程中产生的运输费用及储存费用等物流成本、回收设备或设施的维修费用、电池废弃处置费用等。回收过程中权责划分与参与度由于企业类型（如生产商、经销商、服务外包商）的不同而有所区别，由此产生的运营成本也不同。

二是资金投入。主要指退役电池回收企业在固定资产投资项目上所消耗的物化劳动和活化劳动的货币支出总和。其中固定投资成本一般包括退役电池回收网点、仓库、回收中心等的建设成本，废弃处置系统（废料运输、破碎、比重分选装置）、生产或拆解作业流水线的购入成本。

三是盈利性。主要指回收企业在退役电池的循环过程中获取价值的成本效率。退役电池提取有价值的材料投入再生产后获得的新产品再次出售，或以一定价格将电池出售给梯级利用企业获取利润。

表 6.14　　经济维度指标筛选

经济维度	指标	参考文献	筛选结果
1	运营成本	Abdulrahman et al.，2014；Fang Xi & Wen Qi Jiang，2012；Ravi et al.，2005；朱凌云，陈铭，2019；卢俐萍等，2018；Adrien Presley et al.，2007；Nikolaou et al.，2013	保留
2	资金投入		保留
3	厂商规模		删除
4	盈利性		保留

第二，社会因素。企业在发展中除自身的财政和经营状况外对社会和自然环境造成影响的考量。通过文献萃取，整理出 5 个社会指标。其中法律效益主要表现在企业对社会责任的承担，为避免指标内涵重叠，故剔除法律效益指标。最终选取客户满意度、社会责任、服务能力、行业竞争力 4 个指标对模式的社会因素进行评价，具体见表 6.15。

表 6.15　　社会维度指标筛选

社会维度	指标	参考文献	筛选结果
1	客户满意度	Fang Xi & Wen Qi Jiang，2012；Ravi et al.，2005；Kwok Hung Lau & Yiming Wang，2009；耿丽娟，2010；Adrien Presley et al.，2007；Nikolaou et al.，2013	保留
2	社会责任		保留
3	服务能力		保留
4	行业竞争力		保留
5	法律效益		删除

一是客户满意度。消费者对售后服务的满意度是品牌创新、企业持续发展的动力，提高客户满意度可以增加消费者对于企业及其产品的忠诚度。以旧换新政策、有偿回收、回收网点覆盖区域等都是提升客户满意度的重要举措。

二是社会责任。汽车动力电池中通常含有许多有害重金属、电解液等，电池退役之后若不能得到妥善处理将会严重危害生态环境。“绿水青山就是金山银山”，生态环境是实现可持续发展的重中之重，而工业的发展势必会以牺牲自然环境为代价，因此企业必须承担环境保护的社会责任。

三是服务能力。企业服务能力的判断依据主要看企业整体资源水平，包括可替换电池的供应、服务人员专业技能、获取服务的便捷度、服务质量追踪等，整个服务从流程上应呈现一个闭环状态，确保整体服务能力的不断提升。

四是行业竞争力。在电动汽车行业中，电池生产企业或整车生产企业之间抢占市场份额，获取有利于自身发展的生产条件的能力，通常表现为同类型产品在市场上的销售情况以及企业对整个逆向物流运作过程的控制能力。

第三，柔性因素。柔性是企业应对快速变化的市场竞争环境，主动限定市场的不可预测性的能力。通过文献萃取，整理出 4 个柔性指标。由于设备水平可以归为技术因素的一部分，而管理因素下的信息管理指标则涵盖了信息技术水平，故在柔性指标下将二者剔除。最终选取抗风险能力和库存控制两个指标对回收模式的柔性因素进行评价，具体见表 6. 16。

表 6. 16　　柔性维度指标筛选

柔性维度	指标	参考文献	筛选结果
1	抗风险能力	文珊珊，周艳军，2019；毕旭静，2013	保留
2	库存控制		保留
3	设备水平		删除
4	信息技术		删除

一是抗风险能力。主要指回收企业在退役电池逆向物流活动中为可能造成的亏损所承担的风险。回收过程往往处在不确定环境中，存在一定供应链风险，这种风险通常是无法预测的，判断企业抗风险能力的标准主要看其对于风险环境或突发事件是否能作出迅速规避、是否具有足够的协调和解决能力。

二是库存控制。一方面，退役电池在被回收后需要进一步地检测、分类、储存，便于决定下一阶段的流向，更好地利用电池剩余价值；另一方面，动力电池生产企业与回收企业在回收需求预测、订单批量决策等环节的博弈，会增加库存风险，造成电池供应脱节或压占流动资本。因此，维持一定的库存水平有助于企业的良性发展，节约逆向物流运作成本。

第四，技术因素。技术是企业在激烈的竞争市场中维持核心竞争力的关键，通过文献萃取，整理出了 4 个指标，其中运输规划包含于物流专业度，同时信息化是现代物流的基础，因此剔除运输规划与信息化程度指标，选取物流专业度和技术水平两个指标对回收模式的技术因素进行评价，见表 6. 17。

表 6.17　　**技术维度指标筛选**

技术维度	指标	参考文献	筛选结果
1	物流专业度	Ahmed et al., 2016；万凤娇，2019；卢俐萍等，2018；Kwok Hung Lau & Yiming Wang，2009；耿丽娟，2010；宿晓利，2011；钟彤，2015	保留
2	信息化程度		删除
3	技术水平		保留
4	运输规划		删除

一是物流专业度。由于退役电池的回收数量、回收质量以及回收时间存在不确定性，若实现降低逆向物流总运作成本的目标，则回收企业必须对回收网络结构进行合理的规划，包括物流设施的选址、物流量分配、车辆路径规划等，同时还需要具备便捷的物流运输能力。

二是技术水平。动力电池是电动汽车中技术高度集中的部件，回收技术水平与回收标准规范决定着回收企业是否具备一定的退役电池处理能力。不同的回收责任主体的电池回收技术层次不同，所需投入的研发成本也不同，比如电池生产企业比整车生产企业或经销商更为专业，技术投入则相对较少，也更有话语权。

第五，管理因素。管理是企业实现良性运转、发挥员工潜能、提供优质产品与服务的手段。通过文献萃取，整理出了 3 个指标。其中设备管理是设备技术管理与设备经济管理两方面的统一与综合，偏重任何一个层面的管理都不是设备管理的最终要求，指标内涵不清晰，故将其剔除。最终选取人员管理和信息管理两个指标对回收模式的管理因素进行评价，具体见表 6.18。

表 6.18　　**管理维度指标筛选**

管理维度	指标	参考文献	筛选结果
1	人员管理	Muhammad D. Abdulrahman et al., 2014；文珊珊，周艳军，2019；毕旭静，2013	保留
2	信息管理		保留
3	设备管理		删除

一是人员管理。回收企业须在退役电池逆向物流网络建设与回收处理等环节投入大量人力，由此导致大量的可变资本向固定资本转化。同时企业人员复杂度增加，也为业务培训、管理带来一定负担。

二是信息管理。面对不确定环境下的回收过程，回收企业须掌握获取即时、准确的信息反馈的能力，以保证退役电池逆向物流的有效运行。不同的回收企业在动力电池生命周期监控、消费者意见反馈以及市场需求等方面信息获取的渠道全面性不一。此外，多企业共同承担回收责任时彼此之间需要信息共享，从而加大了信息管理难度，还可能引发电池核心技术、商业机密泄露等风险。

（3）退役电池回收模式决策指标体系构建。在构建回收模式决策指标体系时，须详细分析待解决问题的性质和预期的决策目标，构造出一个层次清晰、条理分明的决策模型，如图6.8所示。

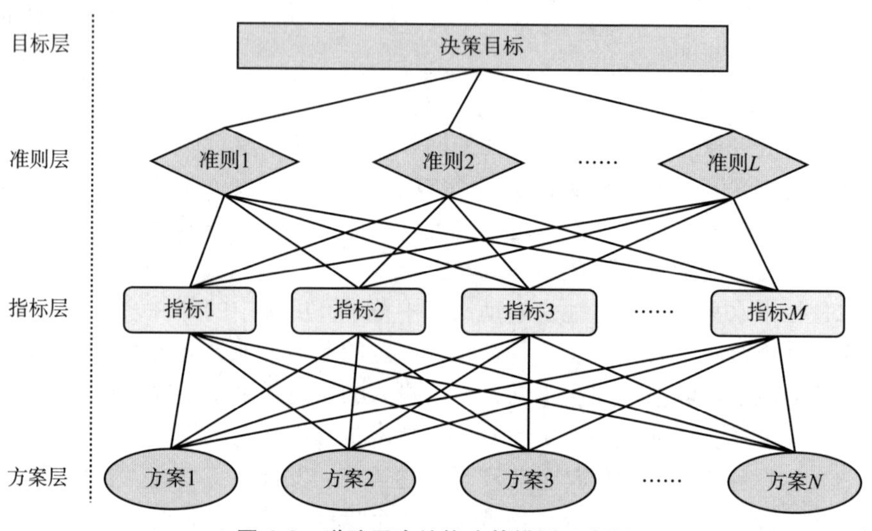

图6.8　递阶层次结构决策模型示意图

在该模型中，问题被分解为多个子因素，这些因素按照其属性与彼此间的内在联系形成下层，上层的因素作为下层因素的准则，对其进行支配，模型具有以下层次。

最高层：即目标层，一般为单因素，是待解决问题的预定目标。

中间层：即准则层，包含了为达到预定目标所涉及的中间环节，它可以由若干层次组成，包括所需考虑的准则、子准则。

最底层：即方案层，提供了实现预定目标所需的措施、方案等。

基于上述原则，构建了相应的评价指标决策体系，如图6.9所示。

目标层：汽车退役动力电池回收模式选择A。

准则层：经济 B_1、社会 B_2、技术 B_3、柔性 B_4、管理 B_5。

指标层：根据汽车动力电池逆向物流的影响因素，将准则层进行细化，得到13个指标层，分别为运营成本 C_1；资金投入 C_2；盈利性 C_3；客户满意度 C_4；社会责任 C_5；服务能力 C_6；行业竞争力 C_7；物流专业度 C_8；技术投入 C_9；抗风险能力 C_{10}；库存控制 C_{11}；人员管理 C_{12}；信息管理 C_{13}。

方案层：即退役动力电池逆向物流三种回收模式，分别为汽车生产商委托经销商回收 D_1；企业联合回收 D_2；第三方回收 D_3。

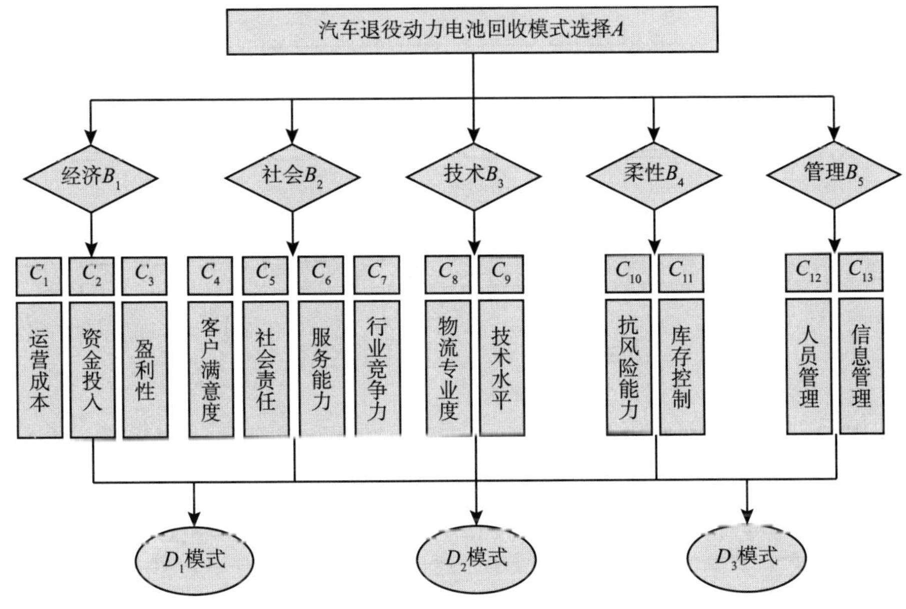

图 6.9　回收模式决策指标体系

3. 基于 F – Entropy 的回收模式模糊综合评价

以上构建的汽车退役动力电池回收模式决策指标体系具有明显的不确定性与模糊性，而模糊综合评价法是基于模糊数学，在系统受到多种不确定性因素制约时常用的一种综合评价方法。因此，将通过模糊综合评价法来计算指标隶属度，对回收模式进行综合评价与决策。

（1）基于三角模糊数法的指标赋权。采用专家打分法获取对指标的评价数据，进行指标权重的计算。该方法能够基于专家的经验与专业知识，对大量难以采用技术方法进行定量分析的因素进行合理估算。同时，该方法在进行指标赋权时也不可避免地带有模糊性、不确定性与主观性。

三角模糊数是扎德在 1965 年提出的解决不确定条件下问题的数学工具，通过三角模糊理论可将模糊评价语言转化为精确数值，从而确定指标的主观权重。指标权重的评价语言对应三角模糊数见表 6. 19。

表 6. 19　权重的语言评价与三角模糊数的对应

权重的语言评价	符号表示	三角模糊数
很重要	VI	(0. 7, 0. 8, 0. 9)
较重要	CI	(0. 5, 0. 6, 0. 7)
重要	I	(0. 3, 0. 4, 0. 5)

续表

权重的语言评价	符号表示	三角模糊数
不重要	U	(0.1, 0.2, 0.3)
很不重要	VU	(0.0, 0.0, 0.1)

规则1：采用群决策方法（Huey – Ming Lee & Lily Lin，2010），对 X 位专家给出第 i 个指标权重的主观评价信息进行集成，集成公式为

$$w_i = \left(\frac{1}{x}\sum_{k=1}^{x} w_{li}^{(k)},\ \frac{1}{x}\sum_{k=1}^{x} w_{mi}^{(k)},\ \frac{1}{x}\sum_{k=1}^{x} w_{ni}^{(k)}\right) \tag{6.12}$$

其中，w_i 为第 i 个指标权重的综合评价值。

规则2：给定一个三角模糊数 $w=(w_l,\ w_m,\ w_n)$，采用期望值法将三角模糊数精确值化，即

$$E(w^{\lambda}) = 0.5[(1-\lambda)w_l + w_m + \lambda w_n],\ 0 \leqslant \lambda \leqslant 1 \tag{6.13}$$

其中，λ 为决策者偏好系数，当 $\lambda=0.5$ 时，决策者是中立者，此时运用规则1和规则2可得到指标 i 的主观权重。

$$\omega_i^1 = \frac{w_l + 2w_m + w_n}{4} \tag{6.14}$$

（2）基于熵权法的指标赋权。熵源自于希腊语“变化”表示变化的容量，作为物理热力学现象而被人们所发现，是作为系统不确定程度的量度。系统越紊乱，熵就越大；反之，熵就越小。按照此原理，人们将熵思想运用在了描述评价指标重要程度上。当被评价对象在指标上的得分相差越大时，熵值越小，熵权也就越大，此时说明该指标能够提供的信息量就越多，在决策时能起到的作用也越大，反之亦然。可以看出，作为指标权数的熵权，它并不是一般决策指标在实际意义上的重要系数，而是在评价指标值确定的情况下，各指标在竞争意义上的相对激烈程度，是一种客观赋权方法。

具体而言，计算指标熵权包括以下步骤。

①构造决策矩阵 $\boldsymbol{B}=(b_{ij})_{mn}$。$\boldsymbol{B}=(b_{ij})_{mn}$ 为回收模式决策评价指标的评分值构成的评分矩阵。b_{ij} 为第 i 个专家对第 j 个指标的评价分值，$i=1,\ 2,\ \cdots,\ m$；$j=1,\ 2,\ \cdots,\ n$；其中，m 为专家的数量，n 为指标数量。

$$\boldsymbol{B} = \begin{bmatrix} b_{11} & b_{12} & \cdots & b_{1n} \\ b_{21} & b_{22} & \cdots & b_{2n} \\ \vdots & \vdots & \vdots & \vdots \\ b_{n1} & b_{n2} & \cdots & b_{mn} \end{bmatrix}_{mn} \tag{6.15}$$

②决策矩阵无量纲化处理。在综合评价中，各指标间往往存在类型、量纲不

一致等差异，为避免这些差异对评价模型的精确性带来影响，需要先对评价指标进行无量纲化处理。处理后得到的无量纲化评价矩阵记为 $(r_{ij})_{mn}$。本书采用线性比例法，计算公式为

$$r_{ij} = \frac{b_{ij}}{b_j'} \tag{6.16}$$

其中，b_j'可取值，$m_j = \min_i \{b_{ij}\}$，$M_j = \max_i \{b_{ij}\}$，或者 $\bar{b}_j = \frac{1}{n} \sum_{i=1}^{1} b_{ij}$。

③决策矩阵归一化处理。决策评价矩阵归一化处理，可采用线性比例熵值法。

$$对于\ r_{ij} = \frac{b_{ij}}{M_j}，则\ p_{ij} = \frac{r_{ij}}{\sum_{i=1}^{n} r_{ij}} = \frac{\frac{b_{ij}}{M_j}}{\sum_{i=1}^{n} \frac{b_{ij}}{M_j}} = \frac{b_{ij}}{\sum_{i=1}^{n} b_{ij}} \tag{6.17}$$

$$对于\ r_{ij} = \frac{b_{ij}}{m_j}，则\ p_{ij} = \frac{r_{ij}}{\sum_{i=1}^{n} r_{ij}} = \frac{\frac{b_{ij}}{m_j}}{\sum_{i=1}^{n} \frac{b_{ij}}{m_j}} = \frac{b_{ij}}{\sum_{i=1}^{n} b_{ij}} \tag{6.18}$$

$$对于\ r_{ij} = \frac{b_{ij}}{\bar{b}_j}，则\ p_{ij} = \frac{r_{ij}}{\sum_{i=1}^{n} r_{ij}} = \frac{\frac{b_{ij}}{\bar{x}_j}}{\sum_{i=1}^{n} \frac{b_{ij}}{\bar{x}_j}} = \frac{b_{ij}}{\sum_{i=1}^{n} b_{ij}} \tag{6.19}$$

由公式（6.17）~公式（6.19）可得知，运用线性比例熵值法求得的指标值比与原方法求解结果一致，由此可知两种方法所确定的权重相同，说明线性比例法不会影响熵值法中权重的确定。

①计算第 j 项评价指标的信息熵为

$$H_j = -\sum_{i=1}^{m} \frac{p_{ij} \ln p_{ij}}{\ln m} \tag{6.20}$$

其中，规定：若 $p_{ij}=0$，$p_{ij} \cdot \ln p_{ij} = 0$，且 $0 \leqslant H_j \leqslant 1$。

②指标熵权计算。根据熵权理论，第 j 项评价指标的客观权重为

$$w_j^2 = \frac{|1 - H_j|}{\sum_{j=1}^{n} |1 - H_j|} \tag{6.21}$$

（3）权重修正。三角模糊数法求得的指标权重是主观的，其反映的是专家的偏好与经验；而熵权法获得的指标权重是客观的，是在专家评价数据基础上，根据各评价指标值之间的差异程度重新确定的权重系数，能够客观地反映各评价指标在决策中的重要程度。基于加权权重最小化原则，计算两种权重的影响因

子，再采用组合赋权进行权重修正。主客观权重的结合，既可以弥补三角模糊数法和熵权法单一性的缺陷，又能够使评价指标权重更加具有科学性和合理性。如图 6.10 所示。

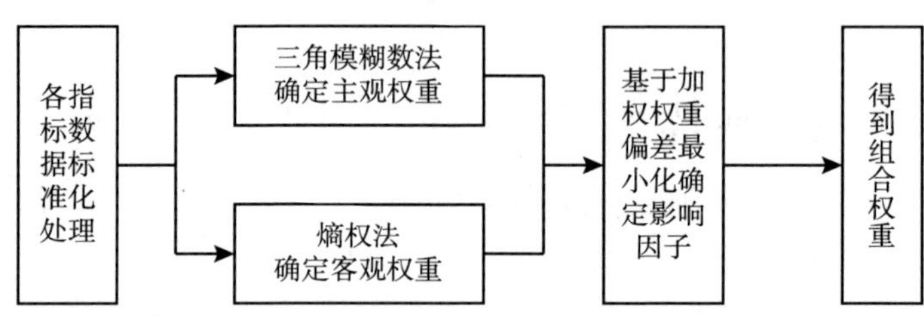

图 6.10　基于组合赋权的权重确定

在汽车退役电池逆向物流模式决策指标体系同一维度下的第 i 个评价指标，经过三角模糊数法确定主观权重向量为 $\boldsymbol{\omega}_i^1 = (e_1 e_2 \cdots e_n)$，经过熵权法确定客观权重为 $\boldsymbol{\omega}_i^2 = (w_1 w_2 \cdots w_n)$，则该指标的综合权重 $\boldsymbol{\omega}_i$ 计算公式为

$$\boldsymbol{\omega}_i = \alpha_1 \boldsymbol{\omega}_i^1 + \alpha_2 \boldsymbol{\omega}_i^2 \tag{6.22}$$

其中，α_1 和 α_2 分别为主观权重与客观权重对应的影响因子，且对于系数 α_1 和 α_2 应满足相加之和等于 1，通过加权权重偏差最小化原则确定其数值大小。

令 $\boldsymbol{U} = (\boldsymbol{\omega}^{(1)}, \boldsymbol{\omega}^{(2)})^{\mathrm{T}}$，计算模型为

$$\min \sum_{i=1}^{n} \sum_{k=1}^{2} \sum_{j=1}^{2} (\alpha_k \boldsymbol{\omega}_i^k - \alpha_j \boldsymbol{\omega}_i^j)^2 / 2 \tag{6.23}$$

其中，$\alpha_k \geqslant 0$，$\alpha_1 + \alpha_2 = 1$。

根据式（6.23），构造拉格朗日函数为

$$L(\alpha, \lambda) = \sum_{i=1}^{n} \sum_{k=1}^{2} \sum_{j=1}^{2} \frac{(\alpha_k \boldsymbol{\omega}_i^k - \alpha_j \boldsymbol{\omega}_i^j)^2}{2} + \lambda\left(\sum_{k=1}^{2} \alpha_k - 1\right) \tag{6.24}$$

对公式（6.24）进行 λ 和 α_k 的求导，可得

$$\frac{\partial L}{\partial \lambda} = \sum_{k=1}^{2} \alpha_k - 1 = 0 \tag{6.25}$$

$$\frac{\partial L}{\partial \alpha_k} = 2\alpha_k \sum_{i=1}^{n} (\boldsymbol{\omega}_i^k)^2 - \alpha_1 \sum_{i=1}^{n} \boldsymbol{\omega}_i^1 \boldsymbol{\omega}_i^k - \alpha_2 \sum_{i=1}^{n} \boldsymbol{\omega}_i^2 \boldsymbol{\omega}_i^k + \lambda = 0 \tag{6.26}$$

式（6.25）与式（6.26）构成方程组，当矩阵不为零时能够确定方程组的唯一解，即 α_1 和 α_2 的取值。代入公式（6.22）后，可得到逆物流模式决策评价指标的组合权重 $\boldsymbol{\omega}$。

（4）模糊综合评价的主要步骤。

①因素集与评语集的确定。因素集 U 即评价项目或指标的集合，一般有 $U =$

$\{U_i\}$，$i=1, 2, \cdots, n$。其中，$U_i=\{U_{i1}, U_{i2}, \cdots, U_{ik}\}$，即 U_i 中含有 k 个因素，并且满足以下条件：

$$U_{i=1}^{n} U_i = U \tag{6.27}$$

评语集 E 即评价等级的集合，一般有 $E=\{e_j\}$，$j=1, 2, \cdots, m$。

基于上述分析，评价系统以“好，较好，一般，较差，差”5 个层次作为标准。设评语集 E 为：$E=(E_1, E_2, E_3, E_4, E_5)$ =（好，较好，一般，较差，差）。

②构建隶属度矩阵。所谓隶属度，是指多个评价主体依据评价指标的特征对某个评价指标在指标集合方面作出某种评定的可能性大小，是模糊综合评价中最基本的概念。

首先从指标集合中的单因素 $U_i(i=1, 2, \cdots, n)$，对 U_i 作单因素评判，从因素 U_i 着眼该事物对抉择等级 $e_j(j=1, 2, \cdots, m)$ 的隶属度 r_{ij}，就得出第 i 个因素 U_i 的单因素评判集 $r_i=(r_{i1}, r_{i2}, \cdots, r_{in})$。$m$ 个单因素的评价集可构造出总的隶属度矩阵 $\boldsymbol{R}$，每一个被评指标确定了从 $\boldsymbol{U}$ 到 $\boldsymbol{E}$ 的模糊关系 $\boldsymbol{R}$ 为

$$\boldsymbol{R}=(r_{ij})_{mn}=\begin{bmatrix} r_{11} & r_{12} & \cdots & r_{1n} \\ r_{21} & r_{22} & \cdots & r_{2n} \\ \vdots & \vdots & \ddots & \vdots \\ r_{m1} & r_{m2} & \cdots & r_{mn} \end{bmatrix} \tag{6.28}$$

③权重向量 $\boldsymbol{W}_U$ 的确定。得到隶属度矩阵后，还需根据指标集合中各因素在综合评价的占比来评价，映入 $\boldsymbol{U}$ 上的一个模糊子集 $\boldsymbol{W}_U$，$\boldsymbol{W}_U$ 为评价项目或指标权重或权系数的向量，即决策层的权重。$\boldsymbol{W}_U=(a_1, a_2, \cdots, a_m)$，$a_i \geqslant 0$，且 $\sum a_i = 1$。

另外，还有评语集的数值化结果 $\boldsymbol{W}_E'$，即评价等级所对应的分值或权重 $\boldsymbol{W}_E$（$\boldsymbol{W}_E'$归一化的结果）。

④综合评定。引入 $\boldsymbol{E}$ 上的一个模糊子集 $\boldsymbol{S}$，称模糊评价即

$$\boldsymbol{S}=\boldsymbol{W}_U\boldsymbol{R}=(a_1, a_2, \cdots, a_m)\begin{bmatrix} r_{11} & r_{12} & \cdots & r_{1n} \\ r_{21} & r_{22} & \cdots & r_{2n} \\ \vdots & \vdots & \ddots & \vdots \\ r_{m1} & r_{m2} & \cdots & r_{mn} \end{bmatrix} \tag{6.29}$$

再计算综合评定值为

$$\boldsymbol{\mu}=\boldsymbol{W}_E'\boldsymbol{S}^{\mathrm{T}} \tag{6.30}$$

4. 回收模式决策实证分析

为验证所构建的决策指标体系的科学性与有效性，本书以重庆市某一新能源

汽车生产商 C 为背景，对退役电池回收模式进行决策。综合考虑各因素，邀请该企业内部的专家组成决策小组，对回收模式决策指标体系中的各二级指标进行分析。

将二级指标的影响度划分为 5 个等级，分别是“很重要（VI）”“重要（CI）”“一般（I）”“较不重要（U）”“很不重要（VU）”，并按照重要程度的评价等级高低，对应到不同分值｛5，4，3，2，1｝。同时，三种回收模式下各指标相对于评语集的评价系统以“好，较好，一般，较差，差”5 个层次作为标准，分别对应分值｛100，90，80，70，60｝，总分为 100。

决策小组有 10 位专家参与打分，其中具有研究生学历以上的有 8 人，并且有 5 位具有十年以上的工作经验，皆为高级工程师及以上级别。

（1）指标主观权重计算。首先运用三角模糊数法对评价体系中的指标进行赋权。通过专家打分，获取了来自 C 企业 10 位从事物流领域研究与工作的专家对指标重要程度的语言评价值。下面以经济指标为例来说明权重计算过程。

专家对经济因素下的运营成本 C_1，资金投入 C_2，盈利性 C_3 三个指标权重的语言评价见表 6.20。

表 6.20　经济因素下指标影响度的语言评价

决策层因素	1	2	3	4	5	6	7	8	9	10
运营成本 C_1	VI	VI	CI	VI	I	VI	VI	CI	I	CI
资金投入 C_2	CI	CI	VI	I	CI	VI	I	CI	CI	VI
盈利性 C_3	VI	CI	CI	VI	I	VI	CI	CI	CI	VI

运用公式（6.12），对各个专家的评价进行集成，得到三个指标综合评价值：$w_{11}=(0.56,\ 0.66,\ 0.76)$，$w_{12}=(0.57,\ 0.67,\ 0.77)$，$w_{13}=(0.56,\ 0.66,\ 0.76)$。

运用公式（6.14），求出三个指标的主观权重值：$\omega_{11}^{1}=0.332$，$\omega_{12}^{1}=0.337$，$\omega_{13}^{1}=0.332$。

社会因素下四个指标综合评价值：$w_{21}=(0.66,\ 0.76,\ 0.86)$，$w_{21}=(0.6,\ 0.7,\ 0.8)$，$w_{23}=(0.47,\ 0.57,\ 0.67)$，$w_{24}=(0.5,\ 0.6,\ 0.7)$；主观权重值：$\omega_{21}^{1}=0.289$，$\omega_{22}^{1}=0.267$，$\omega_{23}^{1}=0.217$，$\omega_{24}^{1}=0.227$。

技术因素下两个指标综合评价值：$w_{31}=(0.27,\ 0.37,\ 0.47)$，$w_{32}=(0.58,\ 0.68,\ 0.78)$；主观权重值：$\omega_{31}^{1}=0.352$，$\omega_{32}^{1}=0.648$。

柔性因素下两个指标综合评价值：$w_{41}=(0.54,\ 0.64,\ 0.74)$，$w_{42}=(0.38,\ 0.48,\ 0.58)$；主观权重值：$\omega_{41}^{1}=0.571$，$\omega_{42}^{1}=0.429$。

管理因素下两个指标综合评价值：$w_{51}=(0.62, 0.72, 0.82)$，$w_{52}=(0.3, 0.4, 0.5)$；主观权重值：$\omega_{51}^{1}=0.643$，$\omega_{52}^{1}=0.357$。

回收模式决策评价指标主观权重汇总见表 6.21。

表 6.21　回收模式决策评价指标主观权重

准则层	指标层	ω_i^1
经济因素 B_1 (0.252)	运营成本 C_1	0.332
	资金投入 C_2	0.337
	盈利性 C_3	0.332
社会因素 B_2 (0.332)	客户满意度 C_4	0.289
	社会责任 C_5	0.267
	服务能力 C_6	0.217
	行业竞争力 C_7	0.227
技术因素 B_3 (0.133)	物流专业度 C_8	0.352
	技术投入 C_9	0.648
柔性因素 B_4 (0.142)	抗风险能力 C_{10}	0.571
	库存控制 C_{11}	0.429
管理因素 B_5 (0.142)	信息管理 C_{12}	0.643
	人员管理 C_{13}	0.357

（2）指标客观权重计算。下面以经济指标为例，说明熵权法确定指标客观权重的计算过程。通过专家对各指标的评分，计算出决策指标评价矩阵。运用公式（6.16）和公式（6.17）对原始评价矩阵进行无量纲化和归一化处理，见表 6.22。

表 6.22　经济因素指标评分矩阵及归一化矩阵

序号	评分矩阵			归一化矩阵		
	U_{11}	U_{12}	U_{13}	U_{11}	U_{12}	U_{13}
1	5	4	2	0.116	0.098	0.064
2	5	4	4	0.116	0.098	0.129
3	4	5	4	0.093	0.122	0.129
4	5	3	2	0.116	0.072	0.064
5	3	4	3	0.070	0.098	0.097
6	5	5	3	0.116	0.122	0.097
7	5	3	4	0.116	0.072	0.129
8	4	4	4	0.093	0.098	0.129

续表

序号	评分矩阵			归一化矩阵		
	U_{11}	U_{12}	U_{13}	U_{11}	U_{12}	U_{13}
9	3	4	3	0.070	0.098	0.097
10	4	5	2	0.093	0.122	0.064

根据公式（6.20），可求出经济因素下三个评价指标的信息熵值：$H_{11}=0.9921$，$H_{12}=0.9932$，$H_{13}=0.983$；根据公式（6.21），可求出经济因素评价指标的熵权：$\omega_{11}^2=0.249$，$\omega_{12}^2=0.215$，$\omega_{13}^2=0.536$。

社会因素下四个评价指标的信息熵值：$H_{21}=0.9973$，$H_{22}=0.9950$，$H_{23}=0.9945$，$H_{24}=0.9917$；熵权：$\omega_{21}^2=0.126$，$\omega_{22}^2=0.233$，$\omega_{23}^2=0.256$，$\omega_{24}^2=0.385$。

技术因素下两个评价指标的信息熵值：$H_{31}=0.9771$，$H_{32}=0.9972$；熵权：$\omega_{31}^2=0.891$，$\omega_{32}^2=0.109$。

柔性因素下两个评价指标的信息熵值：$H_{41}=0.9950$，$H_{42}=0.9909$；熵权：$\omega_{41}^2=0.355$，$\omega_{42}^2=0.645$。

管理因素下两个评价指标的信息熵值：$H_{51}=0.9986$，$H_{52}=0.9904$；熵权：$\omega_{51}^2=0.127$，$\omega_{52}^2=0.873$；

回收模式决策评价指标客观权重汇总见表6.23。

表6.23　回收模式决策评价指标客观权重

准则层	指标层	ω_i^2
经济因素 B_1（0.304）	运营成本 C_1	0.249
	资金投入 C_2	0.215
	盈利性 C_3	0.536
社会因素（0.207）	客户满意度 C_4	0.126
	社会责任 C_5	0.233
	服务能力 C_6	0.256
	行业竞争力 C_7	0.385
技术因素 B_3（0.247）	物流专业度 C_8	0.891
	技术投入 C_9	0.109
柔性因素 B_4（0.136）	抗风险能力 C_{10}	0.355
	库存控制 C_{11}	0.645
管理因素 B_5（0.106）	信息管理 C_{12}	0.127
	人员管理 C_{13}	0.873

（3）指标组合赋权。本书基于加权权重偏差最小化原则，将 F－Entorpy 确定的指标权重进行修正。权重的线性组合过程中，对各权重影响因子 α_1 与 α_2 的推导公式如下所述。

将 $k=1$，2 代入公式（6.26），得到方程组

$$\begin{cases} 2\alpha_1 \sum_{i=1}^{n} (\omega_i^1)^2 - \alpha_1 \sum_{i=1}^{n} \omega_i^1 \omega_i^1 - \alpha_2 \sum_{i=1}^{n} \omega_i^2 \omega_i^1 + \lambda = 0 \\ 2\alpha_2 \sum_{i=1}^{n} (\omega_i^2)^2 - \alpha_1 \sum_{i=1}^{n} \omega_i^1 \omega_i^2 - \alpha_2 \sum_{i=1}^{n} \omega_i^2 \omega_i^2 + \lambda = 0 \end{cases} \tag{6.31}$$

其中，$\alpha_k \geqslant 0$，$\alpha_1 + \alpha_2 = 1$。

求解可得 $\alpha_1 = 0.536$，$\alpha_2 = 0.464$，代入公式（6.22），得到评价指标组合权重，见表 6.24。

表 6.24　组合权重

准则层	指标层	ω_i^1	ω_i^2	ω_i
经济因素 B_1（0.276）	运营成本 C_1	0.332	0.249	0.293
	资金投入 C_2	0.337	0.215	0.280
	盈利性 C_3	0.332	0.536	0.427
	客户满意度 C_4	0.289	0.126	0.213
社会因素 B_2（0.274）	社会责任 C_5	0.267	0.233	0.251
	服务能力 C_6	0.217	0.256	0.235
	行业竞争力 C_7	0.227	0.385	0.300
技术因素 B_3（0.186）	物流专业度 C_8	0.352	0.891	0.602
	技术投入 C_9	0.648	0.109	0.398
柔性因素 B_4（0.139）	抗风险能力 C_{10}	0.571	0.355	0.471
	库存控制 C_{11}	0.429	0.645	0.529
管理因素 B_5（0.125）	信息管理 C_{12}	0.643	0.127	0.404
	人员管理 C_{13}	0.357	0.873	0.596

（4）回收模式模糊综合评价。以汽车经销商回收模式为例，对回收模式的模糊综合评价过程进行说明。专家对各指标相对于评语集打分统计见表 6.25。

表 6.25　经销商回收模式下各指标相对于评语集打分

指标	权重	好	较好	一般	较差	差
运营成本	0.081	3	3	2	1	1
资金投入	0.077	3	4	2	1	0

续表

指标	权重	好	较好	一般	较差	差
盈利性	0.118	2	2	4	2	0
客户满意度	0.058	3	3	2	1	1
社会责任	0.069	4	3	2	1	0
服务能力	0.064	3	4	1	1	1
行业竞争力	0.082	3	4	3	0	0
物流专业度	0.112	2	2	2	3	1
技术投入	0.074	2	2	3	2	1
抗风险能力	0.065	3	2	2	2	1
库存控制	0.074	0	4	3	1	2
信息管理	0.051	2	4	3	1	0
人员管理	0.075	3	2	4	1	0
综合隶属度		0.249	0.290	0.260	0.140	0.061

由表6.25可得，隶属度矩阵为

$$\boldsymbol{R}^{\mathrm{T}}=\begin{bmatrix}0.3 & 0.3 & 0.2 & 0.3 & 0.4 & 0.3 & 0.3 & 0.2 & 0.2 & 0.3 & 0 & 0.2 & 0.3\\ 0.3 & 0.4 & 0.2 & 0.3 & 0.3 & 0.4 & 0.4 & 0.2 & 0.2 & 0.2 & 0.4 & 0.4 & 0.2\\ 0.2 & 0.2 & 0.4 & 0.2 & 0.2 & 0.1 & 0.3 & 0.2 & 0.3 & 0.2 & 0.3 & 0.3 & 0.4\\ 0.1 & 0.1 & 0.2 & 0.1 & 0.1 & 0.1 & 0 & 0.3 & 0.2 & 0.2 & 0.1 & 0.1 & 0.1\\ 0.1 & 0 & 0 & 0.1 & 0 & 0.1 & 0 & 0.1 & 0.1 & 0.1 & 0.2 & 0 & 0\end{bmatrix}$$

权系数向量 $\boldsymbol{W}_U=(0.081, 0.077, 0.118, 0.058, 0.068, 0.069, 0.064, 0.112, 0.074, 0.065, 0.074, 0.051, 0.075)$；

根据评语集数值化结果，可得标准满意度向量 $\boldsymbol{W}_E'=(100, 90, 80, 70, 60)$；

根据公式（6.25），可计算综合隶属度向量 $\boldsymbol{S}_1=(0.249, 0.290, 0.260, 0.140, 0.061)$；

根据公式（6.26），可计算综合得分 $\mu_1=85.20$。

同理，可计算得联营模式下，综合隶属度向量 $\boldsymbol{S}_2=(0.227, 0.276, 0.279, 0.159, 0.059)$，综合得分 $\mu_2=84.53$。

第三方回收模式下，综合隶属度向量 $\boldsymbol{S}_3=(0.168, 0.258, 0.307, 0.193, 0.074)$，综合得分 $\mu_3=82.53$。

分析可知，$\mu_1>\mu_2>\mu_3$，汽车经销商回收模式的综合评分最高，从总体上来看，C 企业较适合采用该模式对退役动力电池进行回收。

（5）准则层模糊评价。高层的模糊评价结果经过隶属度分析以及加权平均值可以得出三种逆向物流模式的综合评分。同样地，通过对底层模糊评价结果的隶属度与加权平均进行分析，可以得到三种模式下准则层的综合得分。同时，根据表 6.24 各指标的综合权重值，可以得到准则层权重值，并按重要性由高到低进行排序。此结果可细化回收模式的决策，指导回收网络的建立。准则层的综合评分结果见表 6.26。

表 6.26　　准则层的模糊评价结果

指标	权重	D_1 模式评价得分	D_2 模式评价得分	D_3 模式评价得分
经济因素	0.276	85.98	85.99	76.24
社会因素	0.274	88.41	86.21	85.20
技术因素	0.186	81.40	80.80	91.40
柔性因素	0.139	81.35	85.82	83.00
管理因素	0.125	87.09	81.68	76.60

准则层中，经济因素（0.276）>社会因素（0.274）>技术因素（0.186）>柔性因素（0.139）>管理因素（0.125），因此企业在进行逆向物流模式决策时，首先要关注经济与社会因素的影响。

经济和社会因素方面，汽车生产商委托经销商回收模式和联营回收模式评分较高，前者能够节约回收网络构建成本，后者能够充分利用优势互补，实现规模经济效益，二者同时又能避免回收责任外包给第三方回收企业所产生的交易成本。另外，这两种模式比第三方回收模式能更直接地体现汽车生产商以及电池生产商对 EPR 的履行，是企业承担社会责任的重要表现。

管理因素方面，汽车生产商委托汽车经销商回收模式得分最高，经销商可直接对退役动力电池的回收进行管控，获取信息反馈更加高效。同时，退役电池回收过程中的交易成本更加透明，极大地降低了成本预算的不确定性。

技术因素方面，第三方回收模式具有绝对优势。回收过程由掌握领先技术的第三方专业处理回收企业来主导，该模式可促使社会分工明确，资源达到良性重组，实现第三方回收处理企业技术投入向回收收益的转化。因此，*C* 企业在实行汽车经销商回收模式时，可以适当增加技术投入，从长远发展的角度做好应对。

综上所述，企业在进行逆向物流模式决策时，应充分考虑自身实际以及相关因素的影响，选择最合适的回收模式，不必拘泥于某一种模式，可与其他模式进行互补改进，尽可能实现回收利润最大化、成本最小化、服务最优化。

6.2　新能源汽车动力电池回收机制博弈分析与回收网络模型构建

6.2.1　政府行为下动力电池回收处理商和消费者策略演化博弈分析

根据6.1.2节的结果，在众多影响因素中识别出影响动力电池回收的关键因素为政府财政补贴、监管机制和技术水平。政府的财政补贴有助于促进动力电池的回收，监管机制有助于规范行业秩序。同时回收企业技术水平的提高必须加大技术投入，而消费者作为回收必不可少的一个环节，也会直接影响回收的顺利进行。因此，本书拟从政府、回收处理商和消费者三个主体入手，研究三者激发动力电池回收市场活力的内在机制。在决策者有限理性和不完全信息的情况下，演化博弈是重要的分析工具。在动力电池回收过程中，政府、回收处理商和消费者根据各自决策获得利益和信息，不断调整自身的策略，从而改善自身利益，使得政府、回收企业和消费者在各自决策中达到均衡。

基于此，本书从政府、回收处理商和消费者有限理性出发，建立政府、回收处理商和消费者三方演化博弈模型，分析各个主体演化稳定均衡策略的演化过程，探究政府干预、消费者回收态度和回收处理商投资策略对动力电池回收的影响，旨在研究不同主体的决策对动力电池回收再生产业的影响，为动力电池回收产业的健康发展提供理论基础和决策建议。

1. 问题描述与模型假设、符号说明

(1) 问题描述。动力电池的回收处理包括梯次利用和直接拆解回收两种方式。虽然我国在拆解回收方面技术已经相当成熟，干法和湿法回收工艺已经可以实现市场化应用，但是仍存在一些因动力电池形状和安装方式差异导致的拆解技术问题还有待解决。此外，当前大众比较关注的梯次利用关键技术瓶颈还待突破。所以回收商在技术投资模式上的策略对于打破当前回收瓶颈至关重要。要想整个回收体系稳健运行，还需政府的政策支持与消费者的积极参与。本章主要从以下内容展开研究：政府的策略对回收商和消费者决策的影响，如何推动回收商积极进行技术投入，以及如何提高消费者参与的积极性等。

基于影响动力电池的关键因素，构建政府、回收处理商和消费者三方博弈模型。其中回收处理商包含所有参与电池回收处理的企业，如电池生产企业和第三方专业回收处理商等，其拥有电池原材料回收处理技术。技术先进水平越高，动力电池的再生利用水平也就越高，所以回收处理商需要通过研发新技术或者购买先进设备来提高动力电池的再生利用率，从而提高收益。因此，回收处理商在回收技术投资上有两种行为模式：“技术投资”和“不投资”。消费者的回收态度决定了其参与回收的积极性，根据消费者回收态度将其分为两种行为模式，即“参与回收”和“不参与回收”。此外，政府在动力电池回收有监管和补贴等干预方式，基于政府监管，研究补贴对回收处理商和消费者决策的影响，因此政府有两种行为模式，即“补贴”和“不补贴”。

（2）模型假设。

H6－1：政府、回收处理商和消费者均为有限理性和不完全信息状态，并具有学习能力，在多次博弈过程中，通过分析其他主体策略，不断调整个人决策，逐步达到演化博弈的稳定状态。

H6－2：政府在选择“不补贴”策略时，将不对回收处理商和消费者进行补贴，同时需要付出相应的管理和治理环境的成本，也会有一定的收益，如税收等，因此政府选择“不补贴”的收益为 c_g。政府在选择“补贴”策略时，激励更多的回收企业和消费者积极参与回收，因此政府需要付出额外的监管成本 M，并获得额外的收益 L，如税收等。当回收处理商选择投资时，政府将会获得额外的环境收益 H，并为回收处理商提供补贴 αe，α 为当回收处理商投资时，政府给予的补贴比例，为简便研究，设定 $\alpha > 0.5$。当消费者选择参与回收时，政府对其提供补贴（$1-\alpha)e$。

H6－3：本书研究的回收处理商均是经过国家资格认证之后可以进行合法回收的企业。回收处理商在选择“不进行技术投资”时的成本为 c_r，收益为 R_r。回收处理商在选择“技术投资”时，退役电池的利用率增加，在一定程度上会降低电池制造成本，提高市场需求，则回收处理商技术投资后的收益变为 βR_r。其中 β 为投资后带来的收益增加比率，反映回收处理商的投入成本力度，投入成本越高，意味着相同条件下，退役电池的再生利用率越高。I 为回收处理商的成本投入。此外，回收处理商基于政府鼓励，消费者积极参与回收，会获得额外收益 R_1，在政府不鼓励的情况下，基于消费者积极参与回收仍会带来额外收益 R_2，并且 $R_1 > R_2 > 0$。

H6－4：消费者不参与正规渠道回收时的收益为 R_c，消费者参与正规渠道的回收可得到收益 u。

H6－5：博弈主体选择的概率为 x，y，z，且 $x, y, z \in [0, 1]$，均为时间的函数。

（3）符号说明。具体参数说明见表 6.27。

表 6.27　　模型中参数及其含义

参数	含义
R_c	消费者不参与正规渠道的回收得到的收益
R_1	回收处理商基于政府鼓励，消费者参与回收获得额外收益
R_2	回收处理商基于政府不鼓励，消费者参与回收获得额外收益
R_r	回收处理商不投资时的收益
C_r	回收处理商不投资时的支出
C_g	在政府不鼓励动力电池回收时需要付出的治理成本
H	回收处理商投资时，政府的额外收益
L	政府鼓励过程中获得的收益
M	政府鼓励动力电池回收过程的成本
e	政府给予企业和消费者的补贴
u	消费者参与正规渠道的回收所得到的收益
α	当回收处理商投资时，得到政府补贴的比例
I	回收处理商的投资成本
β	回收处理商投资后带来的收益增加率

2. 演化博弈模型建立与分析

（1）建立模型。基于以上假设基础，构建政府、回收处理商与消费者的三方演化博弈模型，并建立相应的博弈收益矩阵，见表 6.28。

表 6.28　　政府、回收处理商与消费者演化博弈收益矩阵

博弈参与者		回收处理商	
		投资	不投资
消费者参与回收	政府补贴	$\Pi_r=\beta R_r-C_r-I+\alpha e+R_1$ $\Pi_c=(1-\alpha)e+u$ $\Pi_g=H+L-M-e+C_g$	$\Pi_r=R_r-C_r+R_1$ $\Pi_c=(1-\alpha)e+u$ $\Pi_g=L-M-(1-\alpha)e+C_g$
	政府不补贴	$\Pi_r=\beta R_r-C_r-I+R_2$ $\Pi_c=u$ $\Pi_g=H+C_g$	$\Pi_r=R_r-C_r+R_2$ $\Pi_c=u$ $\Pi_g=C_g$
消费者不参与回收	政府补贴	$\Pi_r=\beta R_r-C_r-I+\alpha e$ $\Pi_c=R_c$ $\Pi_g=H+L-M-\alpha e+C_g$	$\Pi_r=R_r-C_r$ $\Pi_c=R_c$ $\Pi_g=L-M+C_g$
	政府不补贴	$\Pi_r=\beta R_r-C_r-I$ $\Pi_c=R_c$ $\Pi_g=H+C_g$	$\Pi_r=R_r-C_r$ $\Pi_c=R_c$ $\Pi_g=C_g$

（2）各主体策略均衡分析。假设在动力电池回收的闭环供应链回收处理商选择投资的比例为 x，则选择不投资的比例为 $1-x$；消费者选择参与回收的比例为 y，则选择不参与回收的比例为 $1-y$；政府选择补贴的比例为 z，则选择不补贴的比例为 $1-z$。

①回收处理商策略均衡分析。回收处理商选择投资的期望收益为

$$\begin{aligned}E_{x1}=&yz(\beta R_r-C_r-I+\alpha e+R_1)+y(1-z)(\beta R_r-C_r-I+R_2)\\&+(1-y)z(\beta R_r-C_r-I+\alpha e)+(1-y)(1-z)(\beta R_r-C_r-I)\end{aligned} \tag{6.32}$$

即其投资的期望收益为

$$E_{x1}=[(R_1-R_2)z+R_2]y+\alpha ez+\beta R_r-C_r-I \tag{6.33}$$

回收处理商选择不投资的期望收益为

$$\begin{aligned}E_{x2}=&(1-y)z(R_r-C_r)+y(1-z)(R_r-C_r+R_2)\\&+(1-y)(1-z)(R_r-C_r)+yz(R_r-C_r+R_1)\end{aligned} \tag{6.34}$$

即其期望收益为

$$E_{x2}=[(1-z)R_2+zR_1]y+R_r-C_r \tag{6.35}$$

回收处理商的平均期望收益为

$$\overline{E_x}=xE_{x1}+(1-x)E_{x2}=[(\beta-1)R_r+\alpha ez-I]x+R_r+[(R_2-R_1)z+R_2]y-I \tag{6.36}$$

回收处理商的复制动态方程为

$$F(x)=\mathrm{d}x/\mathrm{d}t=x(E_{x1}-\overline{E_x})=x(1-x)[(\beta-1)R_r+\alpha ez-I] \tag{6.37}$$

对其求导可得

$$F'(x)=(1-2x)[(\beta-1)R_r+\alpha ez-I] \tag{6.38}$$

当 $z=[I-(\beta-1)R_r]/\alpha e$ 时，则 $F(x)\equiv 0$，则无论 x 取任何值，所有点均为稳定点。

当 $z\neq[I-(\beta-1)R_r]/\alpha e$ 时，使 $F(x)=0$，此时分以下两种情况讨论。

若 $z>[I-(\beta-1)R_r]/\alpha e$，有 $F'(x)|_{x=0}>0$，$F'(x)|_{x=1}<0$，说明 $x=1$ 是稳定点，即回收处理商的稳定策略为投资。

若 $z<[I-(\beta-1)R_r]/\alpha e$，有 $F'(x)|_{x=0}<0$，$F'(x)|_{x=1}>0$，说明 $x=0$ 是稳定点，即回收处理商的稳定策略为不投资。

由上述分析可得，如果回收处理商增加不投资时的收益，可使 $x\to 1$，回收处理商的策略选择趋向投资。

②消费者策略均衡分析。消费者参与回收的期望收益为

$$\begin{aligned}E_{y1}=&xz[(1-\alpha)e+u]+(1-x)z[(1-\alpha)e+u]\\&+x(1-z)u_1+(1-x)(1-z)u=u+z(1-\alpha)e\end{aligned} \tag{6.39}$$

消费者不参与回收的期望收益为

$$E_{y2}=xyR_c+(1-x)yR_c+x(1-y)R_c+(1-x)(1-y)R_c+R_c \tag{6.40}$$

消费者的平均期望收益为

$$\overline{E_y}=yE_{y1}+(1-y)E_{y2}=[-R_c+u-z(1-\alpha)e]y+R_c \tag{6.41}$$

消费者的复制动态方程为

$$F(y)=\mathrm{d}y/\mathrm{d}t=y(E_{y1}-\overline{E_y})=y(y-1)[-u-z(1-\alpha)e+R_c] \tag{6.42}$$

对其求导可得

$$F'(y)=(2y-1)[-u-z(1-\alpha)e+R_c] \tag{6.43}$$

当 $z=(R_c-u)/(1-\alpha)e$ 时，则 $F(y)\equiv 0$，则无论 y 取任何值，所有点均为稳定点。

当 $z\neq(R_c-u)/(1-\alpha)e$ 时，使 $F(y)=0$，得到 $y=0$，$y=1$ 是稳定点。此时分以下两种情况讨论：

若 $z>(R_c-u)/(1-\alpha)e$ 有 $F'(y)|_{y=0}>0$，$F'(y)|_{y=1}<0$，说明 $y=1$ 是稳定点，即消费者不参与回收为稳定状态。

若 $z<(R_c-u)/(1-\alpha)e$，有 $F'(y)|_{y=0}<0$，$F'(y)|_{y=1}>0$，说明 $y=0$ 是稳定点，即消费者参与回收为稳定状态。

由上述分析可得，如果在回收处理商不投资时，增大消费者参与回收得到的收益，并增大回收商在投资与不投资后，消费者获得的利润差；减小不参与回收所得到的收益，可使 $y\to 1$，消费者的策略选择趋向于参与回收。

③政府策略均衡分析。政府选择补贴的期望收益为

$$\begin{aligned}E_{z1}=&xy(H+L-M-e+C_g)+(1-x)y[L-M-(1-\alpha)e+C_g]\\&+x(1-y)(H+L-M-\alpha e+C_g)+(1-x)(1-y)(L-M+C_g)\end{aligned} \tag{6.44}$$

即其期望收益为

$$E_{z1}=[(y-x)\alpha-y]e+Hx+L-M+C_g \tag{6.45}$$

政府选择不补贴的期望收益为

$$E_{z2}=xy(H-C_g)+(1-x)y(-C_g)+x(1-y)(H-C_g)+(1-x)(1-y)(-C_g) \tag{6.46}$$

即其期望收益为

$$E_{z2}=(H-yC_g)x+C_g \tag{6.47}$$

政府的平均期望收益为

$$\overline{E_z}=zE_{y1}+(1-z)E_{y2}=[(yC_g-\alpha e)x-(1-\alpha)e+L-M]z+(H-yC_g)x+C_g \tag{6.48}$$

政府的复制动态方程为

$$F(z)=\mathrm{d}z/\mathrm{d}t=z(E_{z1}-E_{\bar{yz}})=z(1-z)\{[-(1-\alpha)y-x\alpha]e+xyC_g+L-M\} \tag{6.49}$$

对其求导可得

$$F'(z)=(1-2z)\{[-(1-\alpha)y-x\alpha]e+xyC_g+L-M\} \tag{6.50}$$

当 $y=(M-L+x\alpha e)/(\alpha e-e+x-C_g)$ 时，则 $F(z)\equiv 0$，表示无论 y 取任何值，所有点均为稳定点。

当 $y\neq(M-L+x\alpha e)/(\alpha e-e+x-C_g)$ 时，使 $F(z)=0$，得到 $z=0$，$z=1$ 是稳定点。此时分以下两种情况讨论。

若 $y>(M-L+x\alpha e)/(\alpha e-e+x-C_g)$ 有 $F'(z)|_{z=0}>0$，$F'(z)|_{z=1}<0$，说明 $z=1$ 是稳定点，即政府选择补贴为稳定策略。

若 $y<(M-L+x\alpha e)/(\alpha e-e+x-C_g)$，有 $F'(z)|_{z=0}<0$，$F'(z)|_{z=1}>0$，说明 $z=0$ 是稳定点，即政府选择不补贴为稳定策略。

由上述分析可得，如果降低政府补贴时获得的额外管理成本，提高政府补贴时获得的收益时，可使 $z\to 1$，政府的策略选择趋向于“补贴”。

（3）求解演化稳定策略。由以上分析可得到政府、回收处理商和消费者的复制动态系统，其反映了政府、回收处理商和消费者动态决策的过程。

$$\begin{cases}F(x)=x(1-x)[(\beta-1)R_r+\alpha ez-I]\\F(y)=y(y-1)[-u-z(1-\alpha)e+R_c]\\F(z)=z(1-z)\{[-(1-\alpha)y-x\alpha]e+xyC_g+L-M\}\end{cases} \tag{6.51}$$

根据李雅普诺夫稳定性提出的理论可知，通过分析雅可比矩阵的局部稳定性，可以得到政府、回收处理商和消费者构成的动态系统的演化均衡点。当雅可比矩阵的特征值均小于 0 时，此时复制动态系统的均衡点具有渐近稳定性，即为演化稳定点（ESS）；当特征值均为大于 0 时，表明此均衡点为不稳定点；当特征值有一个大于 0，一个小于 0，表明此均衡点为鞍点。

本系统的雅可比矩阵为

$$\boldsymbol{G}=\begin{bmatrix}\frac{\partial F(x)}{x} & \frac{\partial F(x)}{y} & \frac{\partial F(x)}{z}\\ \frac{\partial F(y)}{x} & \frac{\partial F(y)}{y} & \frac{\partial F(y)}{z}\\ \frac{\partial F(z)}{x} & \frac{\partial F(z)}{y} & \frac{\partial F(z)}{z}\end{bmatrix}=\begin{bmatrix}a_{11} & a_{12} & a_{13}\\ a_{21} & a_{22} & a_{23}\\ a_{31} & a_{32} & a_{33}\end{bmatrix} \tag{6.52}$$

其中，

$$a_{11}=(1-2x)[(\beta-1)R_r+\alpha ez-I] \tag{6.53}$$

$$a_{12}=0 \tag{6.54}$$

$$a_{13}=x(1-x)\alpha e \tag{6.55}$$

$$a_{21}=0 \tag{6.56}$$

$$a_{22}=(2y-1)[-u-z(1-\alpha)e+R_c] \tag{6.57}$$

$$a_{23}=y(y-1)(\alpha-1)e \tag{6.58}$$

$$a_{31}=z(1-z)(yC_g-\alpha e) \tag{6.59}$$

$$a_{32}=z(1-z)[xC_g-(1-\alpha)e] \tag{6.60}$$

$$a_{33}=(1-2z)\{[-(1-\alpha)y-x\alpha]e+xyC_g+L-M\} \tag{6.61}$$

在政府、回收处理商和消费者组成的复制动态系统中，令 $F(x)=F(y)=F(z)=0$，可求出三方演化博弈系统演化到稳定状态的均衡解，则9个局部均衡点分别为

$E_1(0,0,0)$、$E_2(0,0,1)$、$E_3(1,0,0)$、$E_4(1,0,1)$、$E_5(0,1,0)$、$E_6(1,1,0)$、$E_7(0,1,1)$、$E_8(1,1,1)$ 和 $E_9(x^*,y^*,z^*)$，其中前8个点为纯策略均衡点，$E_9(x^*,y^*,z^*)$ 为混合策略均衡点，为非渐近稳定状态，因此暂不作讨论。由演化博弈的基本理论可知，当特征值均小于0时，代表次均衡点为政府、回收处理商和消费者的三方博弈稳定策略（ESS）。

将以上均衡点分别代入雅可比矩阵，求得对应的特征值，见表6.29。

表6.29　雅可比矩阵均衡点与特征值

均衡点	特征值		
	λ_1	λ_2	λ_3
$E_1(0,0,0)$	$(\beta-1)R_r-I$	$u-R_c$	$L-M$
$E_2(0,0,1)$	$(\beta-1)R_r+\alpha e-I$	$-(\alpha-1)e+u-R_c$	$M-L$
$E_3(1,0,0)$	$I-(\beta-1)R_r$	$u-R_c$	$L-M-\alpha e$
$E_4(1,0,1)$	$I-(\beta-1)R_r-\alpha e$	$-(\alpha-1)e+u-R_c$	$M-L+\alpha e$
$E_5(0,1,0)$	$(\beta-1)R_r-I$	R_c-u	$L-M-(1-\alpha)e$
$E_6(1,1,0)$	$I-(\beta-1)R_r$	R_c-u	$L-M-e+C_g$
$E_7(0,1,1)$	$(\beta-1)R_r+\alpha e-I$	$(\alpha-1)e-u+R_c$	$M-L+(1-\alpha)e$
$E_8(1,1,1)$	$I-(\beta-1)R_r-\alpha e$	$(\alpha-1)e-u+R_c$	$M-L+e-C_g$

①情景A：当满足 $(\beta-1)R_r>I$ 时，代表回收处理商投资获得的额外收益超过投资成本，也就是说投资是呈正回报的，符合回收处理商投资预期。

情景A1：若满足 $R_c-u>(1-\alpha)e$，表明消费者在基于政府补贴的基础上，参与正规渠道回收的收益高于不参与该渠道回收的收益。

情景A1(1)：若 $L-M>\alpha e$，表明当政府获得的额外收益大于额外付出的管理成本和补贴企业的金额。此时系统的8个均衡点局部渐近稳定性分析见

表 6.30，可得 $E_4(1,0,1)$，即“回收处理商选择投资、消费者不参与回收、政府选择补贴”是渐近稳定点。

表 6.30　各均衡点稳定性判定

均衡点	特征值			状态
	λ_1	λ_2	λ_3	
$E_1(0,0,0)$	+	−	+	鞍点
$E_2(0,0,1)$	+	−	−	鞍点
$E_3(1,0,0)$	−	−	+	鞍点
$E_4(1,0,1)$	−	−	−	ESS
$E_5(0,1,0)$	+	+	+	不稳定点
$E_6(1,1,0)$	−	+	不确定	鞍点
$E_7(0,1,1)$	+	+	−	鞍点
$E_8(1,1,1)$	−	+	不确定	鞍点

情景 A1(2)：若 $L-M<\alpha e$，表明当政府获得的额外收益小于额外付出的管理成本和补贴企业的金额。此时系统的 8 个均衡点局部渐近稳定性分析见表 6.31，可得 $E_3(1,0,0)$，即“回收处理商选择投资、消费者不参与回收、政府选择不补贴”是渐近稳定点。

表 6.31　各均衡点稳定性判定

均衡点	特征值			状态
	λ_1	λ_2	λ_3	
$E_1(0,0,0)$	+	−	不确定	鞍点
$E_2(0,0,1)$	+	−	不确定	鞍点
$E_3(1,0,0)$	−	−	−	ESS
$E_4(1,0,1)$	−	−	+	鞍点
$E_5(0,1,0)$	+	+	不确定	鞍点
$E_6(1,1,0)$	−	+	不确定	鞍点
$E_7(0,1,1)$	+	+	不确定	鞍点
$E_8(1,1,1)$	−	+	不确定	鞍点

情景 A2：若满足 $0<R_c-u<(1-\alpha)e$，说明消费者在不参与正规渠道回收的收益高于参与该渠道回收的收益，而且两种策略产生收益差小于政府给予的补贴。

若 $L+C_g>e+M$ 且 $L-M<\alpha e$，说明当政府采取补贴动力电池回收时，其获得的额外收益与不补贴的收益总和大于额外付出的管理成本与补贴金额总和，而且其获得的额外收益与不补贴的收益总和小于额外付出的管理成本与补

贴企业的金额。此时系统的 8 个均衡点局部渐近稳定性分析见表 6.32，此时系统 $E_3(1, 0, 0)$ 即“回收处理商选择投资、消费者不参与回收、政府不选择补贴”和 $E_8(1, 1, 1)$ 即“回收处理商选择投资、消费者参与回收、政府选择补贴”是渐近稳定点。最终演化稳定状态时由政府、回收处理商和消费者三个主体的效益情况所决定。

表 6.32　　各均衡点稳定性判定

均衡点	特征值			状态
	λ_1	λ_2	λ_3	
$E_1(0, 0, 0)$	+	−	不确定	鞍点
$E_2(0, 0, 1)$	+	+	不确定	鞍点或不稳定点
$E_3(1, 0, 0)$	−	−	−	ESS
$E_4(1, 0, 1)$	−	+	+	鞍点
$E_5(0, 1, 0)$	+	+	不确定	鞍点或不稳定点
$E_6(1, 1, 0)$	−	+	+	鞍点
$E_7(0, 1, 1)$	+	−	不确定	鞍点
$E_8(1, 1, 1)$	−	−	−	ESS

情景 A3：若满足 $R_c - u < 0$，说明消费者在不参与该渠道回收的收益低于参与该渠道回收的收益。

情景 A3(1)：若 $L + C_g > e + M$，说明当政府采取补贴动力电池回收时，其获得的额外收益与不补贴的收益总和需大于额外付出的管理成本与补贴金额总和。此时系统的 8 个均衡点局部渐近稳定性分析见表 6.33，可得 $E_8(1, 1, 1)$，即“回收处理商选择投资、消费者参与回收、政府选择补贴”是渐近稳定点。

表 6.33　　各均衡点稳定性判定

均衡点	特征值			状态
	λ_1	λ_2	λ_3	
$E_1(0, 0, 0)$	+	+	不确定	鞍点
$E_2(0, 0, 1)$	+	+	不确定	鞍点
$E_3(1, 0, 0)$	−	+	不确定	鞍点
$E_4(1, 0, 1)$	−	+	不确定	鞍点
$E_5(0, 1, 0)$	+	−	不确定	鞍点
$E_6(1, 1, 0)$	−	−	+	鞍点
$E_7(0, 1, 1)$	+	−	不确定	鞍点
$E_8(1, 1, 1)$	−	−	−	ESS

情景 A3(2)：若 $L+C_g<e+M$，说明当政府采取补贴动力电池回收时，其获得的额外收益与不补贴的收益总和小于额外付出的管理成本与补贴金额总和。此时系统的 8 个均衡点局部渐近稳定性分析见表 6.34，可得 $E_6(1,\ 1,\ 0)$，即“回收处理商选择投资、消费者参与回收、政府选择不补贴”是渐近稳定点。

表 6.34　　各均衡点稳定性判定

均衡点	特征值			状态
	λ_1	λ_2	λ_3	
$E_1(0,\ 0,\ 0)$	+	+	不确定	鞍点
$E_2(0,\ 0,\ 1)$	+	+	不确定	鞍点
$E_3(1,\ 0,\ 0)$	–	+	不确定	鞍点
$E_4(1,\ 0,\ 1)$	–	+	不确定	鞍点
$E_5(0,\ 1,\ 0)$	+	–	不确定	鞍点
$E_6(1,\ 1,\ 0)$		–	–	ESS
$E_7(0,\ 1,\ 1)$	+	–	不确定	鞍点
$E_8(1,\ 1,\ 1)$	–	–	+	鞍点

②情景 B：当满足 $-\alpha e<(\beta-1)R_r-I<0$ 时，代表回收处理商投资获得的收益小于投资成本，并且投资获得的额外收益与投资之差小于政府补贴的金额，也就是说投资处于支出阶段，投资还未获得净利润。

情景 B1：若满足 $R_c-u>(1-\alpha)e$，表明消费者在基于政府补贴的基础上，参与正规渠道回收的收益高于不参与该渠道回收的收益。

情景 B1(1)：若 $L-M>\alpha e$，说明当政府获得的额外收益需要满足大于额外付出的管理成本和补贴企业的金额。此时系统的 8 个均衡点局部渐近稳定性分析见表 6.35，可得 $E_4(1,\ 0,\ 1)$，即“回收处理商选择投资、消费者不参与回收、政府选择补贴”是渐近稳定点。

表 6.35　　各均衡点稳定性判定

均衡点	特征值			状态
	λ_1	λ_2	λ_3	
$E_1(0,\ 0,\ 0)$	–	–	+	鞍点
$E_2(0,\ 0,\ 1)$	+	–	–	鞍点
$E_3(1,\ 0,\ 0)$	+	–	+	鞍点
$E_4(1,\ 0,\ 1)$	–	–	–	ESS
$E_5(0,\ 1,\ 0)$	–	+	+	鞍点

续表

均衡点	特征值			状态
	λ_1	λ_2	λ_3	
$E_6(1, 1, 0)$	+	+	不确定	鞍点
$E_7(0, 1, 1)$	+	+	-	鞍点
$E_8(1, 1, 1)$	-	+	不确定	鞍点

情景 B1(2)：若 $L-M<0$，当政府获得的额外收益小于额外付出的管理成本。此时系统的 8 个均衡点局部渐近稳定性分析见表 6.36，可得 $E_1(0, 0, 0)$，即“回收处理商选择不投资、消费者不参与回收、政府选择不补贴”是渐近稳定点。

表 6.36　各均衡点稳定性判定

均衡点	特征值			状态
	λ_1	λ_2	λ_3	
$E_1(0, 0, 0)$	-	-	-	ESS
$E_2(0, 0, 1)$	+	-	+	鞍点
$E_3(1, 0, 0)$	+	-	-	鞍点
$E_4(1, 0, 1)$	-	-	+	鞍点
$E_5(0, 1, 0)$	-	+	-	鞍点
$E_6(1, 1, 0)$	+	+	不确定	鞍点
$E_7(0, 1, 1)$	+	+	+	不稳定点
$E_8(1, 1, 1)$	-	+	不确定	鞍点

情景 B2：若满足 $0<R_c-u<(1-\alpha)e$，说明消费者在不参与该渠道回收的收益高于参与该渠道回收的收益，而且两种策略产生收益差小于政府给予的补贴。

情景 B2(1)：若 $L+C_g>e+M$ 且 $L-M>0$，说明当政府采取补贴动力电池回收时，其额外收益与不进行补贴时的收益总和大于额外管理成本与补贴金额总和，而且其额外收益大于额外管理成本。此时系统的 8 个均衡点局部渐近稳定性分析见表 6.37，可得 $E_8(1, 1, 1)$，即“回收处理商选择投资、消费者参与回收、政府选择补贴”是渐近稳定点。

表 6.37　　各均衡点稳定性判定

均衡点	特征值			状态
	λ_1	λ_2	λ_3	
$E_1(0, 0, 0)$	-	-	+	鞍点
$E_2(0, 0, 1)$	+	+	-	鞍点
$E_3(1, 0, 0)$	+	-	不确定	鞍点
$E_4(1, 0, 1)$	-	+	不确定	鞍点
$E_5(0, 1, 0)$	-	+	不确定	鞍点
$E_6(1, 1, 0)$	+	+	+	不稳定点
$E_7(0, 1, 1)$	+	-	不确定	鞍点
$E_8(1, 1, 1)$	-	-	-	ESS

情景 B2(2)：若 $L + C_g < e + M$ 且 $L - M < 0$，说明当政府采取补贴动力电池回收时，其获得的额外收益与不补贴的收益总和需小于额外付出的管理成本与补贴金额总和，而且其获得的额外收益小于额外付出的管理成本。此时系统的 8 个均衡点局部渐近稳定性分析见表 6.38，可得 $E_1(0, 0, 0)$，即“回收处理商选择不投资、消费者不参与回收、政府选择不补贴”是渐近稳定点。

表 6.38　　各均衡点稳定性判定

均衡点	特征值			状态
	λ_1	λ_2	λ_3	
$E_1(0, 0, 0)$	-	-	-	ESS
$E_2(0, 0, 1)$	+	+	+	鞍点
$E_3(1, 0, 0)$	+	-	-	鞍点
$E_4(1, 0, 1)$	-	+	+	鞍点
$E_5(0, 1, 0)$	-	+	-	鞍点
$E_6(1, 1, 0)$	+	+	-	鞍点
$E_7(0, 1, 1)$	+	-	+	鞍点
$E_8(1, 1, 1)$	-	-	+	鞍点

情景 B3：若满足 $R_c - u < 0$，说明消费者在不参与该渠道回收的收益低于参与该渠道回收的收益。

情景 B3(1)：若 $L + C_g > e + M$ 且 $L - M > (1 - \alpha)e$，说明当政府采取补贴动力电池回收时，其获得的额外收益与不补贴的收益总和需大于额外付出的管理成本与补贴金额总和，而且其获得的额外收益需要满足大于额外付出的管理成本和补贴消费者的金额。此时系统的 8 个均衡点局部渐近稳定性分析见表 6.39，可得

$E_8(1, 1, 1)$，即“回收处理商选择投资、消费者参与回收、政府选择补贴”是渐近稳定点。

表 6.39　　各均衡点稳定性判定

均衡点	特征值			状态
	λ_1	λ_2	λ_3	
$E_1(0, 0, 0)$	−	+	+	鞍点
$E_2(0, 0, 1)$	+	+	−	鞍点
$E_3(1, 0, 0)$	+	+	−	鞍点
$E_4(1, 0, 1)$	−	+	+	鞍点
$E_5(0, 1, 0)$	−	−	+	鞍点
$E_6(1, 1, 0)$	+	−	+	鞍点
$E_7(0, 1, 1)$	+	−	−	鞍点
$E_8(1, 1, 1)$	−	−	−	ESS

情景 B3(2)：若 $L+C_g>e+M$ 且 $(1-\alpha)e>L-M>0$，说明当政府采取补贴动力电池回收时，其额外收益与不进行补贴时的收益总和大于额外管理成本与补贴金额总和，而且其额外收益大于额外管理成本，小于额外管理成本与补贴消费者的金额之和。此时系统的 8 个均衡点局部渐近稳定性分析见表 6.40，$E_5(0, 1, 0)$ 即“回收处理商选择不投资、消费者参与回收、政府选择不补贴”和$E_8(1, 1, 1)$ 即“回收处理商选择投资、消费者参与回收、政府选择补贴”是渐近稳定点。渐近稳定状态取决于鞍点的位置。最终演化稳定状态时由政府、回收处理商和消费者三个主体的效益情况所决定。

表 6.40　　各均衡点稳定性判定

均衡点	特征值			状态
	λ_1	λ_2	λ_3	
$E_1(0, 0, 0)$	−	+	+	鞍点
$E_2(0, 0, 1)$	+	+	−	鞍点
$E_3(1, 0, 0)$	+	+	−	鞍点
$E_4(1, 0, 1)$	−	+	+	鞍点
$E_5(0, 1, 0)$	−	−	−	*ESS*
$E_6(1, 1, 0)$	+	−	+	鞍点
$E_7(0, 1, 1)$	+	−	+	鞍点
$E_8(1, 1, 1)$	−	−	−	*ESS*

③情景 C：当满足 $(\beta-1)R_r-I+\alpha e<0$ 时，代表第三方回收处理商在政府补贴的基础上，投资获得的收益小于投资成本，也就是说即使政府有部分技术补贴，投资还是无法获得利润。

情景 C1：若满足 $R_c-u>(1-\alpha)e$，表明消费者在基于政府补贴的基础上，参与该渠道回收的收益高于不参与该渠道回收的收益。

情景 C1(1)：若 $L-M>0$，说明当政府获得的额外收益需要满足大于额外付出的管理成本。此时系统的 8 个均衡点局部渐近稳定性分析见表 6.41，可得 $E_2(0,0,1)$，即“回收处理商选择不投资、消费者不参与回收、政府选择补贴”是渐近稳定点。

表 6.41　　　　各均衡点稳定性判定

均衡点	特征值			状态
	λ_1	λ_2	λ_3	
$E_1(0,0,0)$	-	-	+	鞍点
$E_2(0,0,1)$	-	-	-	ESS
$E_3(1,0,0)$	+	-	不确定	鞍点
$E_4(1,0,1)$	+	-	不确定	鞍点
$E_5(0,1,0)$	-	+	不确定	鞍点
$E_6(1,1,0)$	+	+	不确定	鞍点
$E_7(0,1,1)$	-	+	不确定	鞍点
$E_8(1,1,1)$	+	+	不确定	鞍点

情景 C1(2)：若 $L-M<0$，当政府获得的额外收益小于额外付出的管理成本。此时系统的 8 个均衡点局部渐近稳定性分析见表 6.42，可得 $E_1(0,0,0)$，即“回收处理商选择不投资、消费者不参与回收、政府选择不补贴”是渐近稳定点。

表 6.42　　　　各均衡点稳定性判定

均衡点	特征值			状态
	λ_1	λ_2	λ_3	
$E_1(0,0,0)$	-	-	-	ESS
$E_2(0,0,1)$	-	-	+	鞍点
$E_3(1,0,0)$	+	-	-	鞍点
$E_4(1,0,1)$	+	-	+	鞍点
$E_5(0,1,0)$	-	+	-	鞍点
$E_6(1,1,0)$	+	+	不确定	鞍点

续表

均衡点	特征值			状态
	λ_1	λ_2	λ_3	
$E_7(0, 1, 1)$	-	+	+	不稳定点
$E_8(1, 1, 1)$	+	+	不确定	鞍点

情景 C2：若满足 $0 < R_c - u < (1-\alpha)e$，说明消费者在不参与该渠道回收的收益高于参与该渠道回收的收益，而且两种策略产生收益差小于政府给予的补贴。

情景 C2(1)：若 $L - M > (1-\alpha)e$，说明当政府获得的额外收益大于额外付出的管理成本和补贴消费者的金额。此时系统的 8 个均衡点局部渐近稳定性分析见表 6.43，可得 $E_7(0, 1, 1)$，即“回收处理商选择不投资、消费者参与回收、政府选择补贴”是渐近稳定点。

表 6.43　　各均衡点稳定性判定

均衡点	特征值			状态
	λ_1	λ_2	λ_3	
$E_1(0, 0, 0)$	-	-	+	鞍点
$E_2(0, 0, 1)$	-	+	-	鞍点
$E_3(1, 0, 0)$	+	-	不确定	鞍点
$E_4(1, 0, 1)$	+	+	不确定	鞍点
$E_5(0, 1, 0)$	-	+	+	鞍点
$E_6(1, 1, 0)$	+	+	不确定	鞍点
$E_7(0, 1, 1)$	-	-	-	ESS
$E_8(1, 1, 1)$	+	-	不确定	鞍点

情景 C2(2)：若 $0 < L - M < (1-\alpha)e$，表明当政府获得的额外收益需要满足大于额外付出的管理成本，小于额外付出的管理成本和补贴消费者的金额。此时系统的 8 个均衡点局部渐近稳定性分析见表 6.44，表明此时系统无渐近稳定点。

表 6.44　　各均衡点稳定性判定

均衡点	特征值			状态
	λ_1	λ_2	λ_3	
$E_1(0, 0, 0)$	-	-	+	鞍点
$E_2(0, 0, 1)$	-	+	-	鞍点

续表

均衡点	特征值			状态
	λ_1	λ_2	λ_3	
$E_3(1, 0, 0)$	+	-	-	鞍点
$E_4(1, 0, 1)$	+	+	+	不稳定点
$E_5(0, 1, 0)$	-	+	-	鞍点
$E_6(1, 1, 0)$	+	+	不确定	鞍点
$E_7(0, 1, 1)$	-	-	+	鞍点
$E_8(1, 1, 1)$	+	-	不确定	鞍点

情景 C2(3)：若 $L+C_g<e+M$ 且 $L-M<0$，说明当政府采取补贴动力电池回收时，其获得的额外收益与不补贴的收益总和小于额外付出的管理成本与补贴金额总和，而且其获得的额外收益小于额外付出的管理成本。此时系统的 8 个均衡点局部渐近稳定性分析见表 6.45，可得 $E_1(0, 0, 0)$，即“回收处理商选择不投资、消费者不参与回收、政府选择不补贴”是渐近稳定点。

表 6.45　　各均衡点稳定性判定

均衡点	特征值			状态
	λ_1	λ_2	λ_3	
$E_1(0, 0, 0)$	-	-	-	ESS
$E_2(0, 0, 1)$	-	+	+	鞍点
$E_3(1, 0, 0)$	+	-	-	鞍点
$E_4(1, 0, 1)$	+	+	+	不稳定点
$E_5(0, 1, 0)$	-	+	-	鞍点
$E_6(1, 1, 0)$	+	+	-	鞍点
$E_7(0, 1, 1)$	-	-	+	鞍点
$E_8(1, 1, 1)$	+	-	+	鞍点

情景 C3：若满足 $R_c-u<0$，说明消费者在不参与该渠道回收的收益低于参与该渠道回收的收益。

情景 C3(1)：若 $L-M>(1-\alpha)e$，说明当政府获得的额外收益大于额外付出的管理成本和补贴消费者的金额。此时系统的 8 个均衡点局部渐近稳定性分析见表 6.46，可得 $E_7(0, 1, 1)$，即“回收处理商选择不投资、消费者参与回收、政府选择补贴”是渐近稳定点。

表 6.46　　各均衡点稳定性判定

均衡点	特征值			状态
	λ_1	λ_2	λ_3	
$E_1(0,0,0)$	−	+	+	鞍点
$E_2(0,0,1)$	−	+	−	鞍点
$E_3(1,0,0)$	+	+	不确定	鞍点
$E_4(1,0,1)$	+	+	不确定	鞍点
$E_5(0,1,0)$	−	−	+	鞍点
$E_6(1,1,0)$	+	−	不确定	鞍点
$E_7(0,1,1)$	−	−	−	ESS
$E_8(1,1,1)$	+	−	不确定	鞍点

情景 C3(2)：若 $L-M<(1-\alpha)e$，说明当政府获得的额外收益小于额外付出的管理成本和补贴消费者的金额。此时系统的 8 个均衡点局部渐近稳定性分析见表 6.47，可得 $E_5(0,1,0)$，即“回收处理商选择不投资、消费者参与回收、政府选择不补贴”是渐近稳定点。

表 6.47　　各均衡点稳定性判定

均衡点	特征值			状态
	λ_1	λ_2	λ_3	
$E_1(0,0,0)$	−	+	不确定	鞍点
$E_2(0,0,1)$	−	+	不确定	鞍点
$E_3(1,0,0)$	+	+	−	鞍点
$E_4(1,0,1)$	+	+	+	不稳定点
$E_5(0,1,0)$	−	−	−	ESS
$E_6(1,1,0)$	+	−	不确定	鞍点
$E_7(0,1,1)$	−	−	+	鞍点
$E_8(1,1,1)$	+	−	不确定	鞍点

（4）演化博弈模型结果分析。根据上述分析，可以得到政府、回收处理商和消费者在不同情景下的演化博弈过程，本书绘制了不同情景下的一种系统演化图，如图 6.11 ~ 图 6.18 所示。从相位图可得到各情景下的演化轨迹与理论分析一致。

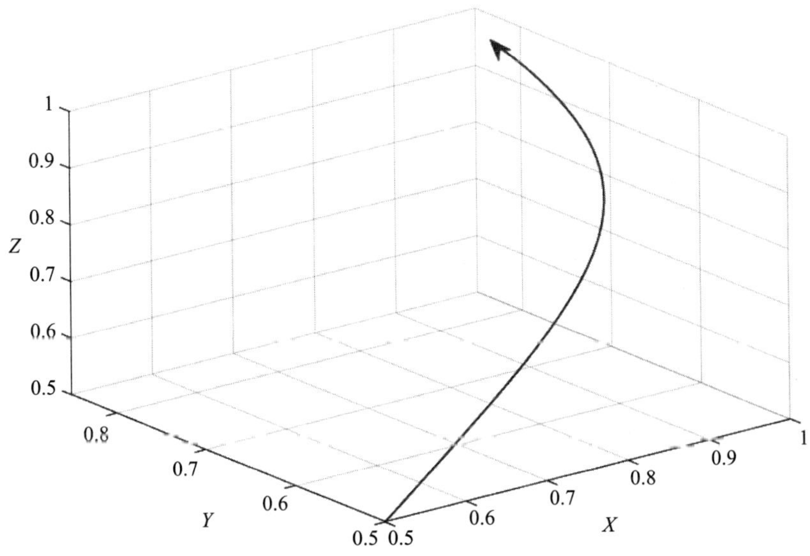

图6.11　情景A2和A3(1)等相位图

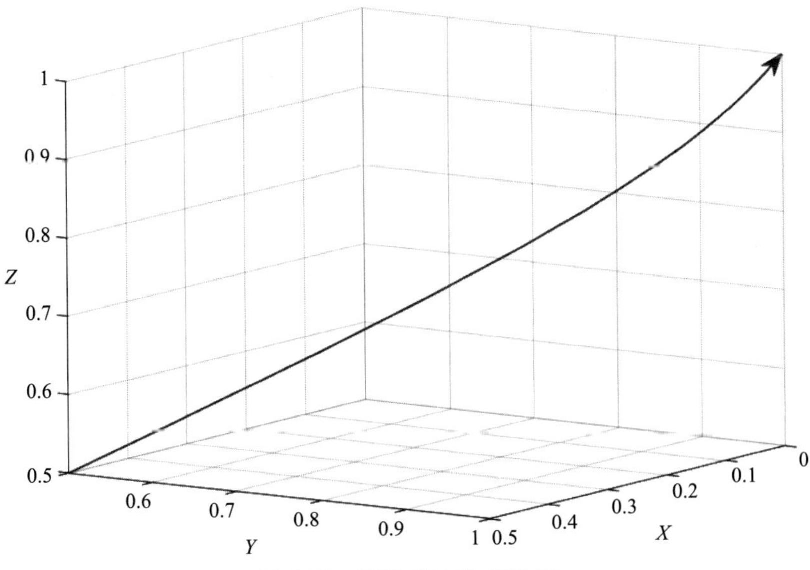

图6.12　情景C3(1)相位图

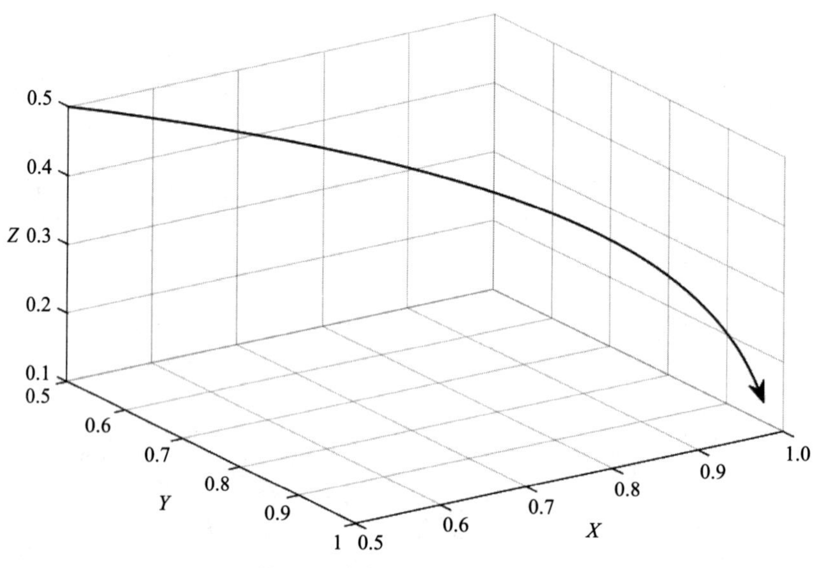

图 6.13　情景 A3(2) 相位图

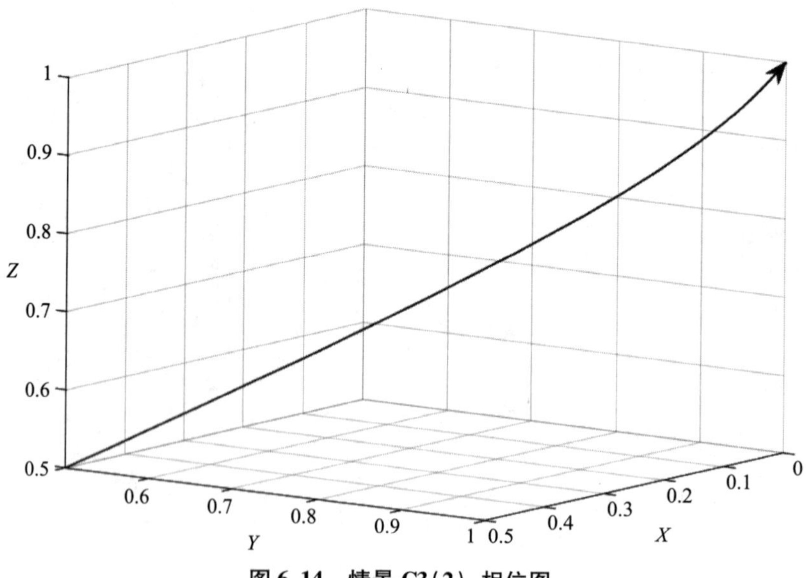

图 6.14　情景 C3(2) 相位图

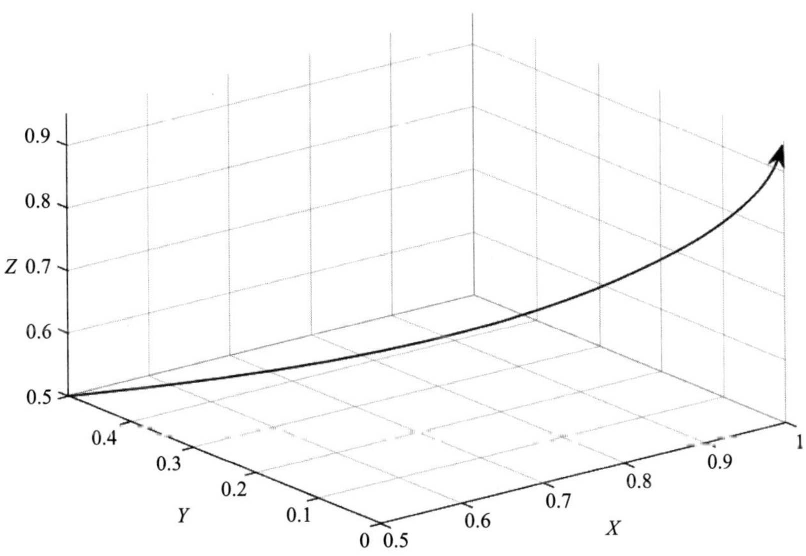

图 6.15　情景 A1(1) 和 B1(1) 相位图

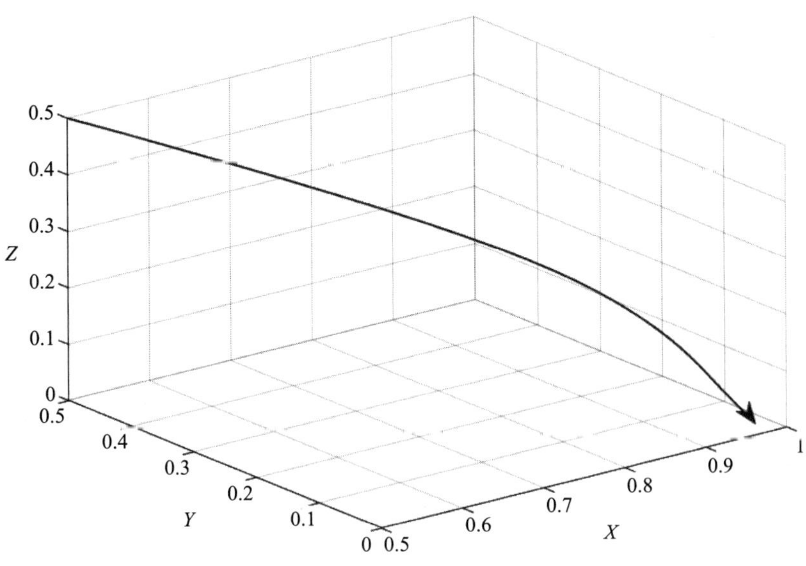

图 6.16　情景 A1(2) 相位图

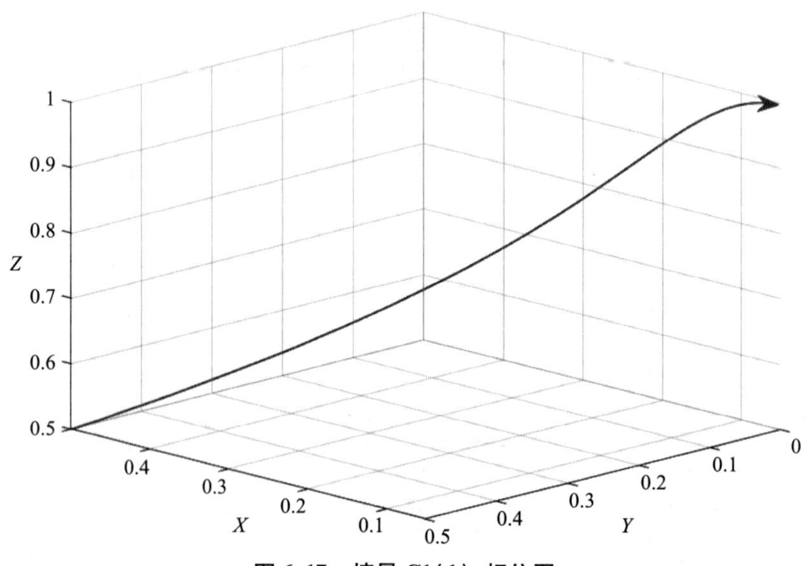

图 6.17　情景 C1(1) 相位图

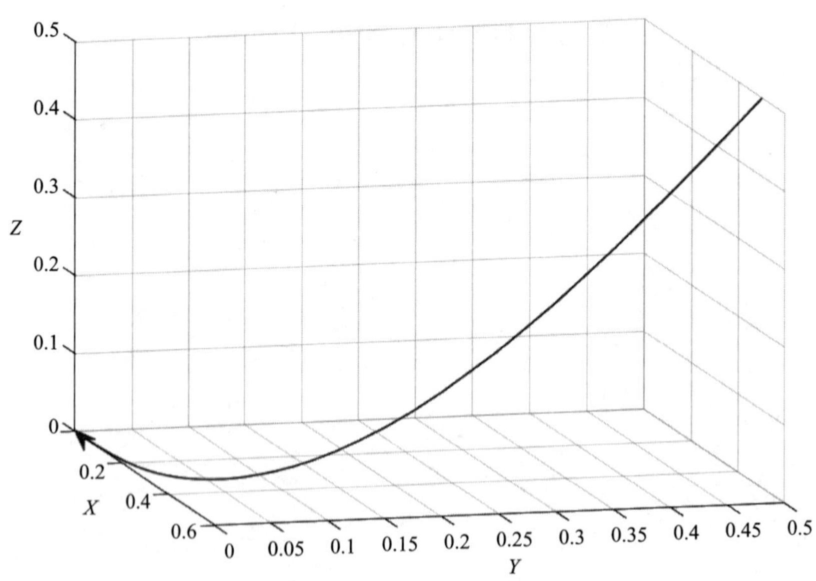

图 6.18　情景 B1(2) 和 C1(2) 相位图

通过对情景 A2、A3(1)、B2(1) 和 B3(1) 等进行分析，以及图 6.11 可得，在政府、回收处理商和消费者三方博弈中，回收处理商选择投资、消费者选择参与和政府选择补贴的条件为若消费者满足 $R_c - u < (1-\alpha)e$ 时：

①回收处理商满足 $(\beta-1)R_r > I$ 时，且政府满足 $L > e + M - C_g$，$L - M < \alpha e$；

②回收处理商满足 $-\alpha e<(\beta-1)R_r-I<0$ 时，政府满足若 $L>e+M-C_g$ 且 $L-M>0$。

当消费者参与回收获得的收益大于不参与回收的收益，或者得到政府的补贴，则参与回收获得的收益较多。若回收处理商获得的额外收益超过投资成本，或者得到政府的补贴，使投资呈正回报，同时当政府采取补贴动力电池回收时，获得的额外收益与不补贴的收益总和需大于额外付出的管理成本与补贴金额总和时，且其获得的额外收益需要满足大于额外付出的管理成本和补贴企业的金额，或者是其获得的额外收益大于额外付出的管理成本时。此时回收处理商可能选择投资、消费者会选择参与该渠道的回收和政府可能选择补贴。若回收处理商投资成本高于获得的额外收益，或者即使得到政府的补贴，投资效果仍然不佳，或消费者参与该渠道的回收获得的收益较少，则三方就可能无法达到此均衡状态。

在动力电池回收过程中，消费者的参与积极性直接关系着整个回收的顺利进行，通过分析情景 A1(1)、A1(2)、B1(1)、C1(1)、B1(2)、B2(3)、C1(2)和 C2(3)，得到消费者不参与回收的情况为：

①当消费者满足 $R_c-u>(1-\alpha)e$，政府满足 $L-M>\alpha e$；

②当回收处理商满足 $(\beta-1)R_r-I<0$，消费者满足 $0<R_c-u<(1-\alpha)e$，政府满足若 $L+C_g<e+M$ 且 $L-M<(1-\alpha)e$。

即表明当政府获得的额外收益满足大于额外付出的管理成本和补贴企业的金额，而此时消费者基于政府的补贴，参与该渠道的回收获得收益仍低于不参与该渠道回收的收益，消费者可能不会积极参与该渠道的回收。或者当回收处理商技术投资后未获得收益，政府获得的额外收益与不补贴的收益总和小于额外付出的管理成本与补贴金额总和，而且其获得的额外收益需要小于额外付出的管理成本和补贴消费者的金额，此时消费者搭回收处理商和政府的“便车”，参与该渠道回收获得的收益较大，但是由于回收处理商不盈利和政府也未得到相应的效益，最终回收处理商和政府的参与积极性不高，所以消费者可能也无法参与回收。因此动力电池的回收要均衡三方利益，不能仅仅依靠政府补贴来激励消费者，应当用合理方式引导消费者积极参与。这也为激励消费者积极参与回收提供了一定的理论基础。

3. 数值仿真分析

为验证模型的正确性，以及更直观地展示政府、回收处理商和消费者的演化轨迹，以下采用 Matlab R2018a 软件对三方演化博弈模型进行数值仿真。

(1) 参数设置。根据以上假设和演化博弈过程，参照假设条件设置参数如表 6.48 ~ 表 6.50 所示，并且设置消费者初始参与回收的概率为 $y=0.5$，得到政府和回收处理商在不同初始参与意愿下的演化轨迹；并设置政府初始选择鼓励的

概率为 $z=0.5$，得到消费者和回收处理商在不同初始参与意愿下的演化轨迹。其中 x，y，z 的取值范围都为［0，1］。

表 6.48　　情景 A 参数设置

情景	β	R_r	I	L	M	C_g	e	u	R_c	α
A1(1)	1.3	20	4	10	3	4	8	9	20	0.6
A1(2)	1.3	20	4	5	4	4	8	9	20	0.7
A2	1.3	20	4	12	9	10	8	9	10	0.6
A3(1)	1.3	20	4	10	3	4	8	9	5	0.7
A3(2)	1.3	20	4	5	3	4	8	9	5	0.6

表 6.49　　情景 B 参数设置

情景	β	R_r	I	L	M	C_g	e	u	R_c	α
B1(1)	1.2	50	15	25	10	20	20	17	30	0.6
B1(2)	1.2	50	15	10	22	25	20	17	30	0.9
B2(1)	1.2	50	15	30	10	5	20	17	18	0.9
B2(2)	1.2	50	15	28	30	20	20	17	18	0.9
B3(1)	1.2	50	15	25	10	10	20	17	10	0.6
B3(2)	1.2	50	15	15	12	20	20	17	10	0.8

表 6.50　　情景 C 参数设置

情景	β	R_r	I	L	M	C_g	e	u	R_c	α
C1(1)	1.3	30	16	10	3	4	8	9	20	0.6
C1(2)	1.3	30	16	3	10	4	8	9	20	0.6
C2(1)	1.3	30	30	25	10	20	20	15	20	0.6
C2(2)	1.3	30	30	25	20	20	20	15	20	0.6
C2(3)	1.3	30	30	20	22	20	20	10	20	0.6
C3(1)	1.3	30	30	25	5	5	20	20	10	0.6
C3(2)	1.3	30	30	5	25	5	20	20	10	0.6

（2）仿真结果与分析。根据参数设置，对政府、回收处理商和消费者的演化博弈模型进行数值仿真，得到演化结果如图 6.19 ~ 图 6.52 所示。

在情景 A3(1)、B2(1) 和 B3(1) 下，如图 6.19 ~ 图 6.24 所示，可以反映出 x，y，z 随观测时间 t 的演化路径。政府、回收处理商和消费者的演化趋于稳定点（1，1，1），三方演化趋势为“回收处理商选择投资、消费者参与回收、政府选择补贴”。由图可知，三方模拟仿真结果与演化博弈模型分析结果一致。

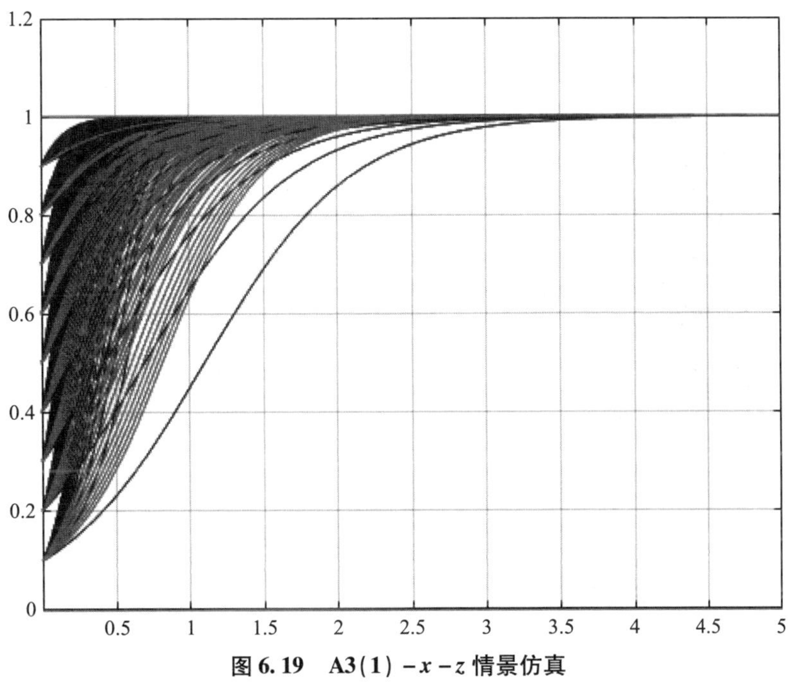

图6.19　A3(1) $-x-z$ 情景仿真

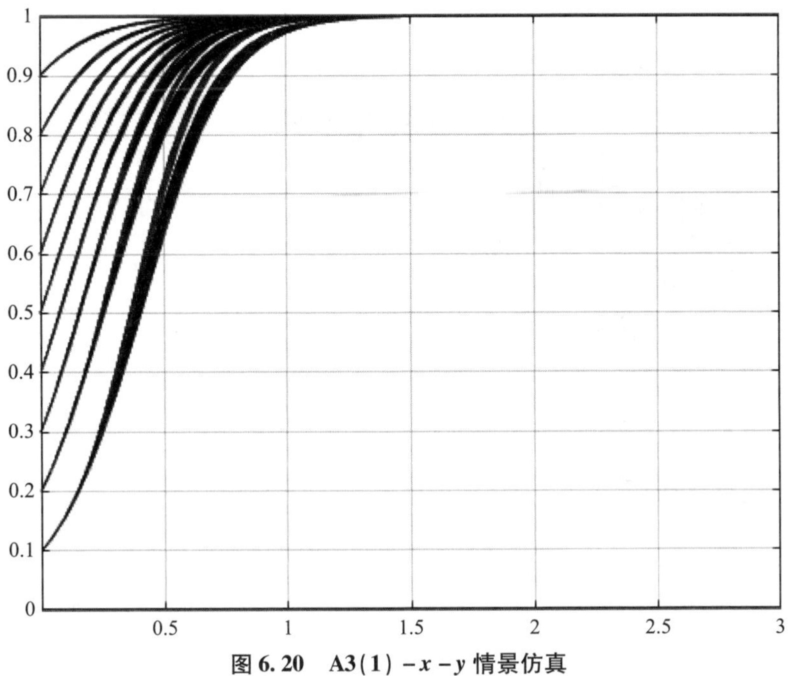

图6.20　A3(1) $-x-y$ 情景仿真

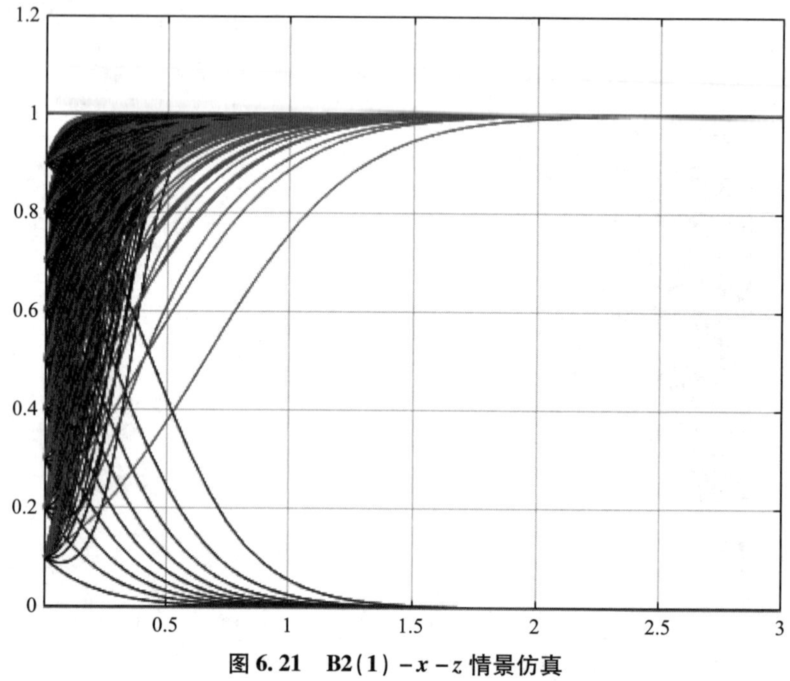

图 6.21　B2(1) $-x-z$ 情景仿真

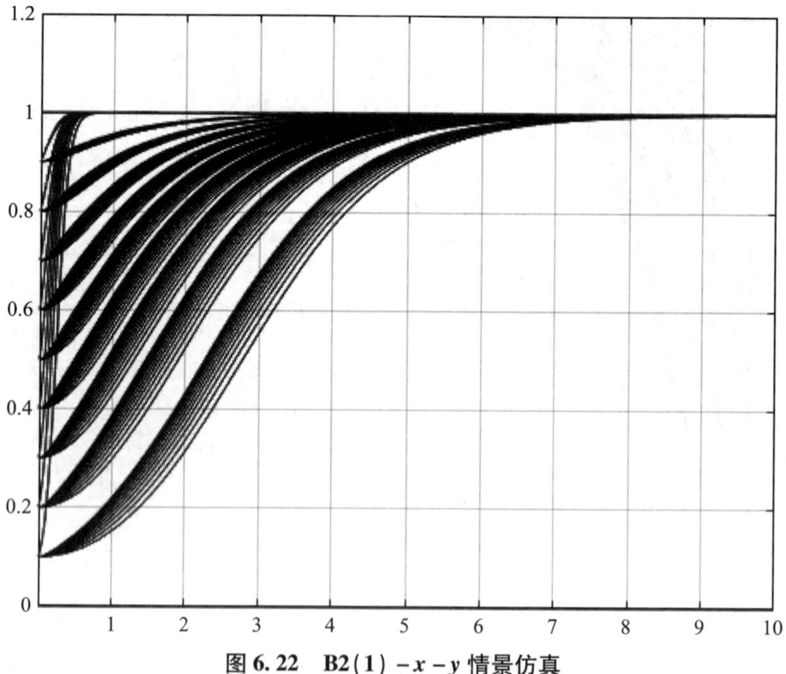

图 6.22　B2(1) $-x-y$ 情景仿真

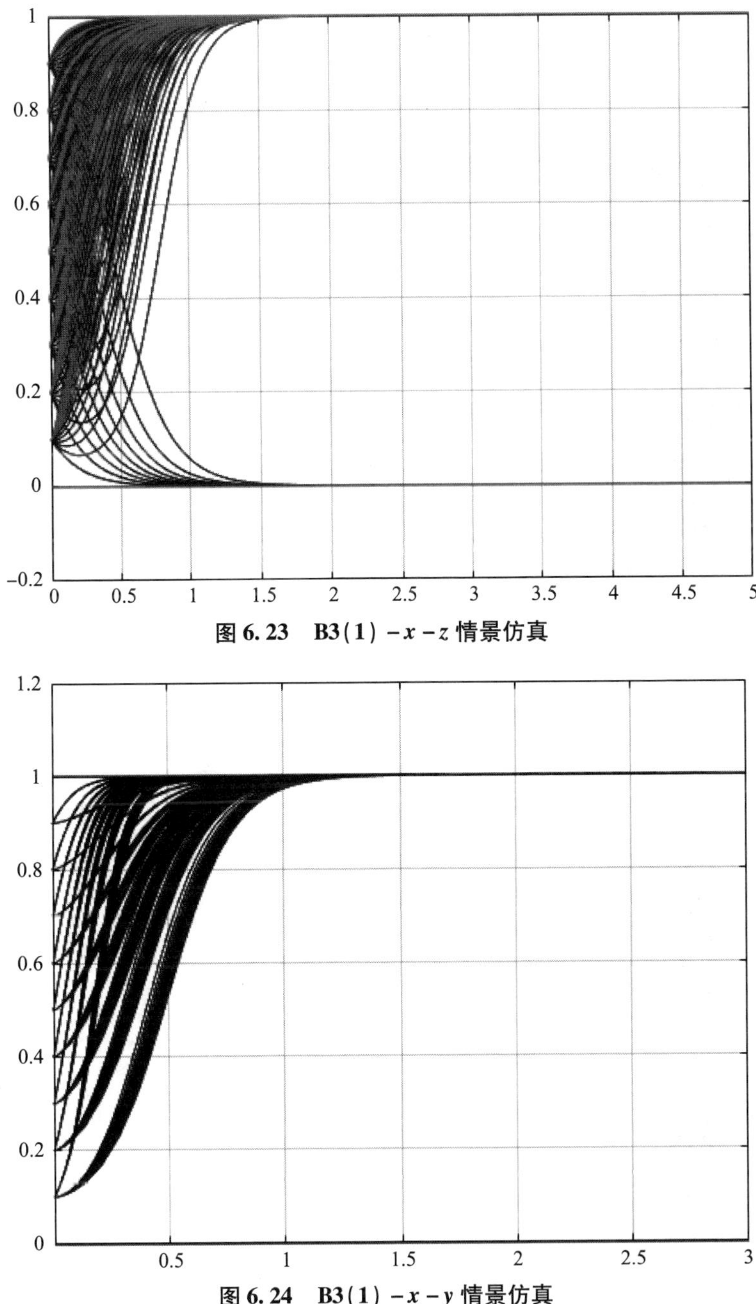

图 6.23　B3(1) $-x-z$ 情景仿真

图 6.24　B3(1) $-x-y$ 情景仿真

在情景 C3(1) 和 C2(1) 下，如图 6.25 ~ 图 6.28 所示，政府、回收处理商和消费者的演化趋于稳定点（0，1，1），三方演化趋势为“回收处理商不选择投资、消费者参与回收、政府选择补贴”。由图可知，三方模拟仿真结果与演化博弈模型分析结果一致。

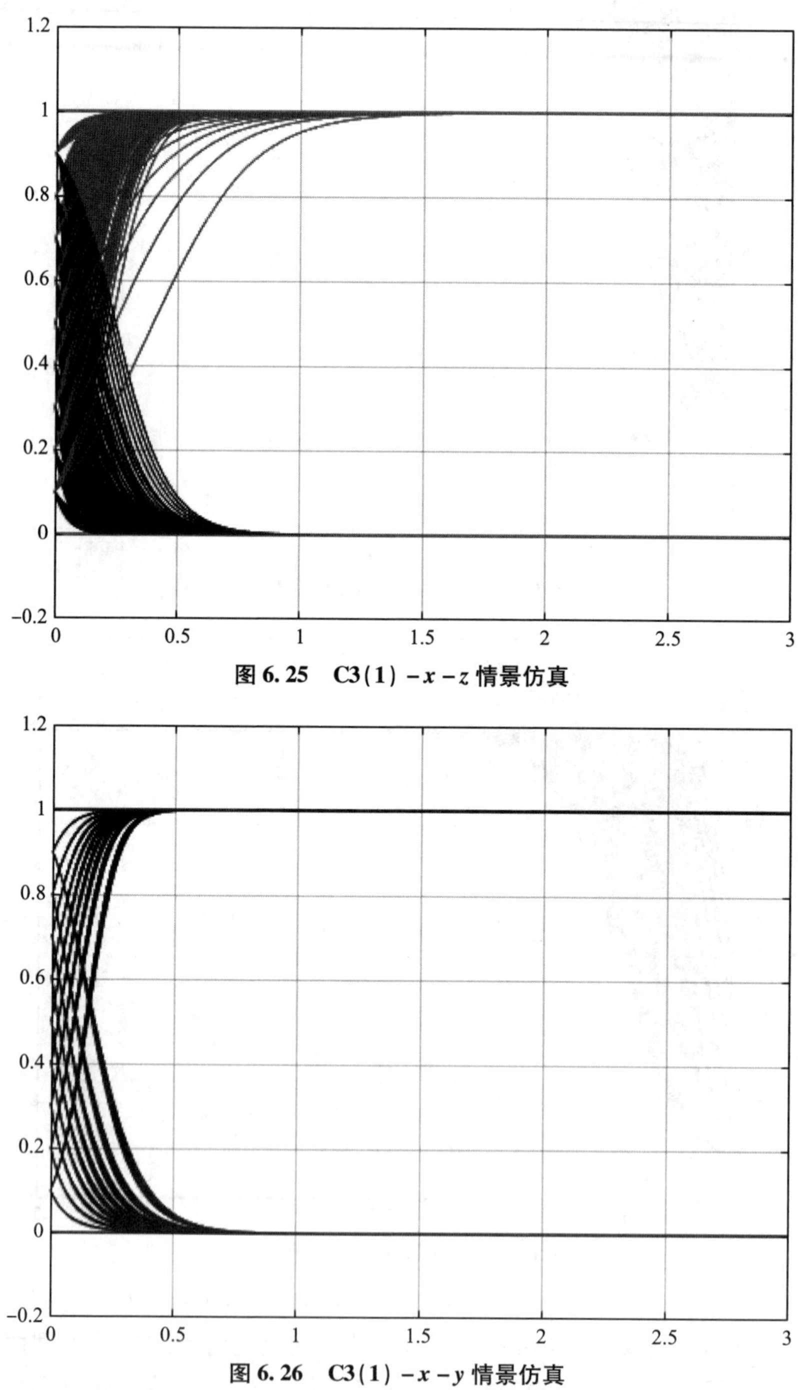

图 6.25　C3(1) $-x-z$ 情景仿真

图 6.26　C3(1) $-x-y$ 情景仿真

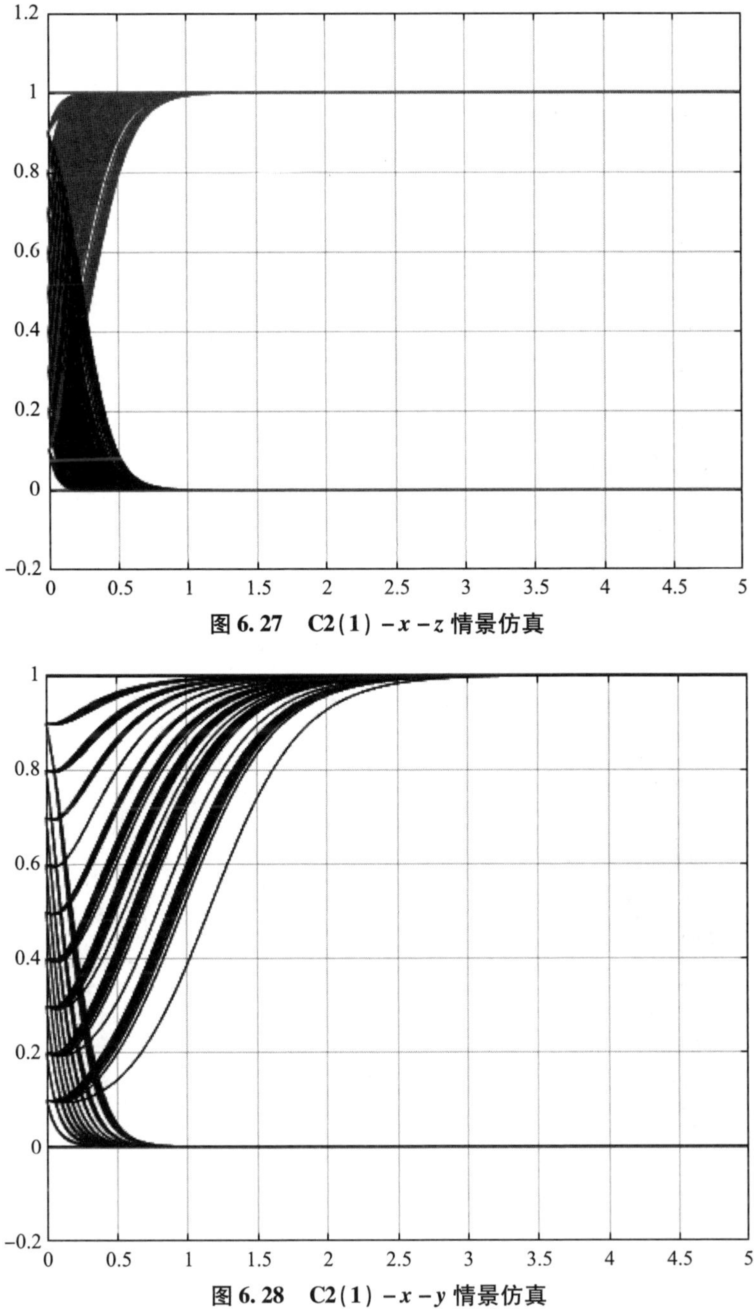

图6.27　C2(1) $-x-z$ 情景仿真

图6.28　C2(1) $-x-y$ 情景仿真

在情景A3(2) 下，如图6.29和图6.30所示，政府、回收处理商和消费者的演化趋于稳定点（1，1，0），三方演化趋势为“回收处理商选择投资，消费者参与回收、政府不选择补贴”。由图可知，三方模拟仿真结果与演化博弈模型分析结果一致。

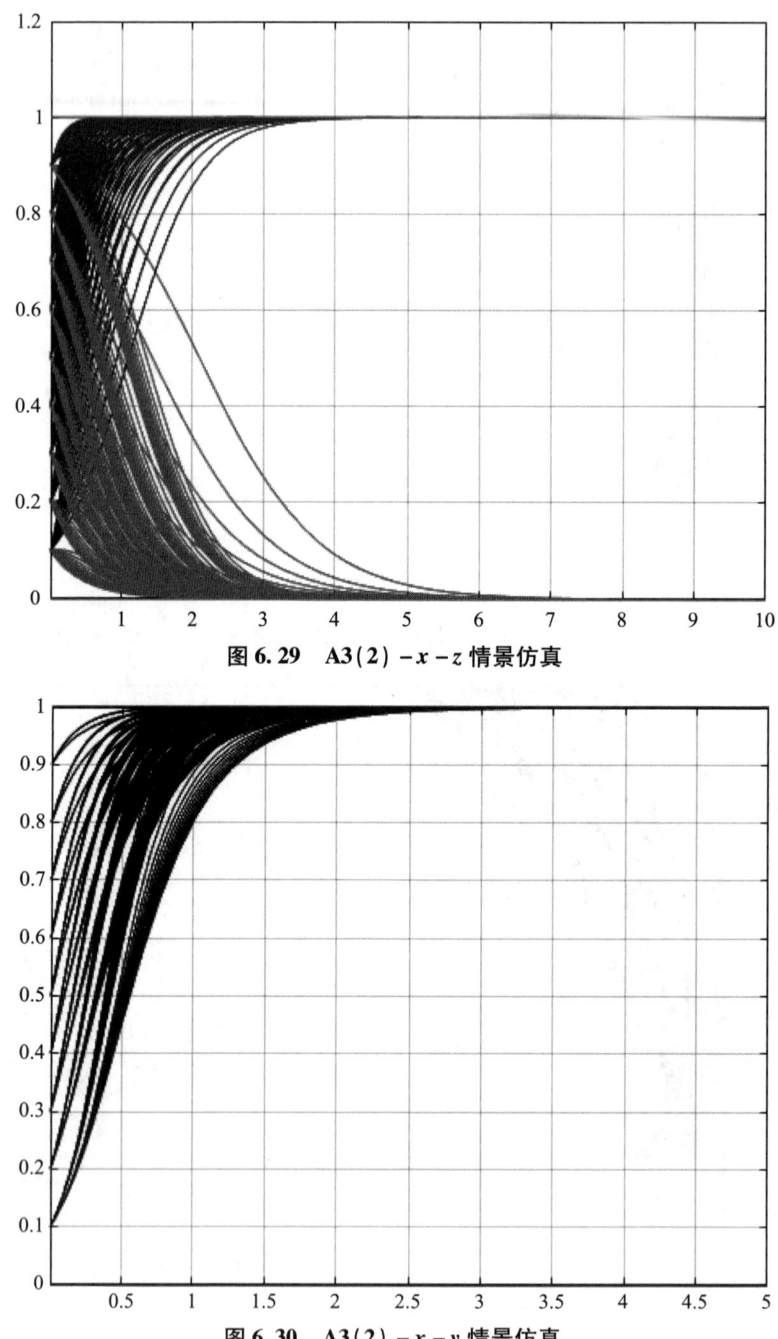

图 6.29　A3(2) $-x-z$ 情景仿真

图 6.30　A3(2) $-x-y$ 情景仿真

在情景 C3(2) 下，如图 6.31 和图 6.32 所示，政府、回收处理商和消费者的演化趋于稳定点（0，1，0），三方演化趋势为“回收处理商不选择投资、消费者参与回收、政府不选择补贴”。由图可知，三方模拟仿真结果与演化博弈模型分析结果一致。

在情景 A1(1) 和情景 B1(1) 下，如图 6.33 ~ 图 6.36 所示，政府、回收处理商和消费者的演化趋于稳定点（1，0，1），三方演化趋势为“回收处理商选择投资，消费者不参与回收、政府选择补贴”。由图可知，三方模拟仿真结果与演化博弈模型分析结果一致。

在情景 A1(2) 下，如图 6.37 和图 6.38 所示，政府、回收处理商和消费者的演化趋于稳定点（1，0，0），三方演化趋势为“回收处理商选择投资，消费者不参与回收、政府不选择补贴”。由图可知，三方模拟仿真结果与演化博弈模型分析结果一致。

在情景 C1(1) 下，如图 6.39 和图 6.40 所示，政府、回收处理商和消费者的演化趋于稳定点（0，0，1），三方演化趋势为“回收处理商不选择投资、消费者不参与回收、政府选择补贴”。由图可知，三方模拟仿真结果与演化博弈模型分析结果一致。

在情景 B1(2)、B2(2)、C1(2) 和 C2(3) 下，如图 6.41 ~ 图 6.48 所示，政府、回收处理商和消费者的演化趋于稳定点（0，0，0），三方演化趋势为“回收处理商不选择投资、消费者不参与回收、政府不选择补贴”。由图可知，三方模拟仿真结果与演化博弈模型分析结果一致。

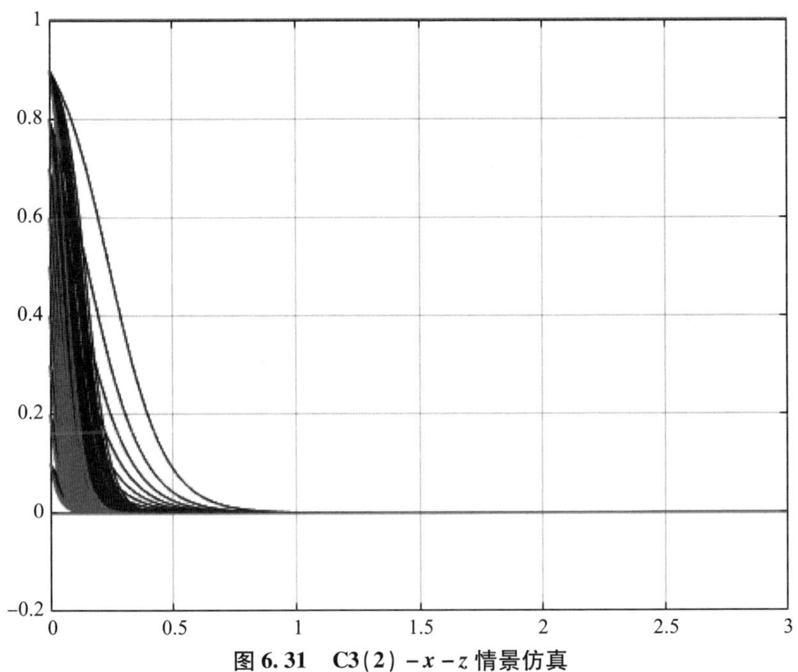

图 6.31　C3(2) $-x-z$ 情景仿真

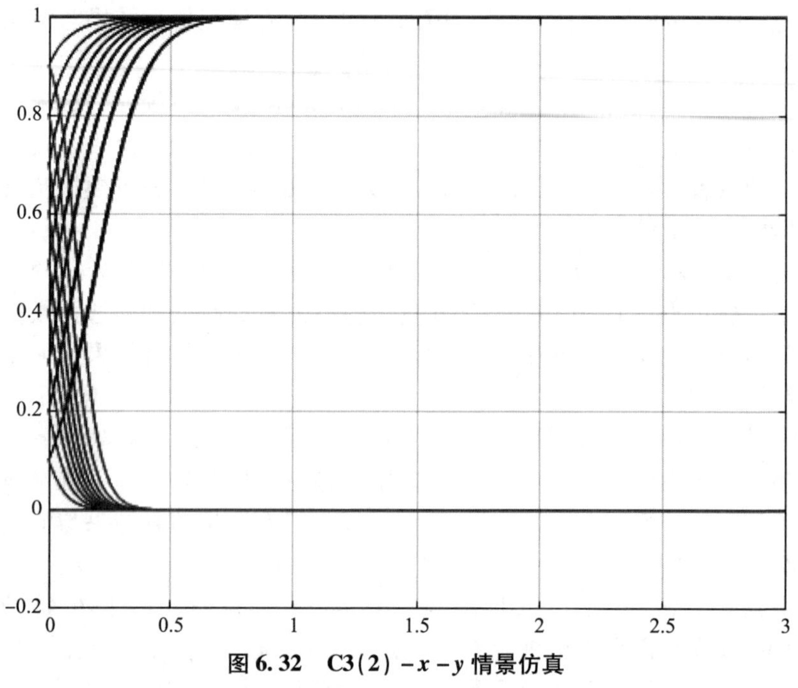

图 6.32　C3(2) - *x* - *y* 情景仿真

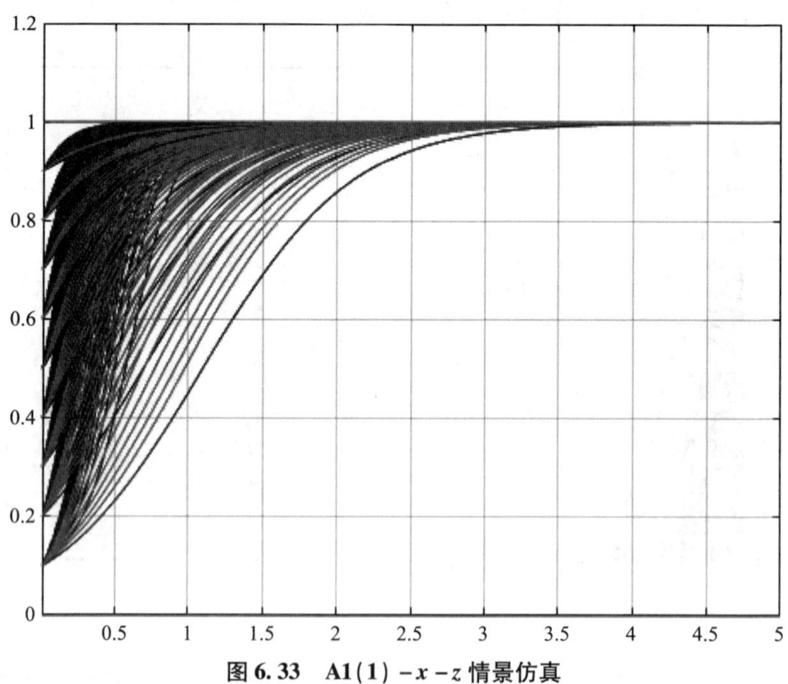

图 6.33　A1(1) - *x* - *z* 情景仿真

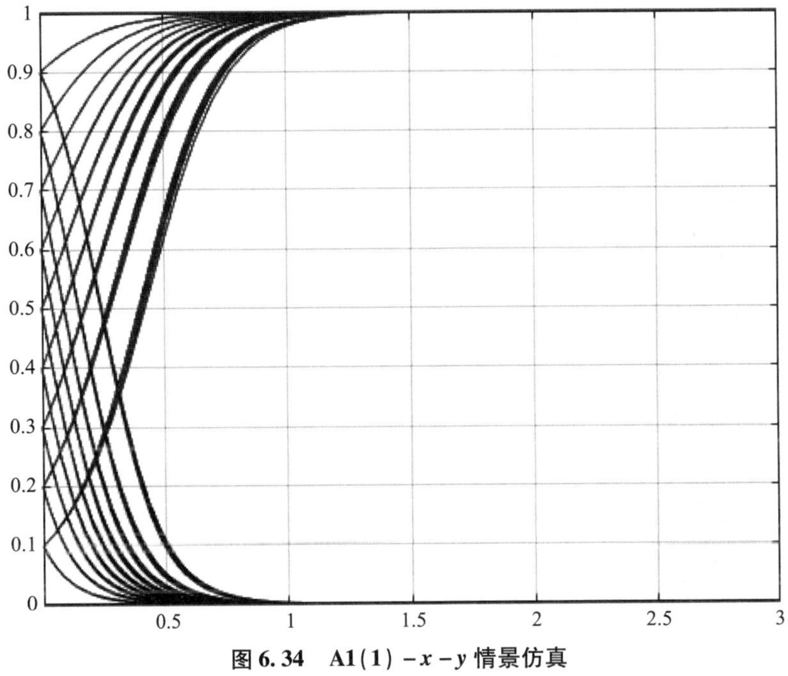

图 6.34　A1(1) $-x-y$ 情景仿真

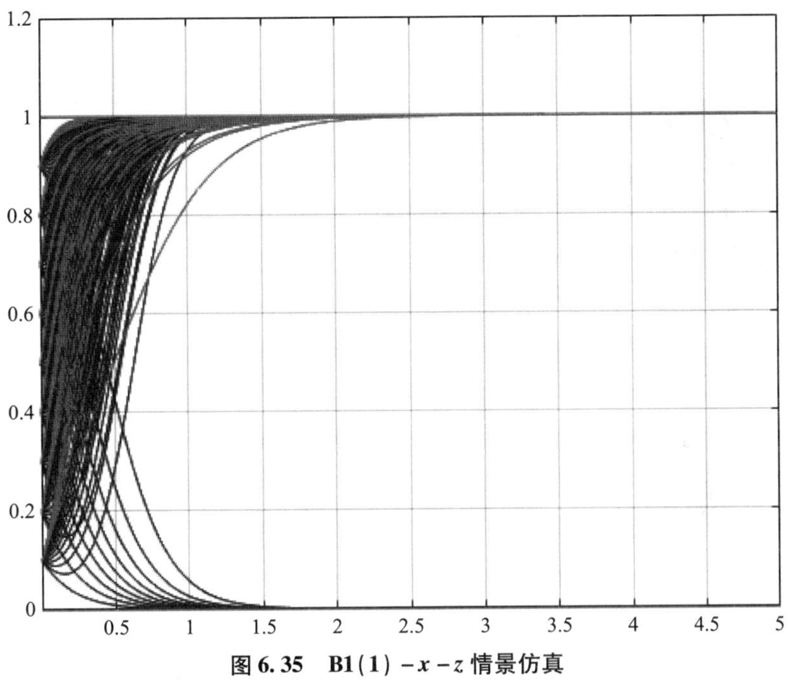

图 6.35　B1(1) $-x-z$ 情景仿真

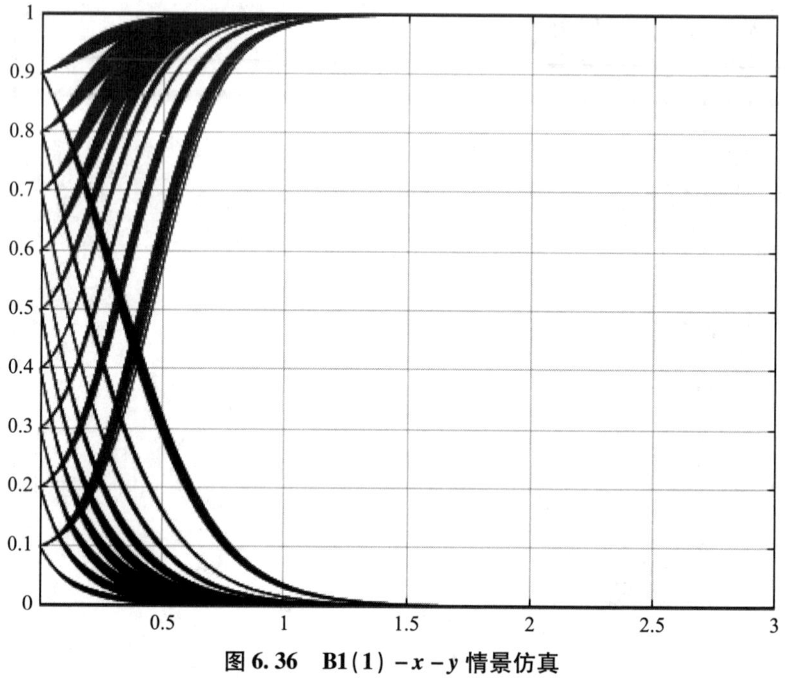

图 6.36　B1(1) $-x-y$ 情景仿真

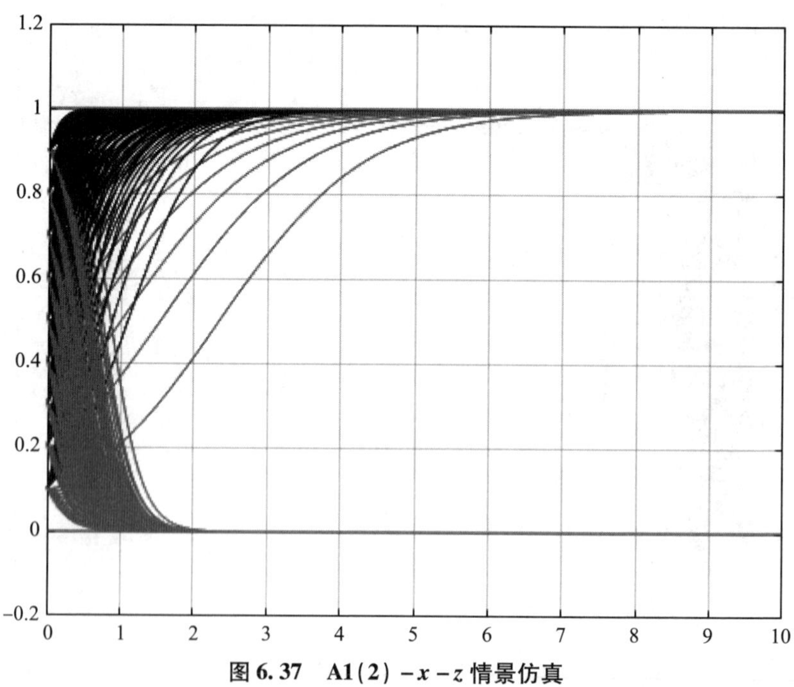

图 6.37　A1(2) $-x-z$ 情景仿真

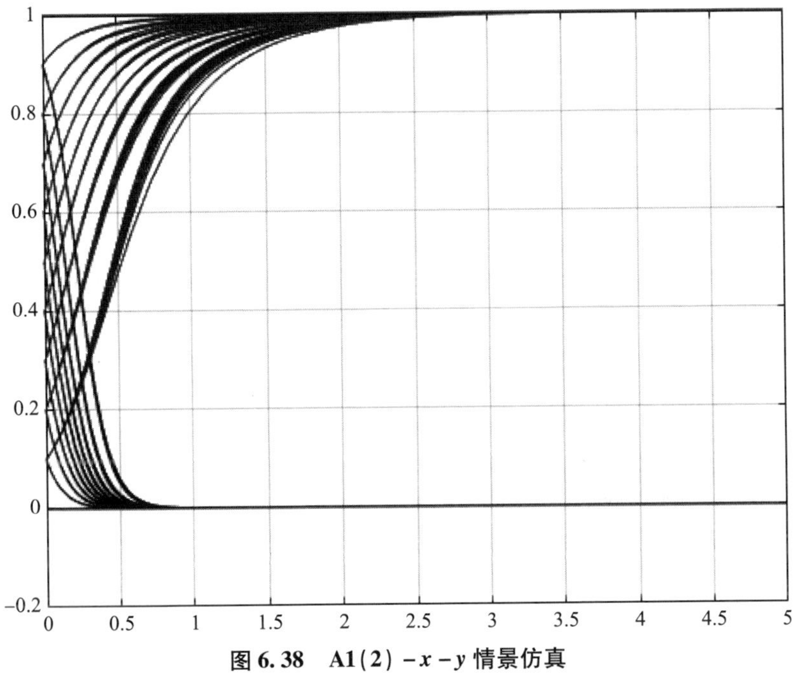

图 6.38　A1(2) − x − y 情景仿真

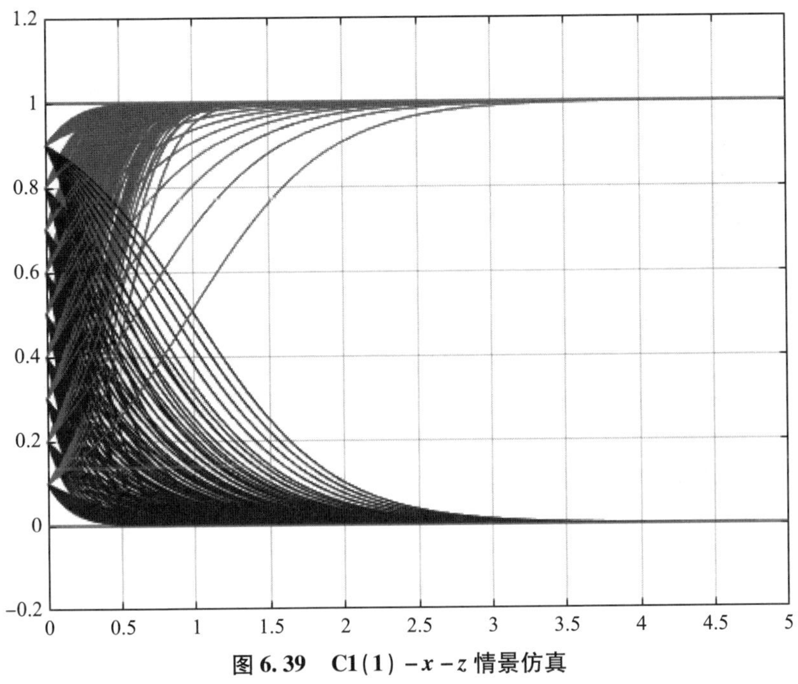

图 6.39　C1(1) − x − z 情景仿真

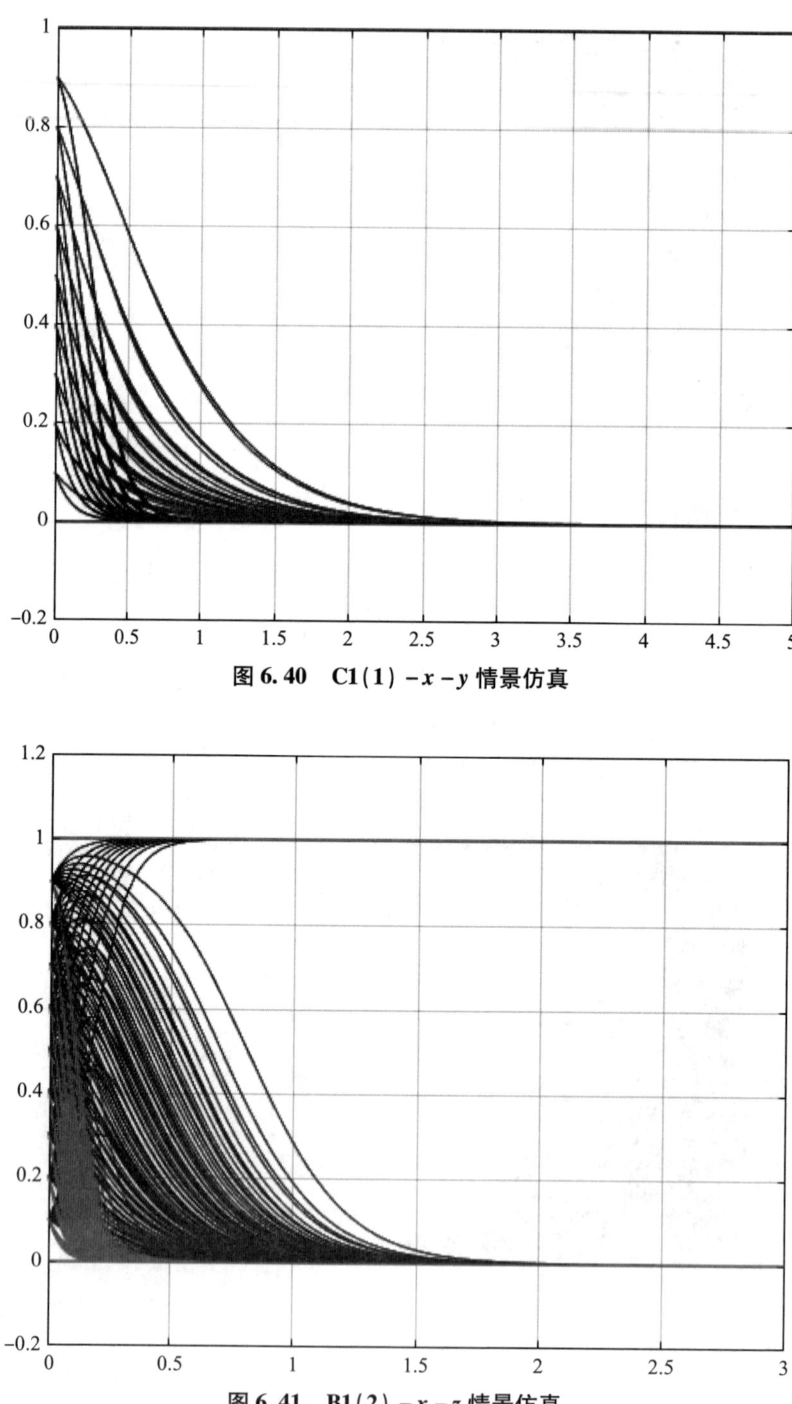

图 6.40　C1(1) $-x-y$ 情景仿真

图 6.41　B1(2) $-x-z$ 情景仿真

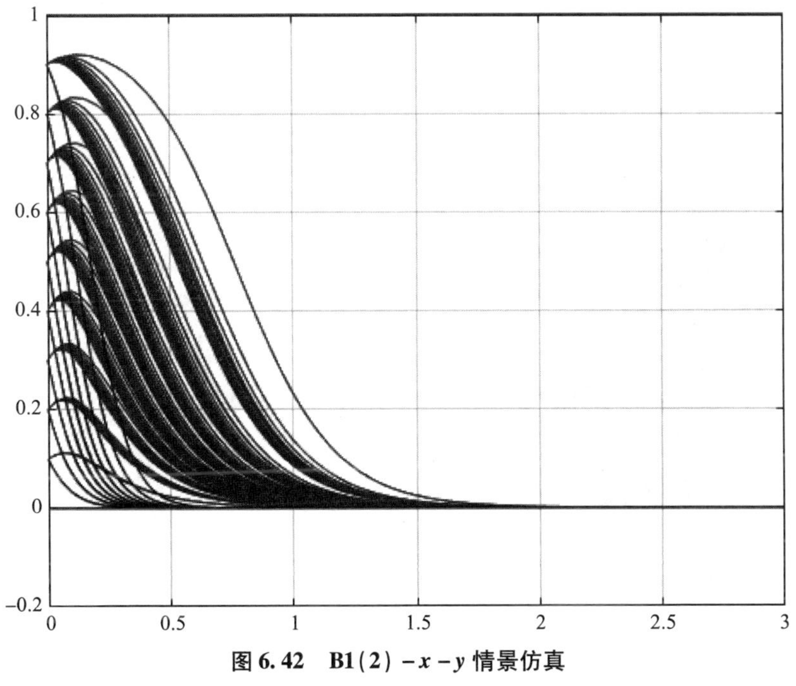

图 6.42　B1(2) − *x* − *y* 情景仿真

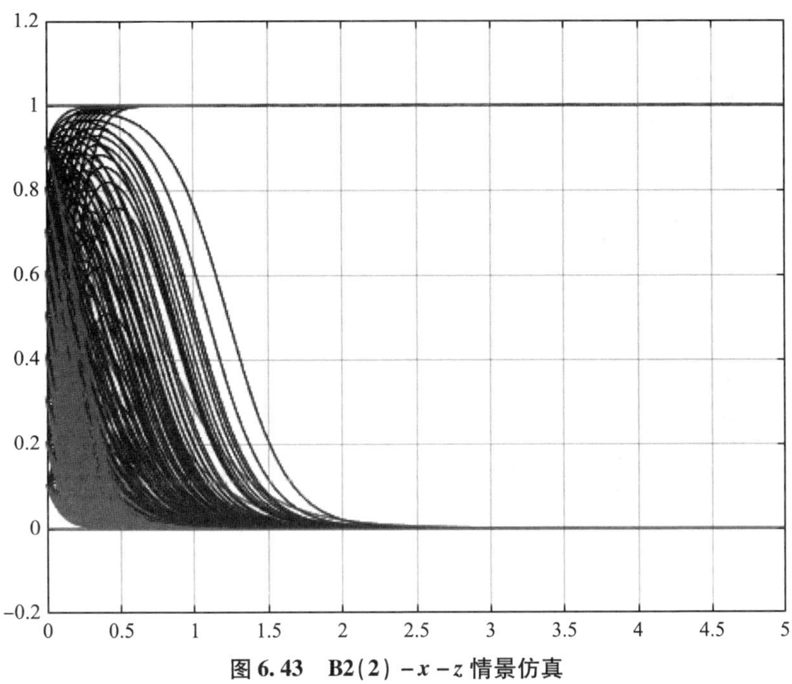

图 6.43　B2(2) − *x* − *z* 情景仿真

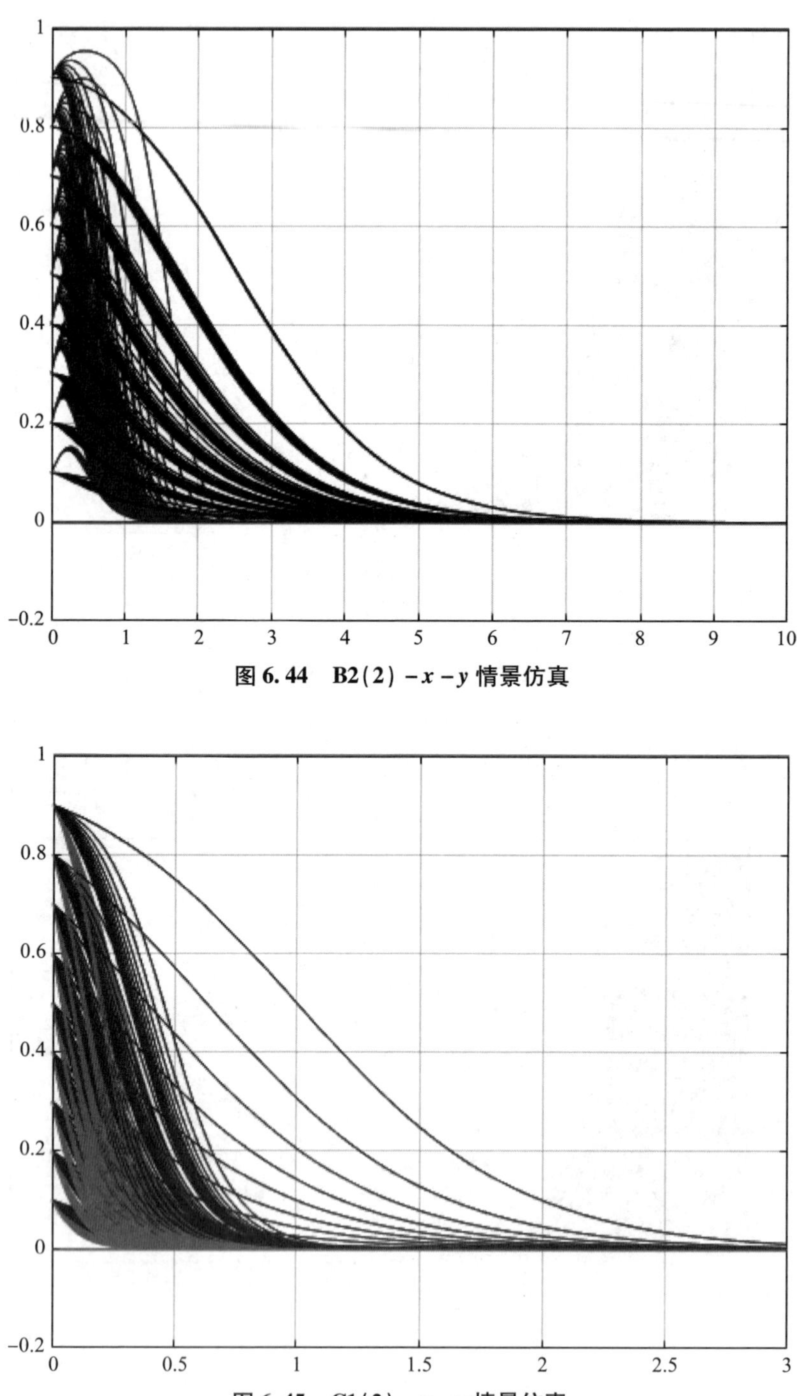

图 6.44　B2(2) $-x-y$ 情景仿真

图 6.45　C1(2) $-x-z$ 情景仿真

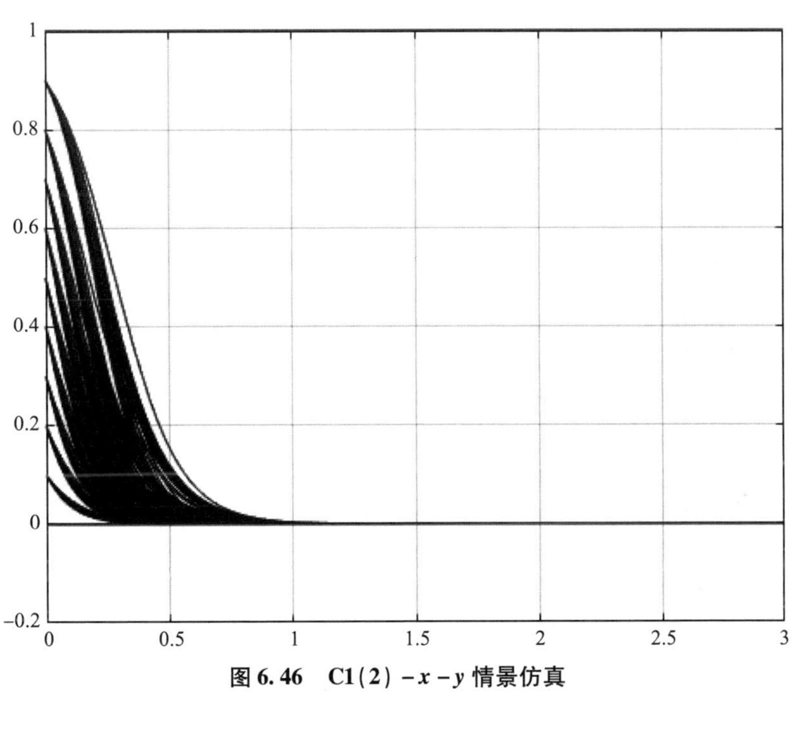

图 6.46　C1(2) − x − y 情景仿真

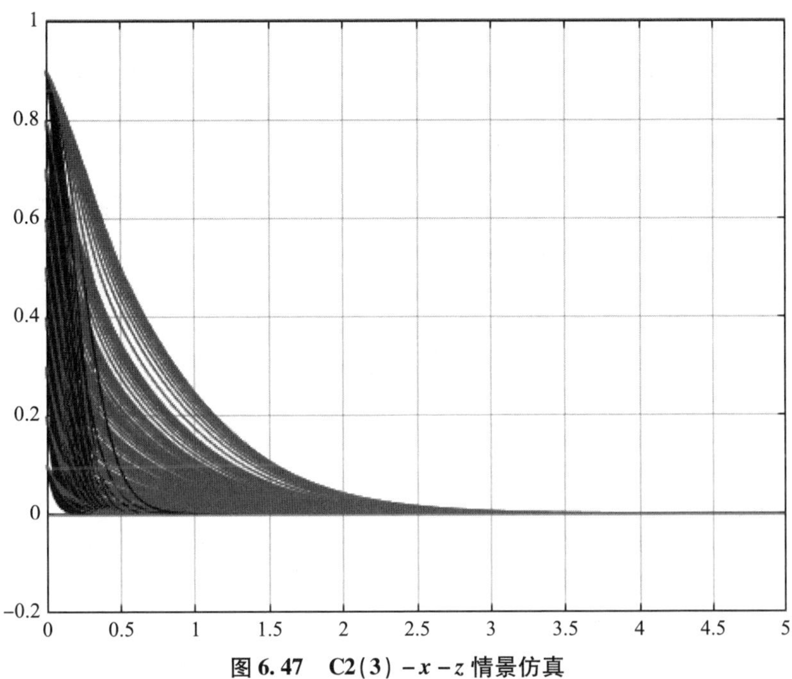

图 6.47　C2(3) − x − z 情景仿真

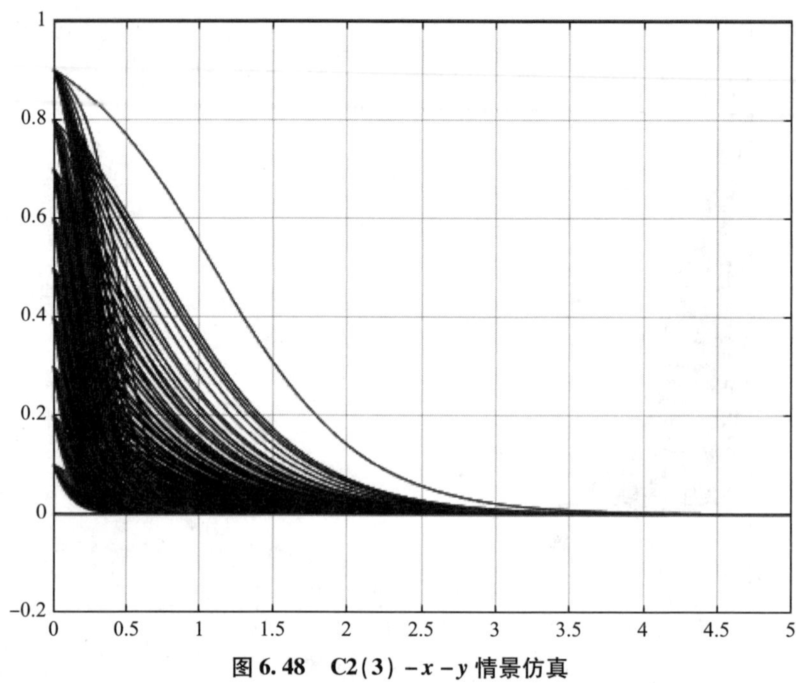

图 6.48　C2(3) $-x-y$ 情景仿真

在情景 B3(2) 下，如图 6.49 和图 6.50 所示，政府、回收处理商和消费者的演化渐近稳定点有两个，分别是 $E_5(0, 1, 0)$ 即“回收处理商选择不投资、消费者参与回收、政府选择不补贴”和 $E_8(1, 1, 1)$ 即“回收处理商选择投资、消费者参与回收、政府选择补贴”。由图可知，三方模拟仿真结果与演化博弈模型分析结果一致。

在情景 A2 下，如图 6.51 和图 6.52 所示，政府、回收处理商和消费者的演化渐近稳定点有两个，分别是 $E_3(1, 0, 0)$ 即“回收处理商选择投资、消费者不参与回收、政府不选择补贴”和 $E_8(1, 1, 1)$ 即“回收处理商选择投资、消费者参与回收、政府选择补贴”。由图可知，三方模拟仿真结果与演化博弈模型分析结果一致。

6.2.2　不确定环境下汽车退役电池回收网络模型

汽车退役电池的回收网络规划，是报废汽车产品逆向物流研究的重要内容，决定了逆向物流网络的整体结构，包括逆向物流设施的数量、位置以及节点间的运输流量等。汽车企业在建立逆向物流战略目标时，不仅要以成本最小、利润最大为目标，在以客户为中心的大商业环境下，服务质量与社会责任也是企业竞争力的重要表现。本节将针对汽车经销商回收模式，研究不确定环境下的汽车退役电池回收网络模型。考虑到逆向物流活动中的不确定因素，如回收数量、回收质量等，在模型求解前还需对其进行一定处理。

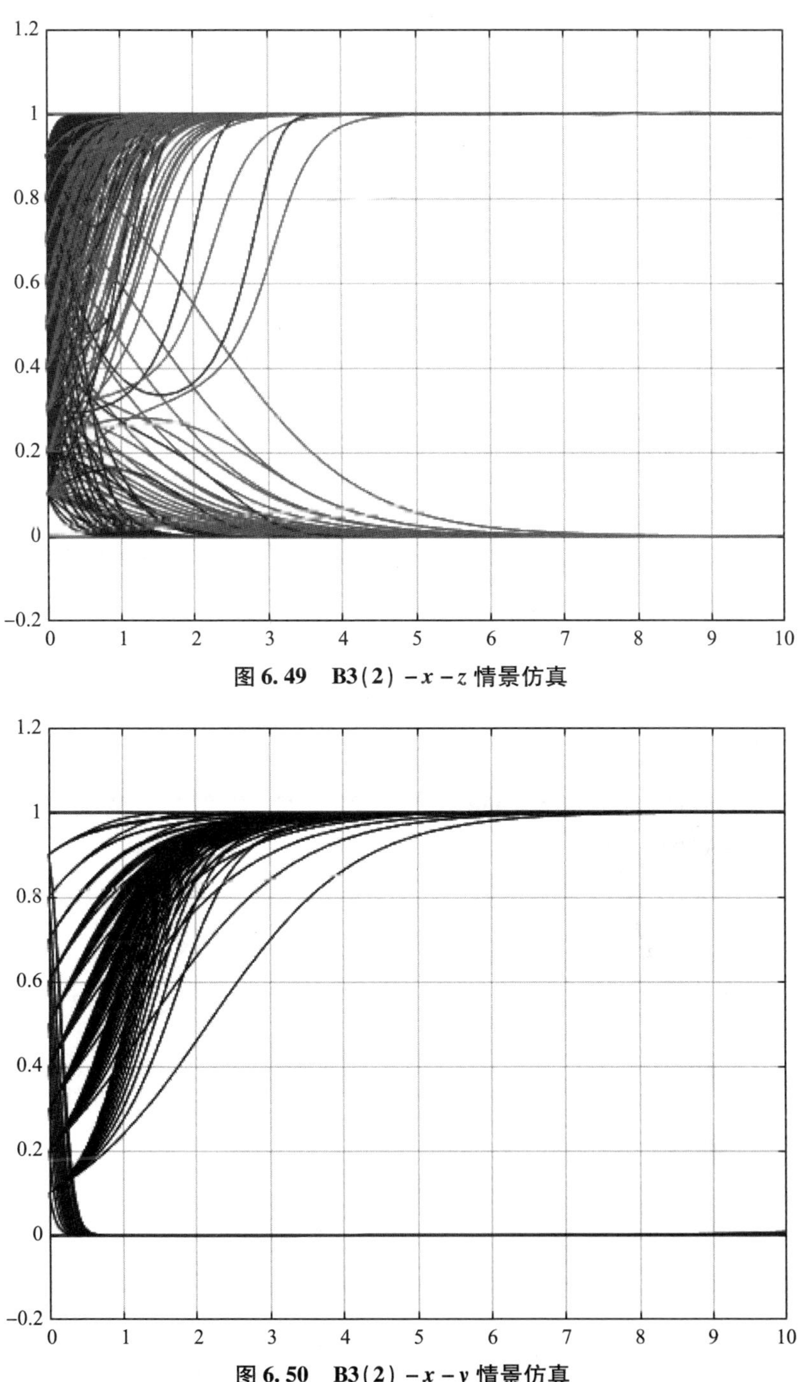

图 6.49　B3(2) −x−z 情景仿真

图 6.50　B3(2) −x−y 情景仿真

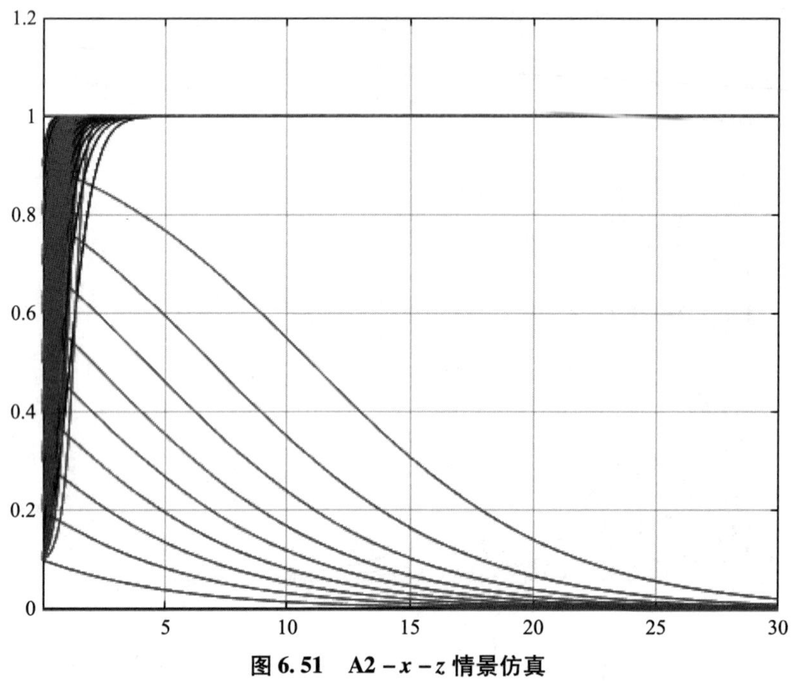

图 6.51　A2 $-x-z$ 情景仿真

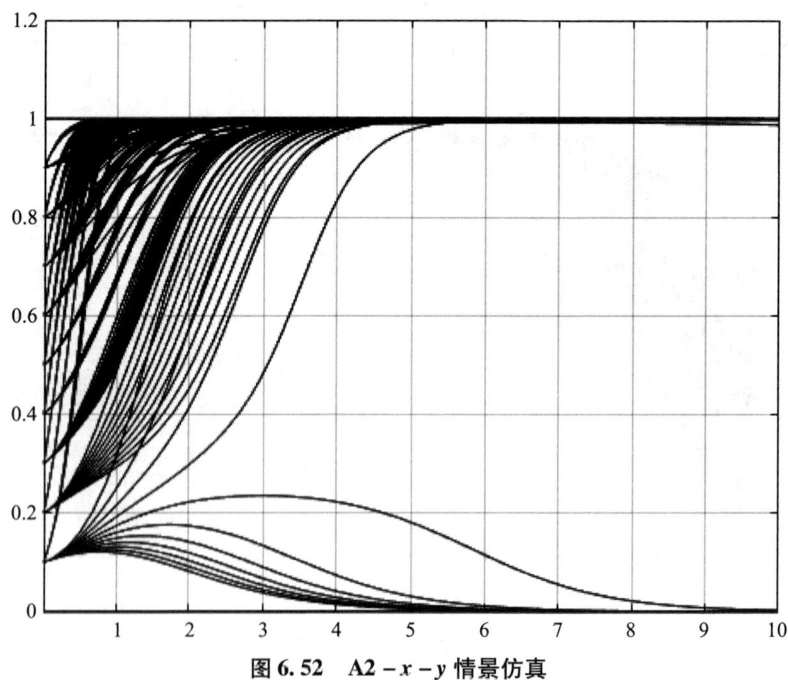

图 6.52　A2 $-x-y$ 情景仿真

本节基于汽车经销商回收模式，建立了不确定环境下退役电池回收网络模型，并以逆向物流的总运作成本最小为目标。不确定环境下的电池回收量和可再利用率设置为随机变量，利用不确定规划理论，将回收网络的原始模型转化为随机期望值模型，并针对其特点，确定了模型的求解方法。

1. 回收网络模型构建方法

汽车退役电池回收网络模型的本质即逆向物流设施的选址（LP）问题，该问题主要可分为三类：中值问题、最小最大化问题和覆盖问题。经过国内外学者的研究，在多个领域拓展出了许多新问题，如带固定费用和容量限制的选址问题（capacitated facilities location problem，CFLP）、选址—分配问题（location allocation problem，LAP）。综合现有物流配送中心选址方法的研究，可将其分为两类：定性分析与定量分析。

（1）连续型模型。连续型模型是一种静态的选址方法，其假设备选物流设施在整个平面区域可以任意选点，最为常见的是重心法（方志贤，2008），通常以物理学中确定重心的方法为基础，考虑距离、运输量、运输成本三者结合为目标函数，构建选址模型，模型表达为

$$\min F = \sum_i V_i \cdot R_i \cdot d_i \tag{6.62}$$

其中，V_i 表示节点 i 的运输量；R_i 表示待选址设施到节点 i 的单位运输费用；d_i 表示待选址设施到节点 i 的距离。

初始重心坐标为

$$(\bar{X},\bar{Y}) = \left(\frac{\sum_i V_i \cdot R_i \cdot X_i}{\sum_i V_i \cdot R_i}, \frac{\sum_i V_i \cdot R_i \cdot Y_i}{\sum_i V_i \cdot R_i}\right) \tag{6.63}$$

通过迭代法求解模型，直至求出满意解。由于重心法考虑因素较少，因此这种方法的适用范围有限，一般适用于单个设施的选址。但是，重心法存在矢量运算，而运输费用不是矢量，因此重心法求出的并不是最优解。

（2）离散型模型。离散型模型假设物流中心具有多个备选点，且只能从有限个备选点中确定。其中，鲍姆尔－沃尔夫（Baumol－Wolfe）模型、CFLP 模型、混合整数规划模型的应用最为广泛。

①鲍姆尔－沃尔夫选址法是一种启发式方法，属于非线性整数规划，也是启发式算法在物流选址问题中最经典的应用，常用于解决考虑运输与设施规模费用的多中心单产品选址问题，模型示意如图 6.53 所示。

在一个三级逆向物流网络结构（包括回收中心，检测、拆卸点和再制造中心）中，Baumol－Wolfe 模型表达为

$$\min F = \sum_{ijk}(h_{ij} + c_{ki}) \cdot X_{ijk} + \sum_i v_i \cdot W_i^{\theta} + \sum_i f_i \cdot r(W_i) \tag{6.64}$$

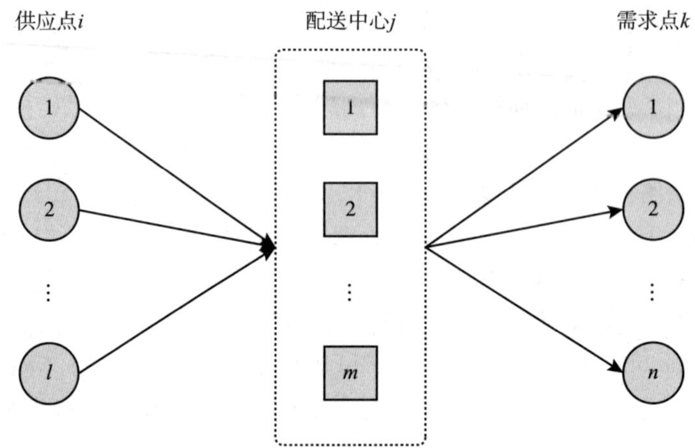

图 6.53 Baumol - Wolfe 模型示意图

其中，h_{ij}表示回收中心 i 到检测与拆卸点 j 的物流量；c_{ki}表示再制造中心 k 到回收中心 i 的单位运输费用；X_{ijk}表示再制造中心 k 经过回收中心 i 到检测与拆卸点 j 的单位运输费用；W_i 表示经过回收中心 i 的流量；v_i 表示回收中心 i 的单位可变运输费用；$r(W_i)$ 表示整数变量，$r(W_i)=\begin{cases}1, & W_i>0\\0, & \text{否则}\end{cases}$；$\theta$ 表示规模经济指标，$\theta\in(0, 1)$；f_i 表示回收中心 i 的固定成本。

目标函数（6.64）为总运输费、可变成本费用、固定建设费用最小。根据物流量的大小，确定设施位置与规模大小，得到物流成本最小的选址方案。

②混合整数规划法（MIP）的一般模型为

$$\min F = \sum_{i=1}^{m}\sum_{j=1}^{n} U_{ij}\cdot X_{ij} + \sum_{i=1}^{m} E_i \cdot Y_i$$
$$\sum_{j=1}^{n} X_{ij} \leqslant a_i, i=1, \cdots, m \tag{6.65}$$
$$\sum_{i=1}^{m} X_{ij} = b_j, j=1, \cdots, n$$

其中，E_i 表示节点设施 i 的固定成本；Y_i 表示 0－1 变量，节点设施 i 被选择时取 1，否则取 0；X_{ij}表示节点设施 i 运往节点设施 j 的商品数量；U_{ik}表示节点设施 i 到节点设施 j 的单位运输成本；a_i 表示节点设施 i 的处理能力；b_j 表示节点设施 j 的需求量。

混合整数规划方法处理小规模选址问题时，可以快速且精确地给出方案。处理大规模选址问题时，求解则需要较长时间。

③CFLP 法。先用线性规划（LP）运输法确定配送中心的市场占有率，确定

出配送分摊区域的重心，再采用线性混合整数规划（MILP）来确定配送中心位置。对于 n 个需求点，m 个备选点中选择建设 k 个配送中心的问题，模型表达为

$$
\begin{aligned}
&\min Z = \sum_{i=1}^{m}\sum_{j=1}^{n} c_{ij}\cdot X_{ij} + \sum_{i=1}^{m} F_i \cdot Y_i \\
&\sum_{i=1}^{m} y_i = k \\
&\sum_{j=1}^{n} X_{ij} \leqslant y_i \cdot P_i,\ i=1,\ 2,\ \cdots,\ m \\
&\sum_{i=1}^{m} X_{ij} \geqslant D_j,\ j=1,\ 2,\ \cdots,\ n \\
&X_{ij} \geqslant 0,\ i=1,\ 2,\ \cdots,\ m;\ j=1,\ 2,\ \cdots,\ n
\end{aligned}
\tag{6.66}
$$

其中，c_{ij}表示配送中心 i 到需求点 j 的单位运输成本；x_{ij}表示配送中心 i 到需求点 j 的物流量；F_i 表示建设配送中心 i 的固定成本；Y_i 表示 0－1 变量，配送中心 i 被选择时取 1，否则取 0；D_j 表示需求点 j 的需求量；P_i 表示配送中心 i 的容量限制。

当配送中心的能力有限，且需求点位置及其需求量、配送中心数量确定时，选出物流总成本最小的多配送中心选址方案。

2. 不确定环境下的回收网络模型构建

（1）背景分析。根据组织模式的不同，构建逆向物流网络时主要有两种方式：一种是单独构建自有回收网络渠道与设施，与正向物流网络相互独立且不相关；另一种则是在原有的正向物流网络渠道基础上，共用设施或对设施进行扩建，增加逆向物流功能，形成一种正逆向交叉的混合渠道。

如图 6.54 所示，为节约逆向物流网络构建成本，采用第二种方式，借助原有的正向销售网络，增加逆向物流功能，将汽车经销商扩建为回收网点或区域回收中心，避免了单独建设逆向物流网络这种物流系统重复建设所造成的资源浪费。

基于回收模式决策结果，建立汽车生产商主导，委托经销商回收的模式下的多层级回收网络，网络层级包括汽车经销商、梯级利用企业以及电池生产商（再制造工厂）等回收参与主体。其中，汽车生产商承担监督管理职责，只需定期向经销商支付委托费用。

实际问题中，由于汽车经销商网络较大、网点较多，在选择区域回收中心时需要先通过一定方法确定若干备选点。另外，由于单物流中心选址问题比较简单，其在现实中的选址规划问题较为少见。通常情况下，企业为扩大区位与服务面，提升物流效率，会建立多个物流中心。因此，本书建立的电池回收网络模型中也包含了多个区域回收中心。

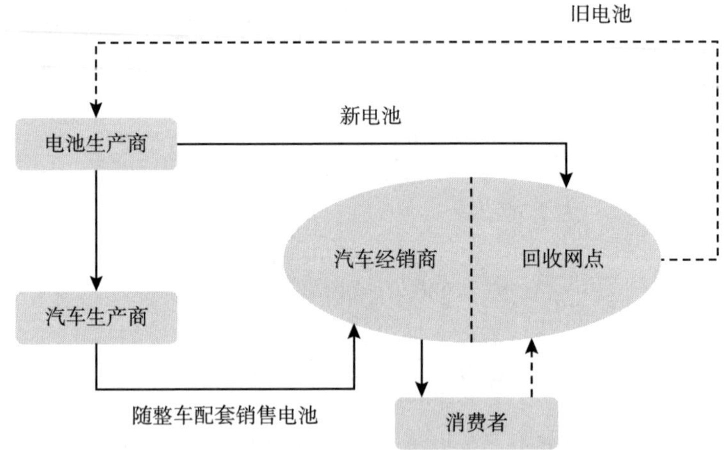

图 6.54　混合渠道逆向物流示意图

（2）问题描述。某新能源汽车企业的主要销售区域周边分布着 n 个动力电池生产工厂，销售区域内存在 i 个汽车经销商网点，经销商网点作为回收网点，从消费者手中收集退役电池。考虑选择若干经销商网点改建为区域回收中心，确定了 j 个区域回收中心备选点，由区域回收中心进行电池富集、检测、分类等工作，最后根据回收质量分别将电池运至梯级利用企业或者电池生产厂。回收网络结构如图 6.55 所示。

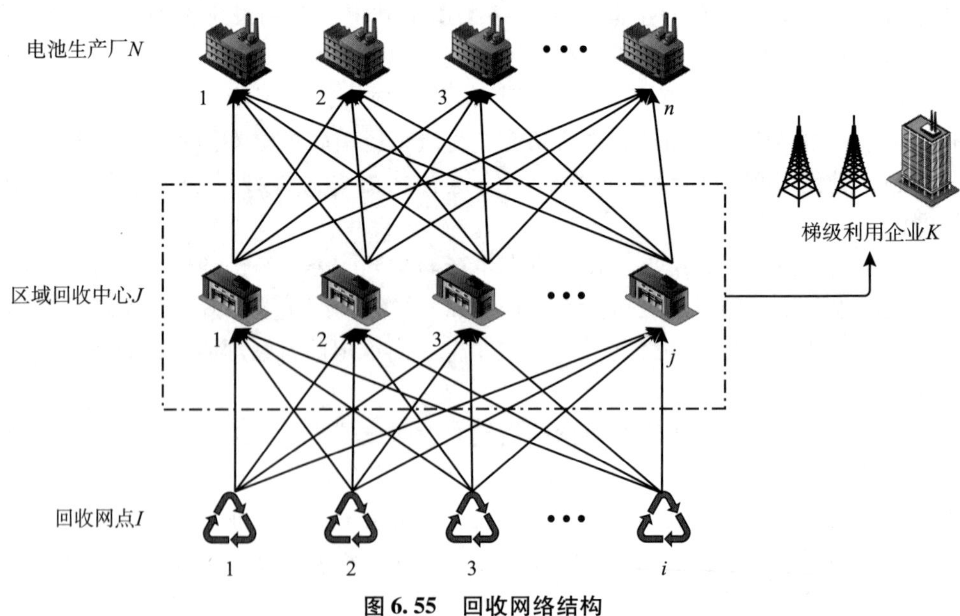

图 6.55　回收网络结构

（3）模型假设。考虑到实际问题的复杂性，对模型中的不确定因素进行了定义。

①回收率定义：回收率 = 实际退役电池回收量/理论退役电池数量。由于受车主回收意愿、不法利益驱使、政策法规不健全等方面的影响，电池回收存在一定的滞后。

②可再利用率定义：可再利用率 = 可梯级利用的电池数量/实际退役电池回收量。对于剩余容量在 80% 以下的电池作退役处理，回收中心以一定的价格将其出售给梯级利用企业。

结合退役电池回收网络模型的建模目标，有以下基本假设。

①各汽车经销商网点回收率相同。

②对于存在经销商网点分布不均，且回收到的退役电池的数量相对较小，网点需要将电池交到区域回收中心，再由区域回收中心运往下一节点。

③电池生产商的生产、回收处理能力有限。汽车经销商网点的回收能力与区域回收中心的最大仓储能力有限。

④区域回收中心扩（改）建成本以及库存管理成本已知。

⑤各设施节点间单位运费已知，且与距离呈线性正相关。

⑥为方便统一进行计算与分析，动力电池的型号、种类视为无差别。

⑦不考虑不可抗力因素造成的成本。

⑧电池回收过程中消费者的回收补贴及押金退还、汽车生产商需要向其经销商支付的委托费等不涉及逆向物流的总运作成本，故与回收网络模型的构建无关。

（4）参数说明。模型涉及的参数及其定义见表 6.51。

表 6.51　模型参数符号及定义

符号类型	符号	定义
下标集合	N	电池生产厂集合，$N=1, 2, \cdots, n$
	I	汽车经销商网点（电池回收网点）集合，$I=1, 2, \cdots, i$
	J	区域回收中心集合，$J=1, 2, \cdots, j$，且 $J\subset I$
	K	电池梯级利用企业，$K=1$
模型参数	α_i	汽车经销商网点的电池回收率
	β_j	电池可再利用率
	A_i	汽车经销商网点 i 的电池预测回收量
	T_{ij}	汽车经销商网点 i 运往回收中心 j 的逆向物流单位运输成本
	T_{jn}	区域回收中心运往电池生产企业的逆向物流单位运输成本
	T_{jk}	区域回收中心运往梯级利用企业的逆向物流单位运输成本

续表

符号类型	符号	定义
模型参数	Q_j	区域回收中心 j 的固定投资成本，包括改扩建、检测分类及存储设备购置成本等
	Q_n	电池生产工厂 n 的固定投资成本，包括设备、技术投入费用
	j	区域回收中心 j 的电池的单位存储费用
	O_j	区域回收中心 j 的运营成本，包括日常管理费用与人员薪资
	S_j	区域回收中心 j 最大处理容量限制
	S_n	电池生产工厂 n 的最大处理容量
	P_i	汽车经销商网点 i 的最大数量限制
	P_j	区域回收中心 j 的最大数量限制
	P_n	电池生产工厂 n 的最大数量限制
决策变量	y_j	若回收中心 j 被选中，则 $y_j=1$；否则 $y_j=0$
	y_k	若梯级利用企业 k 参与回收，则 $y_k=1$；否则 $y_k=0$
	y_n	若电池生产厂 n 参与再制造，则 $y_n=1$；否则 $y_n=0$
	M_{ij}	汽车经销商 i 运往区域回收中心 j 的电池数量
	M_{jn}	区域回收中心 j 运往电池生产厂 n 的电池数量
	M_{jk}	区域回收中心 j 运往梯级利用企业 k 的电池数量

（5）模型构建。物流网络设计的目标一般有三种类型：成本最小、服务最优以及利润最大。

①目标函数为

$$Z=\min(C_f+C_t+C_w+C_o) \tag{6.67}$$

$$C_f=\sum_{j\in J}y_jQ_j+\sum_{n\in N}y_nQ_n \tag{6.68}$$

$$C_t=\sum_{i\in I}\sum_{j\in J}\alpha A_iT_{ij}+\sum_{i\in I}\sum_{j\in J}\beta y_nT_{jn}M_{ij}+\sum_{j\in J}\sum_{k\in K}T_{jk}M_{jk}+\sum_{j\in J}\sum_{n\in N}T_{jn}M_{jn} \tag{6.69}$$

$$C_w=\sum_{i\in I}\sum_{j\in J}B_jM_{ij} \tag{6.70}$$

$$C_o=\sum_{j\in J}y_jO_j \tag{6.71}$$

模型中，目标函数（6.67）表示固定投资成本、库存成本以及运输成本构成的逆向物流总运作成本最小，目标函数（6.68）表示汽车经销商改（扩）建为区域回收中心的成本、检测分类装置或存储设施的购置成本，以及电池生产工厂的投入再制造所需技术成本；目标函数（6.69）为汽车经销商网点到区域回收中心及区域回收中心到电池生产工厂与梯级利用企业的运输成本；目标函数（6.70）为电池在区域回收中心的库存成本；目标函数（6.71）为区域回收中心的运营成本。

②节点流量守恒。

汽车经销商网点至区域回收中心的电池数量平衡约束为

$$\sum_{j \in J} M_{ij} = \alpha A_i, \ \forall i \tag{6.72}$$

经过区域回收中心检测前后的电池数量的平衡约束为

$$\sum_{i \in I} \sum_{j \in J} \beta M_{ij} = \sum_{j \in J} \sum_{k \in K} M_{jk} \tag{6.73}$$

$$\sum_{i \in I} \sum_{j \in J} (1 - \beta) M_{ij} = \sum_{j \in J} \sum_{n \in N} M_{jn} \tag{6.74}$$

③容量约束。

区域回收中心符合最大处理容量限制为

$$\sum_{i \in I} \sum_{j \in J} M_{ij} \leqslant S_j \tag{6.75}$$

电池生产工厂符合最大处理容量限制为

$$\sum_{i \in I} \sum_{j \in J} M_{jn} \leqslant S_n \tag{6.76}$$

④设施数目限制。

区域回收中心最大数量限制为

$$\sum_{j \in J} y_j \leqslant P_j \tag{6.77}$$

电池生产工厂最大数量限制为

$$\sum_{n \in N} y_n \leqslant P_n \tag{6.78}$$

⑤决策变量取值范围为

$$M_{ij}, \ M_{jn}, \ M_{jk} \geqslant 0 \tag{6.79}$$

$$y_i = 1 \tag{6.80}$$

$$y_k = 1 \tag{6.81}$$

$$y_n, \ y_j \in (0, \ 1) \tag{6.82}$$

3. 不确定因素处理

（1）不确定因素分类。不确定环境通常分为随机环境、模糊环境和粗糙环境。在三种环境下，不确定因素通常分为随机变量、模糊变量与粗糙变量。

①随机变量。若不确定因素为随机变量，则可通过历史数据得到其分布特征。然而，由于随机变量的存在，模型只是一个概念，无法极大化目标函数，含有随机变量的约束也无法给出清晰的可行集。

②模糊变量。若不确定因素为模糊变量，会使得模型中的目标函数和约束缺乏明确意义。为给出不确定量的概率分布函数，必须对数据进行长期记录以及详细的统计分析，存在极大的难度。

③粗糙变量。若不确定因素为粗糙变量，则无法明确给出不确定因素的函数

分布或者模糊隶属函数，一般是由于实践中因经验不足，有时难以客观描述不确定因素。而粗糙集理论中不需要所需处理的数据之外的信息，因此可将不确定因素作为粗糙变量进行处理。

（2）不确定问题求解模型。

①期望值模型。期望值模型通过不确定规划理论，用期望值替代不确定因素值，将不确定的问题转化为确定形式后再进行求解，是处理随机规划问题最常见的形式。一般随机规划模型为

$$\min Z = \sum_{j \in J} c_j x_j$$

$$\text{s. t.} \begin{cases} \sum_{j \in J} a_{ij} x_j \geqslant b_i, (i=1,\ 2,\ \cdots,\ n) \\ x_j \geqslant 0,\ (j=1,\ 2,\ \cdots,\ J) \end{cases} \tag{6.83}$$

其中，若 c_j，a_{ij}和 b_i 为随机变量，x 不含随机变量，则期望值模型为

$$\min E(Z) = \sum_{j \in J} E[c_j(\xi)] x_j$$

$$\text{s. t.} \begin{cases} \sum_{j \in J} E[a_{ij}(\xi)] x_j - E[b_i(\xi)] \geqslant 0, (i=1,\ 2,\ \cdots,\ n) \\ x_j \geqslant 0,\ (j=1,\ 2,\ \cdots,\ n) \end{cases} \tag{6.84}$$

②机会约束模型。考虑到决策在不利的情况下发生时可能不满足约束条件，通过一定的置信水平，使目标函数或约束条件在该置信水平下达到最优或者满足约束。一般模型为

$$\min Z = \sum_{j \in J} c_j \cdot x_j$$

$$\text{s. t.} \begin{cases} \sum_{j \in J} a_{ij} \cdot x_j \leqslant b_i(\xi), (i=1,\ 2,\ \cdots,\ n) \\ x_j \geqslant 0,\ (j=1,\ 2,\ \cdots,\ J) \end{cases} \tag{6.85}$$

其中，$b_i(\xi)$ 为随机变量，分布函数为 F，置信水平为 α，随机变量 $b_i(\xi)$ 在给定的置信水平 α（$0 \leqslant \alpha \leqslant 1$），必然存在 k_α^i 使 $p\{k_\alpha^i \leqslant b_i(\xi)\} = \alpha$，则该模型可转化为等价形式：

$$\min Z = \sum_{j \in J} c_j \cdot x_j$$

$$\text{s. t.} \begin{cases} \sum_{j \in J} a_{ij} x_j \leqslant k_\alpha^i, (i=1,\ 2,\ \cdots,\ n) \\ x_j \geqslant 0,\ (j=1,\ 2,\ \cdots,\ J) \end{cases} \tag{6.86}$$

③基于情景的优化。需要根据不确定因素建立不同的情景组合，在某一情景中具有唯一确定的参数，最后通过比较所有情景的优化结果得出优化问题的最优解。基于情景的优化方法用于在不确定性问题研究时，又可以分为概率稳健优化（PRO）和非概率稳健优化（NPRO）。

PRO 方法采用的是一种发生概率已知的情景描述方法，需要基于历史数据采用一些预测方法对各种情景发生的概率进行预测。而 NPRO 方法无需各情景的发生概率以及随机期望值，先求出每个情景在确定环境下的最优解，以最优解与对应情景下的目标函数值偏差的最大值最小为目标，获得稳健性优化结果。代应（2019）建立了六种不同回收率与再制造率的组合情形，以物流成本最小与物流网络稳健性为双目标，利用 NPRO 方法模型进行求解，证明了方法的有效性。

（3）模型处理。退役电池的回收率与可再利用率能够通过历史数据得到其分布特征，符合随机变量的特征，因此模型中的回收率 α、可再利用率 β 均视为随机变量，服从均匀分布。由于含有随机变量的约束条件无法直接给出可行集，也无法极大化随机目标函数，因此模型还需进一步处理。

$$\min E(Z) = E\Big(\sum_{i \in I, j \in J} B_j M_{ij} + \sum_{j \in J} y_j Q_j + \sum_{i \in I, j \in J} B_j M_{ij} + \sum_{i \in I} \sum_{j \in J} T_{ij} \alpha A_i + \sum_{j \in J} y_j O_j + \sum_{i \in I} \sum_{j \in J} T_{jn} \beta y_n M_{ij} + \sum_{j \in J} \sum_{k \in K} T_{jk} M_{jk} + \sum_{j \in J} \sum_{n \in N} T_{jn} M_{jn} \Big) \tag{6.87}$$

由模型参数描述可知，电池回收率 α 与可再利用率 β 为概率空间 Ω 上的随机变量，故设网点 i 的回收率与回收中心 j 的可再利用率为定义在概率空间 Ω 上的随机向量 $\boldsymbol{\alpha} = (\alpha_1, \alpha_2, \cdots, \alpha_i)$ 和 $\boldsymbol{\beta} = (\beta_1, \beta_2, \cdots, \beta_j)$。对于每组 ν，$\tau \in \Omega$，$\alpha(\nu)$ 和 $\beta(\tau)$ 为各自的实现值。

若方案 $P(j, n)$ 为可行解，当且仅当对于一组实现值 $\alpha(\nu)$ 和 $\beta(\tau)$，约束（6.75）、（6.76）、（6.79），(j, n) 的可行解集合 $S(\nu, \tau) = \{M_{ij}, M_{jn}, M_{jk} \mid$ 约束（6.72）~（6.76），（6.79）$\}$。对于每组 ν，$\tau \in \Omega$，最小总成本为

$$Cost(j, n \mid \nu, \tau) = \min_{s \in S(\nu,\tau)} Z = \sum_{i \in I, j \in J} B_j M_{ij} + \sum_{j \in J} \sum_{k \in K} T_{jk} M_{jk} + \sum_{j \in J} \sum_{n \in N} T_{jn} M_{jn} + \sum_{i \in I} \sum_{j \in J} T_{ij} A_i e(\alpha_i) + \sum_{i \in I} \sum_{j \in J} T_{jn} y_n M_{ij} e(\beta_j) \tag{6.88}$$

若 $S(\nu, \tau) = \Phi$，表示受到回收中心或者再制造工厂最大处理能力限制，未满足回收网点的电池回收需求，此时设总成本 $Cost(j, n \mid \nu, \tau) = \max\limits_{s \in S(\nu,\tau)} Z$。

为使期望总成本最小化，建立随机期望值模型为

$$\min_{j,n} \int_0^{\infty} Pr\{\nu, \tau \in \Omega \mid Cost(j, n \mid \nu, \tau) \geqslant x\} \, \mathrm{sd}x \tag{6.89}$$

约束条件同公式（6.77）、（6.78）、（6.80）、（6.81）、（6.82）。

该随机期望值模型包含了子问题，见公式（6.85），其他约束同公式（6.75）、（6.76）、（6.79）；其中，参数 j、n、$\alpha(\nu)$ 和 $\beta(\tau)$ 都为常数，因此可作为线性规划问题进行求解。

$$
\begin{cases}
\min Z = \sum_{i\in I,j\in J} B_j M_{ij} + \sum_{j\in J}\sum_{k\in K} T_{jk}M_{jk} + \sum_{j\in J}\sum_{n\in N} T_{jn}M_{jn} \\
\qquad + \sum_{i\in I}\sum_{j\in J} T_{ij}A_i\alpha_i + \sum_{i\in I}\sum_{j\in J} T_{jn}\gamma_n M_{ij}\beta_j + \sum_{j\in J}\gamma_j U_j \\
\text{s. t.} \\
\sum_{j\in J} M_{ij} = \alpha_i(\nu)A_i,\ \forall i \\
\sum_{i\in I}\sum_{j\in J}\beta_j(\tau)M_{ij} = \sum_{j\in J}\sum_{k\in K} M_{jk} \\
\sum_{i\in I}\sum_{j\in J}[1-\beta_j(\tau)]M_{ij} = \sum_{j\in J}\sum_{n\in N} M_{jn}
\end{cases}
\tag{6.90}
$$

4. 回收网络模型求解算法

（1）算法分析。本书建立的回收网络模型属于单品类、多约束的选址问题，其中固定建设成本与技术投入成本为常数项，剩余各项都为线性函数，因此属于非线性混合整数规划问题（MINP），属于被广泛关注的 NP – hard 问题。该类复杂问题通常采用现代启发式算法求解，比较常用的有模拟退火算法、遗传算法、蚁群算法、粒子群算法、免疫算法、人工神经网络算法等。

①模拟退火算法（SA）。退火思想最早于 1953 年由尼古拉斯·梅特罗波利斯所提出，1983 年，柯克帕特里克等模拟物理中固体的退火过程形成了模拟退火算法。算法工作原理为：以某一较高初始温度开始，基于概率突跳特性，在解空间中随机搜寻目标函数的全局最优解，避免陷入局部极小，最终趋于全局最优的串行结构。

②遗传算法（GA）。遗传算法由霍兰德于 1975 年提出，该算法可以实现多点并行随机搜索，搜索过程中可以自动获取并保存搜索空间的信息，计算能力强，且不易陷入局部最优。由于遗传算法具有良好的扩展性，可以与其他算法或数学方法进行结合，形成混合智能算法，实现优势互补。

③蚁群算法（ACO）。蚁群算法由马尔科·多里戈于 1992 年提出，模拟蚂蚁在寻觅食物过程中发现路径的行为机制，是一种仿生算法。算法工作原理为：蚂蚁在觅食过程中，会释放信息素标记，同伴通常会选择信息素浓度较高的路径即解空间，未被选择的路径上的信息素会逐渐淡化。随着信息素浓度累积形成正反馈，引导蚁群寻找到通往食物源的最佳路径即最优解。

该算法的全局搜索能力强，而缺点在于收敛速度慢，容易陷入局部最优解。介科伟（2019）通过改进蚁群算法（IACO）和传统蚁群算法（ACO）的模型求解结果对比，证实了改进后的 IACO 算法的寻优能力更佳。

④粒子群算法（PSO）。粒子群算法是由肯尼迪和埃伯哈特于 1995 年开发的一种新的进化算法，是一种并行算法。算法工作原理为：受鸟群捕食行为的启

发，利用群体中个体对信息的共享，使群体活动在解空间中完成从无序到有序的演化，从而获得最优解。其工作过程与模拟退火算法相似，规则又比遗传算法简单，较容易实现，同时具有精度高、收敛快等优点。

该算法的缺点在于容易出现局部最优，且精度不高。屠丹（2014）提出了一种混合粒子群（HPSO）算法，改进后的算法基于差分进化策略和比较机制，增加了粒子的多样性，帮助 PSO 算法跳出局部最优以获得全局最优，提升了求解的准确性。

⑤免疫算法（IA）。免疫系统的研究从 20 世纪 80 年代中期便已开始，贝尔西尼于 1990 年首次将免疫算法投入使用。基于仿生机理，将免疫概念引入遗传算法从而形成了人工免疫算法。算法工作原理为：将抗原抗体亲和力用来描述可行解与目标函数的匹配度，抗体期望生存率促进遗传变异，记忆细胞保存可行解后则抑制相似解产生，直到搜索出全局最优解。

该算法能够抑制遗传算法优化过程中的退化现象，具有收敛速度快，自适应性、鲁棒性强等优点，但容易陷入局部最优。

⑥人工神经网络算法（ANN）。人工神经网络算法，模拟人脑神经组织工作机制，由大量处理单元通过广泛互联而构成的网络体系。该算法可实现大规模搜索，具有自组织、自适应等优点，但是复杂度高，通用性差，存在局部极小化现象，对样本的依赖性过强。具体见表 6. 52。

表 6. 52　　各种算法的优缺点

方法	优点	缺点
模拟退火算法	局部搜索能力强，求解效率高	全局搜索能力差，容易受参数影响
遗传算法	多点随机搜索，并行计算能力强，不易陷入局部最优	效率较低，容易过早收敛
蚁群算法	全局搜索能力强，具有较强的鲁棒性	收敛速度慢，容易陷入局部最优
粒子群算法	个体搜索与群体搜索结合，收敛速度快	处理多峰问题时容易陷入局部最优不高
免疫算法	保持全局多样性，收敛速度快，自适应性、鲁棒性强	容易陷入局部最优，种群多样性下降
人工神经网络算法	自适应、自学习、容差能力与鲁棒性强	复杂度高，通用性差，存在局部极小化，对样本的依赖性过强

遗传算法具有进行多点搜索的能力、并行处理效率高、全局搜索能力强、稳定性好等优点，能够与所构建的回收网络模型的特点互相匹配，具体表现在以下两点。

一是在现实的回收网络物流选址问题中，一般遵循“先建设后分配”原则，因此算法工作时也须遵循该原则。遗传算法的多点并行可以实现参数空间内的大范围的搜索，同时变异算子也可以避免求解过程陷入局部最优。种群中多个体同步进行处理，这种全局搜索能力能够保证求得模型的最优解。

二是模型中选址变量为0-1变量，物流量为整数变量，并且模型的目标函数为常函数与线性函数的组合，因此，该模型属于非线性混合整数规划问题。由于遗传算法不受目标函数或约束条件性质的约束，如线性、非线性、连续性、可微可积性等。因此，相较于其他算法，遗传算法的适用性较广。因此，为验证随机期望值模型的有效性，本书又通过 Lingo 软件进行求解结果的对比。

（2）遗传算法的求解思路。

①基本流程。遗传算法在进化的全过程中的遗传操作不是完全随机进行，它可以依据历史信息来推测下一代优化预期点集。通过不断演变进化，最后收敛到一个最适应环境的个体之上，达到最优解。

第一步，参数编码，遗传算法是对染色体进行操作，须根据变量的取值特征选择合适的编码方式，将参数集合和域转化为可以被操作的基因型串结构空间。

第二步，种群初始化，生成 M 个随机初始的串结构数据构成种群，每单个的串数据结构即是染色体，也是种群的个体，此时 M 代表种群的大小。

第三步，定义适应度函数，种群个体的优良是自然选择的唯一依据，而适应度函数值就是用来判断种群中个体的优良程度。模型的目标函数或约束条件可通过一定转化，成为遗传算法的适应度函数。

第四步，选择遗传算子：选择（Selection）、交叉（Crossover）和变异（Mutation），使之作用于群体，将变异产生的新遗传物质传递给下一代，实现种群最优化。

第五步，判断终止条件，为避免无用的计算，须判断群体性能是否已经达到一定指标或预设的迭代次数，否则，返回第四步。

遗传算法的基本流程如图 6.56 所示。

②算法设计。本节所建立的不确定环境下汽车退役电池回收网络的模型中包含了两类问题，即选址与物流量分配。算法求解时，应按照先建设后分配的顺序进行搜索。按照该思路，进行遗传算法设计，包括以下过程。

一是编码。编码是由决策变量向遗传算法可操作的数据结构转化的过程。常见编码方法主要有二进制编码、浮点数编码和符号编码。相反地，将数据结构转化为解的过程为解码。

由于采用0-1变量和整数变量同时编码，因此，染色体串的前（$j+n+k$）位是选址变量 y_j、y_n、y_k；由经销商网点 i 到回收中心 j 的逆向物流量是染色体串的（$j+n+k+1$）位后（$i-j$)j 位；接下来的第 jn 位表示从回收中心到再制造工厂的回收电池流量，最后第 jk 位是从回收中心到梯级利用企业的回收电池流量。

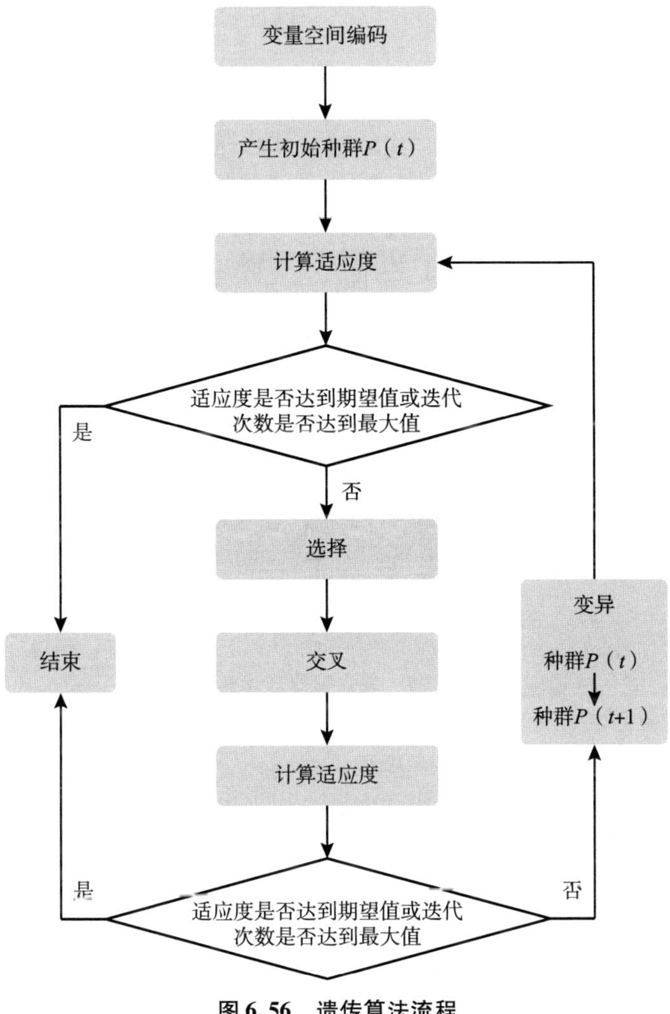

图 6.56　遗传算法流程

二是种群初始化。种群规模大小决定了遗传算法的性能与效率，若种群规模过大，个体间的交叉重组程度会增加，增加时间复杂度，造成计算资源的浪费；若种群规模过小，种群中的个体无法充分交叉，搜索不到全局最优解。为合理确定种群的大小，本书根据模型的变量数目来确定种群规模。

三是适应度函数。在物种演化过程中，适应度越高则个体生存能力越强。对于目标函数的全局最小值问题，可用以下目标函数 $f(x) \rightarrow F(X)$ 适应度函数的方法。

$$Fitness[f(x)] = \begin{cases} C_{\max} - f(x) & f(x) < C_{\max} \\ 0 & \text{其他} \end{cases} \tag{6.91}$$

其中，C_{max}可以取相对较大的数值，以充分保证群体中满足 $f(x)$ 值最小的个体总能有较高的适应度值。

四是遗传操作。遗传算法的操作算子包括选择、交叉和变异，其中选择算子模拟自然选择，只有适应度值大的个体才会被选择进行交叉和变异。

其一，选择。算法遗传首先对空间中的个体进行筛选，按照个体适应度值，剔除劣解，保留优解。个体的适应度高，被选择的机会则大，便可产生适应性强的后代。对于适应度评价的方法，本书使用了轮盘赌方法，即适应度值比例选择方法，该方法认为轮盘赌原理如图 6.57 所示。

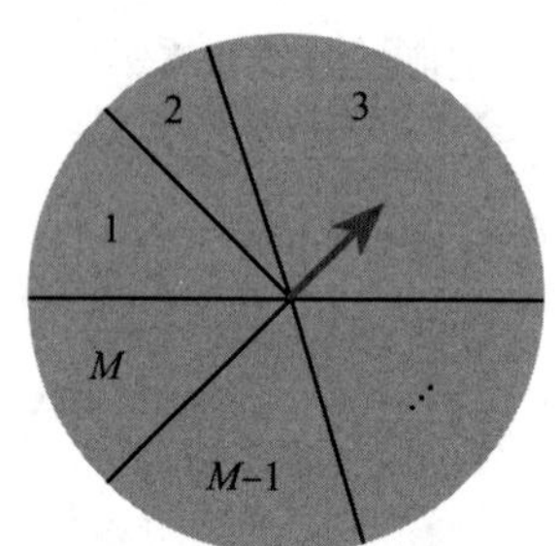

图 6.57　轮盘赌原理示意图

轮盘赌方法具体操作包括以下步骤。

第一步，计算群体中个体的适应度 $f(i)$，$i=1, 2, \cdots, M$；M 为种群大小。

第二步，计算个体被遗传到下一代群体中的概率。遗传算法中所有染色体会将整个种群进行分割，因此在轮盘赌选择时，整个赌盘会被分为 M 个大小不同的扇面。扇面的圆心角越大，指针选中的概率也就越大。被指针选中的概率表示为

$$P(x_i) = \frac{f(x_i)}{\sum_{i=1}^{M} f(x_i)} \tag{6.92}$$

第三步，计算每个个体的累积概率为

$$q_i = \sum_{i=1}^{M} P(x_i) \tag{6.93}$$

第四步，在 [0, 1] 区间内产生一个均匀分布的伪随机数 r，若 $r < q_i$，则选择个体 i，否则，选择个体 k，使得 $q_k - 1 < r \leqslant q_k$ 成立。

第五步，重复第四步共 M 次。

其二，交叉。常用的交叉算子有单点交叉、两点交叉、多点交叉以及算数交叉等。本书选择浮点数编码方式，故使用单点交叉方法，如图 6.58 所示。交叉

运算过程包括以下步骤。

第一步，随机对群体中的 M 个体进行两两配对，得到 $M/2$ 对个体。

第二步，每一对相互配对的个体中，在某段基因的位置之后随机设置交叉点，对于长度为 L 的染色体，存在 $L-1$ 个交叉点位置。

第三步，依设定的交叉概率 P_c 在其交叉点处相互交换部分染色体，生成两个新个体。

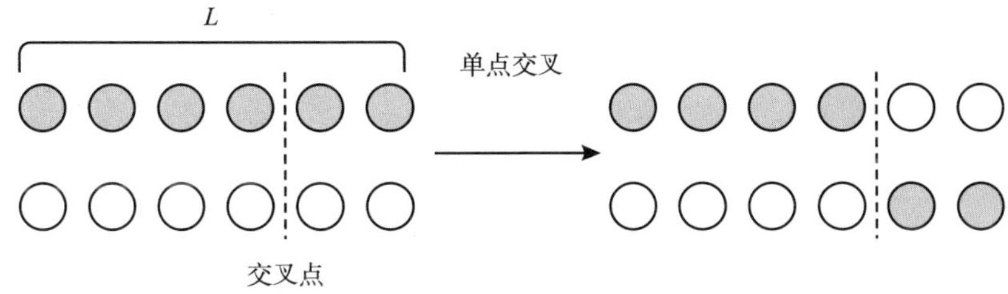

图 6.58　单点交叉示意图

其三，变异。当自然环境发生变化时，可能导致染色体基因突变，个体表现出不同的性状。与基因突变不同的是，变异操作是人为地使染色体的基因序列发生改变，以保持个体多样性，解除局部搜索的限制。常用的变异算子有基本位变异、均匀变异、逆转变异等。若采用非均匀变异算子，个体 $chrom=x_1x_2\cdots x_k\cdots x_m$ 进行变异后，产生的个体为 $chrom'=x_1x_2\cdots x_k'\cdots x_m$，若变异点 x_k 处基因取值范围为 $[l_k,\ u_k]$，则新的基因 x_k'的确定方法为

$$x_k'=\begin{cases}x_k+(u_k-x_k)(1-r^{(1-t/T)^b}) & if\ \text{random}(0,\ 1)=0\\ x_k-(x_k-l_k)(1-r^{(1-t/T)^b}) & if\ \text{random}(0,\ 1)=1\end{cases}\tag{6.94}$$

其中，r 为区间 $[0,\ 1]$ 上的随机数，T 为最大遗传代数，t 为当前遗传代数，b 为非均匀度参数。

其四，终止条件。遗传算法有两种终止准则：一种是预先设定遗传代数，达到设定迭代次数后终止计算；另一种是最优值准则，即当种群中最优个体适应度值的变化在若干代进化中都落在设置范围内，则运算终止。

（3）Lingo 介绍与求解流程。Lingo 是 Linear Interactive and General Optimizer 的缩写，即交互式的线性和通用优化求解器，软件是由美国 Lindo 系统公司开发，通常用来求解线性规划、非线性规划和整数规划等问题，也可以求解线性和非线性方程组。其允许模型中的决策变量为整数，即可同时实现整数规划、0-1 规划，而且程序执行速度很快，易于输入、修改、求解。

Lingo 内置了建模语言以便调用，一旦定义相关对象于同一集合内，便可以提

供大量的集合循环函数，再通过简单的调用语句就可以对集合内的所有元素进行操作，因此它可以简单地表达大规模的优化问题。求解上述模型时，应按照其语言规则，把要求解的模型转化成 Lingo 语言所描述的模型，操作流程如图 6.59 所示。

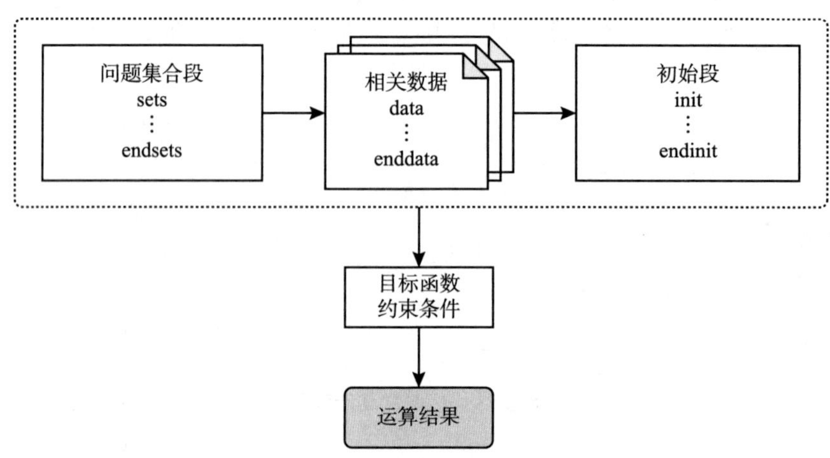

图 6.59　Lingo 的求解操作流程

Lingo 软件内部有四个基本的求解程序用于求解不同类型的优化模型：直接求解程序（direct solver）、线性优化求解程序（linear solver）、非线性优化求解程序（nonlinear solver）、分支定界管理程序（branch and bound manager）。当用户输入完模型进行求解时，首先调用 DS 程序对模型的等式约束进行直接处理。若一个等式约束只含有一个变量，那么该变量的值就可以直接确定下来，此后在求解模型时则把该变量视为常数而非决策变量，将尽量减少模型中实际需要求解的决策变量和需要满足的约束条件的个数，降低求解规模，提高计算的有效性。直接处理完成后，DS 程序将对输入的模型进行分析，自动识别模型的数学结构和性质，确定模型类型，确定下一步将采用哪种求解程序。对于线性规划模型，下一步将直接调用 LS 程序，而非线性规划模型，将直接调用 NS 程序；如果是整数规划模型，BBM 将被调用。BBM 程序主要用于管理整数规划问题的分支定界算法，在运行中还要不断调用 LS 程序和 NS 程序进行分支定界处理。

6.3　案例分析

6.3.1　深圳市动力电池回收体系案例分析

6.2.2 节研究了政府、回收处理商和消费者在不同条件下的演化路径，并得到在不同条件下政府、回收处理商和消费者的演化稳定状态。本节是对动力电池回收机制的实证分析，由于深圳市作为推广新能源汽车动力电池的重点城市，将面临动力电池规模报废带来的处理压力。同时深圳市也是国内首个出台回收补贴的城市，因此选择以深圳市为研究对象，通过查找深圳市关于动力电池回收的相关政策和发展现状等基本情况，建立三方演化博弈模型，深入研究深圳市动力电池回收体系，并提供相应的发展建议，也为其他地区实施动力电池回收提供参考。

在政府行为下动力电池回收处理商和消费者策略演化博弈的基础上，结合深圳市动力电池回收现状进行案例分析。基于不同情景，研究回收处理商的投资成本、收益增加率与消费者参与正规渠道回收的收益以及政府补贴决策对政府、回收处理商和消费者决策的影响，采用 Matlab R2018a 软件得到不同情景的演化结果。最终得到在动力电池回收产业发展初期，政府的补贴对于动力电池回收是有正向引导作用，进而激励消费者参与正规渠道的回收，给予回收处理商进行技术投资的信心，以解决动力电池在初级阶段面对的问题，促进动力电池回收的顺利进行。本章旨在为政府进行宏观调控提供理论基础，辅助回收再生企业更好地进行投资和决策，并引导消费者积极、理性参与回收。

1. 深圳市动力电池回收现状分析

（1）深圳市动力电池回收相关政策。随着新能源汽车的激增，动力电池回收问题亟待解决。2018 年 3 月国家发布《关于组织开展新能源汽车动力蓄电池回收利用试点工作的通知》，6 月深圳市开始实施动力电池回收利用体系建设试点方案，也成为国家首个动力电池回收体系试点。在实施期间，深圳市响应国家号召，陆续出台了一系列激励性政策。如在《深圳市 2018 年新能源汽车推广应用财政支持政策》中关于动力电池回收补贴的规定，对于销售新能源汽车的企业按 20 元/千瓦时的标准确定动力蓄电池回收处理资金，审核通过后，政府则给予企业 50% 的补贴，并在 2020 年也在执行这一政策。此外给予新能源汽车用户每日前两小时免费停车等，深圳市政府出台的一系列政策旨在提高企业和消费者的回收积极性，但政府没有针对回收处理商和消费者的激励政策。

（2）深圳市动力电池回收利用现状①。深圳市私家车退役的动力电池很少，但对于 2016 年推广的电动出租车和公交车已经实现回收利用，正逐步探索梯次利用。深圳市现已发展 5 家具备电子废弃物处理资质的回收再生企业，严格把控回收流程，降低回收风险。虽然正规企业的回收网络还有待完善，但已经形成动力电池回收市场，梯次利用企业和第三方回收企业的回收处理废旧电池的规模正

① 《深圳市动力电池回收利用机制与政策研究》。

在逐步扩大，所以废旧电池具备一定的回收需求。

深圳市动力电池回收利用模式如图 6.60 所示。当消费者在使用过程中，出现电池故障或者需要报废时，直接交到 4S 店或定点维修点。若需要置换电池，政府强制要求企业执行“以旧换新”，并借助动力电池信息管理系统监管动力电池和新能源汽车生产商，实时更新动力电池信息。

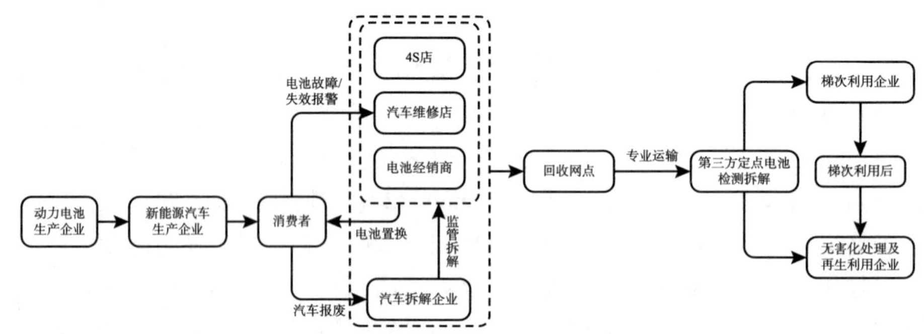

图 6.60　动力电池回收利用模式

若动力电池达到报废期，则交由专门的回收网点，专业运输至第三方拆解中心进行筛选、评估。动力电池采用“梯次利用→再生利用”的方式进行回收利用。根据电池性能不同进行分类处理，当电池性能降为原始性能的 50% ~80% 时，即可进行梯次利用，用于低速电动车、路灯和储能等应用场所。当电池性能降为原始性能的 50% 及以下，便可进行拆解，提取电极材料中的贵重金属。

（3）回收参与主体。

①动力电池、新能源汽车生产企业和回收处理商等。因为新能源汽车经销商与消费者直接对接，所以回收起来难度较小。基于生产者延伸制，深圳市新能源汽车经销商需要借助销售网络来建立动力电池回收网点，动力电池生产企业需要积极配合回收工作。对于退役电池的处理则交由专业的回收处理企业，负责退役电池的梯次利用和废旧电池回收处理。只有具备相应设备、技术和无害化处理等要求的企业才能进行动力电池的回收处理，并接受政策的监管。

②消费者，包含个人客户和集团客户，单位主要为公交车、出租车等大中型企业、学校和园区等。消费者是废旧电池的直接产生者，是进行回收的第一环节，若回收源头出现问题，则后续工作难以开展，所以做好消费者回收工作意义重大。消费者的回收行为对生态环境的保护起到关键性作用，若不进行约束，动力电池有可能流向非正规渠道，给动力电池的循环利用工作带来挑战。

③政府。政府对回收商和处理商的资质进行严格把控，并监督退役电池的回收流程。

2. 深圳市动力电池回收演化博弈模型分析

（1）模型参数确定。本书从政府公开数据或者查找文献得到相关指标的取值依据，并根据现实情况推算模型参数的数值。

①深圳作为首个实现公交全面自动化的城市，已实现将第一批 200 多辆新能源公交车动力电池进行回收，共回收退役电池 700 余吨。[①]

②新能源公交车的动力电池采用的是安全系数较高的磷酸铁锂电池，磷酸铁锂电池的回收收益为 10570 元/吨。所以回收处理商的收益为 740 万元。[②]

③正规企业回收磷酸铁锂电池的价格约为 10000 元/吨，非正规渠道的回收磷酸铁锂电池的价格约为 12000 元/吨。因此消费者参与正规渠道回收的收益为 700 万元；参与非正规渠道的回收的收益为 840 万元。[③]

④深圳市政府在 2019 年生态环境监测与执法监察方面支出的金额为 7075 万元；在固体废弃物与化学品等污染防治方面支出 896 万元；环境保护税的金额为 5915 万元。[④]

⑤设置回收处理商选择进行技术投资的概率分别为 $x=0.5$，政府选择鼓励的概率为 $z=0.5$，消费者参与回收的概率为 $y=0.5$。其中 x，y，z 的取值都为 $[0，1]$。

基于以上数据，得到模型参数见表 6.53。

表 6.53　　模型参数

参数	β	R_r	I	L	M	C_g	e	u	R_c	αe
数值（万元）	1	740	0	0	0	-2100	0	700	840	0

（2）模型结果分析。根据以上设置的参数对深圳市动力电池回收体系的演化博弈模型进行计算，得到三方的演化路径如图 6.61 所示。

由图 6.61 可知，基于发展现状，回收处理商、消费者和政府的演化趋于趋势为：回收处理商选择“观望”，不确定是否进行投资；消费者不参与正规渠道的回收；政府选择不补贴。深圳市政府对动力电池的干预主要是宏观指导和回收补贴，没有针对回收技术方面的补贴，对回收处理商的鼓励性不够强。而且回收处理商的收益受到“成本倒挂”和“技术难题”的影响，所以回收处理商难以抉择是否进行投资。大多数回收商面临的问题是动力电池难以从其正规回收渠道

① 中华人民共和国工业和信息化部。
② 《深圳市动力电池回收利用机制与政策研究》。
③ 经济观察报《电池回收的“黑江湖”》。
④ 《2020 年深圳市本级一般公共预算收入表》。

回收，由于“小作坊”的哄抬价格，导致很多消费者不能理性参与回收，大多数消费者更愿意去从非正规渠道参与回收。

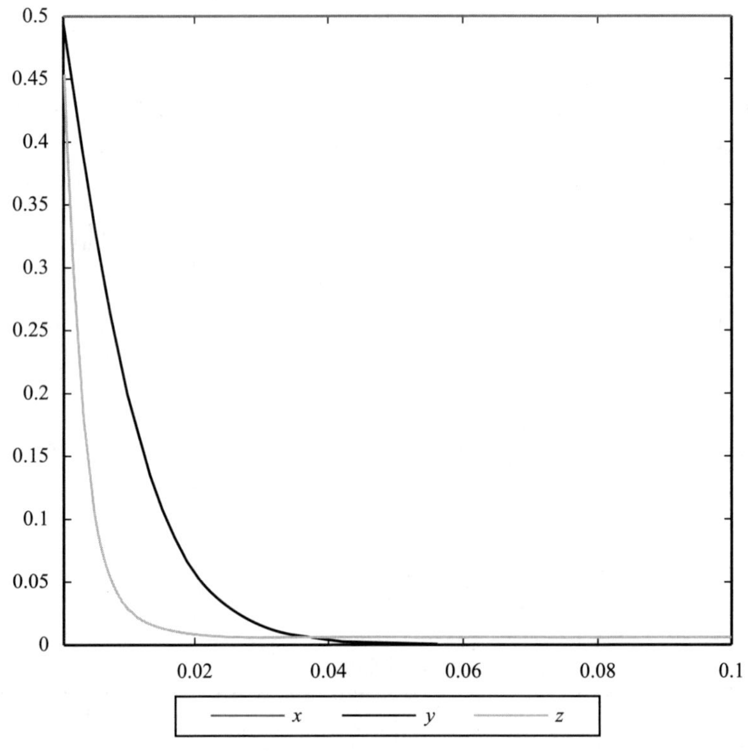

图 6.61　案例仿真结果

基于动力电池回收现状可得，回收处理商的技术水平还有待提升，由于技术还未突破，所以正规企业回收处理成本较高，所以不具备“价格优势”，消费者受到回收价格的影响，参与正规渠道的回收意愿不强烈。要想使动力电池回收体系逐步完善，需要政府、回收处理商和消费者等多方主体共同努力。为解决深圳市新能源汽车动力电池的回收难题，根据深圳市回收现状进行不同情景分析，旨在推动动力电池回收工作顺利进行，为动力电池回收提供一些建议。

（3）情景分析。以下主要分两种情况进行讨论。一是当政府不进行补贴时，假定回收处理商首先进行技术投资，讨论技术投资成本和收益增加率变化对回收处理商和消费者的策略影响；当回收处理商投资有所收益时，适当提高消费者的回收收益，探讨收益增加率、投资成本和消费者回收收益变化对回收处理商和消费者的策略影响。二是当政府进行补贴时，探讨政府补贴金额以及补贴获得的额外收益与管理成本的变化对政府、回收处理商和消费者决策演化的影响，以及研究不同情况下三方演化的稳定状态。

a. 当政府暂无补贴时，回收处理商和消费者的策略演化分析。为了探究政府、回收处理商和消费者的策略如何演化。设置参数见表 6. 54。

表 6. 54　模型参数

参数	β	R_r	I	L	M	C_g	e	u	R_c	α
A	1. 3	740	450	0	0	-2100	0	700	840	0
B	1. 3	740	200	0	0	-2100	0	700	840	0
C	1. 3	540	200	0	0	-2100	0	900	840	0
D	1. 3	540	200	0	0	-2100	0	850	840	0

根据表 6. 54 的参数数值设定，对政府、回收处理商和消费者之间的演化博弈模型进行仿真，得到演化结果如图 6. 62 ~ 图 6. 69 所示。

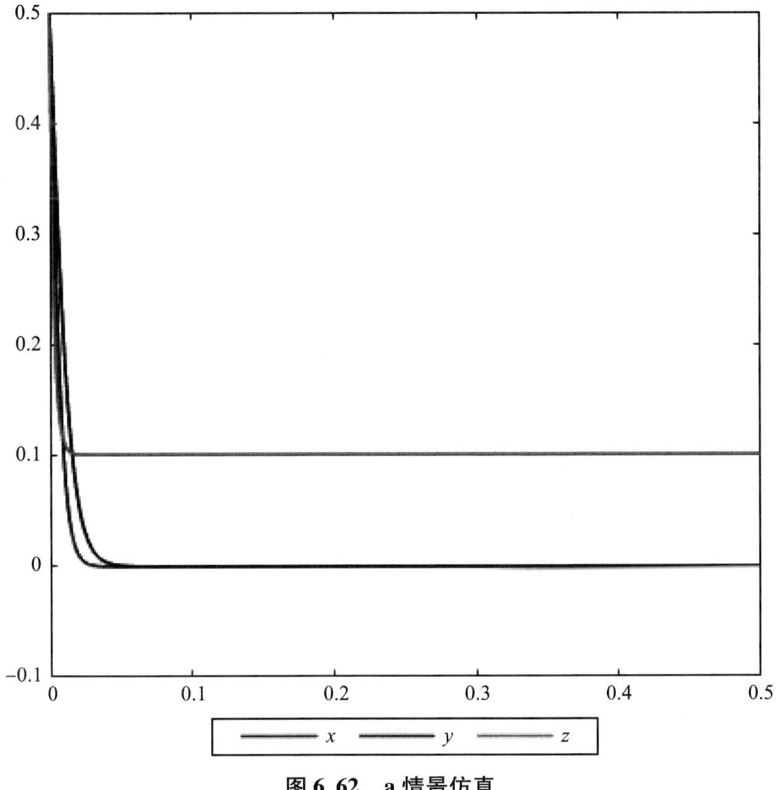

图 6. 62　a 情景仿真

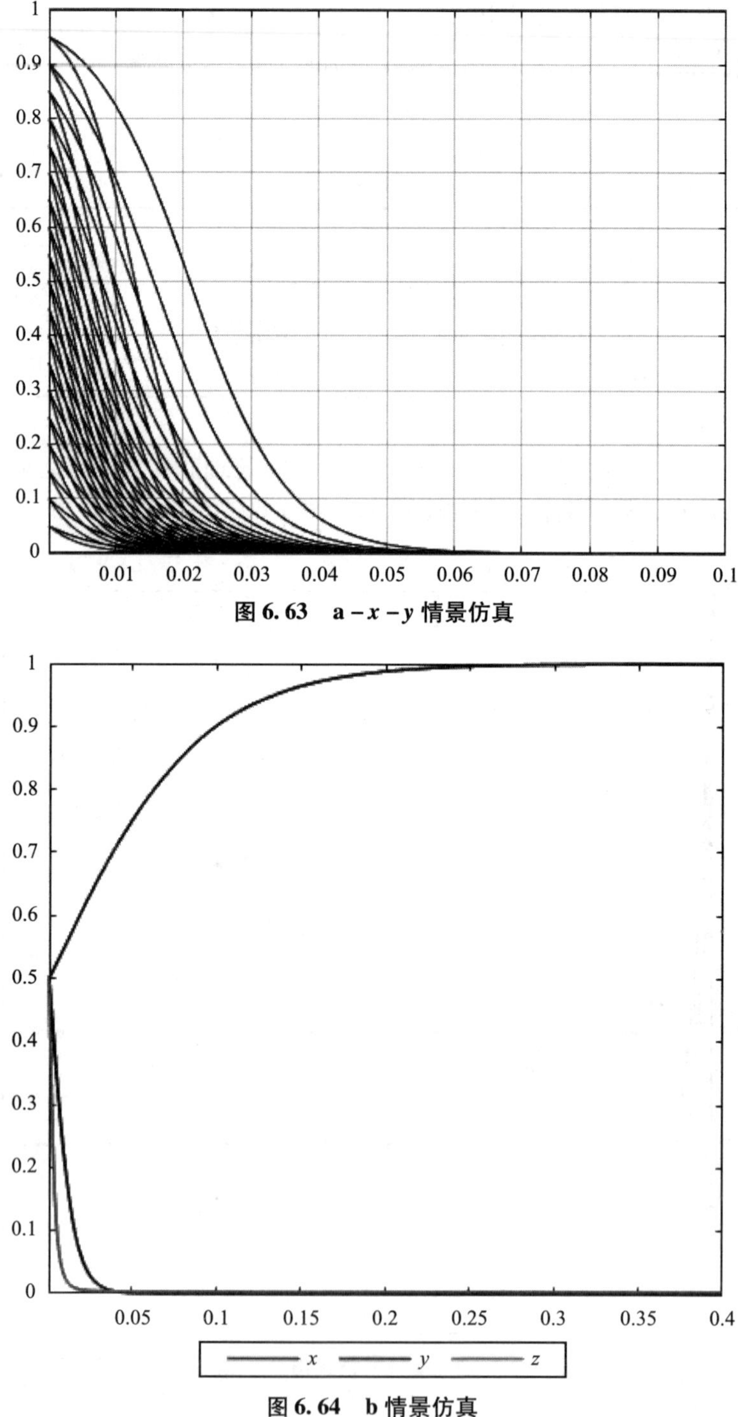

图 6.63　a - x - y 情景仿真

图 6.64　b 情景仿真

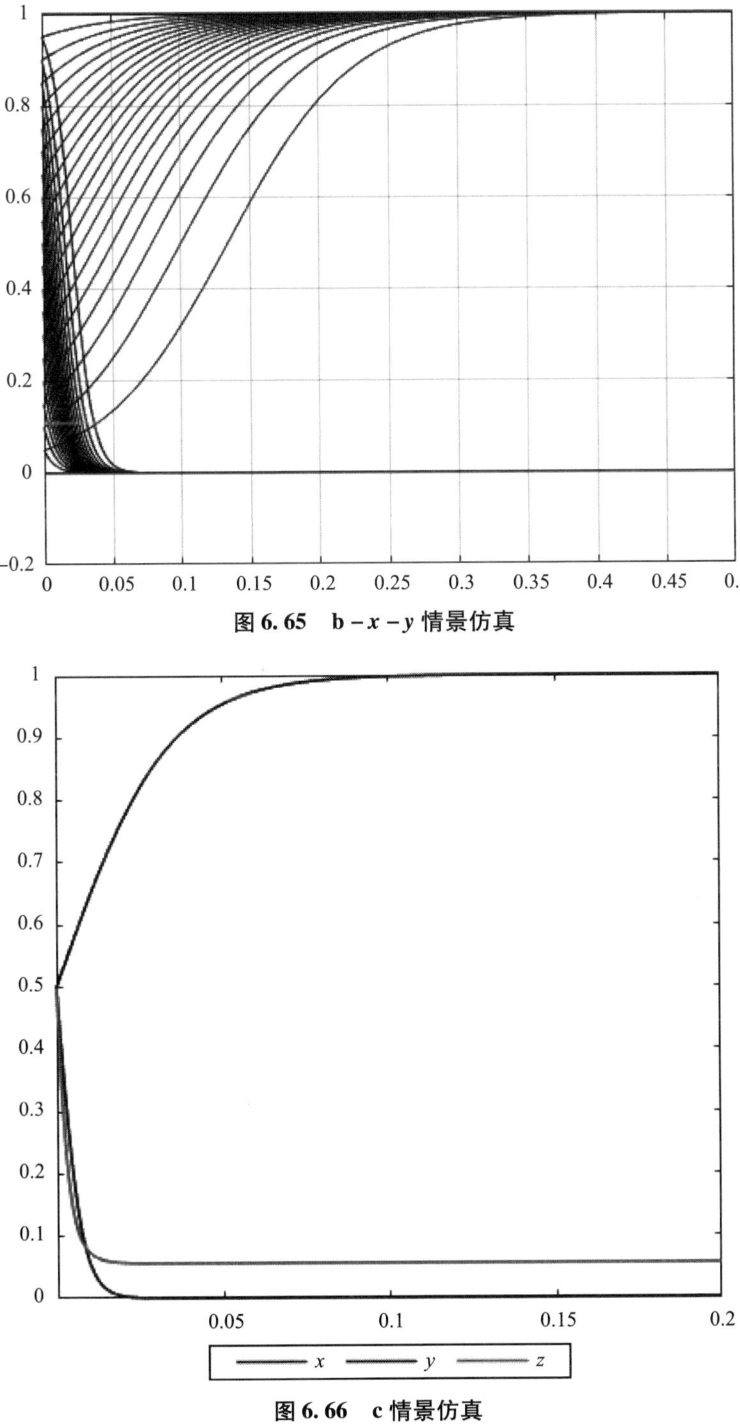

图 6.65　b－x－y 情景仿真

图 6.66　c 情景仿真

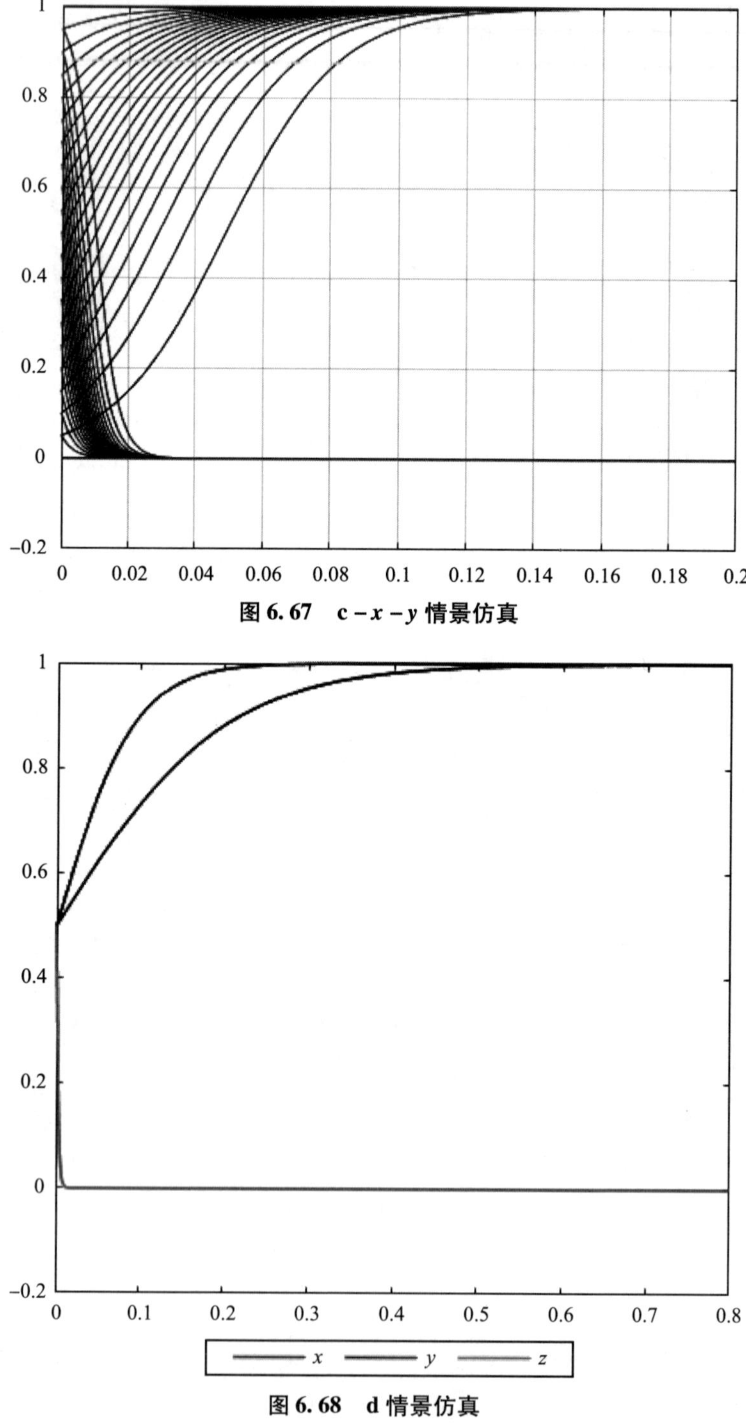

图 6.67　c - x - y 情景仿真

图 6.68　d 情景仿真

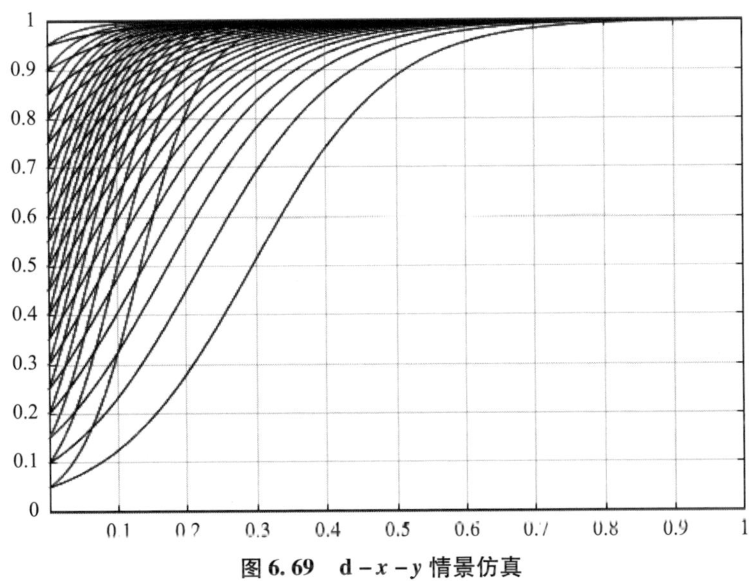

图 6.69　d－x－y 情景仿真

由图 6.62 和图 6.64 可得，投资成本的降低或者是收益增加率的提高均是激励回收处理商进行技术投资的重要因素。在投入成本适当的基础上，当突破梯次利用技术瓶颈后，动力电池的收益十分可观。根据文献得到当回收处理商的设备处于满负荷的状态时，磷酸铁锂电池可盈利 3394 元/吨，三元电池可盈利 17571 元。所以当回收处理商获得可观的利润时，即使没有政府的补贴支持，自身也会积极进行技术投资，投入动力电池回收的蓝海中。

由图 6.64、图 6.66 和图 6.68 可得，当回收处理商适当提高回收价格时，会吸引消费者积极参与回收，这也给予回收处理商继续进行技术投资的动力，但回收处理商不可能给予消费者较高的回收价格，否则技术投资难以获得利润，违背回收处理商进行技术投资的初衷。而且根据图 6.68 可得，当动力电池回收达到规模效应时，即使没有政府补贴，回收处理商也会主动提升回收处理技术水平，同时消费者也愿意积极参与回收，这是动力电池回收体系能够达到的最理想的状态。

由以上分析可得，情景 a、情景 b、情景 c 演化得到的结果与动力电池的现状不太相符。回收处理商还无法实现顺利回收以及回收成本较高，收支难以平衡。所以基于情景 a、情景 b、情景 c 分别展开研究，探讨政府、回收处理商和消费者如何决策，以实现协调政府、回收处理商和消费者各方利益，进而逐步推动动力电池的回收。

b. 当前政府进行补贴时，回收处理商和消费者的策略分析。

设定政府给予一定补贴 e，基于情景 a、情景 b、情景 c，探讨政府补贴金额以及补贴获得的额外收益与管理成本的变化对政府、回收处理商和消费者决策演化的影响，以及研究不同情况下三方演化的稳定状态。

第一，基于情景 a，探讨政府、回收处理商和消费者的回收决策。通过改变政府补贴金额以及补贴获得的额外收益与管理成本的数值，研究其对政府、回收处理商和消费者回收策略演化的影响，设置参数见表 6. 55。

表 6. 55　模型参数

参数	β	R_r	I	L	M	C_g	e	u	R_c	αe
a(1)	1. 3	740	450	200	300	-2100	280	700	840	200
a(2)	1. 3	740	450	300	200	-2100	280	700	840	200
a(3)	1. 3	740	450	450	200	-2100	350	700	840	200
a(4)	1. 3	740	450	550	200	-2100	350	700	840	300
a(5)	1. 3	740	450	3000	200	-2100	350	700	840	300

根据表 6. 55 的参数数值设定，对政府、回收处理商和消费者之间的演化博弈模型进行仿真，得到演化结果如图 6. 70 ~ 图 6. 79 所示。

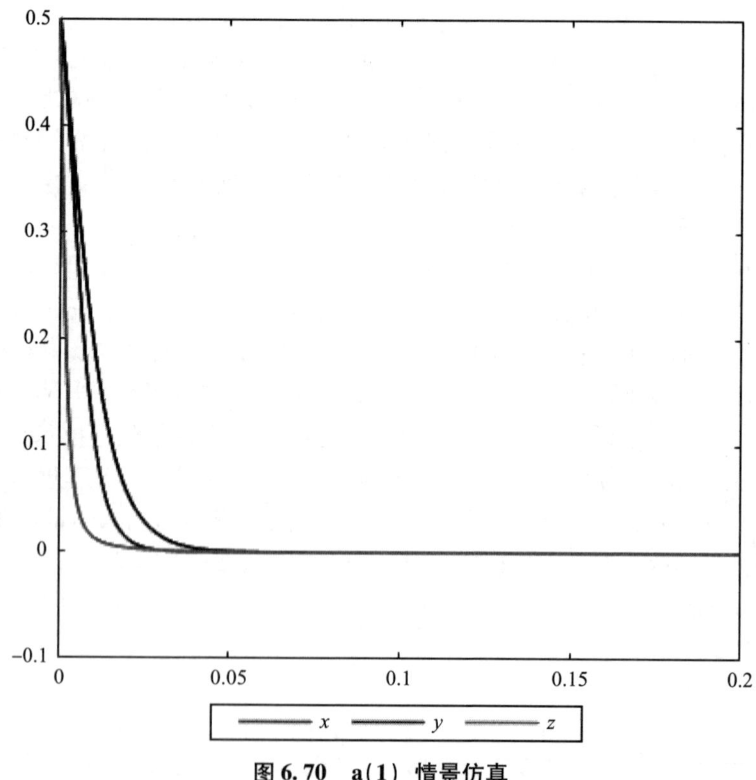

图 6. 70　a(1) 情景仿真

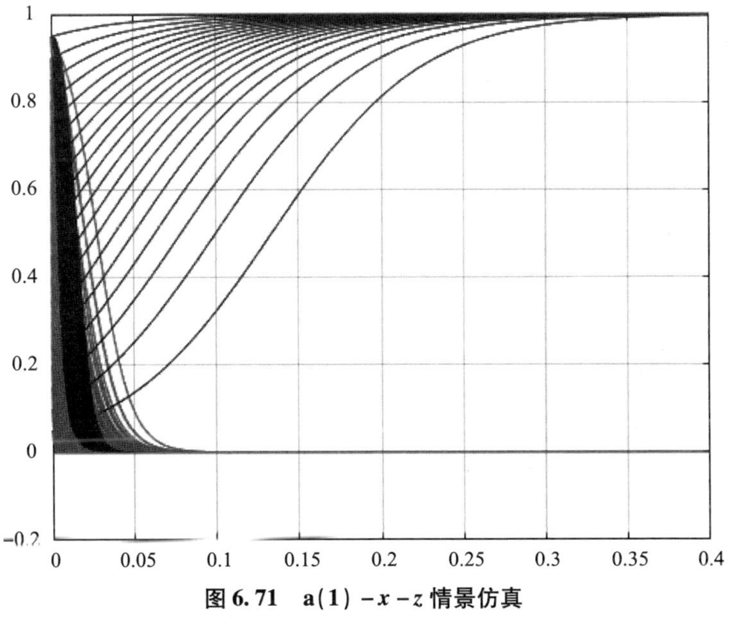

图 6.71　a(1) $-x-z$ 情景仿真

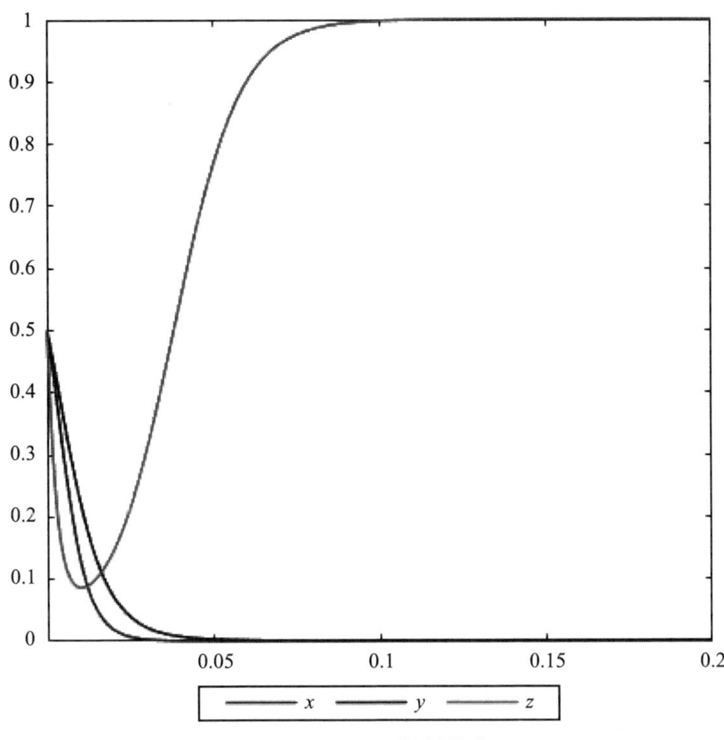

图 6.72　a(2) 情景仿真

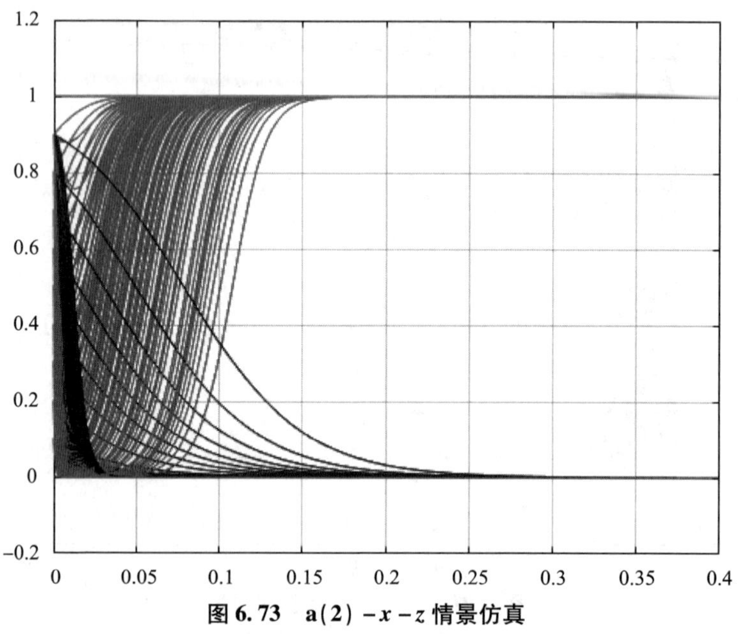

图 6.73　a(2) $-x-z$ 情景仿真

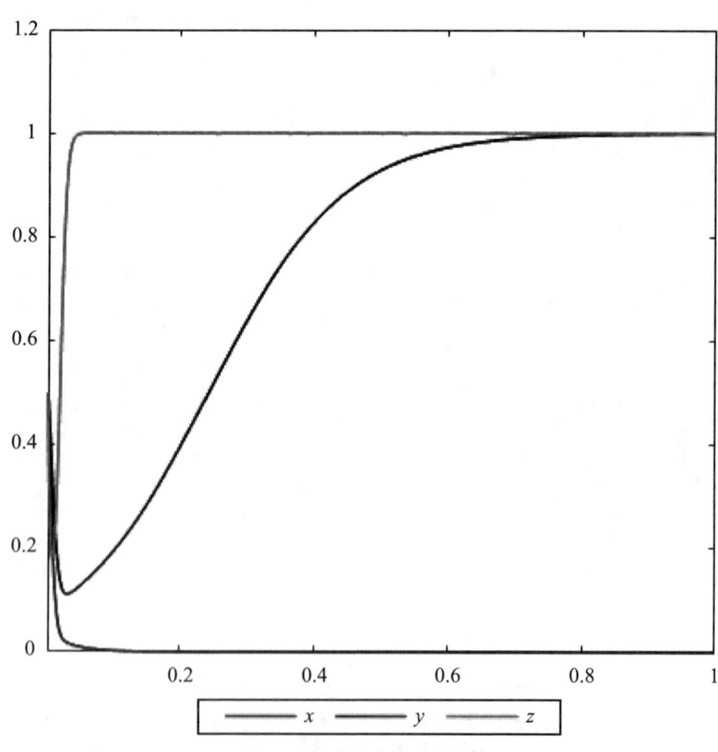

图 6.74　a(3) 情景仿真

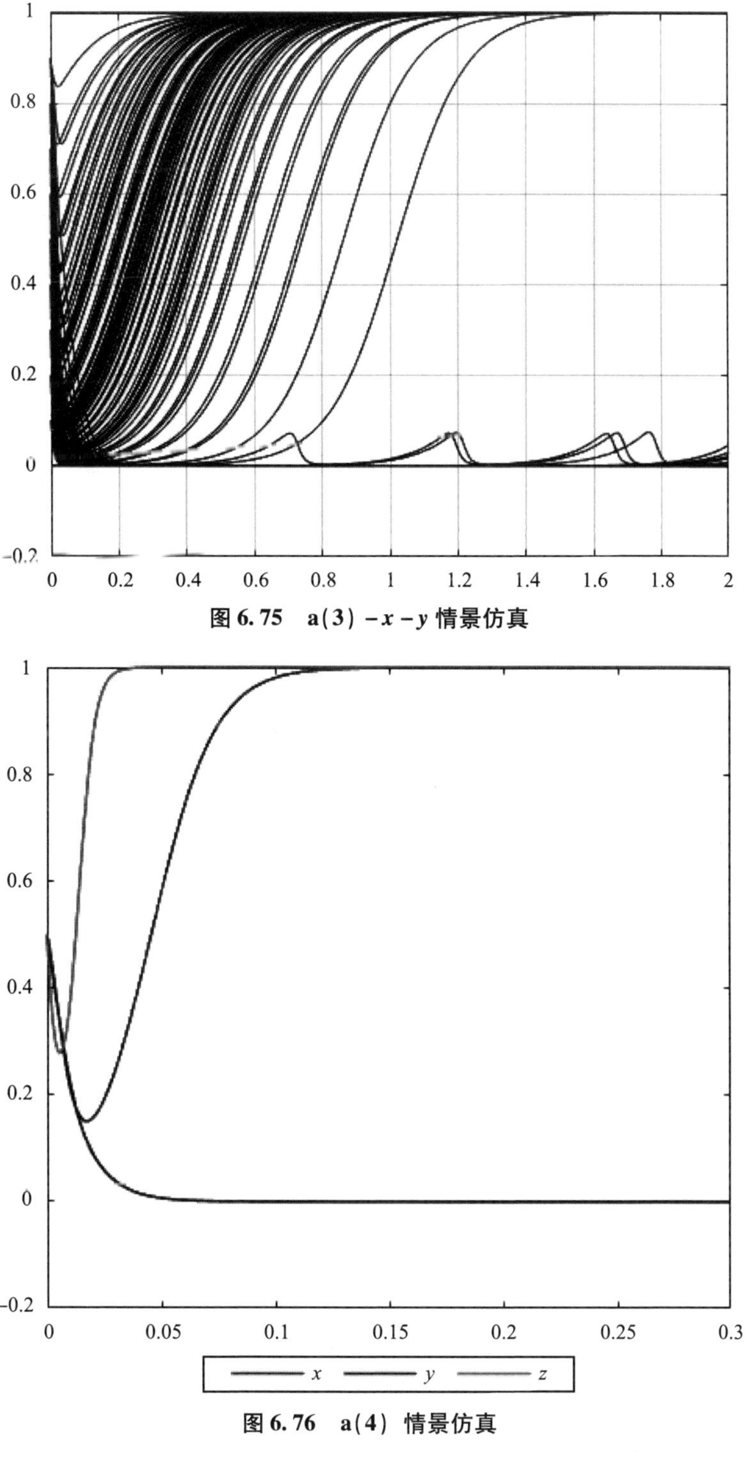

图 6.75　a(3) $-x-y$ 情景仿真

图 6.76　a(4) 情景仿真

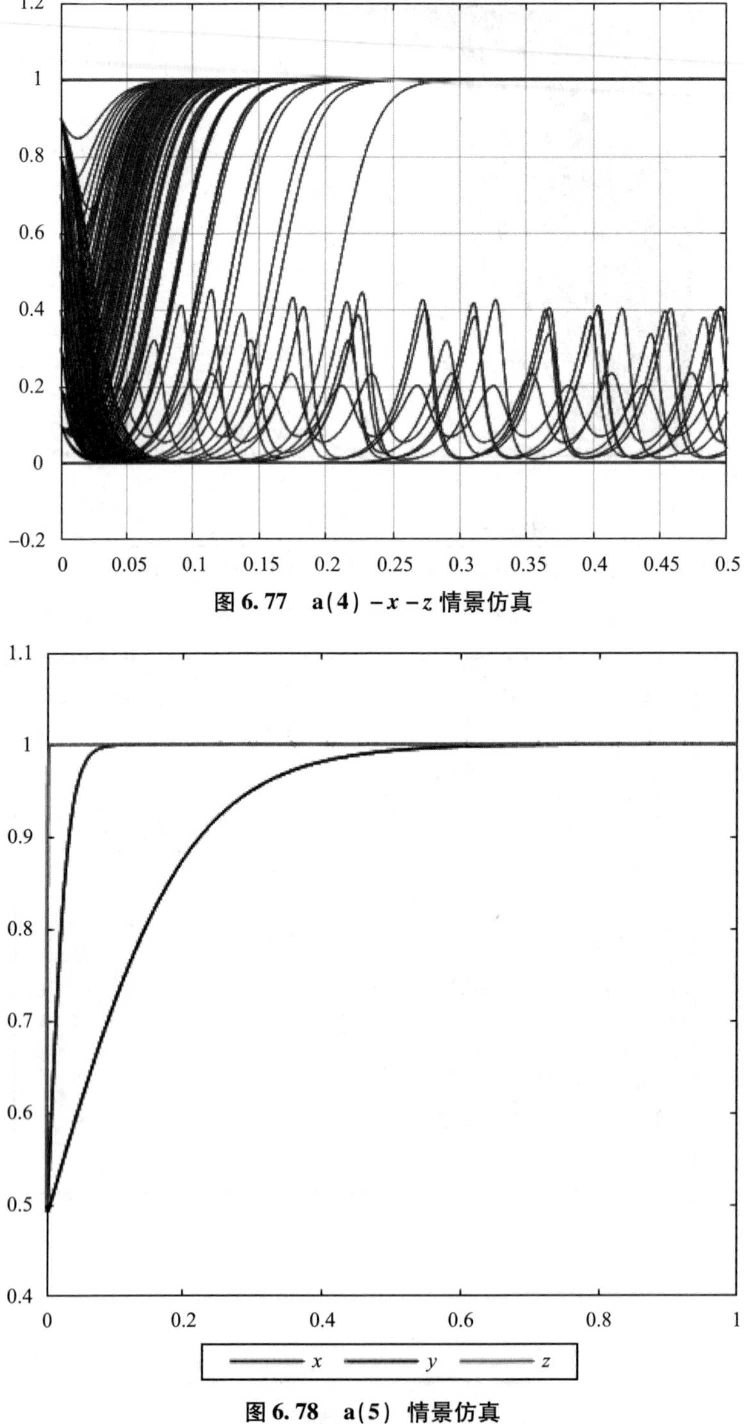

图 6.77　a(4) $-x-z$ 情景仿真

图 6.78　a(5) 情景仿真

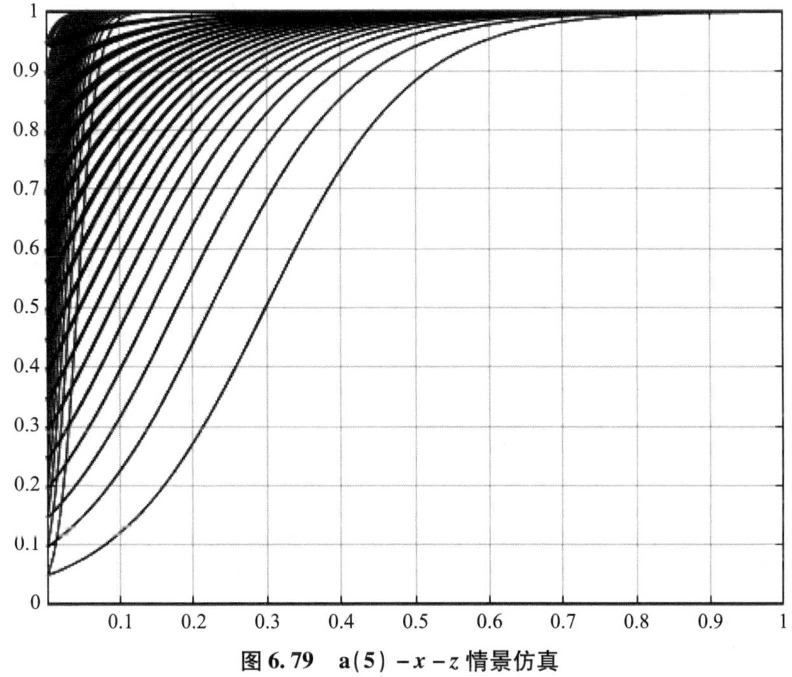

图 6.79　a(5) $-x-z$ 情景仿真

由图 6.62、图 6.70 与图 6.71 可得，当政府给予一定的补贴时，若无法有效激励回收处理商和消费者时，而且政府也没有获得收益时，则最终演化状态与不补贴时的状态可能是相同的，但从图 6.71 可得，当政府给予一定的技术补贴时，存在一些回收处理商愿意去尝试进行技术投资，这对于动力电池回收有一定的正向作用。从图 6.72 可得，当政府在补贴后，获得一定的收益时，便会趋向于采取补贴的策略，但此时回收处理商不愿意进行技术创新，而消费者也不愿意参与回收，这与政府补贴的初衷不太符合，所以图 6.71 的情景分析对于解决动力电池回收难题不具有较大的参考意义。

由图 6.74 和图 6.75 可得，当政府给予一定的补贴时，若满足回收处理商和消费者其中一方的利益，即可保证其积极进行技术投资或者参与正规渠道的回收。但是由图 6.75 和图 6.77 可得，即使基于政府给予的技术补贴，回收处理商可以获得一定的收益，但是仍存在部分回收处理商技术投资的意愿不强烈。同理消费者也是如此。

由图 6.78 可得，基于政府对消费者和回收处理商的补贴，能够有效支持回收处理商进行技术投资，也能够激励消费者主动参与正规渠道的回收。而且由图 6.79 可得，此时没有回收处理商不进行技术投资，也没有消费者不愿意参与回收，这是政府补贴期望可以达到的理想状态。但此状态需要政府在补贴时获得的额外收益高于不补贴时的收益。所以在现实中，政府获得的收益不一定体现在财政收入上，更多的收益是对环境的保护、城市治理和市场稳定等方面。基于图 6. 78 和图 6. 79 的演化结果可得，动力电池的回收需要政府的补贴来激励消费者参与回收，给予回收处理商在面对回收困难和技术壁垒时继续进行技术投资的信心，以攻克动力电池初级阶段的难题，促进动力电池回收产业的健康发展。

第二，基于情景 b，探讨政府、回收处理商和消费者的回收决策。通过改变政府补贴金额以及补贴获得的额外收益与管理成本的数值，研究其对政府、回收处理商和消费者回收策略演化的影响，设置参数见表 6. 56。

表 6. 56　　模型参数

参数	β	R_r	I	L	M	C_g	e	u	R_c	αe
b(1)	1. 3	740	200	400	100	-2100.	300	700	840	200

根据表 6. 56 的参数数值设定，对政府、回收处理商和消费者之间的演化博弈模型进行仿真，得到演化结果如图 6. 80 和图 6. 81 所示。

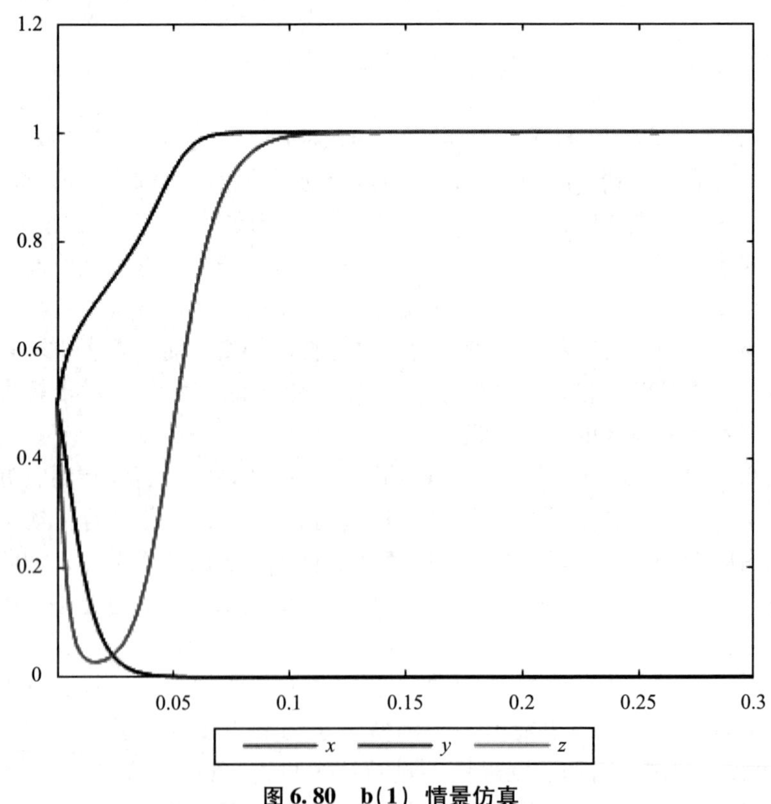

图 6. 80　b(1) 情景仿真

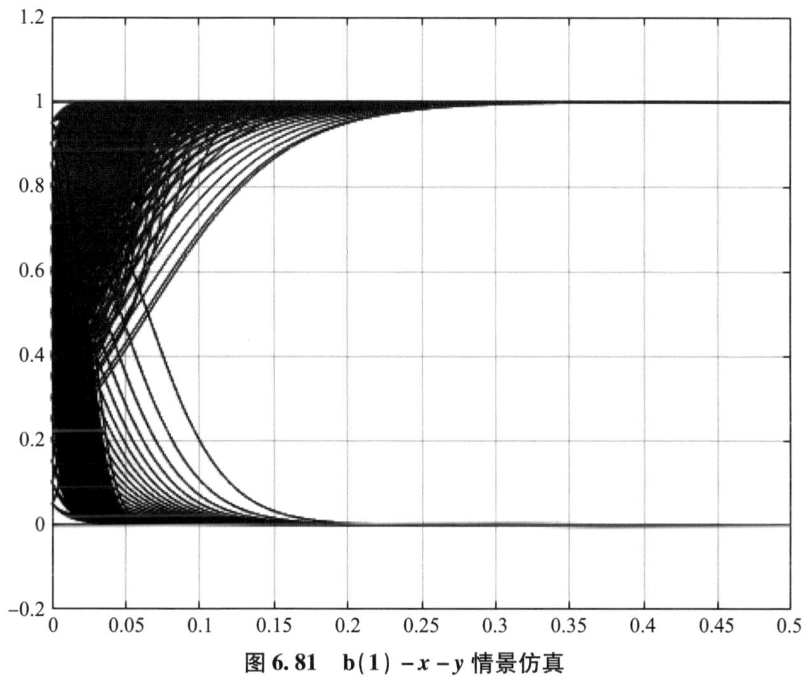

图 6.81　b(1) $-x-y$ 情景仿真

由图 6.64 可得，在没有政府补贴时，该情景下回收处理商趋向于进行技术投资，而消费者参与回收的意愿较弱。由图 6.80 可得，基于政府的补贴，回收处理商趋向于进行技术投资，而消费者参与回收的意愿较弱，但是政府因能获得收益，所以最终仍会进行补贴。这两种状态均无法实现动力电池回收工作的顺利进行，消费者不参与正规渠道的回收对生态环境的影响很大，所以该情景分析对于解决动力电池回收难题不具有较大的参考意义。

第三，基于情景 c，探讨政府、回收处理商和消费者的回收决策。

通过改变政府补贴金额以及补贴获得的额外收益与管理成本的数值，研究其对政府、回收处理商和消费者回收策略演化的影响，设置参数如表 6.57 所示。

表 6.57　模型参数

参数	β	R_r	I	L	M	C_g	e	u	R_c	αe
c（1）	1.3	540	200	2650	200	-2100.	350	900	840	200

根据表 6.57 的参数数值设定，对政府、回收处理商和消费者之间的演化博弈模型进行仿真，得到演化结果如图 6.82 和图 6.83 所示。

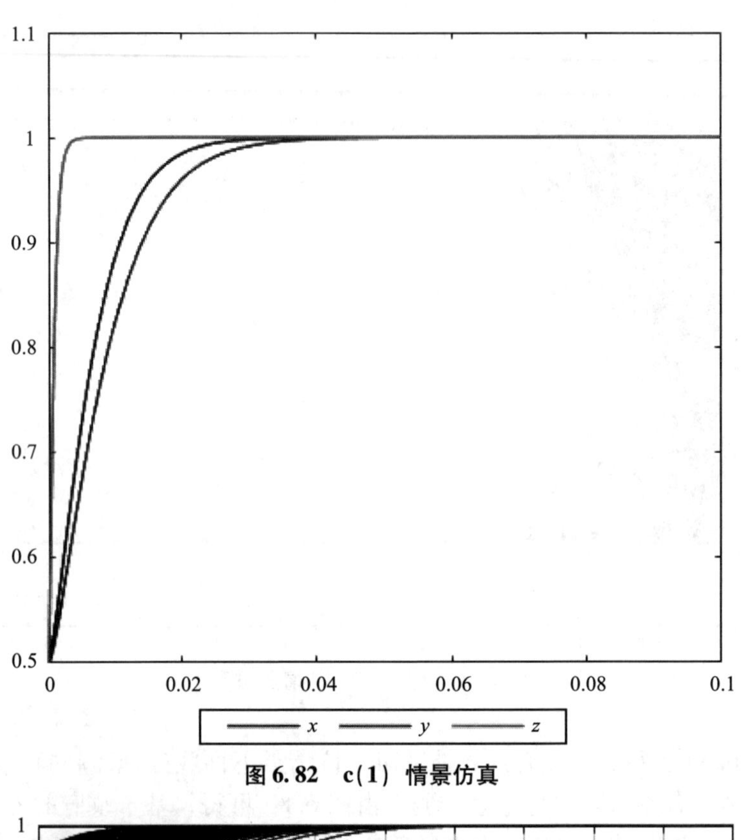

图 6.82 c(1) 情景仿真

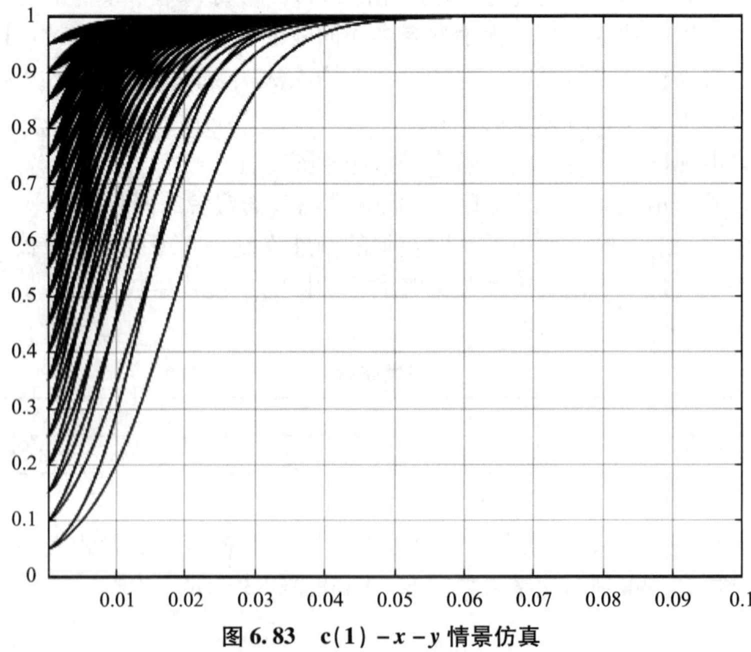

图 6.83 c(1) $-x-y$ 情景仿真

由图 6.66 可得，在没有政府补贴时，该情景下回收处理商尝试进行技术投资，并通过提高回收价格来激励消费者参与回收，虽然此时对鼓励消费者参与回收产生积极作用，但回收利用企业无法获得利润，所以最终趋向无法进行技术投资。由图 6.82 可得，基于政府对消费者和回收处理商的补贴，能够有效支持回收处理商进行技术投资，也能够激励消费者主动参与正规渠道的回收，说明政府的补贴对于动力电池回收是有正向引导作用，在逐步推动动力电池产业走向成熟。与图 6.78 同理，此状态需要政府在补贴时获得的额外收益高于不补贴时的收益。所以该情景的分析对于攻克动力电池初级阶段的难题，促进动力电池回收产业的健康发展有一定的参考性。

（4）对策与建议。动力电池回收再利用正处于初级阶段，相关技术还未成熟，体系还有待完善。基于不同情景得到的演化结果可知，政府、回收处理商和消费者的决策对推动动力电池的回收影响较大。为促进动力电池产业循环发展，提出以下建议。

①增强回收处理商的主导意识，提高企业社会责任感。回收处理商要合理定价回收价格，平衡企业和用户的利益；同时注重长远发展，明确企业业务定位，发挥技术优势，合理进行投资，努力实现最大化资源利用和自身利润。

②政府需发挥监管作用，加大技术补贴力度。动力电池回收再利用涉及成本较高和排放污染物等问题，而且回收再生企业在前期技术攻克上存在资金压力。所以政府一方面要完善监管体制，做好污染物排放的监管，另一方面加大对第三方回收处理商的补贴，鼓励回收处理商进行技术投资，提高动力电池的再生利用率，实现资源循环利用。

③提升用户的环保意识，推动动力电池产业稳健运行。政府和企业做好宣传普及工作，帮助用户建立环保和绿色的理念，倡导民众低碳出行。进而回收处理商才能在投资的基础上形成规模效益，拥有持续的动力投入攻克技术难题中，既可以保护环境，又可以实现资源循环利用。

6.3.2 汽车退役电池回收网络的案例分析

本节针对案例分析，进行遗传算法设计以及模型求解，得到了回收网络中各个节点的优化布局，并通过 Lingo 软件编写程序，对遗传算法求解结果进行验证。对比分析后发现，目标值的偏差较小，在一定程度上可认为求解结果较为一致，验证了模型的有效性。

1. 案例背景

C 公司是重庆市的一家新能源汽车生产企业，在市场中具有较大的竞争力。在全国销售市场中，重庆市占有 54.73%，区域内的知名度极高。该企业重点关注研发和生产，在全面推行精益管理与智能化制造的同时，对报废汽车及零部件的再制造利用予以了足够的重视。报废汽车及零部件再进行失效分析、寿命评估，通过再制造技术进行修复与改造，获得的成品可重新投入市场。经过多年实践，再制造节约原材料可达 70% 以上，获取收益已超过总销售额的 15%。C 公司现有再制造利用流程如图 6.84 所示。

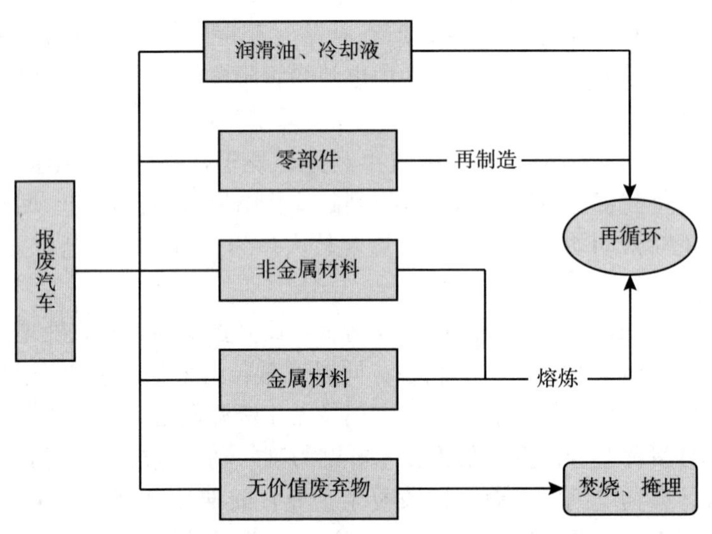

图 6.84　C 公司现有再制造利用流程

公司对退役电池的回收利用方面关注甚少，尚未形成退役电池逆向物流体系。为贯彻落实生产者责任延伸制与绿色发展战略，扩大品牌的影响力，提高产业竞争力，提升整体服务水平，承担更多社会责任，公司需要对退役电池逆向物流业务进行规划。

以该公司的重庆市场为研究对象，区域覆盖的经销商共有 37 家（$i=1, 2, \cdots, 37$），其中一级经销商及其分公司共 12 家，所有经销商网点均作为电池回收点，消费者可就近选择，进行电池的投放。为扩大回收作业面，企业考虑从 12 个一级经销商及其分公司（$j=1, 2, \cdots, 12$）中选择若干个来建设区域回收中心，数量不超过 6 个。回收所得报废电池经区域回收中心集中检测分类后，送往周边的 3 个（$n=1, 2, 3$）电池生产工厂进行再制造，投入再制造的电池生产工厂数量与其回收作业能力和电池回收需求量相关；对于可再利用的电池，统一送至梯级利用企业 K（$k=1$）。企业期望建立的退役电池回收网络总运作成本达到最小。

2. 基础数据

（1）回收网点位置与回收量。由于无法统计出 C 公司新能源汽车动力电池每年报废量的精确数据，本书通过新能源汽车的销量与间接报废率的乘积来确定。

一般来说，发达国家当年的汽车报废量占保有量的 7%，我国的计算标准略低，报废率通常为 6%。动力电池的使用年限一般为 4 ~6 年，而整车寿命平均为 10 年，粗略估算动力电池的间接报废率为整车报废率的 40% ~60%，由此可得间接报废率为 2. 4% ~3. 6%，此处取其平均值 3%。为达到规划的目的，经过调研，获得 C 公司重庆区域经销商截至 2019 年的新能源汽车累计销量，由此大致推算出各个经销商网点的电池回收量。具体见表 6. 58。

表 6. 58　　部分汽车经销商网点信息

网点编号	经纬度	截至 2019 年销量（辆）	回收量（组）
1	106. 571083，29. 523264	15667	470
2	106. 509432，29. 581998	7834	235
3	106. 582112，29. 649715	4033	121
4	107. 379239，29. 710757	6002	180
5	105. 738075，29. 675999	6567	197
6	108. 375111，31. 164613	7801	234
7	106. 56035，29. 572275	8533	256
8	106. 086802，29. 824565	5934	178
9	107. 83732，30. 097665	5500	165
10	106. 285252，29. 960518	6667	200
11	108. 406678，30. 777905	7664	230
12	109. 02663，28. 46372	6163	185
13	108. 717143，29. 531976	5457	194
14	105. 907237，29. 36741	6825	205
15	106. 507148，29. 507621	3557	107
16	105. 629775，29. 406148	5256	158
17	106. 241902，29. 57079	6433	193
18	105. 837775，30. 158256	5072	152
19	106. 859049，29. 468409	6730	202
20	107. 773196，30. 667083	6357	191
21	107. 077793，29. 846191	7018	211
22	107. 155084，29. 157887	5793	174
23	109. 452823，31. 032568	4361	131

续表

网点编号	经纬度	截至 2019 年销量（辆）	回收量（组）
24	106.274848，29.390963	6289	189
25	108.110424，29.983051	6373	140
26	107.343837，30.326468	4667	155
……			
33	106.638851，29.028038	3433	103
34	108.773966，28.865202	3138	94
35	108.248938，29.347787	5559	167
36	108.674596，31.944663	3356	101
37	108.702662，30.947388	3211	96

（2）回收率与可再利用率。受到消费者主观因素以及社会层面的客观因素影响，电池回收率处于较低水平。由于回收体系与相关条例法规的完善，消费者责任意识与环保意识的加强，退役电池的回收率会逐步提升。本书将回收率 α 分为低（40%）、高（80%）两个等级，服从均匀分布，且 $\alpha \sim U[0.4, 0.8]$；另外，受到回收质量不确定的影响，可再利用率 β 也分为低（70%）、高（90%）两个等级，服从均匀分布，且 $\beta \sim U[0.7, 0.9]$。

（3）回收中心与再制造工厂设施参数。由于汽车退役电池回收相关研究匮乏，原始数据难以获取，回收中心与再制造工厂的固定投资、处理能力等设施参数在参考文献（储江伟等，2013；代应，2009；宋志伟，2014）、企业调研以及产业发展报告的基础上进行确定，见表 6.59 和表 6.60。

表 6.59　　回收中心备选点设施参数

编号	经纬度	固定投资成本（万元）	运营成本（万元）	电池存储费（元）	最大处理能力（组/年）
1	106.571083，29.523264	160	29	3	2000
2	105.738075，29.675999	120	20	3	1200
3	108.375111，31.164613	95	15	3	900
4	106.086802，29.824565	80	13	3	750
5	107.83732，30.097665	112	17	3	800
6	106.285252，29.960518	104	18	3	815
7	108.717143，29.531976	90	16	3	780
8	105.907237，29.36741	100	20	3	950
9	107.077793，29.846191	80	19	3	875
10	107.343837，30.326468	108	13	3	680

续表

编号	经纬度	固定投资成本（万元）	运营成本（万元）	电池存储费（元）	最大处理能力（组/年）
11	108.056254，30.31014	84	19	3	870
12	108.248938，29.347787	96	15	3	780

表 6.60　　再制造工厂设施参数

编号	固定投资成本（万元）	最大处理能力（组/年）
1	150	5000
2	150	5000
3	135	4500

（4）再制造工厂与梯级利用企业位置。具体位置如表 6.61 所示。

表 6.61　　再制造工厂与梯级利用企业的位置

设施	编号	经纬度
再制造工厂	1	112.895402，28.228225
	2	111.752189，28.947567
	3	112.349805，28.52382
梯级利用企业	1	104.691367，31.493942

（5）各节点间距离。节点间距离的近似计算方法通常有两种：一种为欧几里得距离（Euclidean metric），另一种为折线距离（rectilinear metric）。

①当节点分布范围较大时，常采用欧几里得距离计算，将两点间的直线距离乘以某一系数。该方法主要用于不同城市或大型物流园区之间的距离计算。

对于目标范围内的（x_i，y_i）与（x_j，y_j），欧几里得距离 d_{ij}的计算公式为

$$d_{ij} = w_{ij}\sqrt{(x_i - x_j)^2 + (y_i - y_j)^2} \tag{6.95}$$

其中，w_{ij}为迂回系数，且 $1 \leqslant w_{ij} \leqslant 1.41$。$w_{ij}$的取值依赖于该地区的交通条件，交通相对发达的地区 w_{ij}取值较小。

当节点分布范围较小，且道路交通状况较为规则时，则采用折线距离计算。该方法主要用于城市末端配送问题。计算公式为

$$d_{ij} = w_{ij}\left(|x_i - x_j| + |y_i - y_j|\right) \tag{6.96}$$

②因回收网络覆盖范围较广，故采用欧几里得距离计算节点距离，根据重庆市交通状况，w_{ij}取 1.3。将经纬度转化为同一坐标系下的直角坐标后，计算出节点间直线距离的原始数据，见表 6.62 和表 6.63。

表 6.62　　各回收中心与再制造工厂间的距离　　单位：千米

	1	2	3	4	5	6	7	8	9	10	11	12
1	347	409	368	442	305	431	204	370	369	347	409	368
2	226	292	197	313	141	291	34	266	225	226	292	197
3	279	345	282	373	221	357	119	310	293	279	345	282

表 6.63　　各回收中心与梯级利用企业间的距离　　单位：千米

	1	2	3	4	5	6	7	8	9	10	11	12
1	347	409	368	442	305	431	204	370	369	347	409	

（6）单位电池组运输费用。

单位电池组运输费用 = 每公里的运输成本/电池组数量。已知某五轴货车载重为 30 吨，单位运输成本为 8 元/千米。电动汽车电池组重量在 600 千克左右。由此可计算得货车满载时，单位电池组的运输费用为 0. 16 元/千米。

3. 案例求解

（1）基于遗传算法的模型求解。

①参数设计。

第一步，编码与解码。M_{ij}、M_{jn}、M_{jk}分别为 $i \rightarrow j$，$j \rightarrow n$，$j \rightarrow k$ 的电池运输量，y_j、y_n、y_k 为 0 - 1 决策变量，采用 0 - 1 变量和整数变量同时编码。对于一个具有 i 个回收网点，j 个备选区域回收中心，n 个再制造工厂，k 个梯级利用企业的网络规划问题，选址变量 y_j、y_n、y_k 分别含变量数 12、3、1，因此编码位于染色体串的前 $j+n+k=16$ 位；整数变量 M_{ij}、M_{jn}、M_{jk}编码长度分别为 $(i-j)j=300$、$jn=36$、$jk=12$，两类决策变量数共计 364。采用浮点数编码，解码较为方便，且运算效率高。

第二步，种群初始化。随机产生一组长度为 364 的混合编码个体，构成初始种群。群体规模一般为 50 ~ 200，可根据模型变量数决定其规模大小，为保证计算速度与计算量的平衡，本算例中群体规模取 200。

第三步，适应度函数。目标函数为求总物流运作成本最小，对公式（6.91）适应度函数中的 C_{max} 设置一个较大的值，使满足目标函数的个体保持较高适应度。本算例中 C_{max} 取 14.5×10^6。

第四步，遗传操作。

a. 选择：在变异或交叉操作后按照可行解的评价条件选择更好的个体进入下一代种群，操作按公式（6.92）、公式（6.93）进行。

b. 交叉：对决策变量 y_j、y_n、M_{ij}、M_{jn}、M_{jk}进行单点交叉，交叉时切点的选

择由 y_j 所选切点而定。若 y_j 交叉时所选择切点左边的编码串长度为 L，则 M_{ij}交叉时切点选在编码串左边的 $25L$ 处，M_{jn}的切点则选在编码串左边的 $3L$ 处。交叉率 P_c 取 0.75。

c. 变异：采用非均匀变异，取非均匀度参数 $b=10$。群体规模相对于二进制编码的 y_j 变量的个数较大，因此不对决策变量 y_j 进行变异操作，只对 $y_j=1$ 所对应的决策变量 M_{ij}、M_{jn}、M_{jk}进行变异操作。如当 $y_q=1$，则取常数变异率 $P_m=0.3$，对 M_{ij}中第 $25(q-1)+1$ 至 $25q$ 个变量以及 M_{jn} 中第 $3(q-1)+1$ 至 $3q$ 个变量进行操作。

第五步，终止条件。按照第一种终止准则，预先设定进化代数 MAXGEN，达到设定迭代次数后终止计算，MAXGEN 取 300。具体如表 6.64 所示。

表 6.64　　遗传算法参数设置

参数	数值
种群规模 N	200
交叉率 P_c	0.75
变异率 P_m	0.3
非均匀度参数 b	10
迭代次数 MAXGEN	300

②求解计算。将 6.2 节的基础数据代入模型，在 MATLAB R2014a 环境下运行遗传算法程序，种群经过 141 次迭代收敛至最优解，计算结果整理后见表 6.65、表 6.66 及图 6.85。基于遗传算法的回收网络选址方案具体如图 6.86 所示。

表 6.65　　基于遗传算法求解的选址结果

0-1 变量	区域回收中心												再制造工厂		
	1	2	3	4	5	6	7	8	9	10	11	12	1	2	3
y	1	0	1	1	0	0	0	0	1	0	0	0	1	0	0

表 6.66　　网点至回收中心的电池分配量（组）

	1	2	3	7	12	14	15	19	22	24	27	29	33
1	282	141	73	154	111	123	64	121	104	113	120	115	62

	6	11	20	23	25	36	37
3	140	138	115	79	84	61	58

	5	8	10	16	17	18
4	118	107	120	95	116	91

续表

	4	9	13	21	26	28	30	31	32	34	35
9	108	99	116	127	93	128	125	72	67	56	100

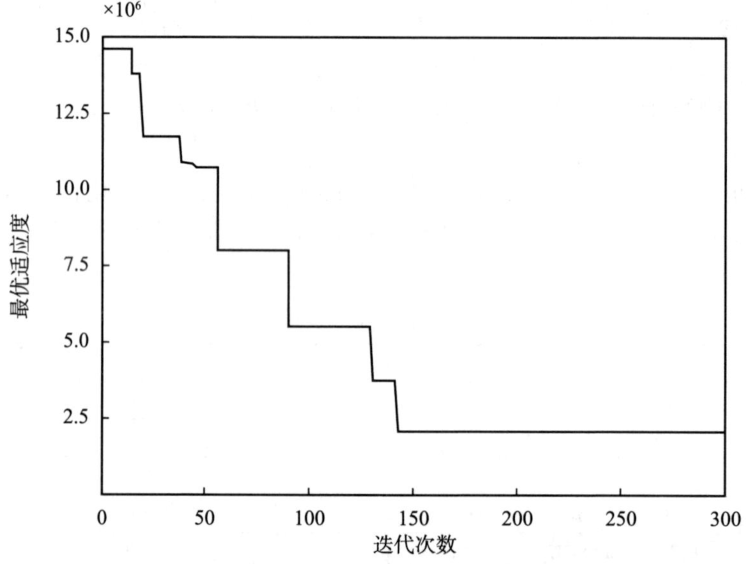

图 6.85　遗传算法迭代进程

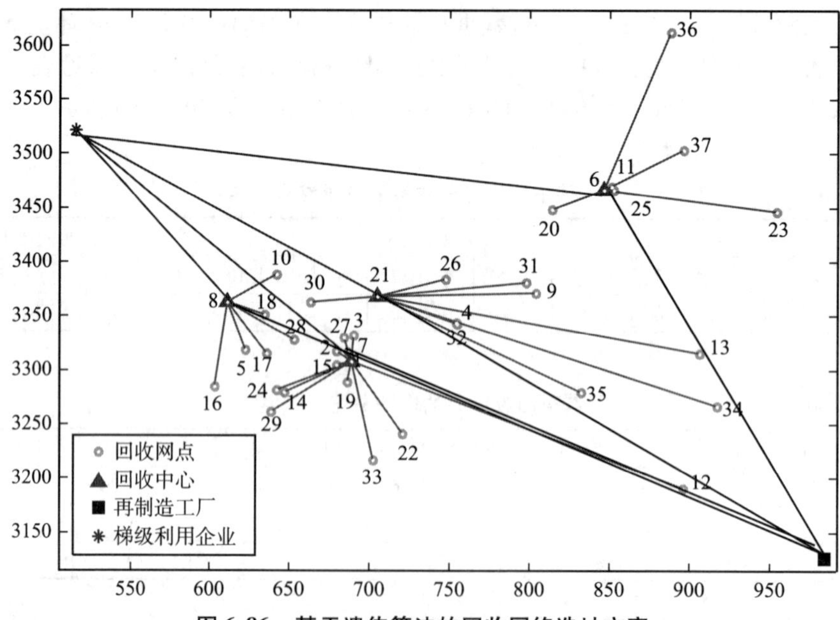

图 6.86　基于遗传算法的回收网络选址方案

该方案中，汽车经销商网点 I_1、I_6、I_8、I_{21} 被选择为区域回收中心，将其编号为 J_1、J_3、J_4、J_9，电池生产工厂 N_1 被选择进行电池的再制造生产；经销商网点 I_2、I_3、I_7、I_{14}、I_{15}、I_{19}、I_{22}、I_{24}、I_{27}、I_{29}、I_{33} 将电池运往回收中心 J_1，经销商网点 I_5、I_{10}、I_{16}、I_{17}、I_{18}、I_{28} 将电池运往回收中心 J_4，经销商网点 I_{11}、I_{20}、I_{23}、I_{25}、I_{36}、I_{37} 将电池运往回收中心 J_3，经销商网点 I_4、I_9、I_{13}、I_{21}、I_{26}、I_{30}、I_{31}、I_{32}、I_{34}、I_{35} 将电池运往回收中心 J_9。回收中心检测后根据电池剩余容量分类，运往电池生产工厂 N_1 和梯级利用企业 K_1。

（2）基于 Lingo 的模型求解。

①编程语句。

第一步，定义集合。

格式：sets：…endsets。

a. 集合命名：outlet（汽车经销商网点）、center（区域回收中心）、plant（电池生产厂）、recycle（梯级利用企业），以下划线将后面的集合元素分开；

b. 集合包含的元素：I、J、N、K，分别为上述节点代号；

c. 集合中元素的所有属性：节点涉及的参数。

第二步，数据赋值。

格式：data：……enddata。

第三步，集合的循环函数。

@ sum：表达式求和；

@ for：模型中所有变量的约束条件为节点流量守恒、容量约束、设施数目限制、决策变量取值范围；

@ min：计算集合中元素所在表达式的最小值为目标函数，固定投资成本，运输成本，库存成本总和最小。

②求解计算。为简化求解过程、提高求解效率，将随机期望值模型转换成等价形式下的确定型模型后，对确定型模型进行求解。求解的过程中涉及 507 个变量，其中 495 个非线性变量；79 个约束，其中 52 个非线性约束；占用内存 140KB；运行时间是 36min。代入 6.2 节的基础数据，计算结果整理后见表 6.67、表 6.68 及图 6.87。

表 6.67　　基于 Lingo 求解的选址结果

0-1 变量	区域回收中心												再制造工厂		
	1	2	3	4	5	6	7	8	9	10	11	12	1	2	3
y	1	0	0	1	0	0	0	0	1	0	1	0	1	0	0

表 6.68　　网点至回收中心的电池分配量　　单位：组

	1	2	7	12	14	15	19	22	24	29	33
1	282	141	154	111	123	64	121	104	113	115	62
	5	8	10	16	17	18	28				
4	118	107	120	95	116	91	128				
	3	4	20	21	26	27	30	32	35	36	
9	73	108	115	127	93	120	125	67	100	61	
	6	9	11	13	23	25	31	34	37		
11	140	99	138	116	79	84	72	56	58		

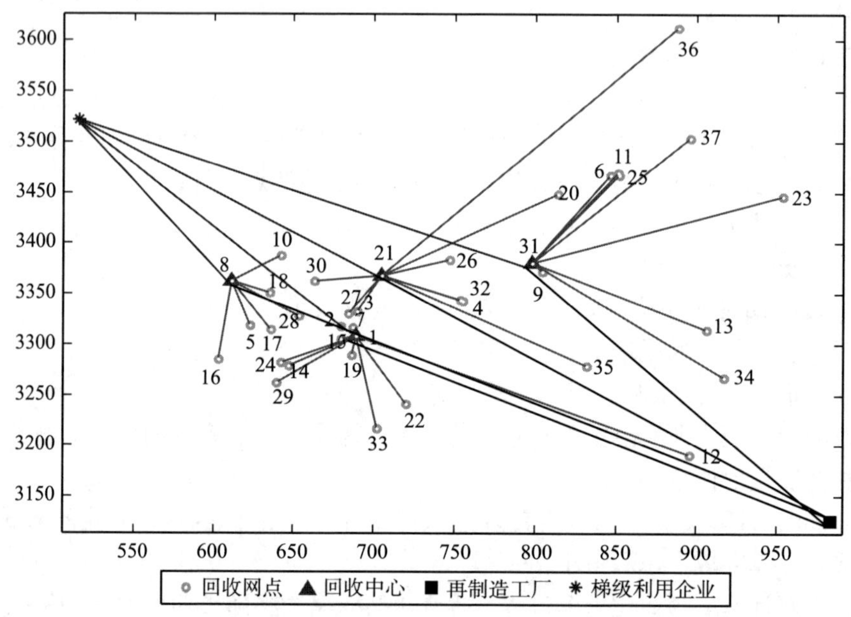

图 6.87　基于 Lingo 的回收网络选址方案

该方案中，汽车经销商网点 I_1、I_8、I_{21}、I_{31} 被选择为区域回收中心，将其编号为 J_1、J_4、J_9、J_{11}，进行检测分类工作的同时也具有回收网点的功能，电池生产工厂 N_1 被选择进行电池的再制造生产；经销商网点 I_2、I_7、I_{14}、I_{15}、I_{19}、I_{22}、I_{29}、I_{33}将电池运往回收中心 J_1，经销商网点 I_5、I_{10}、I_{16}、I_{17}、I_{18}、I_{28}将电池运往回收中心 J_4，经销商网点 I_3、I_4、I_{26}、I_{27}、I_{30}、I_{32}、I_{35}、I_{36}将电池运往回收中心 J_9，经销商网点 I_6、I_9、I_{11}、I_{13}、I_{23}、I_{25}、I_{34}、I_{37}将电池运往回收中心 J_{11}。回收中心检测后根据电池剩余容量分类，运往电池生产工厂 N_1 和梯级利用企业 K_1。

4. 结果分析

本章基于 Lingo 和 MATLAB 进行回收网络模型的研究，两种求解方法虽然实现了模型建立的初衷，达到了预期的效果，但是也存在一定差别。对此，将实验结果进行以下整理及分析。

将两种方法的求解结果进行对比，如表 6.69 所示。

表 6.69　　两种求解方法的结果对比

方法	区域回收中心												再制造工厂			min$f$（元）
	1	2	3	4	5	6	7	8	9	10	11	12	1	2	3	
GA	1	0	1	1	0	0	0	0	1	0	0	0	1	0	0	6522125
Lingo	1	0	0	1	0	0	0	0	1	0	1	0	1	0	0	6556058

选址结果方面，两种算法各选择了四个经销商作为区域回收中心，其中三个为相同的经销商，选择了同一个工厂投入再制造生产；目标函数值方面，两者的总成本相差 0.52%，该部分占总成本的比例较小，在一定程度上可认为两种方法的求解结果较为一致。面对总成本基本一致的多个选址方案，决策者还需要根据企业实际情况作进一步的判断。

从求解时间来看，在进行混合整数规划模型求解方面，Lingo 求解速度快，而 MATLAB 则因参数设置的不同，平均计算时间在 3～4 小时不等，因此 Lingo 能够节约大量的计算资源。

从求解难度来看，Lingo 内部植入了多种优化算法，编程语言简单，只需要输入目标函数及约束条件，无须设计算法和参数即可实现快速求解。虽然遗传算法可以结合其他智能算法进行性能的优化改进，以获取问题的最优解或满意解，但编程以及参数的设计需要大量经验与专业知识，操作难度较大。

第7章　新能源汽车充电设施布局研究

随着全球环境污染、能源短缺等问题日益凸显，新能源汽车作为一种节能减排的交通工具受到了广泛关注，其发展及推广使用不仅是解决国家能源安全、环境治理问题的重要手段之一，更是汽车产业新一轮的经济增长突破口和完成交通能源转型的根本途径。为此，世界主要经济体都在积极推动新能源汽车的发展，然而新能源汽车发展过程中面临诸多挑战，各国的市场推广和应用情况不尽如人意，除了电池及充电技术不够成熟以外，基础充电设施配套的不完善是另一突出制约因素。

在新能源汽车推广前期，加大充电服务供给、提高充电便利性、改善充电服务质量，能够有效地缓解消费者“里程焦虑”，提高消费者采纳新能源汽车的积极性，助推新能源汽车推广，但在充电设施建设中还存在投资成本高、布局不合理、用户排队时间长等问题，鉴于此，本书以充电设施建设为切入点，重点分析充电基础设施意义及现状，构建考虑政府补贴及成本差异化的充电站双目标规划模型，设计不同的求解策略及对应算法，并通过实例应用验证了模型及规划方法的有效性。本书主要做了以下研究工作。

（1）构建充电站布局规划双目标模型。对充电方式、基础设施建设及运营模式等进行概述；剖析了充电站规划的关键影响因素；提出了充电需求预测思路。在此基础上，综合考虑投资方与用户诉求，以投资方成本最小和用户时间成本最低为目标函数，考虑场地成本差异化与政府补贴，建立了城市区域新能源汽车公共快充站的双目标规划模型。

（2）提出不同的求解策略并设计对应算法。采取基于偏好的“先决策，后搜索”、非偏好的“先搜索，后决策”两种不同求解策略，提高决策的灵活性；结合云模型的思想，分别设计了改进的并行遗传算法及 NSGA－Ⅱ算法对模型进行求解，克服传统遗传算法及 NSGA－Ⅱ算法存在的不足，并给出具体的求解步骤。

（3）运用实证研究，对模型和算法进行了实践应用。以重庆市内环以内区域快充站规划布局为实例，基于灰色预测法对该区域的充电需求进行预测，利用 Python 软件编程完成了模型的求解，给出了规划区域内公共快充规划方案供决策者参考，对两种求解策略及求解结果进行分析。

7.1 充电站布局及需求预测

本节对充电基础设施及充电站进行了简单的介绍，明确了充电站规划的基本原则，剖析充电站选址影响因素，提出充电需求预测流程。基于不同的视角，采用定性与定量结合的方式明确了充电设施建设对电动汽车发展的意义，随后分析了当前我国充电设施的建设现状及问题。

7.1.1 充电站布局基本规则

充电设施的规划布局应具有全局性和保守性，既要避免成本增加、充电设备闲置、能源浪费现象，又要满足客户的充电需求，同时预留一定的潜力，以应对产业扩张发展要求。在布局充电站时一般要考虑以下几点。

1. 充电网点分布与充电需求分布尽可能一致

充电需求会因为路段、所在区域的不同而有所不同，所以在进行充电网点选址定容时，要与充电需求的分布保持一致，既要避免出现供应不足导致大规模排队现象，又要避免充电站数量过多而造成资源浪费。

2. 符合城市的总体规划布局

充电设施规划应该与城市有关新能源汽车产业及基础配套设施建设发展规划相结合，这样才有现实意义。因此充电设施规划要与城市规模、用地布局及交通网络规划相协调。

3. 结合新能源汽车的发展统筹考虑

与用户的需求情况保持一致，一方面，必须根据不同区域城市的新能源汽车发展的实际情况进行合理规划；另一方面，充电站的布局不仅要适用于当前用户规模，还应该对未来新能源汽车市场规模进行预测，以便满足数年后用户的需求。

4. 符合充电站服务半径要求

理论上充电站应满足其服务半径内区域的充电需求。我国暂时还没有关于充电站最大充电半径的统一标准，所以可以结合城市实际情况、政府指导文件倾向等规定充电站的充电半径。

5. 符合经济性要求

在满足用户充电需求、考虑客户时间成本的前提下，充电站布局应充分考虑到经济性原则，在前期建设投入时要尽可能地降低成本，减少投资者的前期投入，进一步鼓励资本注入充电设施市场。

7.1.2 充电站布局规划影响因素

通过文献汇总将充电设施布局影响因素总结归纳为以下因素：电动汽车特性因素、经济性因素、用户服务体验性因素、宏观环境因素，以下将对各影响因素进行分析，同时阐述其在模型中的考量角度与方式，具体如图 7.1 所示。

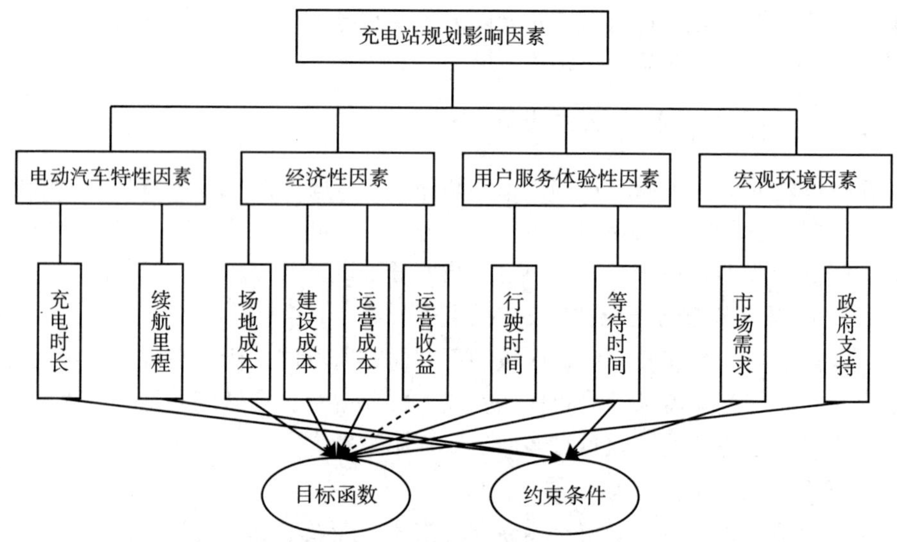

图 7.1 充电站选址定容影响因素

1. 电动汽车特性因素

新能源汽车的产品特性对充电站规划的影响主要在于充电时长和续航里程上（茅以正，2018）。

（1）充电时长。充电供能模式决定了用户的充电时长。相比于传统燃油汽车在加油/加气站补能的迅速、快捷，电动汽车具有充电时间长的特性，在充电站服务能力有限的情况下，充电过程中容易出现排队等待现象。徐凡等（2009）根据国外学者对用户充电需求的调查发现，相比于慢速充电站，消费者更青睐快速充电站，即使快充站比慢充站的行驶路程更远，他们也选择前往快充站完成充电，并且发现 80% 以上的用户对于公共型充电站的可接受充电时间为 20 分钟，这也要求采用大功率快速充电桩进行充电。

为此，将充电时长的影响纳入目标函数的充电站排队时间板块中进行考量，使得充电站规划方案更切合消费者诉求。

（2）续航里程。当前技术条件下，电动汽车续驶里程普遍较短，与传统燃油车有较大差距，除了极少数优秀的产品，其他车型续航里程多集中在 300 ~ 400 公里，并且都是理论值，在实际驾驶情况中可能更短。由于续航里程限制，电动汽车在产生充电需求时，必须留有一定的电量支撑其行驶到充电站，并且通常消费者都会寻找距离最近的充电站接受充电服务，因此续航里程也会对充电站的布局结构和建设规模产生影响。

通常情况下在用户产生充电需求时，车辆所剩的电量是有限的，这表明用户必须在剩余电量能到达的（即紧急充电里程）范围内寻找到充电站完成充电，紧急充电里程由剩余电量与续航里程共同决定。因此对于续航里程产生的影响，在建模的过程中将其体现在约束条件中，选址布局方案需要满足紧急充电里程限制，充电站与需求点的距离不能超过汽车的紧急充电里程。

2. 经济性因素

充电站由于具有一定的商业性质，其选址定容必须考虑经济因素。由于当前阶段充电站建设费用较高，则需要考虑如何实现在较小的经济投入下，高效、高质量地满足用户的充电需求。

（1）投资成本。投资成本主要包括建设成本、运营成本和场地成本等。由于新能源汽车充电站建设技术要求高、设施设备昂贵，因此，投资方的投资成本数额庞大。在满足用户需求的情况下，降低投资成本，从而降低前期投入，能够推动各方资本加入新能源汽车充电设施建设，进一步提高用户购买新能源汽车的积极性。

（2）运营收益。作为新能源汽车充电站建设和运营的投资者，其经济性回报是需要考虑的主要因素。充电站的主要收入来源于消费者的充电费用，如果规划新能源汽车充电站是合理的，不仅可以让运营商获得经济效益，还可以推动新一轮的能源汽车市场，并吸引更多的社会资本进入新能源汽车市场，推动新能源汽车产业的快速发展。

由于市场上大多数运营企业还处于亏损状态，且利益相关方较多，情况复杂，同时运营收益是只与需求量相关的值，所以我们选择投资成本最低为子目标函数之一。

3. 用户服务体验性因素

充电站建设运营是以服务用户为宗旨，在满足所有消费者的充电需求基础上，提高用户满意度，让客户获得良好的服务体验，才能吸引用户，进一步增进收益。对于充电服务而言，直接影响因素是用户在充电过程中花费的无效时间长短，即从用户产生充电需求到完成充电整个过程中所花费的时间，主要包括路途行驶时间和排队等待时间。

对于用户服务体验，在建模过程中可以采取两种方式进行考量，一种是反映在约束条件中，即设定一个合理的上下界限，限制用户的无效时间在该界限内。但由于设定阈值的合理性难以进行评断，如果设置不合理，极容易造成规划方案中基础设施的数量远超过需求，不仅加大财政压力还造成了资源浪费，降低充电桩的使用效率。另一种是将服务体验因素影响通过目标函数反映，从用户的角度出发，以用户时间成本最低为目标进行模型构建。第二种方式更能兼顾投资者利益与用户体验的平衡，因此将对于服务体验因素的考虑体现在目标函数中。

4. 宏观环境因素

（1）政府支持。近年来，各大城市开始积极发展充电桩，政府也加大对充电基础设施的补贴，2019 年国家发布并实施的《关于进一步完善新能源汽车推广应用财政补贴政策的通知》指出，在过渡期后地方政府将取消对新能源汽车给予的购置补贴，转而支持充电（加氢）基础设施“短板”建设和配套运营服务等。各地方政府均出台了充电基础设施建设与运营奖励政策，不少地区补贴金额高达投资额的 30%，这会大大降低投资方的经济压力，进而影响整体的规划方案。

某研究统计报告，全国超过 32 个省市都出台了充电基础设施建设补贴细则，对各省市的相关补贴政策进行总结整理，大致可分为三类，如表 7.1 所示。

表 7.1　　中国新能源汽车充电基础设施补贴类型

补贴类型	介绍	案例
按投资总额补贴	按投资总额或者建设成本的一定比例对投资主体进行补贴（特指建设成本）	北京：对符合条件的公用充电设施给予不高于项目总投资 30% 的固定资产补助资金支持； 厦门：对新建的公用充电设施，按充电站设备投资额的 20% 给予财政补贴
按功率补贴	按所建设充电桩功率大小的不同设置不同的补贴额	深圳：直流充电设备给予 600 元/千瓦补贴，交流充电设备给予 300 元/千瓦补贴； 南京：交流充电桩给予 600 元/千瓦补贴，直流充电设备给予 900 元/千瓦补贴
建设补贴 + 运营补贴	在建设补贴的基础上，叠加运营补贴	上海：对公交、环卫等行业充换电设施按 0.15 元/千瓦时标准补贴，其他公用充换电设施按 0.25 元/千瓦时标准补贴

由于现阶段国家正大力支持充电基础设施建设，在新能源汽车购置补贴过渡期之后更是会将补贴重点放在充电基础设施建设上，且补贴金额较大，这在极大程度上影响到整体投资成本，故将其纳入目标函数—投资方成本最低之中进行考量。

（2）市场需求。充电需求量及其分布也是影响充电站布局的重要因素（戴晓晖等，2000）。一方面，需求量的多少决定了建设规模，在设计充电站容量时，要以满足充电需求数量为基础，同时尽量将用户的等待时间降低；另一方面，充电需求还具有空间特异性，不同地区的充电需求量也不尽相同，这也需要在充电站选址过程中充分考虑。充电设施的规模大小不仅必须满足短期内的充电需求量，还应该对未来的新能源汽车市场规模进行预测，以便满足数年后用户的需求。

因此在进行模型构建之前，需要对区域内充电需求进行预测。同时，在模型构建中，可以通过两种方式将充电需求反映，一种是通过限制充电桩的数量，对其布局分配进行调整，以满足最多的服务需求，但是这种方式会导致无法满足部分客户需求。本书选择第二种方式，即将其反映在约束条件中，在必须满足所有充电需求的约束下，确定充电站的位置分布和充电设施规模以满足目标函数。

7.1.3 充电需求预测

通过对充电设施规划影响因素分析可知，消费者需求是充电站规划的重要影响因素，满足消费者的充电需求量是充电站规划建设的根本目标，同时充电站规划需要具有一定的超前性，所以在建立模型前对规划区域的充电需求量进行预测是十分有必要的，需求基本预测思路如图 7.2 所示。

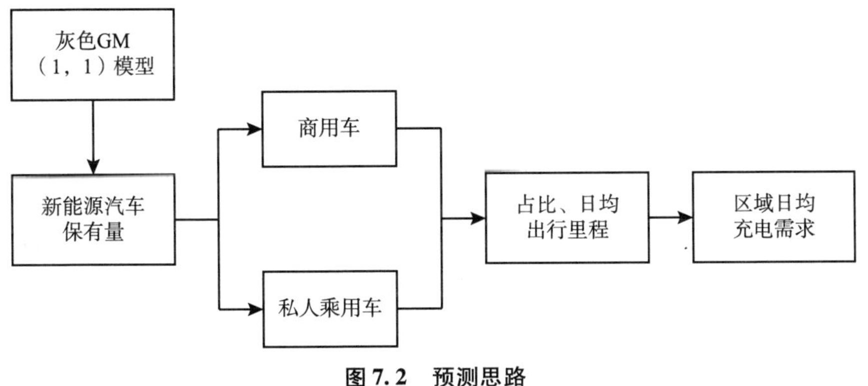

图 7.2 预测思路

1. 新能源车保有量预测

灰色预测是基于灰色系统理论所做的预测，我国学者邓聚龙教授于 20 世纪 80 年代提出灰色系统理论。灰色系统是白色系统与黑箱系统之间的一种过渡态系统，其中部分信息是已知的，其余部分信息未知。一般而言，社会、经济、生态系统等都是灰色系统。灰色预测适用于变量影响因素复杂、少量数据已知的情况下对未来的预测。影响新能源汽车发展的因素众多，如经济水平、产品性能、政策等，同时由于新能源汽车在我国尚处于起步阶段，数据量相对较少且波动较大，因此采用灰色预测法对其进行预测。

（1）将新能源汽车保有量数据记为原始数据列

$$X^0=(x^0(1),\ x^0(2),\ \cdots,\ x^0(n)) \tag{7.1}$$

（2）原始数据累加，得到新数据序列。累加可以弱化原始数列的波动性和随机性，以便形成带有线性或者指数规律的新序列

$$X^1=(x^1(1),\ x^1(2),\ \cdots,\ x^1(n)),\ x^1(k)=\sum_{i=1}^{k}x^0(i),\ i=1,\ 2,\ \cdots,\ n \tag{7.2}$$

（3）对 $x^1(k)$ 建立一阶线性微分方程：$dx^1/dt+ax^1=u$，其中 a，u 分别代表发展系数和灰色作用量系数，具体值大小待定，a 的有效区间为（-2，2）。记 a，u 构成的列向量为 $\boldsymbol{L}=(a,\ u)^{\mathrm{T}}$，然后求出参数 a，u，得到 $x^1(k)$，进而得到新能源汽车未来预测值。

（4）记Z^1为 X^1 的紧邻均值生成序列，$Z^1=(Z^1(1),\ Z^1(2),\ \cdots,\ Z^1(n))$，其中$z^1(k)=0.5x^1(k)+0.5x^1(k-1)$，…，$x^0(n)$，$k=1$，2，…，$n$，从而生成矩阵

$$\boldsymbol{B}=\begin{pmatrix}-(0.5x^1(1)+0.5x^1(2)) & 1\\ -(0.5x^1(2)+0.5x^1(3)) & 1\\ \vdots & \vdots\\ -(0.5x^1(n-1)+0.5x^1(n)) & 1\end{pmatrix} \tag{7.3}$$

$$\boldsymbol{Y}=\begin{pmatrix}x^0(2)\\ \vdots\\ x^0(n)\end{pmatrix} \tag{7.4}$$

（5）利用最小二乘法计算灰参数 L，则 $L=(B^{\mathrm{T}}B)^{-1}B^{\mathrm{T}}Y=(a,\ u)^{\mathrm{T}}$，将 a，u 代入$\frac{dx^1}{dt}+ax^1=u$，求解得

$$\tilde{x}^1(k+1)=\left(x^0(1)-\frac{u}{a}\right)(e^{-ak})+\frac{u}{a} \tag{7.5}$$

由于 a，u 是由最小二乘法求得的近似值，所以式（7.5）是一个近似表达式，为了区别于原序列 $x^1(k+1)$，将其记为 $\tilde{x}^1(k+1)$。

（6）对 $\tilde{x}^1(k+1)$与$\tilde{x}^1(k)$作差，得到近似数据列

$$\tilde{x}^0(k+1)=\tilde{x}^1(k+1)-\tilde{x}^1(k) \tag{7.6}$$

（7）模型精度检验。

①残差检验。模型预测结果的残差检验精度等级则是通过平均相对误差值 q 的大小来进行划分的，平均相对误差越小，则该模型的预测精度高。一共分为四

个等级：$0 \leqslant q \leqslant 0.01$ 为一级，表示精度很高，灰色模型非常适用；$0.01 < q \leqslant 0.05$ 为二级，表示精度较高；$0.05 < q \leqslant 0.10$ 为三级，表示精度一般，灰色模型适合；$0.10 < q \leqslant 0.20$ 为四级，表示精度不是很高，但是模型也适合。如果 $q > 0.20$，则该模型不适用于预测。平均相对误差值为

$$q = \frac{1}{n} \sum_{k=1}^{n} \left| \left(X^{(0)}(k) - \hat{X}^{(0)}(k) \right) / X^{(0)}(k) \right| \quad k = 1, 2, 3, \cdots, n \tag{7.7}$$

②后验差检验。计算原始数据的均方差 S_1，残差的均方差 S_2，然后得到后验差比值 $C = \frac{S_2}{S_1}$；相对残差 $e(k) = \frac{X^{(0)}(k) - \hat{X}^{(0)}(k)}{X^{(0)}(k)}$，相对残差均值 $PE = \frac{1}{n} \sum e(k) (k = 1, 2, 3 \cdots, n)$，则小误差概率 $P = p\{ |e(k) - PE| < 0.6745 S_1 \}$。

对于小误差概率 P 越大越好，大于0.95，则说明模型的预测精度很高，小于以及等于0.70则不合格（模型精度不达标），需要进一步修正；后验差比值 c 则是越小越好，如果 $c \geqslant 0.65$ 则该模型的检验不达标。只有检验结果达到标准后，才可以运用GM(1，1) 模型进行预测。GM(1，1) 灰色预测模型的精度检验具体等级标准见表7.2。

表7.2　　GM(1，1)灰色预测精度检验等级标准

精度等级	检验指标	
	P	C
好	>0.95	<0.35
合格	>0.80	<0.50
勉强	>0.70	<0.65
不合格	≤0.70	≥0.65

2. 日均充电需求预测

由于不同类型的新能源汽车的日均行驶里程不同，导致其日均充电次数也不同，为此本书考虑车的不同类型对高峰时段充电需求进行预测。确定新能源汽车中商用车及私人乘用车的占比，分析不同类型车的驾驶行为，进而确定充电需求。

（1）商用车总充电需求为

$$D_1 = u_1 q_{EV} \left(\frac{d_1}{\bar{d}_{max}} \right) \tag{7.8}$$

其中，u_1 为商用车占比，d_1 为日均行驶里程，$\bar{d}_{max}$ 为新能源汽车平均续航里程。

（2）对于私人乘用车，并非所有新能源汽车用户每天都需要使用快速充电

站进行充电，根据新能源汽车的使用频率，其中私人用户可以分为轻度用户、中等用户和重度用户，并且对他们的日常驾车行驶距离数据进行统计计算，得出三类消费者的日均行驶距离概率密度曲线，如图 7.3 所示。

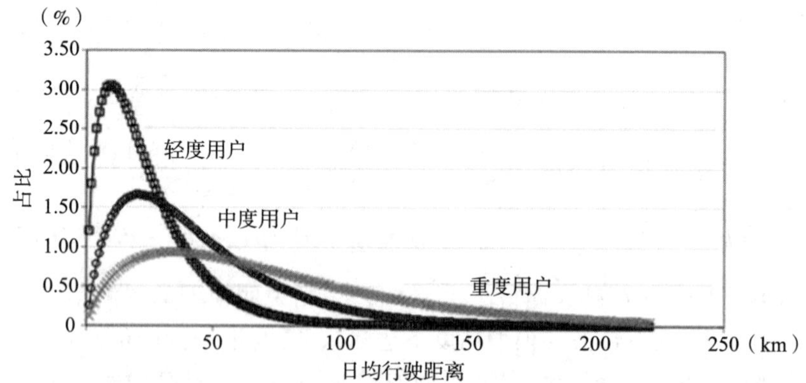

图 7.3 不同程度新能源汽车使用者日均驾车距离概率密度曲线

有区域内私家车日均充电需求量为

$$D_2 = \mu_2 q_{EV} \left(\frac{d_2}{\bar{d}_{\max}} \right) \tag{7.9}$$

其中，μ_2 为私人乘用车占比，d_2 为日均行驶里程，$\bar{d}_{\max}$ 为新能源汽车平均续航里程。

区域总日均充电需求量为

$$D_i = D_1 + D_2 \tag{7.10}$$

7.2 考虑成本差异化与政府补贴的快充站双目标布局优化

从充电投资建设方和用户角度出发，建立使投资方成本最低、用户时间成本最低的双目标优化模型。在前人的基础上，考虑了政府补贴及租赁场地价格级别，更细化地对投资成本进行核算，并设计了两种不同的求解策略及对应求解算法，给出具体的求解步骤。

7.2.1 问题描述与模型构建

1. 问题描述

充电站作为一种新型的能源补给服务设施，其科学合理的布局对于新能源汽车的推广有重大的意义。对于充电基础设施规划建设而言，一方面需要考虑用户使用的服务体验，另一方面也要考虑到其建设的经济性。通常来讲，这两方面存在一定的矛盾性，充电站数量越多，用户使用的便捷性、满意度越高，但相应的投资方前期投入成本将会增加。

具体描述为：某企业计划在规划区域内以租赁停车位的方式，建立公共快速充电站供用户充电使用，需求点分布、各需求点充电需求量及候选点地址，充电车辆续航里程、充电时长等参数已知，每个需求点的用户到离自己距离最近的充电站完成充电，在满足用户需求的情况下，求得运营商投资成本最低、用户时间成本最低的充电站选址定容方案。充电站规划示意图如图 7.4 所示。

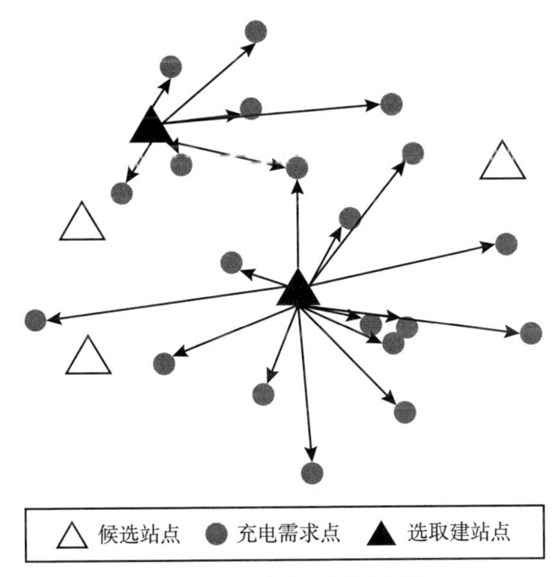

图 7.4　充电站规划示意图

2. 假设条件

重点讨论在需求点集合、候选站点集合已知的情况下，兼顾企业投资者利益与消费者时间成本的充电站布局选址。考虑建模和求解的需要，对模型进行以下假设。

（1）把各个充电需求子区域抽象为一个需求点，需求点的充电需求数量即各子区域的充电需求，充电需求量与该区域的新能源汽车保有量成正相关。

（2）用户对各充电站站点位置、道路网络、不同道路及时间段的路况完全了解，在用户产生充电需求时，总是选择在其可达范围内、距离最短的充电站完成充电。

（3）每个需求点处的用户均到同一充电站进行充电；且用户只在充电站的

服务时间内到达，到达相互独立，并且到达时刻随机并且服从均匀分布。

（4）所有新能源汽车快速充电的时间相同并且为定值，忽略车辆类型和剩余电量的影响。

（5）各充电站的充电桩数量在规定范围内可以任意取值，忽略电荷负载和用地条件的限制。

（6）将道路网络抽象为网络拓扑图，需求点和充电站候选站点的位置已知，为了便于计算，将其表示在路网图上。

3. 目标函数分析

（1）目标函数之投资总成本最低。投资成本包括场地成本、建设成本、运营成本以及需要扣除的所获得的政府运营补贴、建设补贴。

①场地成本。由于大多数城市中心区域的土地资源有限且多被开发，不少运营商采取的运营模式是向可选站点的物业交纳车位租金，获得部分车位的使用权，再进行充电桩的安装布置，并且不同候选点的场地成本是有较大差异的，为此本书也以此种模式为研究对象，将候选站点租金分为多个等级，则场地成本为

$$C_{j1} = q_j c_{jl} \tag{7.11}$$

其中，q_j 代表候选站点数量，c_{jl}为候选站点 j 单位车位租金，l 为站点对应的租金级别。

②建设成本。充电站的建设成本主要指基础设施成本及配电系统成本，其中一部分成本金额比较固定，另一部分成本与充电桩的数量存在函数关系（王仕卿等，2018）。建设成本是一次性投入且数额较大，需要将其分摊到每一年上并考虑现金流价值变化的影响，引入贴现率与运营年限概念。

$$C_{j2} = 100 + 10q_j + 3q_j^2 \tag{7.12}$$

③运营成本。充电站另一重要成本即运营成本，主要包括员工费用、站内设备消耗费用等，一般按照一定比例的建设成本进行计算。

$$C_{j3} = \mu C_{j2} \tag{7.13}$$

④政府补贴。政府补贴可分为建设补贴及运营补贴，其中具体各项补贴可以按照不同核算方式进行补贴。

一是建设补贴。建设补贴分为两种形式，本部分重在建立普适模型，为此给出多种形式的表达式。一种是按照建设成本的一定比例，另一种就是按照充电桩的功率给予补贴。

$$\begin{cases} B_{j1} = \theta C_{j1} \\ B_{j1} = P_w b_{p_w} q_i \end{cases} \tag{7.14}$$

其中，θ 为运营成本与建设成本之间的折算系数，一般取为 0.1；P_w为所建充电

桩的功率；b_{pw}为单位功率的补贴金额。

二是运营补贴，运营补贴则是与充电站所提供的充电服务的数量有关。

$$B_{j2} = \sum_{i} D_i Y_{ij} Q p_e 10^{-4} \tag{7.15}$$

其中，D_i为 i 点的需求量；Y_{ij}表示 i 点的需求是否去 j 站点完成充电，i 点用户到 j 处接受充电服务取值为 1，反之为 0；Q 为单位汽车单次充电量；p_e为单位电量所给予的补贴。

（2）目标函数之用户时间成本最低。对于完成充电服务，用户的用户时间成本最低，主要包括路途行驶时间和排队等待时间的成本，引入单位时间成本的概念 c_t。

①路途行驶时间。路途行驶时间指用户在需求点产生充电需求后，进入路段开始搜索充电站直至到达充电站所耗费的时间。在既有研究中，通常作出以下假设：各路段路况相同，车辆平均速度相同，路段上花费时间与距离成比例，考虑到实际路段的复杂性，设定道路非直线系数及道路畅通系数，以需求点与候选点之间的直线距离为基础对汽车行驶路段距离进行核算。

$$T_t = c_t \sum_{i} \sum_{j} D_i Y_{ij} \frac{\zeta \vartheta \cdot d_{ij}}{\bar{v}} \tag{7.16}$$

其中，d_{ij}为满足充电里程的基础上，为需求点 i 到充电站 j 的直线距离；ζ 为道路非直线系数；ϑ 为道路畅通系数；$\bar{v}$为新能源汽车平均行驶速度。

②排队等待时间成本。每一个充电站可看作一个排队系统，学者们通常假设用户到达时间间隔服从泊松分布、充电服务时间满足负指数分布、先到先服务的，因此满足经典单队列、多服务台的 M/M/C 排队系统（见图 7.5），结合 M/M/C排队系统的计算公式（侯玉梅和田乃硕，2000），对各个站点的排队等待时间进行计算。

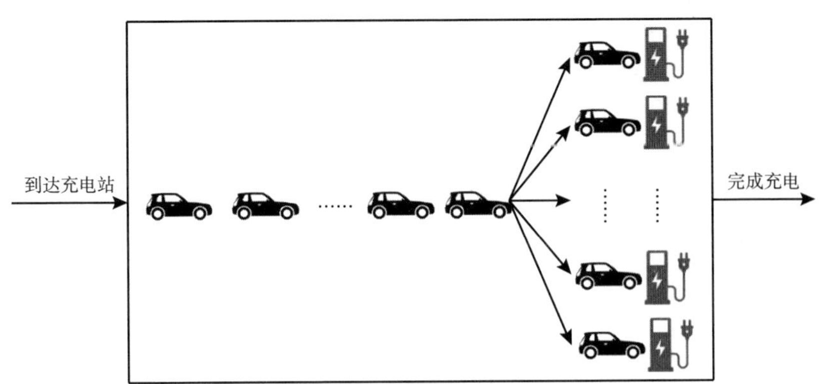

图 7.5　充电站排队系统

$$T_w = c_t \sum_i \sum_j w_j D_i Y_{ij} \tag{7.17}$$

$$w_j = \frac{q_j^{qj} \rho_j^{qj+1} P_{j0}}{D_j q_j ! (1-\rho_j)^2} \tag{7.18}$$

$$P_{j0} = \left[\sum_{k=0}^{q_j-1} \frac{(q_j \rho_j)^k}{k!} + \frac{(q_j \rho_j)^{q_j}}{q_j!(1-\rho_j)} \right]^{-1} \tag{7.19}$$

$$\rho_j = \frac{D_j}{\mu_j} \tag{7.20}$$

$$\mu_j = \frac{q_j}{t_f} \tag{7.21}$$

$$D_j = \frac{\sum_i D_i Y_{ij}}{t_c} \tag{7.22}$$

其中，D_j 为站点 j 单位时间所服务的充电需求总数；w_j 为 j 点候选站的排队期望时间；ρ_j 为 j 点候选站的服务强度；μ_j 为 j 候选站点单位时间的平均服务能力，即每小时一台充电桩能够服务的车辆数；t_f 为每辆新能源汽车的平均充电时间；t_c 为充电站每天提供服务的时间；P_{j0} 为 j 候选站点的充电桩全部空闲的概率。

4. 参数描述

该模型所涉及的参数和变量描述如表 7.3 所示。

表 7.3　模型所涉及的参数和变量

集合	描述
I	需求点集合，$i \in I$
J	候选站点集合，$j \in J$
参数	描述
q_j	候选站点 j 所设充电桩的数量
c_{jl}	不同级别的候选站点 j 单位车位租金
μ	运营成本与建设成本之间的折算系数
θ	政府规定的对其建设成本的补贴比例
b_{pw}	单位功率的补贴金额
l	不同候选站点单位租金级别
r	贴现率
n	运营年限
D_j	站点 j 单位时间所服务的充电需求总数
Q	Q 为单位汽车单次充电量
p_e	单位电量所给予的补贴

续表

参数	描述
D_i	需求点 i 的日均充电需求量
d_{ij}	需求点 i 到候选站点 j 的直线距离
ζ	道路非直线系数
ϑ	道路畅通系数
$\bar{v}$	新能源汽车平均行驶速度
c_t	用户单位时间成本
w_j	候选站点 j 的排队期望时间
ρ_j	候选站点 j 的服务强度
μ_j	候选站点 j 单位时间的平均服务能力，即每小时服务的车辆数
t_f	每辆新能源汽车的平均充电时间
P_{j0}	候选站点 j 的充电桩全部空闲的概率
$d_{\max}$	紧急充电里程
κ	汽车剩余电池电量占比
d_{range}	新能源汽车续航里程
t_c	充电站单位日提供服务的时间
$t_{\max}$	行驶时间阈值
决策变量	描述
Y_{ij}	$Y_{ij}=\{0,1\}$，i 点需求到 j 处接受充电服务取值为 1，反之为 0
X_j	$X_j=\{0,1\}$，当在候选站点 j 建站时，取值为 1，反之为 0

5. 模型构建

本书构建的兼顾充电站投资建设方投资成本最低与用户时间成本最低规划模型与既往模型相比，不仅考虑了建设成本、运营成本和用户无效时间，还考虑了差异化的场地成本及政府补贴，使得对于运营方的成本核算更细致、准确。

$$\begin{cases} \min C = \dfrac{\left[\sum_j X_j C_{j1} + \sum_j X_j \dfrac{r(1+r)^n}{(1+r)^n-1} C_{j2} + \sum_j X_j C_{j3} - \sum_j X_j \dfrac{r(1+r)^n}{(1+r)^n-1} B_{j1}\right]}{365 - \sum_j X_j B_{j2}} \\ \min C_T = c_t (T_t + T_w) \end{cases} \tag{7.23}$$

$$\sum_j Y_{ij} = 1, \quad \forall i \in I \tag{7.24}$$

$$Y_{ij} \leqslant X_j, \quad \forall i \in I, \ j \in J \tag{7.25}$$

$$q_i \leqslant X_j q_j \tag{7.26}$$

$$\sum_i D_i Y_{ij} \leqslant t_c \mu_j \tag{7.27}$$

$$3 \leqslant q_j \leqslant q_{\max} \tag{7.28}$$

$$d_{ij} \leqslant d_{\max}, \ d_{\max} = \kappa d_{\text{range}} \tag{7.29}$$

$$\frac{\zeta \vartheta \cdot d_{ij}}{\bar{v}} \leqslant t_{\max} \tag{7.30}$$

$$X_j \in \{0, 1\}, \ j \in J \tag{7.31}$$

$$Y_{ij} \in \{0, 1\}, \ \forall i \in I, \ j \in J \tag{7.32}$$

目标函数（7.23）表示最低投资成本及最低用户无效时间，其中投资成本包括场地成本、建设成本、运营成本和政府补贴，无效时间包括行驶时间和等待时间。

式（7.24）~式（7.32）表示模型的约束条件。式（7.24）表示同一充电需求点的用户只能到同一个充电站充电；式（7.25）表示只有在候选点选择建立充电站，用户才能选择其站点完成充电；式（7.26）表示只有在候选点选择建立充电站，才能布设充电桩；式（7.27）表示充电站服务强度约束，各站点多服务的需求量不超过其服务强度；式（7.28）表示充电站充电机配置约束；式（7.29）表示紧急充电里程；式（7.30）表示行驶时间阈值约束；式（7.31）和式（7.32）为0－1约束，表示对应的变量为0－1变量。

7.2.2 基于并行遗传算法的偏好多目标算法设计

基于偏好的多目标规划通常是按照“先决策，后搜索”的思路进行求解，基于决策者个人偏好即提前确定好各子目标的相对重要程度，然后通过一定手段求得最优解。

本书采取最基本、应用最广泛的线性加权法进行多目标函数的处理，设成本与时间的权重系数分别为σ_C、σ_T，且$\sigma_C + \sigma_T = 1$，$\sigma_C > 0$，$\sigma_T > 0$，从而将构建的双目标优化目标函数转化为如下形式，约束条件及参数不变：

$$\min C = \sigma_C \left\{ \frac{\left[\sum_j X_j C_{j1} + \sum_j X_j \frac{r(1+r)^n}{(1+r)^n - 1} C_{j2} + \sum_j X_j C_{j3} - \sum_j X_j \frac{r(1+r)^n}{(1+r)^n - 1} B_{j1} \right]}{365 - \sum_j X_j B_{j2}} \right\} + \sigma_T c_t (T_t + T_w) \tag{7.33}$$

1. 算法简介

（1）粗粒度并行遗传算法。粗粒度并行遗传算法（CPGA）又被称为分布式或孤岛式遗传算法，是适应性最好、应用最广泛的一种并行遗传算法（郭彤城和慕春棣，2002）。与所有遗传算法相同，它借鉴了生物学中的自然进化机制，模拟了自然遗传学中的复制、交叉和变异等步骤。计算过程中，以一个种群代表所求问题的一组候选解，其中每条染色体则代表一种解答，对该种群进行编码，计算各染色体的适应度值，通过随机选择、交叉和变异，产生一组更适应环境的个体，这样一代代地继续繁衍发展，最终收敛到最适应环境的一群个体，找到最优解。并行遗传算法则是在此基础上，将整个种群划分为多个子群，每个子种群独立运行遗传算法，即在各子群内部完成选择、交叉、变异及重插入等遗传操作，然后经过一定的代数后在各子群之间交换部分个体。粗粒度并行遗传算法一方面具有遗传算法自身的优点，如自行搜索、全局寻优能力强，相对于传统遗传算法的改进主要体现在两个方面：一是通过划分多个相互独立的子种群并且各子群独立遗传进化，能够提高算法的计算速度；二是在整个算法的进化过程中，通过子群间通信、迁移等操作丰富了种群的多样性，降低了过早收敛的可能性，有利于找到全局最优解，为此，本书采用粗粒度并行遗传算法对模型进行求解。具体流程如图 7. 6 所示。

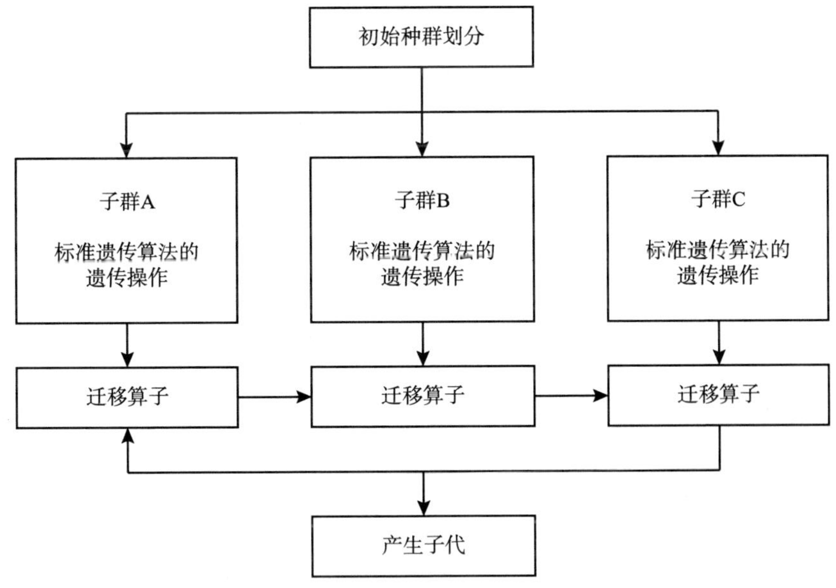

图 7. 6　粗粒度并行遗传算法流程

其中，控制子种群间的交流（迁移算子）的主要变量有以下四个。

①拓扑结构：即子种群之间的连接方式，常用的连接方式有环形连接、2D 连接等，如图 7. 7 所示。

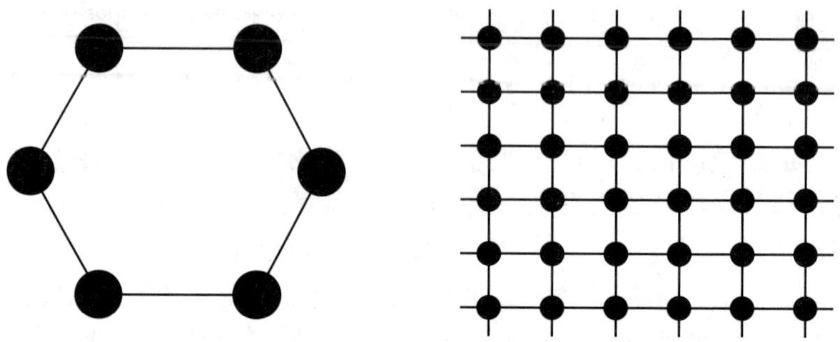

图 7.7　环形连接结构与 2D 连接结构示意图

②迁移比率：子群间通信迁移时内部个体被选择进行迁移的概率，反映了迁移个体的数量。

③迁移周期：表示相邻两次迁移发生之间间隔的进化代数，可以间隔系带迁移一次，也可以每一代都发生一次迁移。

④迁移策略：表示选择及替换个体的方式，可以根据适应度最优、最差或者完全随机进行选取，并对应完成另一子群的替换。

（2）云模型。不确定性可以划分为随机性和模糊性，不同学者从不同角度对不确定性进行了研究，例如借助概率论，将随机性用概率量化，通过随机变量的分布函数研究随机现象，模糊性则基于模糊数学，用隶属度函数代替模糊性。但这些研究都是将随机性和模糊性割裂开进行研究的，实际上随机性和模糊性间有着强关联性。为此，李德毅等（1995）提出“云模型理论”，融合概率论与模糊理论，在兼顾随机性与模糊性的关联性基础上，通过特定的算法建立了定性与定量之间的转换模型。云模型自提出以后，短短数十年已经成功应用到数据挖掘、智能控制、决策分析等众多领域。

正态云模型是一个服从正态分布、具有稳定倾向的随机数集（刘常昱等，2005），设 U 是一个用精确数值表示的定量论域，T 是 U 上的定性概念，则 T 和 U 之间的映射关系表示为

$$C_T(x): U \rightarrow [0, 1], \ \forall x \in U, \ x \rightarrow C_T(x) \tag{7.34}$$

$C_T(x)$ 在 U 中的分布即 T 的隶属云，简称云，每一个 x 被称为云滴（Deyi Li et al.，1998）。其数字特征用期望值 E_x、熵 E_n、超熵 H_e 进行表征（李德毅等，1995），如图 7.8 所示。

期望值表示在概念量化后最具代表性的云滴；熵由模糊度和随机概率共同决定，不仅反映了云滴的范围即模糊度，还反映了定性概念的概率即随机性，体现了模糊性与随机性之间的关联性；超熵度量了熵的不确定性，实际就是熵的熵，其大小间接地反映了云厚度（张光卫等，2008）。

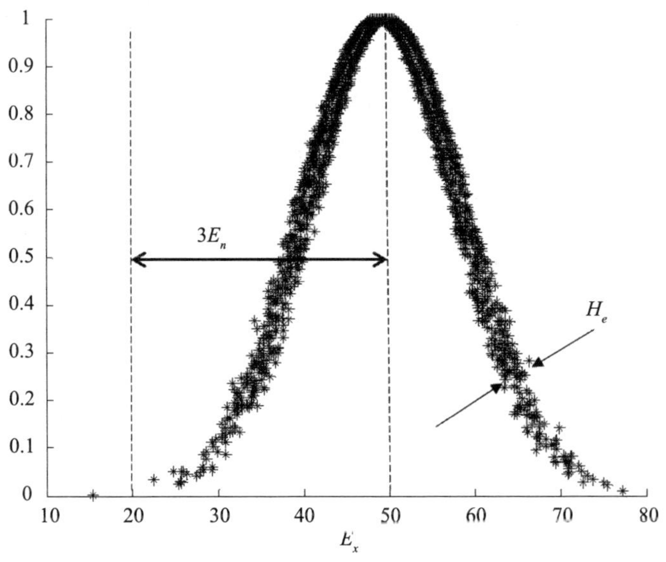

图 7.8　正态云模型示意图

2. 改进并行遗传算法求解

因为遗传算法进化过程中的遗传操作是随机的，但同时也并非完全随机搜索，而是具有一定的趋向性的，通过历史信息、适应度值推测下一代最优解并朝着该点进化，这同云模型中云滴的随机性及倾向性切合，因此，可以将云模型与遗传算法相结合。遗传算法中的交叉率与变异率都为常数，这使得存在早熟收敛和陷入局部最优解的，而云模型中云滴一方面具有的随机性可以保持个体的多样性而避免陷入局部最优解，另一方面具有的稳定倾向性可以保护适应度较高的个体，进而快速找到全局最优解。

（1）求解流程。本书将云模型同并行算法概念相结合，设计基于云模型的粗粒度并行遗传算法进行模型求解，由云模型生成交叉、变异算子，以提高传统并行遗传算法的求解效率及求解质量。具体流程如图 7.9 所示。

改进后的算法包括以下基本步骤。

①设置算法的各种参数并输入相关数据。包括输入充电需求点的坐标值和需求量的大小，候选站点的坐标值和对应的编号等数据。

②初始化设置，设定种群数量、最大迭代次数及云模型中交叉变异参数及控制系数。

③随机生成初始种群，对其完成编码操作，判断是否满足终止条件，若满足则算法结束，取染色体适应度最大的染色体为最优解；若不满足，则进入下一步。

④计算群体中每个染色体的适应度并进行排序，记录最佳个体和最大、最小适应度值 f_{max}，以及 f_{min}、平均适应度 $\bar{f}$。

⑤使用轮盘赌策略与精英选择策略进行选择操作，确定个体的适应度，按照优胜劣汰原则，适应度较高的保留，而低适应度的个体可能被淘汰。

⑥按照既定的交叉策略、云交叉率进行交叉操作，生成新的个体。

⑦按照既定的变异策略、云变异率进行交叉操作，生成新的个体。

⑧由交叉和变异生成的新的种群个体，返回④。

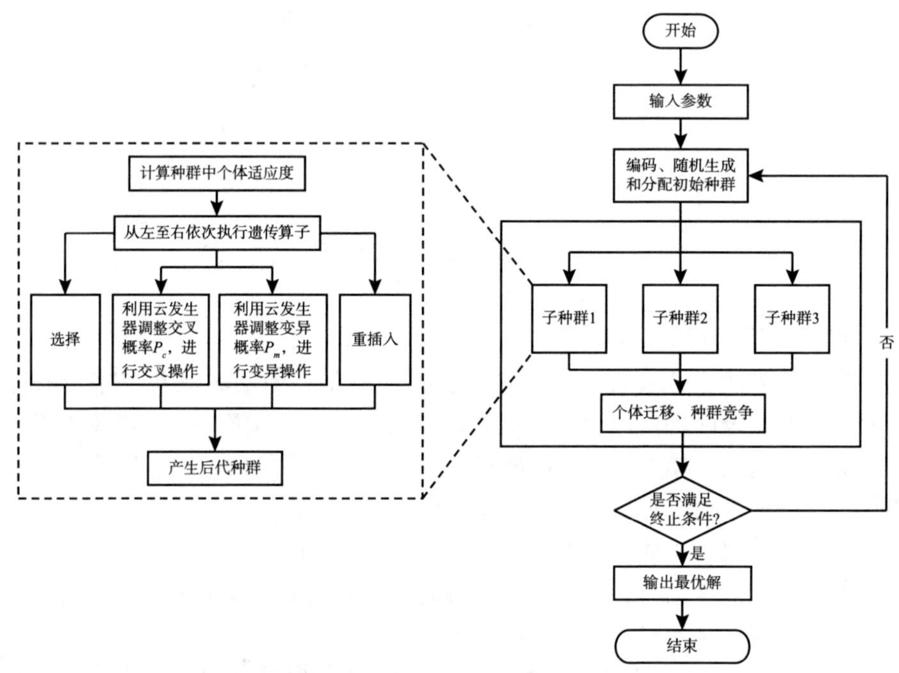

图 7.9　改进并行遗传算法流程

（2）求解过程。

第一步，初始种群生成。

①编码。编码是把函数解的参数设定转化成基因染色体的形式，每一条染色体代表一种目标函数解。在本模型中，将充电站候选点修建情况看作染色体上基因，对其具体情况进行编码操作。前 47 位代表的是各候选点是否修建，采用一位二进制进行编码，为 1 代表在该点建站，为 0 代表不建站；余下的部分则对应站点的充电桩数目，采用多为二进制编码，编码方法如图 7.10 所示。

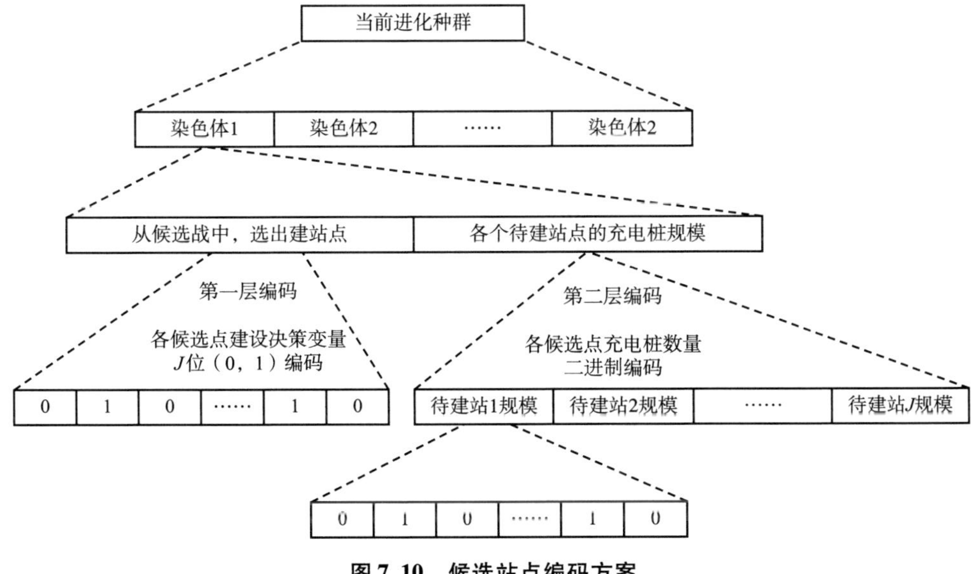

图 7.10　候选站点编码方案

②初始种群生成。按照随机生成策略对每条染色体上的各基因位点 0、1 随机取值，对于每条染色体进行解码计算目标函数，并判断可行性，以保证初始种群中存在可行解，即生成了合格的初始种群。同时，由于只有在该点建站的前提下，每个基因的取值（即充电桩的数量）才能大于 0，所以须将所取随机值与 X_j 相乘，为“1”表示在该候选点建站，为“0”则可以认为不在此处建站。

第二步，适应度函数。在遗传算法中，种群中各个个体的优良程度通常通过适应度高低来衡量，与自然选择类似，适应度较高的个体遗传到下一代的概率也比较大，而适应度较低的个体则更容易被淘汰。

通常情况下，适应度函数是通过目标函数变形而得，本书的目标函数是求最小值，目标函数的值越小的个体适应度越高，为了提高适应度分配的健壮性，采用基于等级划分的适应度分配计算方法。这种方法不是直接对目标函数进行变换，而是先根据目标函数值对个体进行排序，再根据个体在序列中的位置确定它的适应度。

这种适应度算法可以规避适应度设置不当而导致的搜索收敛过慢或过快的情况，设种群个体数为 $Nind$，i 为个体在种群中的位置，SP 为选择压力，则有适应度函数为

$$f(i) = 2 - SP + 2(SP - 1)\frac{i - 1}{Nind - 1} \tag{7.35}$$

在遗传算法中，主要通过修复策略、拒绝策略、改进遗传算子策略及惩罚策略等完成对约束条件的处理。本书选择采用使用较为普遍的惩罚策略，设计适当

的惩罚函数，把约束条件用惩罚函数的形式嵌入目标函数中，进而实现对不可行解的惩罚。

第三步，遗传操作。

①选择。选择指的是以种群中个体的适应度大小为标准，把种群中适应度较强的个体筛选出来，进行下一代种群的繁殖。本书采取轮盘法策略对种群个体进行选择，设置代沟为 0.8 以保持种群规模。

②云交叉。交叉过程又被称为基因重组，将两条选中的染色体按照一定的概率交叉从而得到新的个体。常用的交叉操作包括单点交叉、两点交叉、多点交叉、均匀交叉和算数交叉等。由于编码较长，两点交叉法相比于其他交叉策略可以产生更多基因型，增大基因的多样性，故采用两点交叉策略完成交叉操作，如图 7.11 所示。

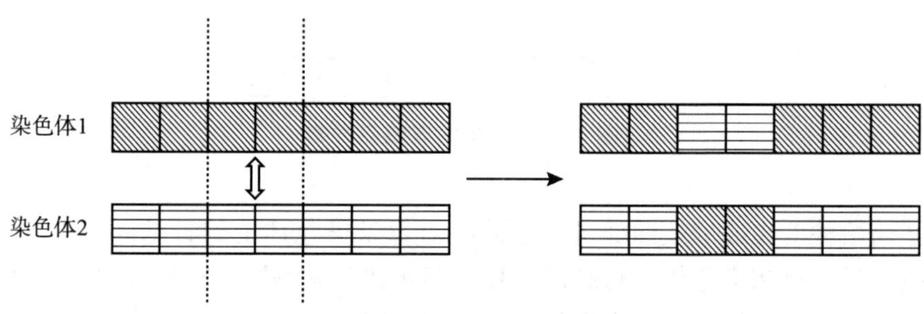

图 7.11　两点交叉运算示意图

在交叉率 P_c 的区间范围，个体间进行交叉操作，P_c 由云发生器生成，云交叉概率具体包括以下算法。

a. 计算并记录父代的平均适应度值 $\bar{f}$，令 $E_x = \bar{f}$；

b. 以 E_n 为期望，H_e 为标准差生成正态随机数 E_n'

$$E_n = \frac{f_{\max} - \bar{f}}{c_1} \tag{7.36}$$

$$H_e = \frac{E_n}{c_2} \tag{7.37}$$

$$E_n' = RANDN(E_n, H_e) \tag{7.38}$$

其中，$f_{\max}$ 为父代种群个体中最优个体的适应度值；c_1，c_2 为控制系数。

c. 云交叉概率为

$$P_c = \begin{cases} z_1 e^{\frac{-(f' - E_x)^2}{2(E_n')^2}} & f' \geqslant \bar{f} \\ z_2 & f' \leqslant \bar{f} \end{cases} \tag{7.39}$$

其中，z_1，z_2 为交叉参数。

云交叉算子代码如表 7.4 所示。

表 7.4　　云交叉算子代码

序号	云交叉算子
1	def cloud_cross(SelChrom):
2	SelPhen = ga.bs2int(SelCh_dc, FieldD).astype('int64') #对育种种群解码
3	[ObjVSel, LegVSel] = aimfuc.aimfuc(SelPhen) # 计算目标函数及可行性
4	FitnVSel = ga.ranking(ObjVSel, LegVSel) # 计算育种种群的适应度
5	# 云模型计算
6	Ex = np.sum(FitnVSel)/ FitnVSel.shape[0]
7	En = (np.max(FitnVSel) - Ex)/ c1
8	He = En / c2
9	Ens = np.random.normal(En, He)
10	for row inrange(0, SelChrom.shape[0], 2):
11	f_dm = np.max(FitnVSel[row: row + 2])
12	if f_dm > Ex:
13	recopt = k1 * np.exp((-(f_dm - Ex) ** 2)/(2 * Ens ** 2))
14	else:
15	recopt = k3
16	# 交叉操作
17	if np.random.random() < recopt:
18	swap_1 = (SelChrom[row: row + 1, np.min(index)
19	+1: np.max(index) +1]).copy()
20	swap_2 = (SelChrom[row + 1: row + 2, np.min(index)
21	+1: np.max(index) +1]).copy()
22	SelChrom[row: row + 1, np.min(index) +1: np.max(index) +1] = swap_2
23	SelChrom[row + 1: row + 2, np.min(index) +1: np.max(index) +1] = swap_1
24	return SelChrom

③云变异

变异指的是按照一定的概率改变种群中的部分个体的基因。以二进制编码的个体为例，将“0”变异为“1”或者“1”变为“0”，如图 7.12 所示。

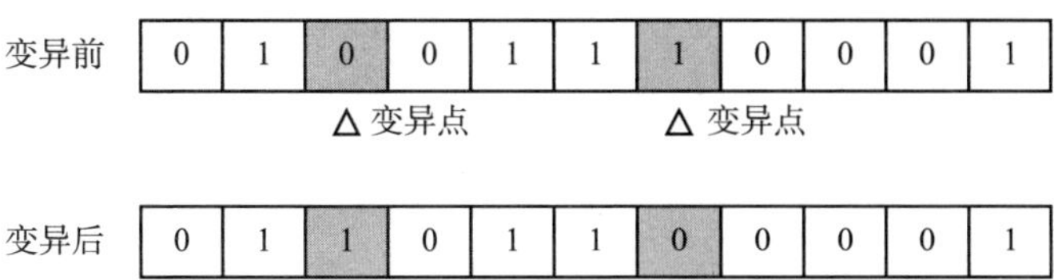

图 7.12　变异操作示意图

在 P_m 的区间范围，个体间进行交叉操作，P_m 由云发生器生成，云变异概率具体包括以下算法。

a. 计算并记录父代的平均适应度值 $\bar{f}$，令 $E_x = \bar{f}$；

b. 以 E_n 为期望，H_e 为标准差生成正态随机数 E_n'

$$E_n = \frac{f_{\max} - \bar{f}}{c_3} \tag{7.40}$$

$$H_e = \frac{E_n}{c_4} \tag{7.41}$$

$$E_n' = RANDN(E_n,\ H_e) \tag{7.42}$$

其中，$f_{\max}$ 为父代种群个体中最优个体的适应度值；c_3，c_4 为控制系数。

c. 云变异概率为

$$P_c = \begin{cases} z_3 e^{\frac{-(f' - E_x)^2}{2(E_n')^2}} & f' \geqslant \bar{f} \\ z_4 & f' \leqslant \bar{f} \end{cases} \tag{7.43}$$

其中，z_3，z_4 为交叉参数。

云变异算子代码如表 7.5 所示。

表 7.5　　云变异算子代码

云变异算子

```
def cloud_mut(SelChrom):
    SelPhen = ga.bs2int(SelCh_dc, FieldD).astype('int64')  #对育种种群解码
    [ObjVSel, LegVSel] = aimfuc.aimfuc(SelPhen)  # 计算目标函数及可行性
    FitnVSel = ga.ranking(ObjVSel, LegVSel)    # 计算育种种群的适应度
    # 云模型计算
    Ex = np.sum(FitnVSel)/FitnVSel.shape[0]
    En = (np.max(FitnVSel) - Ex)/c3
    He = En/c4
    Ens = np.random.normal(En, He)
    for row inrange(SelChrom.shape[0]):
        for col inrange(SelChrom.shape[1]):
            f = FitnVSel[row]
            if f > Ex:
                pm = k2 * np.exp((-(f - Ex) ** 2)/(2 * Ens ** 2))
            else:
                pm = k4
            if np.random.random() < pm:
                if SelChrom[row, col] = = 1:
```

续表

序号	云变异算子
19	SelChrom[row, col]=0
20	else:
21	SelChrom[row, col]=1
22	return SelChrom

7.2.3 基于改进 NSGA－Ⅱ算法的非偏好多目标算法设计

与基于偏好的多目标优化相反，非偏好的多目标规划策略的思路是“先搜索，后决策”，它不需要提前判定目标函数的相对重要程度，引入了支配的概念对非劣解和其他解进行区分。它的优点在于可以提供一系列非劣解供决策者参考，决策者可以按照实际情况从中进行选择，提高了决策的灵活性。

为了便于直观比较，同样引入单位时间成本的概念，模型的目标函数形式为

$$\begin{cases} \min C = \dfrac{\sum\limits_j X_j C_{j1} + \sum\limits_j X_j \dfrac{r(1+r)^n}{(1+r)^n - 1} C_{j2} + \sum\limits_j X_j C_{j3} - \sum\limits_j X_j \dfrac{r(1+r)^n}{(1+r)^n - 1} B_{j1}}{365 - \sum\limits_j X_j B_{j2}} \\ \min C_T = c_t(T_t + T_w) \end{cases} \tag{7.44}$$

1. 算法简介

多目标问题中，多个目标函数之间往往是相互影响甚至竞争的关系，很难找到一个解使得所有目标函数同时是最优的，很有可能求取的解 X 能使目标 A 达到最优，但此时目标 B 是非最优甚至最差的，在相应的约束条件下，如何能够取得一种整体最优的结果一直是学者们探索的重点。为此，在传统遗传算法的基础上，学者们提出了非支配排序遗传算法（Non-dominated Sorting Genetic Algorithm, NSGA）和 NSGA－Ⅱ，NSGA－Ⅱ是在 NSGA 的基础上改进而来的，其基本思想是 Pareto 最优概念，是在解决多个相互冲突或者难以比较的目标问题中应用最广泛的一种启发式算法，本书采取此种算法进行求解。

相比于经典遗传算法及 NSGA 算法，NSGA－Ⅱ自身具有精英策略，能够保留相对优秀个体，而无须提前设定共享参数，避免了主观意愿对于算法的影响（郑强，2006）。

（1）非支配解。由于在多目标问题中，多个目标间的权重关系往往是无法清晰界定的，或者在不同时间、外界条件下各目标的重要程度也会随之发生变化，在求解之前无法主观判定多个目标孰轻孰重。因此，基于帕累托思想，提出了非支配解即帕累托解。对于两种求解方案 A、B，当解 A 对应的所有目标函数

值都优于B时，则有A支配了B，反之二者为非支配关系。帕累托解集指的是，在多目标函数问题中，通常存在一个解集，其中的各个解的特点是无法在不削弱至少一个其他目标函数的情况下，改进任何目标函数值。

（2）帕累托前沿。帕累托最优解集中各方案对应的目标函数的集合即为帕累托前沿。

（3）拥挤度。为了避免在进化遗传过程中出现个体局部堆叠，最优解出现局部化，NSGA－Ⅱ引入拥挤度的概念。拥挤度指的是种群中个体的周围个体的密度，直观上用仅包含个体 i 本身的最大长方形的长度，如图7.13所示。

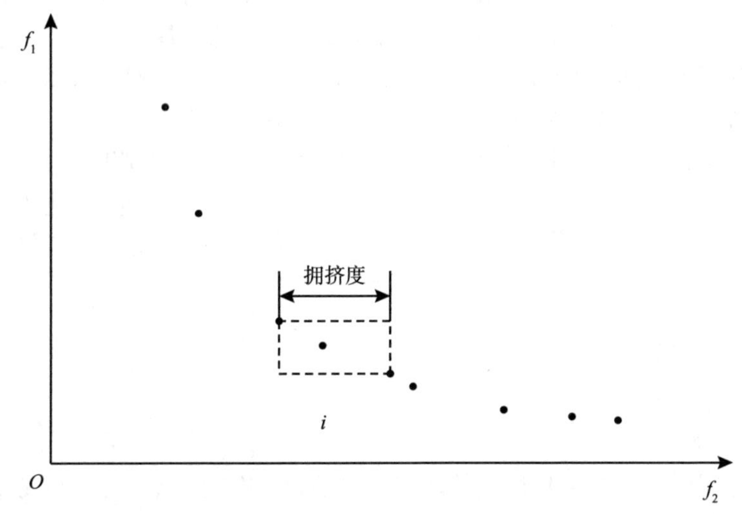

图7.13　拥挤度示意图

合理设置拥挤度的大小，能够使种群个体在空间均匀分散，避免出现个体“扎堆拥挤”现象。

2. 改进NSGA－Ⅱ算法求解

（1）改进的NSGA－Ⅱ算法。同样考虑到NSGA－Ⅱ算法的交叉、变异率为定值，结合云模型的优势，本书借助云模型（7.2.2节所述，这里不再赘述）对NSGA－Ⅱ算法进行改进，采用云模型生成其交叉、变异算子降低陷入局部最优解的可能性，以此提高算法的性能及效率，包括以下基本流程。

第一步，设置算法的各种参数并输入相关数据。包括输入充电需求点的坐标值和需求量的大小，候选站点的坐标值和对应的编号等数据。

第二步，初始化设置，设定种群数量、最大迭代次数及云模型中交叉变异参数及控制系数。

第三步，随机生成初始种群，对其完成编码操作，判断是否存在可行解，若满足则进入下一步；若不满足，重复生成初始种群。

第四步，计算群体中每个染色体的目标函数值，运用快速非支配排序对个体进行分级。

第五步，按照已定的交叉策略、云交叉率进行交叉操作，生成新的种群。

第六步，按照已定的变异策略、云变异率进行交叉操作，生成新的种群。

第七步，将父代与子代两个种群合并，并且对个体进行非支配排序以及拥挤度的计算，根据得到的适应度采用锦标赛策略对种群个体进行选择。

第八步，返回第五步，进入下一循环，直到达到最大进化代数为止。

改进 NSGA－Ⅱ算法流程图如图 7. 14 所示。

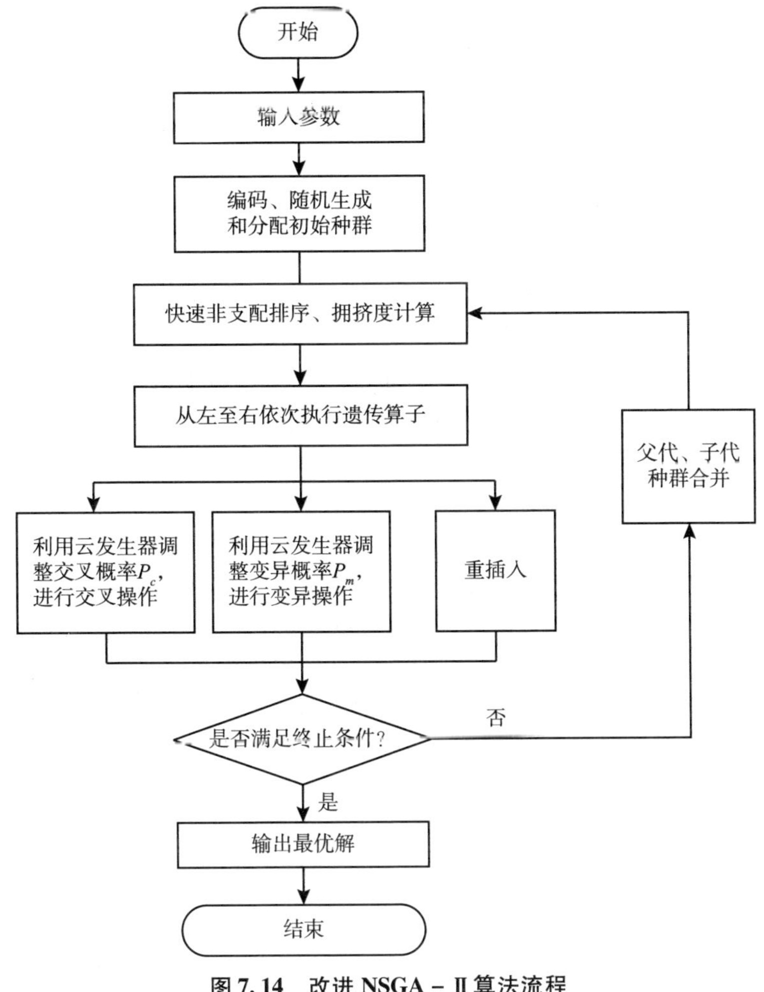

图 7. 14　改进 NSGA－Ⅱ算法流程

（2）具体步骤。NSGA－Ⅱ算法求解基本过程与 7.2.2 节改进的并行遗传算法大体相同，编码方式、交叉、变异方式相同，对于相同的部分不再赘述，对其中不同之处进行简要介绍。

①初始种群生成。编码方式同改进并行遗传算法相同，不同的是，在生成初始种群后，对初代种群的目标函数进行计算，通过快速非支配排序对初代种群中的个体进行分级，获得初始帕累托最优解以及种群非支配适应度。

②遗传操作。在遗传操作中，不同于并行遗传算法中依次进行选择、交叉、变异，NSGA－Ⅱ算法中是先进行云交叉、云变异操作，将父代与子代两个种群合并，然后对个体进行非支配排序以及拥挤度的计算，根据适应度采用锦标赛策略对种群个体进行选择，设置代沟为 0.5 以保持种群规模。

7.3 充电设施布局案例分析

以重庆市内环以内区域为案例，对充电站选址定容模型进行实践应用。首先通过提取该区域的需求分布与候选站点，利用灰色预测模型对该区的充电需求进行预测，然后采取不同求解策略及算法完成模型的求解，为决策者提供不同决策方案，并对求解结果进行分析。

7.3.1 重庆市充电设施现状概述

从 2012 年开始推广到 2018 年底，重庆市新能源电动汽车保有量达到 44838 辆，2018 年全市新能源汽车产量约四万辆，产值达 52.9 亿元，全市已形成“9＋3＋4＋30”（9 家乘用车生产商、3 家客车生产商、4 家专用车生产商，30 家配套企业）的新能源汽车产业体系。但总体来看，重庆地区新能源汽车仍处于萌芽阶段，市场发展空间巨大。①

为助推新能源汽车的推广应用，重庆市加大了充电基础设施的建设力度。截至 2018 年底，全市已建成公用和专用充电设施 9779 台。② 然而，相比于重庆市新能源汽车良好的发展态势，重庆市的当前充电设施建设是相对滞后的。据统计，如图 7.15 所示，重庆市充电站的密集度及服务能力与其他城市存在一定的差距，相对北京的充电站密度指数 100、服务能力 69.74，上海的充电站密度指数 53.96、服务能力 100，重庆地区充电站核密集度指数只有 3.82，服务能力也仅达 6.73，这反映了重庆地区的新能源汽车充电基础设施配套不足、服务能力较为低下，可能会导致无法解决用户的“里程焦虑”问题，也会影响到重庆市的

① 重庆商报。
② 重庆日报。

新能源汽车产业的发展。①

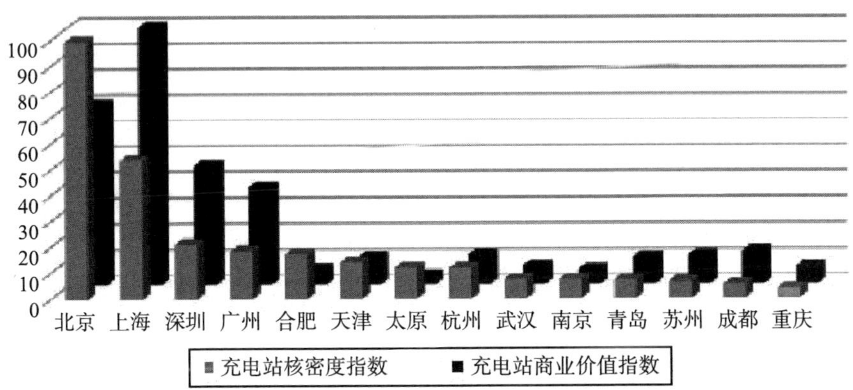

图 7.15　主要城市充电站密集度与服务能力

重庆市城区内，根据“线外邦”2018 年 4 月的一份调查报告显示，重庆市主城区内充电桩与大型的充电站大多设于新成立的两江新区，而传统的商业、住宅区配套支持较少，甚至会出现“车行千里，一桩难求”的情形。同时，因为选址和运营上的欠妥，要么充电站修建好了没人用，有的站点充电利用率仅为 10%，如重庆科能充电站，造成浪费资源，要么有的站点充电桩供应不足，排队时间过长或者仅支持慢充模式，如大学城夜市充电站点。具体调查情况如表 7.6 所示。

表 7.6　　　　　　　　　重庆市部分公共充电网点调查情况

充电站点	充电设备数量	能否正常使用	使用频率	运营商
重庆科能汽车充电站	4 个慢充	否	极低	特来电
绕城高速曾家服务站	3 个快充	正常使用	高	国家电网
××小学	14 个慢充	正常使用	低	特来电
璧山分时租赁	4 个慢充	否	低	嘉汇源通
绕城高速青杠服务站	4 个快充	部分能使用	中高	国家电网
大坪时代天街停车场	3 个慢充	正常使用	高	国家电网
大学城夜市分时租赁	4 个慢充	正常使用	中高	一电集团
南岸区四公里充电站	40 个快充	正常使用	高	星星充电

新能源汽车充电设施不完善，出现充电桩过少、无法使用等问题，这在一定

① 新一线城市研究所发布《谁是最有潜力的新能源汽车市场》。

程度上阻碍了新能源车的销售和使用；而需求不足、盈利低下又使得企业不愿意花钱投资基础设施从而造成重庆市出现配套不足或者不少充电网点利用率低，如此循环往复。为此，要大力完善重庆市充电基础设施，同时应兼顾消费者需求与投资者经济诉求，合理的充电设施的规划不仅能满足区域的消费者需求，还能尽可能降低投资者投入，助推重庆市新能源汽车的推广扩散。

7.3.2 重庆市内环以内区域基本情况

1. 需求点与候选站点分布

以重庆市主城区道路网络规划为数据为基础，以区域内的主要快速路和主干道为各个区域的边界，结合路网实际情况，通过剔除掉部分无用道路，合并部分相邻节点、忽略互通式立交桥等原则，提取出更简洁的重庆市内环以内区域的道路网图。

为了便于计算，假定一定范围内的需求量集中于一点，借鉴点需求 P-median 模型，以各道路交点为需求点，并对其进行编号。

关于充电站候选址的确定，《重庆市支持新能源汽车推广应用政策措施(2018—2022 年)》提出，充电站布局建设区域及标准为：机场、火车站、公交及公路客运站场、驻车换乘（P + R）、公园、文体场馆、独立停车场（库）等。本书以此为选址原则，结合相关专业人士的建议，得出充电站候选站点共 47 个。

借用百度地图，提取出各点的经纬度，然后利用坐标转换器软件并对其进行换算，如图 7.16 所示，候选站点编号及坐标见表 7.7。

图 7.16 坐标换算程序界面

表 7.7　　　　候选站点编号及坐标

编号	经度	纬度	X	Y
1	106.557317	29.615452	9.838	21.569
2	106.553776	29.555927	9.604	14.944
3	106.466583	29.560072	1.144	15.296
4	106.54525	29.502899	8.848	9.051
5	106.495155	29.532116	3.957	12.252
6	106.508918	29.501724	5.32	8.881
7	106.531931	29.590557	7.426	18.765
8	106.483439	29.478578	2.874	6.293
9	106.607831	29.584398	14.784	18.187
10	106.561316	29.594499	10.274	19.234
11	106.543009	29.556025	8.554	14.961
12	106.490091	29.516176	3.468	10.459
13	106.512444	29.509622	5.659	9.779
14	106.477069	29.563937	2.161	15.74
15	106.480962	29.553124	2.554	14.544
16	106.474566	29.483358	2.032	6.806
17	106.514014	29.575783	5.698	17.11
18	106.520941	29.58727	6.354	18.381
19	106.531652	29.553405	7.454	14.638
20	106.461934	29.559687	0.686	15.259
21	106.557178	29.426247	10.12	0.566
22	106.48927	29.487623	3.428	7.286
23	106.584746	29.568159	12.574	16.37
24	106.556883	29.568347	9.882	16.334
25	106.589294	29.563936	13.012	15.883
26	106.584872	29.427793	12.813	0.787
27	106.576464	29.534585	11.817	12.633
28	106.512313	29.588725	5.518	18.524
29	106.583803	29.523576	12.561	11.411
30	106.552635	29.564456	9.457	15.897
31	106.528375	29.467959	7.255	5.179
32	106.521199	29.515466	6.485	10.436
33	106.518726	29.542896	6.204	13.451
34	106.540267	29.584072	8.243	18.067
35	106.51598	29.558945	5.938	15.234
36	106.493671	29.605283	3.691	20.349

续表

编号	经度	纬度	X	Y
37	106.592839	29.594045	13.316	19.214
38	106.530852	29.462011	7.506	4.505
39	106.534887	29.477051	7.888	6.204
40	106.585459	29.509589	12.744	9.873
41	106.579081	29.467636	12.187	5.183
42	106.458033	29.543037	0.333	13.407
43	106.560685	29.45645	10.425	3.928
44	106.506063	29.603264	4.905	20.149
45	106.467634	29.507051	1.298	9.446
46	106.459027	29.488346	0.490	7.341
47	106.513285	29.602516	5.606	20.066

为了更直观地呈现，绘制了重庆市内环以内区域路网图，其中粗实线为内环以内区域的边界，细实线表示区域内主要干道，圆点表示充电需求，三角形表示充电站候选网点，如图7.17所示。

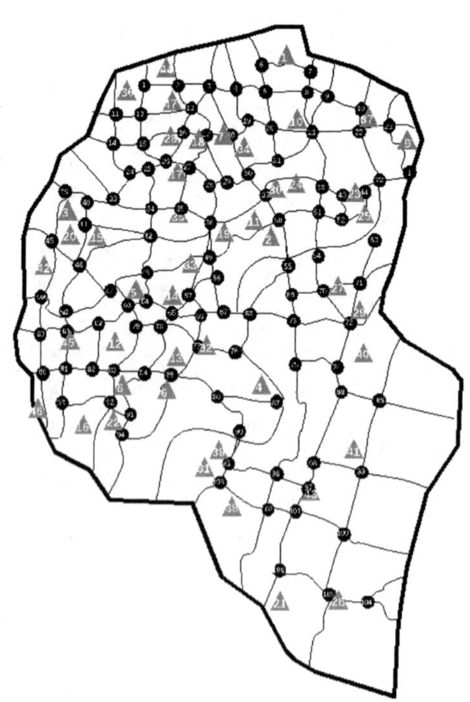

图7.17　充电需求点与候选站点分布

2. 充电需求预测

（1）新能源汽车保有量预测。通过查阅《重庆市主城区交通发展年度报告》、重庆市科委、统计局、国家发展改革委统计报告、唐会（2016）以及相关公开数据整理，得到 2013～2018 年重庆市新能源汽车保有量，根据灰色 GM 模型进行预测，q 为实际值，q_1 为预测值，$E(\hat{q}_1)$ 为相对误差，预测结果如表 7.8 所示，重庆市新能源汽车保有量预测如图 7.18 所示。

表 7.8　2013～2018 年重庆市新能源汽车保有量预测

新能源汽车保有量	2012 年	2013 年	2014 年	2015 年	2016 年	2017 年	2018 年
q（辆）	1923	2019	4199	8184	12127	29921	49702
q_1（辆）	1923	2340	4290	7851	14370	26309	48130
$E(\hat{q}_1)$	0	16.09%	2.16%	4.02%	18.56%	12.1%	3.16%

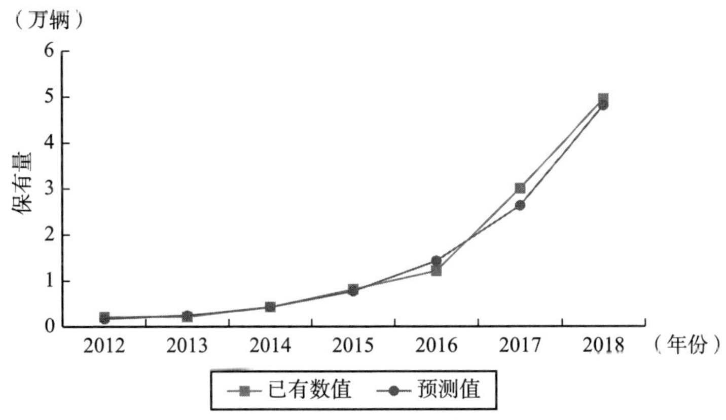

图 7.18　重庆市新能源汽车保有量预测

对预测结果进行精度检验，其中平均相对误差为 0.0801，方差比小误差 C 为 0.1008 和小误差概率 P 为 1，表明采用 GM 模型预测的精度合格，各年份的预测数据精度在可接受范围内，所以运用上述方法对 2018～2022 年的新能源汽车数量进行预测，如表 7.9 所示。

表 7.9　2019～2022 年新能源汽车保有量预测结果

新能源汽车保有量	2019 年	2020 年	2021 年	2022 年
$\hat{q}$（万辆）	8.809	16.123	29.508	54.006

根据主城区 2017 年汽车拥有量（134.6 万辆）与全市汽车拥有量（371 万

辆）之比，得到主城区的新能源汽车数量，同时按照汽车保有量比与人口数比成正比的规律，重庆市主城区分为内环以内区域与内环以外区域，根据汽车拥有量之比与区域人口正相关，根据统计年鉴数据，功能核心区与主城区的人口分别为374.3万人、834.52万人，因此规划区域内新能源汽车总数为

$$q_{EV} = 54.0006 \times \left(\frac{134.6}{371}\right) \times \left(\frac{374.3}{834.52}\right) \times 10000 = 87881 \tag{7.45}$$

（2）日均充电需求预测。参考吴丽霞（2017）对重庆市汽车调研数据，可知新能源汽车商用车（物流车、网约车等）占比约为10%，则私人乘用车比例为90%，商用车的日均行驶里程为350～500km，本书取值425km，新能源汽车最大行驶里程取值为300km。根据上海市新能源汽车公共数据采集与检测研究中心对5万辆新能源汽车的数据采集及分析结果，私人乘用车的平均日均行驶里程约为44km，则有区域日均总充电需求量为

$$D = 87881 \times \frac{10\% \times 425}{300 + 90\% \times \dfrac{44}{300}} = 12444 \tag{7.46}$$

由于各个需求点的需求实际数据统计难度较大，根据区域实时人口热力图，将区域需求量划分为6个等级进行分配，得到各需求点的日均充电需求量，具体见表7.10。

表7.10　　规划区域需求点及需求量

编号	日均需求量（辆）	编号	日均需求量（辆）	编号	日均需求量（辆）	编号	日均需求量（辆）
1	378	16	414	31	234	46	288
2	216	17	432	32	54	47	450
3	378	18	414	33	180	48	324
4	270	19	432	34	54	49	414
5	432	20	306	35	72	50	432
6	180	21	234	36	234	51	342
7	162	22	72	37	270	52	450
8	180	23	90	38	126	53	126
9	72	24	306	39	342	54	36
10	54	25	270	40	342	55	108
11	288	26	234	41	252	56	198
12	288	27	36	42	144	57	342
13	396	28	234	43	378	58	180
14	324	29	396	44	360	59	180
15	324	30	432	45	342	60	216

续表

编号	日均需求量（辆）	编号	日均需求量（辆）	编号	日均需求量（辆）	编号	日均需求量（辆）
61	270	73	342	85	162	97	144
62	342	74	306	86	72	98	108
63	342	75	108	87	36	99	72
64	216	76	126	88	180	100	72
65	252	77	432	89	36	101	54
66	450	78	324	90	72	102	126
67	126	79	306	91	180	103	36
68	108	80	90	92	216	104	36
69	450	81	234	93	108	105	54
70	432	82	252	94	126	106	90
71	108	83	324	95	126		
72	234	84	198	96	108		

7.3.3 算例求解与分析

根据算法设计，采用 Python 编写算法程序求解重庆市内环以内区域大型快充点选址定容问题。分别采用改进遗传算法与 NSGA - Ⅱ算法进行模型求解，运行的主机参数为：主频 2.1GHz 四核、8G 内存、Windows 10。

1. 参数取值

（1）充电站单位车位租赁价格。与加油或加气站相同，充电站的用地性质也是属于商业用地的范畴，所以在核算中采用商业用地的级别以及基准地价。根据《重庆市国土房管局关于公布执行重庆市主城区及江津区双福街道路璜镇土地级别的通知》，重庆市商业用地的土地级别总共分为 14 个级别。根据各候选站点的位置与重庆主城各区域的基准地价表，得到 47 个候选站点所属商业用地级别，如表 7.11 所示。

表 7.11　候选站点编号及用地级别

编号	级别	编号	级别	编号	级别	编号	级别	编号	级别
1	3	4	6	7	3	10	3	13	5
2	3	5	5	8	5	11	4	14	4
3	4	6	4	9	5	12	4	15	7

续表

编号	级别	编号	级别	编号	级别	编号	级别	编号	级别
16	5	23	2	30	2	37	2	44	4
17	4	24	3	31	5	38	6	45	6
18	5	25	2	32	2	39	5	46	7
19	2	26	5	33	2	40	6	47	4
20	5	27	2	34	1	41	6		
21	6	28	4	35	3	42	7		
22	5	29	5	36	5	43	5		

通过咨询重庆市某新能源汽车公司、某充电桩运营企业的专业人士，设定了各个级别的商业用地所对应单位车位的价格，如表 7. 12 所示。

表 7. 12　　各级别单位车位租用价格

价格级别	价格（万元/年）	价格级别	价格（万元/年）
1	3. 024	5	1. 368
2	2. 376	6	1. 188
3	1. 908	7	1. 044
4	1. 620	8	0. 936

（2）补贴方式及金额。《根据重庆市 2018 年度新能源汽车及充电桩推广应用财政补贴政策》，重庆市对于充电设施建设的具体补助额度为：公用充电设施交流桩 300 元/千瓦、直流桩 600 元/千瓦；换电设施 200 元/千瓦；其他符合补助范围的充电设施中，交流桩补助 200 元/千瓦，直流桩补助 400 元/千瓦。本书研究的是快充站，充电设备为直流桩，即补贴金额为 600 元/千瓦，而重庆市对于充电设施建设没有运营补贴，即运营补贴为 0。

（3）单位时间出行成本。单位时间出行成本与区域内平均工资水平及工作时间有关，估算公式（Dimitrios Efthymiou et al. , 2012）为

$$c_t = \frac{10^{-4}Q}{232} \tag{7.47}$$

其中，Q 为规划区域平均月工资水平（元/月）；c_t 为单位时间出行成本。

根据重庆市人力资源和社会保障局的统计数据，重庆市 2018 年度主城区就业人员的平均月工资为 6513 元，计算得规划区月内用户的单位出行时间成本为 28×10^{-4}万元/小时。

（4）紧急充电里程。不同的用户选择充电时的汽车剩余电量是不同的，根据约翰和史蒂芬（John & Stephen，2012）对美国能源部EV Project项目中新能源汽车用户的充电与行驶规律的统计结果，99%以上的用户都会在剩余电量为10%以上时选择充电。

紧急充电里程的公式按照7.2.1节所构建的模型进行计算，不同车型的续航里程不同，参考各汽车论坛上及相关新闻给出的数据，本书将续航里程定为300km。则紧急充电里程为10%×300=30km，即d_{max}取值为30km。

（5）充电站配置。按照《电动汽车充电站设计规范（GB 50966—2014）》对充电站的定义，要求充电站内至少有三台充电设施，至少包含一台快速充电设备。为此，将快充设备的下限设为3，同时考虑到技术水平有限，同一充电站的桩数不可能过多，国内最大的快速充电站—特斯拉超级充电桩，所设充电桩数为50，为此将上限取值为50。

（6）行驶时间阈值。对于用户从需求点前往充电站的时间阈值，根据深圳充电网科技“问电中国”充电服务调查报告显示，85%以上的用户希望在15分钟内到达充电站，即t_{max}取值为15min。

（7）其他参数取值。结合已有充电站规划文献（张成和腾欢，2014；赵书强和李志伟，2015）及关于重庆市充电布局文献（唐会，2016；吴丽霞，2017）各参数的取值，在计算过程中，其他基本参数的取值如表7.13所示。

表7.13 其他参数取值

参数	参数说明	取值	参数	参数说明	取值
μ	运营成本与建设成本之间的折算系数	0.1	P_w	快速充电桩功率	120kW
ϑ	道路畅通系数	1.2	n	充电站运营年限	20年
r	贴现率	0.08	ζ	道路非直线系数	1.3
$\bar{v}$	汽车平均行驶速度	30km/h	t_f	每辆新能源汽车的平均充电时间	1/3小时
t_c	充电站每天提供服务的时间	18小时	q_{max}	充电站最高配置充电桩桩数	50

2. 基于偏好策略的求解结果

设定改进并行遗传算法的初始交叉率、变异率分别为0.8、0.02，云模型控制参数分别为3、10，初始种群规模取为100，子种群数为3，最大迭代次数为3000，代沟取值为0.8，迁移比率为0.2。目标函数权重系数分别取值为（0.5，0.5），按照7.2.3节的步骤对模型进行求解。算法运算结果如图7.19所示，具体布局方案如图7.20所示。布局方案结果和具体布局方案见表7.14和表7.15。

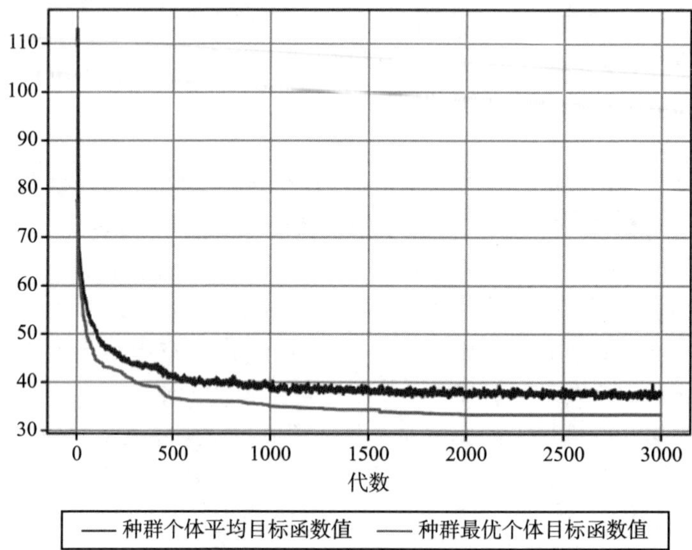

图 7.19　算法运算结果

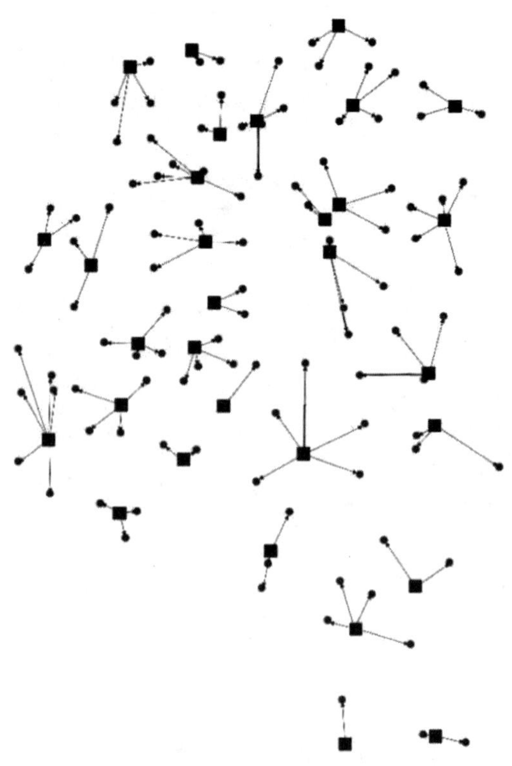

图 7.20　具体布局方案示意图

表 7.14　　布局方案结果

总站数	总桩数	投资成本（万元）	政府补贴（万元）	总成本（万元）	行驶时间成本（万元）	用户时间成本（万元）	总时间成本（万元）
31	616	35.5826	1.2376	31.4935	3.8946	0.5035	4.7145

表 7.15　　具体布局方案

充电站编号	充电桩数目	服务的需求点
1	20	5，6，7
2	25	50，54，55，69
3	25	40，45
4	13	68，75，76，86，87
5	31	47，48，63，64
6	11	84，85
7	43	4，17，18，19，29
10	20	8，9，20，21
12	29	62，79，82，83
14	32	57，65，66，78
15	19	33，41，46
18	21	13，16
21	5	106
22	15	91，92，94
24	18	31，38，51
25	32	32，43，44，52，53
26	5	104，105
29	27	70，71，72，73
30	18	30，37
32	15	66，67
33	17	49，56
35	14	34，35，36，42
36	30	1，11，12，14
37	8	10，22，23
39	8	90，95，103
40	15	74，88，89
41	7	98，99

续表

充电站编号	充电桩数目	服务的需求点
43	14	96，97，100，101，102
44	16	2，3
45	30	58，59，60，61，80，81，93

3. 非偏好策略的求解结果

设定 NSGA－Ⅱ算法的初始交叉率、变异率分别为 0.7、0.01，云模型控制参数分别为 3、10，初始种群规模取为 300，最大迭代次数为 3000，代沟取值为 0.5，按照 7.2.3 节的步骤对模型进行求解。NSGA－Ⅱ算法运算结果如图 7.21 所示。

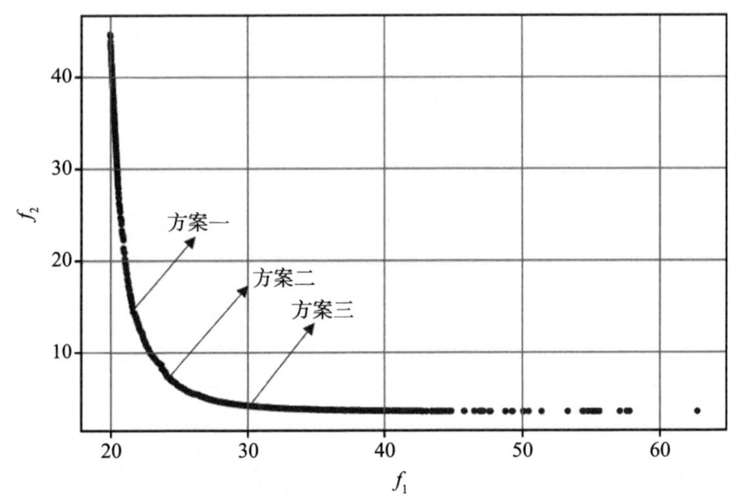

图 7.21　NSGA－Ⅱ算法运算结果

如图 7.21 所示，随着用户时间成本降低，运营商的成本呈现了逐渐上升的趋势，为了便于呈现，从中随机选取三种方案，如表 7.16 所示。

表 7.16　求解结果

方案	总桩数	总成本（万元）	政府补贴（万元）	投资成本（万元）	行驶时间成本（万元）	用户时间成本（万元）	用户成本（万元）
方案一	497	22.5514	0.9985	21.5529	3.6137	11.7782	15.3919
方案二	539	25.1529	1.0829	24.0699	3.6671	3.9604	7.5286
方案三	619	31.2150	1.2437	29.9714	3.5842	0.6181	4.1862

由表 7.16 可知，三种方案中，方案一的投资成本最低，但其用户时间成本也最高，相对而言忽略了用户充电便利性的因素；方案三的用户时间成本最低，但此时的投资成本也相对最高；与方案一、方案三相比，方案二能够综合考虑两个目标函数，取得相对折中。非偏好求解策略会提供给决策者一系列非劣解，各种方案所侧重的指标，二者之间的权衡都不同，决策者可以根据实际情况（如总体战略规划、实际经济情况）全局衡量，从所有非劣解中选取某一规划方案。

4. 结果分析

（1）算法性能对比分析。为了进一步验证算法的性能，在参数设置相同条件下，分别采用传统的并行遗传算法及 NSGA - Ⅱ算法和本文的算法对模型进行求解，如图 7.22 所示。

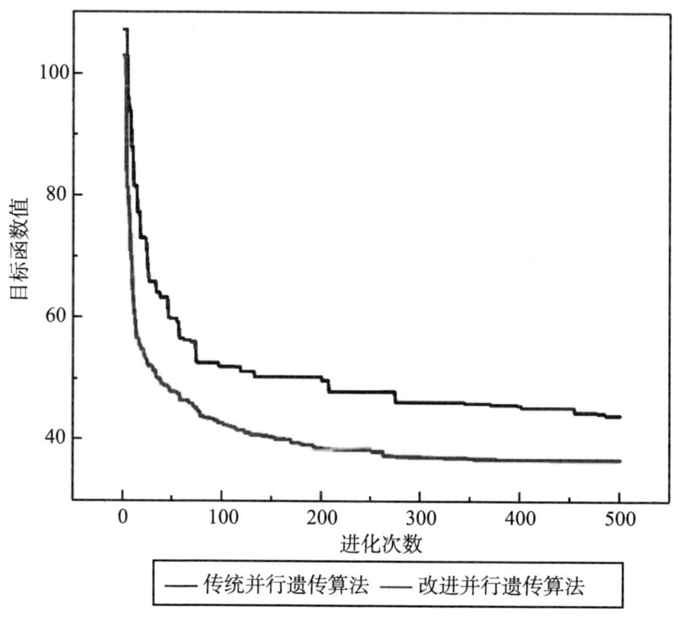

图 7.22　并行遗传算法改进前后对比

分析一：在相同的进化代数条件下，改进后的并行遗传算法能够更快地收敛，并且找到更低的目标函数值，即收敛效果也更好。

分析二：由图 7.22 和图 7.23 可知，在设置相同的进化代数 500 次时，改进的 NSGA - Ⅱ算法能找到更多的前沿点，传统的 NSGA - Ⅱ只能找到 115 个前沿点，改进后的 NSGA - Ⅱ算法找到了 753 个前沿点，即有改进后的算法的求解速度能够更快。

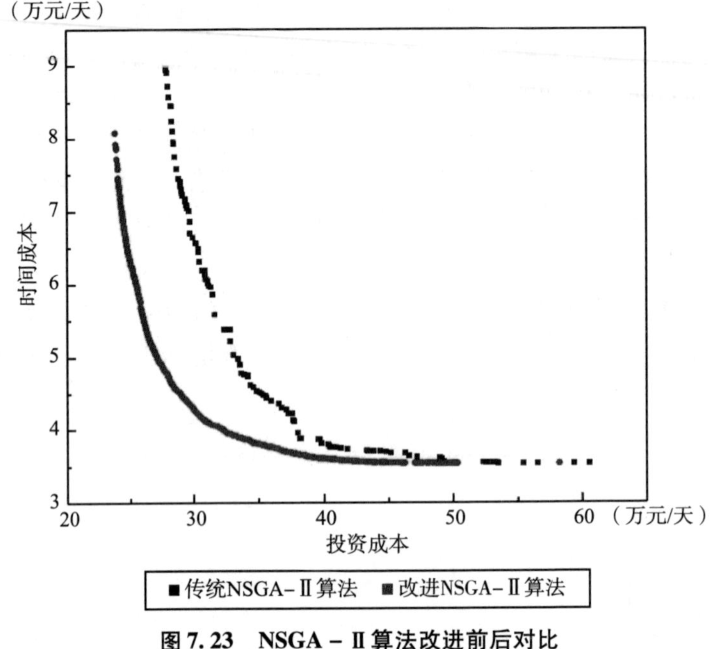

图 7.23 NSGA－Ⅱ算法改进前后对比

(2) 平均充电时长的影响。在其他条件不变的情况下，对充电时长取不同的值，用两种不同求解策略进行求解，所得解的变化如图 7.24 所示。

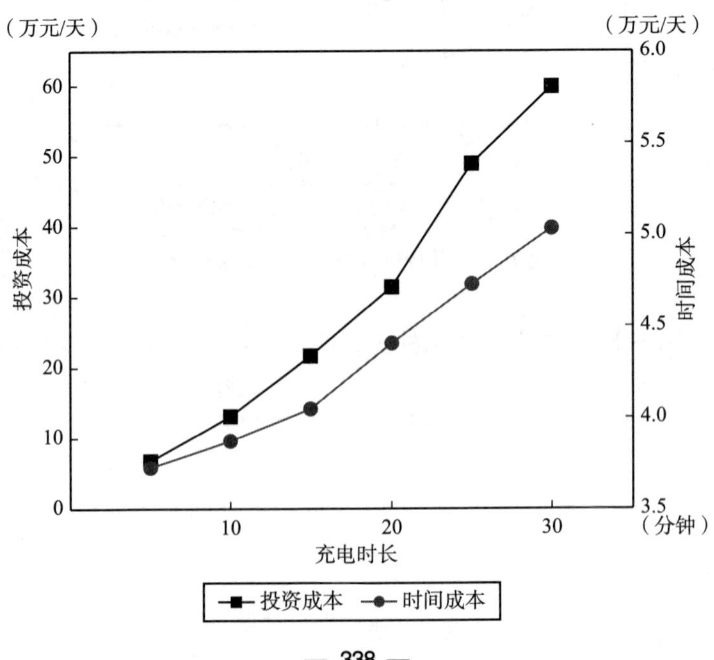

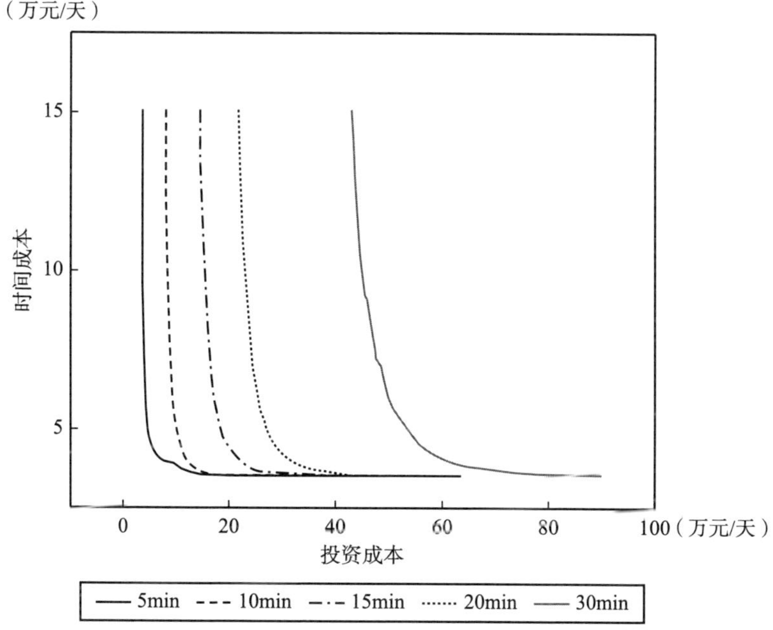

图 7.24　不同充电时长的帕累托最优

按照不同充电时长的优化结果来看，在其他条件不变的情况下，由图 7.25 可以发现，随着充电时长的增加，运营商的投资成本及用户的时间成本逐渐上涨，要达到相同的客户时间成本，即提高用户便利性，运营商需要投入的成本越多。由于在需求量一定的情况下，充电时长越长，需要布设的充电桩的数量会有所增加，同时根据公式（7.19），用户的排队时间也会增加。因此在进行充电站布局规划时，充电桩的功率、充电时间都应提前进行计划考量，安装不同类型、不同功率的充电桩，所匹配的规划方案也不同。

（3）两种求解策略对比分析。将偏好策略中目标函数权重系数分别取值为（0.1，0.9）、（0.3，0.7）、（0.5，0.5）、（0.7，0.3）、（0.9，0.1），进行计算，同非偏好策略求解结果进行比较，如图 7.25 所示。

由图 7.25 可知，偏好策略——改进并行遗传算法求解结果精度略低于 NSGA - Ⅱ算法，可能由于缺少拥挤度这一计算，算法的收敛性不如 NSGA - Ⅱ算法，并且当权重发生改变时需要重新进行计算，但该算法收敛速度快并且得到一种确切的方案，无须进行二次选择；非偏好求解策略——NSGA - Ⅱ算法可以得到一组帕累托最优解，决策者可以根据决策需要或实际情况选择更满足要求的设计方案，但此种算法引入了拥挤度、非支配排序，增长了求解时间，并且相比于前一种策略，需要决策者进行二次选择。

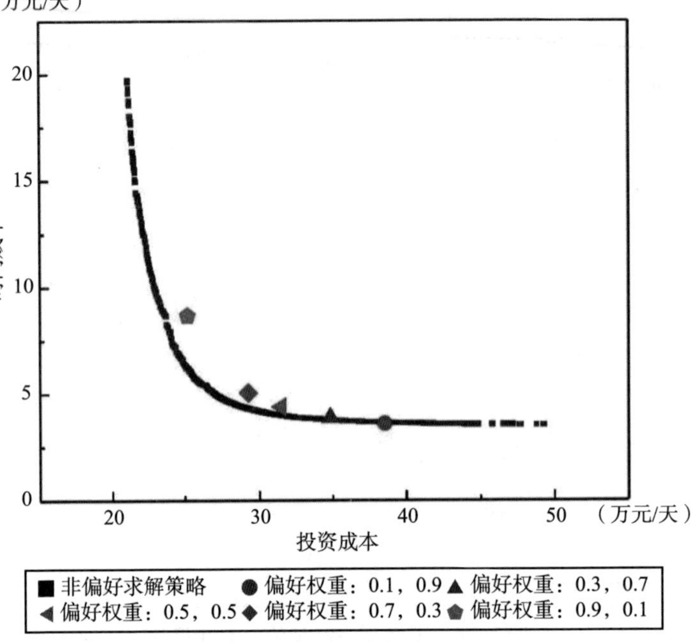

图 7.25 两种求解策略对比

两种策略均可以应用于充电站布局中完成多目标规划，相比于传统的单一策略更为灵活、可以满足不同决策场景及决策者需求。

参考文献

[1] 白恺，李娜，范茂松，等．大容量梯次利用电池储能系统工程技术路线研究［J］．华北电力技术，2017（3）：39－45.

[2] 毕旭静．汽车制造业逆向物流模式选择研究［D］．北京：北京交通大学，2013.

[3] 蔡世龙．供应链风险管理研究［D］．长沙：中南大学，2012.

[4] 曹悦恒．典型国家汽车产业国际竞争力比较研究［D］．长春：吉林大学，2018.

[5] 陈歌．扶持政策对新能源汽车产业发展的影响研究［D］．济南：山东大学，2017.

[6] 陈海英．消费者环保意识下的闭环供应链回收决策研究［D］．重庆：重庆交通大学，2018.

[7] 陈洁．顾客感知价值对新能源汽车购买意愿的影响研究［D］．上海：东华大学，2015.

[8] 陈丽．对新能源汽车续航里程影响因素的研究［J］．区域治理，2018（31）：53.

[9] 陈柳钦．我国新能源汽车产业发展及其困境摆脱［J］．郑州航空工业管理学院学报，2011，29（3）：18－25.

[10] 陈明华．新能源汽车的维修与故障诊断技术研究［J］．汽车实用技术，2018（24）：7－8，24.

[11] 陈晓红，李喜华．基于直觉梯形模糊 TOPSIS 的多属性群决策方法［J］．控制与决策，2013，28（9）：6.

[12] 成艾国，粟婷．基于顾客感知价值的汽车技术方案适用性研究［J］．汽车工程学报，2016（6）：267－276.

[13] 储江伟，夏秀清，强添纲，等．报废汽车拆解厂建设投资案例的经济效益分析［J］．再生资源与循环经济，2013，6（2）：40－42.

[14] 崔冬．中石化：2030 年前，新能源车对燃油车还不具备竞争力［J］．中国物流与采购，2018（23）：41.

[15] 崔焕金，刘传庚．全球价值链驱动型产业结构演进机理研究［J］．经

济学家，2012（10）：88－96.

［16］崔玉美，陈姗姗，傅新楚．几类传染病模型中基本再生数的计算［J］．复杂系统与复杂性科学，2017，14（4）：14－31.

［17］代应．废旧汽车资源化逆向物流运作管理研究［D］．重庆：重庆大学，2009.

［18］戴晓晖，李敏强，寇纪淞．遗传算法理论研究综述［J］．控制与决策，2000（3）：263－8，73.

［19］丁士海，韩之俊．基于Bass模型的品牌扩散模型研究综述［J］．技术经济，2009，28（4）：123－128.

［20］方奕．新能源汽车电池逆向物流现存问题及模式研究［J］．中国储运，2020（1）：116－117.

［21］方志贤．物流中心选址方法综述［J］．物流科技，2008（9）：42－44.

［22］冯立攀．考虑消费者行为的WEEE双回收渠道设计及协调机制研究［D］．天津：天津理工大学，2015.

［23］冯运生．以提升客户价值为核心 着力抓好生产性服务体系的构建与实施［C］．中国建材杯——中国建材产业发展研究学术论文颁奖交流大会暨中国建材工业经济研究会年会，2010.

［24］付小勇，朱庆华，窦一杰．回收竞争的逆向供应链回收渠道的演化博弈分析［J］．运筹与管理，2012，21（4）：41－51.

［25］付志伟．政府干预策略下废旧动力电池逆向供应链决策研究［D］．徐州：中国矿业大学，2020.

［26］葛少云，冯亮，刘洪，等．考虑用户便捷性的电动汽车充电站规划［J］．电工电能新技术，2014，33（2）：70－75.

［27］耿丽娟．基于FCM的逆向物流供应商选择研究［D］．重庆：重庆大学，2010.

［28］贡文伟．逆向供应链合作模式研究［D］．镇江：江苏大学，2010.

［29］郭本海，陆文茜，王涵，等．基于关键技术链的新能源汽车产业政策分解及政策效力测度［J］．中国人口·资源与环境，2019（29）：76－86.

［30］郭家昕，叶锦和，王之元，等．新能源汽车动力电池回收面临困境及解决方案［J］．时代汽车，2018（8）：48－49.

［31］郭捷，李永壮．基于离散选择模型的顾客选择偏好分析［J］．技术经济与管理研究，2012（8）：13－16.

［32］郭彤城，慕春棣．并行遗传算法的新进展［J］．系统工程理论与实践，2002（2）：15－23，41.

[33] 韩宁 . A 市电动汽车废旧电池逆向物流网络优化研究 [D]. 上海：东华大学，2019.

[34] 韩晓芳，解学芳 . 新能源汽车产业与创新扩散机制的互动关系研究 [J]. 汽车工业研究，2016 (1)：16 -21.

[35] 何波 . 国内废旧电子产品逆向物流运作模式研究 [D]. 武汉：武汉理工大学，2008.

[36] 何地，郭燕青 . 社会网络视角下新能源汽车产业产学研创新网络的实证分析——以东北三省为例 [J]. 技术经济，2016，35 (12)：52 -59.

[37] 何瑞 . TAM 与 IDT 理论视角下新能源汽车公众市场扩散的影响机制研究 [D]. 天津：天津理工大学，2016.

[38] 何苏华 . 企业网络组织的特征、成因及其运行机制 [J]. 商业研究，2005 (20)：11 -13.

[39] 何伟怡，何瑞 . 新能源汽车公众市场扩散影响因素的实证分析——基于 TAM - IDT 理论 [J]. 大连理工大学学报（社会科学版），2015，36 (3)：28 -33.

[40] 何志静，刘卯 . 新能源汽车市场开拓的政府补贴机制研究 [J]. 科技创新与应用，2017 (18)：283.

[41] 和媛媛，周德群，巩在武 . 三角模糊 TOPSIS 决策方法及其实验分析 [J]. 系统工程，2010，28 (11)：95 -103.

[42] 洪木南，郎垒，李宗华，等 . 电动汽车能耗指标评价研究 [C]. 中国汽车工程学会年会暨展览会，2016.

[43] 侯兵，俞宁，周康渠 . 纯电动汽车发展规模的系统动力学分析与仿真 [J]. 重庆理工大学学报（自然科学），2014，28 (12)：23 -29，40.

[44] 侯玉梅，田乃硕 . M/M/C 休假排队系统 - 综述 [J]. 运筹学学报，2000 (2)：88 -94.

[45] 胡辉，徐泽水 . 基于 TOPSIS 的区间直觉模糊多属性决策法 [J]. 模糊系统与数学，2007 (5)：108 -112.

[46] 胡永琼 . 基于消费者环保意识的双回收渠道供应链定价策略研究 [D]. 重庆：重庆邮电大学，2018.

[47] 黄德森，杨朝峰 . 基于结构方程模型的动漫产业影响因素分析 [J]. 中国软科学，2011 (5)：148 -153.

[48] 霍良安，邵洋洋，林徐勋 . 演化博弈视角下的再制造闭环供应链回收策略研究 [J]. 计算机应用研究，2018，35 (3)：727 -732.

[49] 季徐罡 . IHS Markit：“新四化” 对于中国乘用车市场发展的影响 [J]. 汽车与配件，2019 (1)：44 -46.

[50] 贾品，李晓斌，王金秀．几种典型综合评价方法的比较 [J]．中国医院统计，2008，15 (4)：351-353.

[51] 蒋然，李英．基于 TOPSIS 的消费者新能源汽车购买决策模型及仿真 [J]．中国管理科学，2014，22 (S1)：718-723.

[52] 介科伟．不确定环境下的车辆路径问题研究 [D]．西安：西安科技大学，2019.

[53] 金明．充电基础设施对新能源汽车发展的影响分析 [J]．汽车实用技术，2019 (10)：47-48.

[54] 靳起浩．基于产品生命周期的电动汽车动力电池回收模式研究 [J]. 2016.

[55] 景熠，李文川，周旖．不确定环境下闭环供应链的回收—生产—分销协同计划 [J]．计算机集成制造系统，2018，24 (8)：2098-2110.

[56] 靖苏铜，石则强，叶松，等．中国新能源汽车技术发展趋势研究 [J]．公路与汽运，2011 (5)：1-4.

[57] 赖俊平，张涛，罗长远．动态干中学、产业升级与产业结构演进——韩国经验及对中国的启示 [J]．产业经济研究，2011 (3)：1-9.

[58] 李刚，孙林岩，李健．服务型制造的起源、概念和价值创造机理 [J]．科技进步与对策，2009，26 (13)：68-72.

[59] 李光．影响我国电动汽车产业发展的关键因素研究 [D]．武汉：武汉理工大学，2011.

[60] 李国栋，罗瑞琦，张鸿．推广政策对新能源汽车需求的影响——基于城市和车型销量数据的研究 [J]．上海对外经贸大学学报，2019，26 (2)：49-58，68.

[61] 李佳霖．节能与新能源汽车产品感知质量与顾客购买意愿关系研究 [D]．大连：大连交通大学，2010.

[62] 李磊，郭燕青．我国新能源汽车产业创新生态系统构建研究 [J]．科技管理研究，2014，34 (23)：59-63.

[63] 李爽，郭燕青．新能源汽车企业创新生态效率测度——基于 2012~2015 年面板数据的实证分析 [J]．软科学，2017，31 (4)：23-26.

[64] 李晓华，邵举平，孙延安．基于 SD 及三方博弈的低碳供应链消费市场活力激发研究 [J]．工业工程，2021，24 (4)：150-159.

[65] 李欣，穆东．动力电池闭环供应链回收定价与协调机制研究 [J]．软科学，2018，32 (11)：124-129.

[66] 李德毅，孟海军，史雪梅．隶属云和隶属云发生器 [J]．计算机研究

与发展，1995（6）：15－20.

［67］李勇，韦结余．我国新能源汽车技术创新扩散的影响因素和模式分析［J］．现代管理科学，2017（6）：36－38，45.

［68］李战伦．基于目标行驶里程的纯电动汽车经济巡航控制策略研究［D］．长春：吉林大学，2018.

［69］梁晓萍．考虑消费者环保意识的闭环供应链模型研究［D］．重庆：重庆大学，2014.

［70］林晓华，冯毅雄，谭建荣，等．基于改进 DEMATEL－VIKOR 混合模型的产品概念方案评价［J］．计算机集成制造系统，2011，17（12）：2552－2561.

［71］刘斌，魏倩，吕越，等．制造业服务化与价值链升级［J］．经济研究，2016，51（3）：151－162.

［72］刘常昱，李德毅，杜鹢，等．正态云模型的统计分析［J］．信息与控制，2005（2）：236－239，248.

［73］刘闯，肖条军，田晨．基于计算实验的制造商外包策略分析［J］．软科学，2015，29（9）：49－53，67.

［74］刘浩华，程杨．中国新能源汽车需求风险关键因素研究［J］．科技管理研究，2014，34（19）：217－223.

［75］刘静波．产业竞合：合作博弈、网络平台与制度条件［D］．上海：上海社会科学院，2007.

［76］刘娟娟，马俊龙．考虑梯次利用的动力电池闭环供应链逆向补贴机制研究［J］．工业工程与管理，2021，26（3）：80－88.

［77］刘军．社会网络分析导论［M］．北京：社会科学文献出版社，2004.

［78］刘珺．SIR 模型及其在投资者行为研究中的应用［D］．济南：山东大学，2018.

［79］刘腾飞，陈凯．基于 Bass 模型的中国新能源汽车扩散模式研究［J］．企业经济，2016（3）：115－118.

［80］刘小明．推进自动驾驶和新能源汽车发展的三点思考［J］．汽车纵横，2018（3）：20－21.

［81］刘雅菲，信晓珊，张翠，等．基于网络效应视角的北京市新能源汽车购买意向研究［J］．中外企业家，2015（1）：233－235.

［82］刘奕，夏杰长，李垚．生产性服务业集聚与制造业升级［J］．中国工业经济，2017（7）：24－42.

［83］刘永清，杨青云，谢紫微，等．政府管制下处理商选择回收渠道决策的演化博弈［J］．湖南科技大学学报（自然科学版），2016（31）：116－122.

[84] 卢俐萍，李春铭，黄慧琼．报废汽车逆向物流运作模式研究 [J]．科技创新与生产力，2018 (1)：53 –56.

[85] 陆瑾．产业组织演化研究——从对主流经济理论的批判到基于演化框架的分析 [D]．上海：复旦大学，2005.

[86] 吕政，刘勇，王钦．中国生产性服务业发展的战略选择——基于产业互动的研究视角 [J]．中国工业经济，2006 (8)：5 –12.

[87] 栾常锦．考虑政府和消费者双重因素的废旧塑料闭环供应链决策研究 [D]．徐州：中国矿业大学，2020.

[88] 罗伯特·吉本斯．博弈论基础 [M]．高峰，译．北京：中国社会科学出版社，1999.

[89] 罗发友，刘友金．技术创新群落形成与演化的行为生态学研究 [J]．科学学研究，2004 (1)：99 –103.

[90] 罗积善．汽车闭环供应链整体绩效评价研究 [D]．南京：南京农业大学，2013.

[91] 罗家德．社会网分析讲义 [M]．北京：社会科学文献出版社，2010.

[92] 罗荣桂，江涛．基于 SIR 传染病模型的技术扩散模型的研究 [J]．管理工程学报，2006 (1)：32 –35.

[93] 马丽亚．我国制造企业服务化转型的机理分析 [D]．杭州：浙江工商大学，2015.

[94] 马亮，任慧维．面向续航能力的新能源汽车技术创新博弈研究 [J]．软科学，2018，32 (11)：73 –79.

[95] 马少超，范英．基于时间序列协整的中国新能源汽车政策评估 [J]．中国人口·资源与环境，2018，28 (4)：117 –124.

[96] 茅以正．电动汽车充电站选址优化研究 [D]．杭州：杭州电子科技大学，2018.

[97] 孟庆峰，盛昭瀚，李真．基于公平偏好的供应链质量激励机制效率演化 [J]．系统工程理论与实践，2012，32 (11)：2394 –2403.

[98] 孟子杰．电动汽车充电站规划及数学模型研究 [J]．广东科技，2013，22 (24)：224，230.

[99] 缪小明，赵静．基于突破性创新视角的我国新能源汽车产业技术轨道研究 [J]．科技管理研究，2013，33 (8)：1 –4.

[100] 牛丽贤，张寿庭．产业组织理论研究综述 [J]．技术经济与管理研究，2010 (6)：136 –139.

[101] 庞晓波，王姗姗，陈守东．欧债危机对全球及中国传染性的测度分

析——基于复杂网络的模拟研究［J］. 世界经济研究，2015（12）：35－46，124－125.

［102］彭亮. 智能驾驶在新能源汽车中的应用浅析［J］. 汽车实用技术，2018（4）：27－29.

［103］彭频，何旭，刘怡君，等. 基于博弈分析的车用动力电池回收问题研究［J］. 江西理工大学学报，2020，41（2）：47－50，89.

［104］彭泽君，兰剑，陈艳，等. 基于云重心理论的电动汽车充电站选址方法［J］. 电力建设，2015，36（4）：1－7.

［105］邱泽国，郑艺，徐耀群. 新能源汽车动力电池闭环供应链回收补贴策略——基于演化博弈的分析［J］. 商业研究，2020（8）：28－36.

［106］任斌，邵鲁宁，尤建新. 基于创新扩散理论的中国电动汽车广义 Bass 模型［J］. 软科学，2013，27（4）：17－22.

［107］茹永刚，郑重，韩元昭，等. 我国电动汽车的能效与经济性分析［J］. 电气自动化，2018，40（4）：49－52，91.

［108］阮娴静，杨青. 我国新能源汽车技术指标体系及评价模型［J］. 科技管理研究，2010，30（8）：32－34.

［109］邵必林，胡灵琳. 绿色供应链参与行为演化博弈分析——基于系统动力学视角［J］. 科研管理，2021，42（11）：171－181.

［110］石红波，邹维娜，许玉平. 基于绿色技术的新能源汽车市场调查研究：以威海为例［J］. 科技管理研究，2014，34（8）：227－232.

［111］宋丹丹. 动力锂电池逆向物流的多方博弈研究［D］. 赣州：江西理工大学，2016.

［112］宋志伟. 电动自行车企业废旧铅酸蓄电池逆向物流网络构建研究［D］. 秦皇岛：燕山大学，2014.

［113］苏文芝，牛鑫. 纯电动汽车电池管理系统通讯硬件关键技术研究［J］. 科技风，2017（2）：192.

［114］宿晓利. 报废汽车逆向物流回收模式的选择研究［D］. 青岛：山东科技大学，2011.

［115］孙嘉楠，肖忠东. 政府规制下废旧汽车非正规回收渠道的演化博弈［J］. 北京理工大学学报（社会科学版），2018，20（5）：26－36.

［116］孙俊秀，陈洁，殷正远. 美日欧新能源汽车政策辨析及启示［J］. 上海管理科学，2012，34（2）：63－66.

［117］孙天琦. 合作竞争型准市场组织的发展与产业组织结构演进［J］. 中国工业经济，2001（3）：71－75.

[118] 孙卫敏，赵金国．寡头垄断与中小企业并存——成熟产业的产业组织结构 [J]．中国地质大学学报（社会科学版），2005（5）：65－68.

[119] 孙晓华，徐帅．政府补贴对新能源汽车购买意愿的影响研究 [J]．大连理工大学学报（社会科学版），2018，39（3）：8－16.

[120] 唐葆君，吴晓凤．政府激励消费者购买混合动力汽车的政策影响分析 [J]．中国能源，2012，34（1）：31－35.

[121] 唐葆君，郑茜．中国电动汽车配套基础设施布局需求侧研究——基于 Logit 回归的消费偏好分析 [J]．北京理工大学学报（社会科学版），2013，15（4）：14－20.

[122] 唐会．重庆市电动汽车充电站布局研究 [D]．重庆：重庆大学，2016.

[123] 唐敏，徐解宪，顾月蕾．电动汽车充电站建设与运营的模式研究 [J]．华东电力，2011，39（2）：202－206.

[124] 田晨，肖条军，石晶．不确定性环境下制造商双渠道策略的计算实验 [J]．系统管理学报，2017，26（4）：754－763.

[125] 屠丹．不确定需求条件下农产品供应链网络优化问题研究 [D]．厦门：集美大学，2014.

[126] 万凤娇．基于 Fuzzy－Topsis 的报废汽车逆向供应链回收模式选择研究 [J]．生态经济，2019，35（9）：81－87.

[127] 万焱，夏卫群，李树声，等．乘用车感知质量全流程管理模型构建及应用 [C]．2018 中国汽车工程学会年会论文集，2018：1935－1941.

[128] 汪斌，董赟．从古典到新兴古典经济学的专业化分工理论与当代产业集群的演进 [J]．学术月刊，2005（2）：29－36，52.

[129] 王斑．我国新能源汽车动力电池回收体系的发展现状及建议 [J]．物流科技，2019，42（2）：72－75.

[130] 王慧敏，刘畅，钟永光．基于演化博弈的动力电池回收商投资模式选择研究 [J]．工业工程与管理，2021，26（2）：161－170.

[131] 王建华，孙瑞，潘宇杰．闭环供应链环保绩效影响机理及引导政策研究 [J]．生态经济，2020，36（9）：175－181.

[132] 王娟．逆向供应链合作影响因素、合作水平和合作绩效关系的实证研究 [D]．镇江：江苏大学，2010.

[133] 王娜，李凯．新能源汽车的可持续发展 [J]．汽车实用技术，2019（18）：32－34.

[134] 王珊．电动汽车废旧电池物流网络模型研究 [D]．北京：华北电力大学，2019.

[135] 王仕卿，王梓瑞，杨紫怡，等．基于新能源拓展利用的电动汽车充电设施规划布局研究——以北京市为例［C］．对接京津——改革开放 协同发展论文集，2018：169－176.

[136] 王天雅，宋端梅，贺文智，等．废弃动力锂电池回收再利用技术及经济效益分析［J］．上海节能，2019（10）：814－820.

[137] 王先甲，全吉，刘伟兵．有限理性下的演化博弈与合作机制研究［J］．系统工程理论与实践，2011（31）：82－93.

[138] 王应明，阙翠平，蓝以信．基于前景理论的犹豫模糊 TOPSIS 多属性决策方法［J］．控制与决策，2017，32（5）：864－870.

[139] 王颖，李英．基于感知风险和涉入程度的消费者新能源汽车购买意愿实证研究［J］．数理统计与管理，2013，32（5）：863－872.

[140] 王永平，孟卫东．供应链企业合作竞争机制的演化博弈分析［J］．管理工程学报，2004（2）：96－98.

[141] 王中秋．废旧共享单车合作回收的演化博弈模型研究［D］．杭州：浙江理工大学，2021.

[142] 王宗水，赵红，秦绪中．我国家用汽车顾客感知价值及提升策略研究［J］．中国管理科学，2016，24（2）：125－133.

[143] 魏晴晴，黄祖庆．闭环供应链风险因素的 ISM－AHP 分析［J］．商业经济研究，2019（5）：102－104.

[144] 文珊珊，周艳军．废旧电子产品逆向物流运作模式选择评价研究［J］．物流工程与管理，2019，41（8）：91－93.

[145] 吴丽霞．城市电动汽车充电站布局规划研究［D］．重庆：重庆交通大学，2017.

[146] 吴小桔，吴洁，盛永祥，等．企业知识流动 SIRS 模型构建与仿真［J］．统计与决策，2016（13）：177－180.

[147] 吴晓云，张欣妍．企业能力、技术创新和价值网络合作创新与企业绩效［J］．管理科学，2015，28（6）：12－26.

[148] 吴艳，贺正楚．新能源汽车与生产服务的产业融合路径及其影响因素［J］．系统工程，2016，34（6）：31－37.

[149] 向诗剑，马铁驹．ABM 与 GIS 集成及在分析新能源汽车扩散中的应用［J］．管理科学学报，2014，17（1）：1－10.

[150] 小艾尔弗雷德·D. 钱德勒．看得见的手：美国企业的管理革命［J］．重武，译．北京：商务印书馆，1987.

[151] 谢云晖．消费者感知风险对新能源汽车购买意愿的实证研究［D］．

武汉：湖北工业大学，2018.

[152] 辛建波，温宇宾，李睿．电动汽车充电设施建设需求预测方法探讨[J]．江西电力，2010，34（5）：1－5.

[153] 徐凡，俞国勤，顾临峰，等．电动汽车充电站布局规划浅析［J］．华东电力，2009，37（10）：1678－1682.

[154] 徐国虎，许芳．新能源汽车购买决策的影响因素研究［J］．中国人口·资源与环境，2010，20（11）：91－95.

[155] 徐建中，陆军．低碳经济时代制造业企业核心竞争力提升策略及对策研究［J］．商业研究，2011（7）：161－164.

[156] 许庆春，陈义华．基于消费者环保意识的闭环物流网络优化研究[J]．物流技术，2011，30（13）：126－128.

[157] 薛白．基于产业结构优化的经济增长方式转变——作用机理及其测度[J]．管理科学，2009，22（5）：112－120.

[158] 薛风平，王义．结构方程模型的社区居民政治参与影响因素实证分析[J]．济南大学学报（社会科学版），2008（3）：77－79.

[159] 严浩云，魏美华．上海居民购买新能源汽车经济性比较研究［J］．上海电机学院学报，2013，16（Z1）：62－66.

[160] 颜慧．基于离散选择模型的消费者消费偏好分析［D］．成都：成都理工大学，2019.

[161] 杨春雨，马钧．中国新能源汽车政策发展研究［J］．农业装备与车辆工程，2016，54（1）：41－45.

[162] 杨东红，王伟，孙彦彬，等．闭环供应链主体低碳行为的影响因素分析［J］．资源科学，2012，34（4）：711－717.

[163] 杨强，董泽瑞．基于计划行为理论的早期大众购买行为产生机理研究[J]．大连理工大学学报（社会科学版），2015，36（1）：70－76.

[164] 杨永明．未来5G与能源的深度融合研究［J］．新能源经贸观察，2018（7）：86－93.

[165] 杨忠敏，王兆华，宿丽霞．基于模块化的节能新能源汽车技术集成路径研究——以奇瑞为例［J］．科技进步与对策，2011，28（18）：60－64.

[166] 姚方来．基于结构方程模型的新能源汽车购买意愿研究［D］．南昌：华东交通大学，2018.

[167] 姚锋敏，滕春贤．公平关切下的两零售商竞争闭环供应链决策模型[J]．计算机集成制造系统，2017，23（8）：1731－1738.

[168] 姚海琳，王昶，黄健柏．终极回收拆解商是废旧电池进行资源化利用

的起点［J］. 中国战略新兴产业，2016（11）：56－59.

［169］姚智谋，朱乾龙. 企业网络分工与我国产业组织结构转型［J］. 江海学刊，2011（4）：228－233，239.

［170］叶楠，周梅华. 新能源汽车采用的影响因素分析及推进策略［J］. 统计与决策，2012（18）：60－62.

［171］易海燕. 供应链风险的管理与控制研究［D］. 成都：西南交通大学，2007.

［172］易余胤，肖条军，盛昭瀚. 合作研发中机会主义行为的演化博弈分析［J］. 管理科学学报，2005（4）：80－87.

［173］殷辉. 基于演化博弈理论的产学研合作形成机制的研究［D］. 杭州：浙江大学，2014.

［174］尤建新，段春艳，黄志明，等. 动力电池回收的环境质量成本控制模型构建［J］. 同济大学学报（自然科学版），2014，42（6）：969－975.

［175］原毅军，耿殿贺，张乙明. 技术关联下生产性服务业与制造业的研发博弈［J］. 中国工业经济，2007（11）：80－87.

［176］翟娟. 电动汽车充电桩充电管理系统设计［J］. 内燃机与配件，2018（1）：194－195.

［177］张本红. SIR 传染病模型参数估计及其应用［D］. 济南：山东大学，2018.

［178］张毕西，张明珠，韩正涛. 基于模糊 TOPSIS 的绿色供应链绩效评价［J］. 天津工业大学学报，2014，33（4）：76－79.

［179］张成，滕欢. 电动汽车充电站规划模型及评价方法［J］. 电力系统及其自动化学报，2014，26（1）：49－52.

［180］张大鹏，孙新波. 供应链合作网络中整合型领导力对企业间协同创新绩效的影响研究［J］. 工业工程与管理，2017，22（6）：128－34.

［181］张光卫，何锐，刘禹，等. 基于云模型的进化算法［J］. 计算机学报，2008（7）：1082－1091.

［182］张贵，周立群. 产业集成化：产业组织结构演进新趋势［J］. 中国工业经济，2005（7）：36－42.

［183］张国亮. 城市内和城市间电动汽车充电站的选址布局研究［D］. 天津：天津大学，2012.

［184］张海斌，刘小峰，李芳林. 新能源汽车技术演化统计仿真研究［J］. 统计与决策，2017（2）：47－50.

［185］张洁. 基于新能源汽车产业组织结构演变的企业合作策略研究［D］.

重庆：重庆大学，2018.

[186] 张静，阮玉洁，李怡芳．消费者对于新能源电动汽车充电桩偏好分析[J]. 现代商贸工业，2016，37（30）：65－66.

[187] 张李浩，郦竹苑，林国龙．基于计算实验的考虑零售商风险偏好的供应商定价研究［J］. 计算机集成制造系统，2018（24）：195－202.

[188] 张晓春，展海艳．基于改进灰色关联度法的我国新能源汽车技术综合评价［J］. 陕西电力，2014（42）：19－23.

[189] 张艳丽．考虑消费者偏好和政府行为的绿色供应链定价决策研究［D］. 合肥：合肥工业大学，2017.

[190] 章竟，汝宜红．废旧电池回收物流网络构建与比较分析［J］. 科技通报，2012，28（6）：1－4.

[191] 赵世佳，徐楠，乔英俊，等．加快我国新能源汽车动力电池回收利用的建议［J］. 中国工程科学，2018，20（1）：144－148.

[192] 赵书强，李志伟．基于差分进化粒子群算法的城市电动汽车充电站最优规划［J］. 华北电力大学学报（自然科学版），2015，42（2）：1－7.

[193] 郑劼．二手车：纯电不如混动受欢迎［J］. 汽车观察，2019（1）：20－21.

[194] 郑强．带精英策略的非支配排序遗传算法的研究与应用［D］. 杭州：浙江大学，2006.

[195] 钟彤．废旧铅酸电池逆向物流模式选择及网络构建研究［D］. 赣州：江西理工大学，2015.

[196] 周逢权，连湛伟，王晓雷，等．电动汽车充电站运营模式探析［J］. 电力系统保护与控制，2010（38）：63－66，71.

[197] 周福礼．面向零部件质量经济性的国产汽车质量改进研究［D］. 重庆：重庆大学，2018.

[198] 周显．车联网在无人驾驶技术中的运用［J］. 通讯世界，2017（20）：105.

[199] 朱方长．技术生态对技术创新的作用机制研究［J］. 科研管理，2005（4）：8－14.

[200] 朱国才．废旧动力锂离子电池回收再利用产业化进展［J］. 新材料产业，2018（3）：31－33.

[201] 朱磊磊，王语心，罗露阳．新能源汽车购买意愿影响因素研究［J］. 经营者，2017（1）：115－116.

[202] 朱凌云，陈铭．废旧动力电池逆向物流模式及回收网络研究［J］. 中

国机械工程，2019，30（15）：1828－1836.

［203］祖明，宫群，杨武．消费者环境价值导向与新能源汽车购买意愿关系研究［J］．企业经济，2019（6）：21－27.

［204］Abdulrahman M D，Gunasekaran A，Subramanian N. Critical barriers in implementing reverse logistics in the Chinese manufacturing sectors［J］. *International Journal of Production Economics*，2014，147（1）：460－471.

［205］Adomavicius G，Bockstedt J C，Gupta A，et al. Technology roles and paths of influence in an ecosystem model of technology evolution［J］. *Information Technology & Management*，2007，8（2）：185－202.

［206］Agarwal R，Gort M. The evolution of markets and entry，exit and survival of firms［J］. *Rev Econ Stat*，1996，78（3）：489－498.

［207］Ahmadi L，Yip A，Fowler M，et al. Environmental feasibility of re-use of electric vehicle batteries［J］. *Sustainable Energy Technologies and Assessments*，2014（6）：64－74.

［208］Ahmed S，Ahmed S，Shumon M R H，et al. A comparative decision-making model for sustainable end-of-life vehicle management alternative selection using AHP and extent analysis method on fuzzy AHP［J］. *International Journal of Sustainable Development & World Ecology*，2016，23（1）：83－97.

［209］Ajzen I. The theory of planned behavior［J］. *Organizational Behavior and Human Decision Processes*，1991，50（2）：179－211.

［210］Alamerew Y A，Brissaud D. Modelling reverse supply chain through system dynamics for realizing the transition towards the circular economy：A case study on electric vehicle batteries［J］. *Journal of Cleaner Production*，2020，254.

［211］Allen K R，Carlson-Skalak S. *Defining Product Architecture During Conceptual Design*［C］. International Design Engineering Technical Conferences and Computers and Information in Engineering Conference，1998.

［212］Ashtiani B，Haghighirad F，Makui A，et al. Extension of fuzzy TOPSIS method based on interval-valued fuzzy sets［J］. *Applied Soft Computing*，2009，9（2）：457－461.

［213］Atanassov K T. *Intuitionistic Fuzzy Sets*［M］. Berlin：Springer，1999.

［214］Atasu A，Van Wassenhove L N，Sarvary M. Efficient Take-Back Legislation［J］. *Production and Operations Management*，2009，18（3）：243－258.

［215］Aulia S A，Sukati I，Sulaiman Z. A review：Customer perceived value and its Dimension［J］. *Asian Journal of Social Sciences and Management Studies*，

2016, 3 (2): 150 - 162.

[216] Bass F M. A New Product Growth for Model Consumer Durables [J]. *Management Science*, 1969, 15 (5): 215 - 227.

[217] Bass F M, Krishnan T V, Jain D C. Why the Bass model fits without decision variables [J]. *Marketing Science*, 1994, 13 (3): 203 - 223.

[218] Ben-Akiva M. Structure of Passenger Travel Demand Models [J]. *Transportation Research Record*, 1974.

[219] Bollen K A, Stine R. Direct and indirect effects: Classical and bootstrap estimates of variability [J]. *J Sociological Methodology*, 1990: 115 - 140.

[220] Borsboom D, Mellenbergh G J, Van Heerden J. The theoretical status of latent variables [J]. *Psychological Review*, 2003, 110 (2): 203 - 219.

[221] Bruce N. *Public Finance and the American Economy* [M]. Reading, Mass.: Addison-Wesley, 1998.

[222] Cai S, Long X, Li L, et al. Determinants of intention and behavior of low carbon commuting through bicycle-sharing in China [J]. *Journal of Cleaner Production*, 2019 (212): 602 - 609.

[223] Chandra A, Gulati S, Kandhkar M. Green drivers or free riders? An analysis of tax rebates for hybrid vehicles [J]. *Journal of Environmental Economics and Management*, 2010, 60 (2): 78 - 93.

[224] Chen S Y. Green helpfulness or fun? Influences of green perceived value on the green loyalty of users and non-users of public bikes [J]. *Transport Policy*, 2016 (47): 149 - 159.

[225] Chen S Y. Using the sustainable modified TAM and TPB to analyze the effects of perceived green value on loyalty to a public bike system [J]. *Transport Res a-Pol*, 2016 (88): 58 - 72.

[226] Davis F D. Perceived Usefulness, Perceived Ease of Use, and User Acceptance of Information Technology [J]. *Mis Quarterly*, 1989, 13 (3): 319 - 340.

[227] Degirmenci K, Breitner M H. Consumer purchase intentions for electric vehicles: Is green more important than price and range? [J]. *Transport. Research Part O-transport and Environment*, 2017 (51): 250 - 260.

[228] Detilleux J, Theron L, Beduin J M, et al. A structural equation model to evaluate direct and indirect factors associated with a latent measure of mastitis in Belgian dairy herds [J]. *Preventive Veterinary Medicine*, 2012, 107 (3 - 4): 170 - 179.

[229] Deutsch K, Goulias K G. Decision makers and socializers, social networks

and the role of individuals as participants [J]. *Transportation*, 2013, 40 (4): 755-771.

[230] Diamond D. The impact of government incentives for hybrid-electric vehicles: Evidence from US states [J]. *Energy Policy*, 2009, 37 (3): 972-983.

[231] Efthymiou D, Antoniou C, Tyrinopoylos Y, et al. Spatial Exploration of Effective Electric Vehicle Infrastructure Location [J]. *Procedia-Social and Behavioral Sciences*, 2012 (48): 765-774.

[232] Ene S, Ozturk N. Grey modelling based forecasting system for return flow of end-of-life vehicles [J]. *Technol Forecast Soc*, 2017 (115): 155-166.

[233] Eppstein M J, Grover D K, Marshall J S, et al. An agent-based model to study market penetration of plug-in hybrid electric vehicles [J]. *Energ Policy*, 2011, 39 (6): 3789-3802.

[234] Fibich G. Bass-SIR model for diffusion of new products in social networks [J]. *Physical Review E*, 2016, 94 (3).

[235] Foley A M, Winning I, Gallachoir B P O. *State-of-the-art in Electric Vehicle Charging Infrastructure* [C]. 2010 IEEE Vehicle Power and Propulsion Conference, 2010.

[236] Fornell C, Larcker D F. Evaluating structural equation models with unobservable variables and measurement error [J]. *Journal of Marketing Research*, 1981, 18 (1): 39-50.

[237] Forrester J W. Dynamic models of economic systems and industrial organizations [J]. *System Dynamics Review: The Journal of the System Dynamics Society*, 2003, 19 (4): 329-345.

[238] Francois J F. Trade in Producer Services and Returns Due to Specialization under Monopolistic Competition [J]. *Canadian Journal of Economics-Revue Canadienne D Economique*, 1990, 23 (1): 109-124.

[239] Freeman L C. Centrality in social networks conceptual clarification [J]. *Social Networks*, 1978, 1 (3): 215-239.

[240] Friedman D. Evolutionary Games in Economics [J]. *Econometrica*, 1991, 59 (3): 637-666.

[241] Gnann T, Plötz P, Kühn A, et al. Modelling market diffusion of electric vehicles with real world driving data-German market and policy options [J]. *Transportation Research Part A: Policy and Practice*, 2015 (77): 95-112.

[242] Grackova L, Zhiravetska A, Oleinikova I, et al. *Aspects of Effective Urban*

Electrical Network Infrastructure Development for the Introduction of Electric Vehicles Charging Stations [C]. 2017 Ieee 58th International Scientific Conference on Power and Electrical Engineering of Riga Technical University (Rtucon), 2017.

[243] Gu H, Liu Z, Qing Q. Optimal electric vehicle production strategy under subsidy and battery recycling [J]. *Energy Policy*, 2017 (109): 579 – 589.

[244] Gu X Y, Ieromonachou P, Zhou L, et al. Developing pricing strategy to optimise total profits in an electric vehicle battery closed loop supply chain [J]. *Journal of Cleaner Production*, 2018 (203): 376 – 385.

[245] Haken H, Wunderlin A, Yigitbasi S. An introduction to synergetics [J]. *Open Systems & Information Dynamics*, 1995, 3 (1).

[246] Han L, Wang S, Zhao D, et al. The intention to adopt electric vehicles: Driven by functional and non-functional values [J]. *Transportation Research Part A Policy & Practice*, 2017 (103): 185 – 197.

[247] Hannan M T, Freeman J. The Population Ecology of Organizations [J]. *American Journal of Sociology*, 1977, 82 (5): 929 – 964.

[248] Haynes S N, Richard D C S, Kubany E S. Content validity in psychological assessment: A functional approach to concepts and methods [J]. *Psychol Assessment*, 1995, 7 (3): 238 – 247.

[249] Henseler J, Hubona G, Ray P A. Using PLS path modeling in new technology research: updated guidelines [J]. *Industrial Management & Data Systems*, 2016, 116 (1): 2 – 20.

[250] Heymans C, Walker S B, Young S B, et al. Economic analysis of second use electric vehicle batteries for residential energy storage and load-levelling [J]. *Energy Policy*, 2014 (71): 22 – 30.

[251] Higueras-Castillo E, Molinillo S, Coca-Stefaniak J A, et al. Perceived Value and Customer Adoption of Electric and Hybrid Vehicles [J]. *Sustainability-Basel*, 2019, 11 (18): 4956.

[252] Hodgson M J, Rosing K E. A network location-allocation model trading off flow capturing and p-median objectives [J]. *Annals of Operations Research*, 1992, 40 (1): 247 – 260.

[253] Holbrook M B, Hirschman E C. Experiential Aspects of Consumption: Consumer Fantasies, Feelings, and Fun [J]. *Journal of Consumer Research*, 1982, 9 (2): 132 – 140.

[254] Holbrook M. Customer Value-AFrameworkforAnalysisand Research [J].

Advancesin Consumer Research, 1996, 23 (1): 138 – 142.

[255] Hong I – H, Yeh J – S. Modeling closed-loop supply chains in the electronics industry: A retailer collection application [J]. *Transportation Research Part E*, 2012, 48 (4): 817 – 829.

[256] Hong X, Xu L, Du P, et al. Joint advertising, pricing and collection decisions in a closed-loop supply chain [J]. *International Journal of Production Economics*, 2015 (167): 12 – 22.

[257] Huang S K, Kuo L, Chou K L. The impacts of government policies on green utilization diffusion and social benefits-A case study of electric motorcycles in Taiwan [J]. *Energ Policy*, 2018 (119): 473 – 486.

[258] Huang X, Ge J. Electric vehicle development in Beijing: An analysis of consumer purchase intention [J]. *Journal of Cleaner Production*, 2019, 216 (4): 361 – 372.

[259] Huang X, Lin Y, Zhou F, et al. Agent-based modelling for market acceptance of electric vehicles: Evidence from China [J]. *Sustainable Production and Consumption*, 2021 (28): 206 – 217.

[260] Huber F, Herrmann A, Morgan R E. Gaining Competitive Advantage through Customer Value oriented Management [J]. *Journal of Consumer Marketing*, 2001, 18 (1): 41 – 53.

[261] Hu Y, Wang Z, Li X. Impact of policies on electric vehicle diffusion: An evolutionary game of small world network analysis [J]. *Journal of Cleaner Production*, 2020 (265): 121703.

[262] Hwang C L. Multiple Attributes Decision Making [J]. *Methods & Applications*, 1981.

[263] Jaakkola H, Gabbouj M, Neuvo Y. Fundamentals of technology diffusion and mobile phone case study [J]. *Circuits Systems and Signal Processing*, 1998, 17 (3): 421 – 448.

[264] John S, Stephen S. Battery Electric Vehicle Driving and Charging Behavior Observed Early in The EV Project [J]. *SAE International Journal of Alternative Powertrains*, 2012 (1): 27 – 33.

[265] Joreskog K G. Analysis of Covariance Structures [J]. *Scandinavian Journal of Statistics*, 1981, 8 (2): 65 – 92.

[266] Junquera B, Moreno B, Alvarez R. Analyzing consumer attitudes towards electric vehicle purchasing intentions in Spain: Technological limitations and vehicle

confidence [J]. *Technol Forecast Soc*, 2016 (109): 6 – 14.

[267] Kannan G, Sasikumar P, Devika K. A genetic algorithm approach for solving a closed loop supply chain model: A case of battery recycling [J]. *Applied Mathematical Modelling*, 2010, 34 (3): 655 – 670.

[268] Kannegiesser M, Gunther H O, Gylfason O. Sustainable development of global supply chains-part 2: investigation of the European automotive industry [J]. *Flexible Services & Manufacturing Journal*, 2014, 26 (1 – 2): 48 – 68.

[269] Kasturi K, Nayak M R. *Optimal Planning of Charging Station for EVs with PV – BES Unit in Distribution System Using WOA* [C]. 2017 2nd International Conference on Man and Machine Interfacing (Mami), 2017.

[270] Kermack W O, McKendrick A G. Contribution to the mathematical theory of epidemics [J]. *Proceedings of the Royal Society of London Series a-Containing Papers of a Mathematical and Physical Character*, 1927, 115 (772): 700 – 721.

[271] Khalifa A S. Customer value: a review of recent literature and an integrative configuration [J]. *Management Decision*, 2004, 42 (5/6): 645 – 666.

[272] Kim S, Lee K, Cho J K, et al. Agent-based diffusion model for an automobile market with fuzzy TOPSIS-based product adoption process [J]. *Expert Systems with Applications*, 2011, 38 (6): 7270 – 7276.

[273] Kong L, Liang X. Research on the Interaction between Producer Services and Manufacturing Industry in Shaanxi Province [J]. *American Journal of Industrial and Business Management*, 2018, 8 (5): 1277 – 1289.

[274] Krishnakumar J, Ballon P. Estimating Basic Capabilities: A Structural Equation Model Applied to Bolivia [J]. *World Development*, 2008, 36 (6): 992 – 1010.

[275] Lau K H, Wang Y. Reverse logistics in the electronic industry of China: a case study [J]. *Supply Chain Management: An International Journal*, 2009, 14 (6): 447 – 465.

[276] Lauritzen G D, Salomo S, La Cour A. Dynamic boundaries of user communities: exploiting synergies rather than managing dilemmas [J]. *International Journal of Technology Management*, 2013, 63 (3 – 4): 148 – 168.

[277] Li D, Han J, Shi X, et al. Knowledge representation and discovery based on linguistic atoms [J]. *Knowledge Based Systems*, 1998, 10 (7): 431 – 440.

[278] Li J, Jiao J, Tang Y. Analysis of the impact of policies intervention on electric vehicles adoption considering information transmission-based on consumer net-

work model [J]. *Energ Policy*, 2020, 144.

[279] Li J, Jiao J, Tang Y. An evolutionary analysis on the effect of government policies on electric vehicle diffusion in complex network [J]. *Energ Policy*, 2019, 129 (6): 1 - 12.

[280] Li L, Wang X, Lin Y, et al. A Decision Making Method for Improving Service Quality Based on Three-dimension Kano Model [J]. *Eng Let*, 2018, 26 (4): 415 - 423.

[281] Lin B Q, Wu W. Why people want to buy electric vehicle: An empirical study in first-tier cities of China [J]. *Energ Policy*, 2018 (112): 233 - 241.

[282] Lin C, Chow W S, Madu C N, et al. A structural equation model of supply chain quality management and organizational performance [J]. *International Journal of Production Economics*, 2005, 96 (3): 355 - 365.

[283] Lin C, Sher P J, Shih H. Past progress and future directions in conceptualizing customer perceived value [J]. *International Journal of Service Industry Management*, 2005, 16 (4): 318 - 336.

[284] Liu H, Lei M, Deng H, et al. A dual channel, quality-based price competition model for the WEEE recycling market with government subsidy [J]. *Omega-International Journal of Management Science*, 2016 (59): 290 - 302.

[285] Liu Y X, Hong Z S, Zhu J, et al. Promoting green residential buildings: Residents' environmental attitude, subjective knowledge, and social trust matter [J]. *Energ Policy*, 2018 (112): 152 - 161.

[286] Liu Z, Anderson T D, Cruz J M. Consumer environmental awareness and competition in two-stage supply chains [J]. *European Journal of Operational Research*, 2011, 218 (3): 602 - 613.

[287] Louviere J J, Hensher D A, Swait J D, et al. *Stated choice methods analysis and applications* [M]. Cambridge, UK: Cambridge University Press, 2000.

[288] Lu Z, Jiang C, Li X et al. Low-Carbon Benefit Analysis on Coordinating Investment for Clean Energy and Electric Vehicle Charging Stations [J]. *Transactions of China Electrotechnical Society*, 2016, 31 (19): 163 - 171.

[289] MacKinnon D. *Introduction to Statistical Mediation Analysis* [M]. New York: Routledge, 2012.

[290] Madigan R, Louw T, Wilbrink M, et al. What influences the decision to use automated public transport? Using UTAUT to understand public acceptance of Automated Road Transport Systems [J]. *Transportation Research Part F Traffic Psychology*

& Behaviour, 2017 (50): 55 – 64.

[291] Malerba F. Innovation and the evolution of industries [J]. *Journal of Evolutionary Economics*, 2006, 16 (1 – 2): 3 – 23.

[292] Mathwick C, Malhotra N, Rigdon E. Experiential value: conceptualization, measurement and application in the catalog and Internet shopping environment [J]. *Joural of Retailing*, 2001, 77 (1): 39 – 56.

[293] Mcfadden D. Conditional logit analysis of qualitative choice behavior [M]//Zarembka P. *Frontiers in Econometrics*. New York: Academic Press, 1974: 105 – 142.

[294] McFadden D, Train K. Mixed MNL models for discrete response [J]. *Journal of Applied Econometrics*, 2000, 15 (5): 447 – 470.

[295] Merchant J E. The role of governments in a market economy: Future strategies for the high-tech industry in America [J]. *International Journal of Production Economics*, 1997, 52 (1/2): 117 – 131.

[296] M H D. *Community Attachment* [M]. Boston, MA: Place attachment Springer, 1992.

[297] Miao Z W, Mao H Q, Fu K, et al. Remanufacturing with trade-ins under carbon regulations [J]. *Computers & Operations Research*, 2018 (89): 253 – 268.

[298] Moons I, De Pelsmacker P. Emotions as determinants of electric car usage intention [J]. *Journal of Marketing Management*, 2012, 28 (3 – 4): 195 – 237.

[299] Morgenstern O, Von Neumann J. *Theory of games and economic behavior* [M]. Princeton Princeton University Press, 1953.

[300] Moshe E Ben-Akiva. Structure of Passenger Travel Demand Models [D]. Cambridge: Massachusetts Institute of Technology, 1974.

[301] Muyldermans L, Van Wassenhove L N, Guide V D R. Managing high-end ex-demonstration product returns [J]. *European Journal of Operational Research*, 2019, 277 (1): 195 – 214.

[302] Neaimeh M, Salisbury S D, Hill G A, et al. Analysing the usage and evidencing the importance of fast chargers for the adoption of battery electric vehicles [J]. *Energ Policy*, 2017 (108): 474 – 486.

[303] Nikolaou I E, Evangelinos K I, Allan S. A reverse logistics social responsibility evaluation framework based on the triple bottom line approach [J]. *Journal of Cleaner Production*, 2013, 56.

[304] Ning W, Guo J H, Liu X, et al. Incorporating individual preference and

network influence on choice behavior of electric vehicle sharing using agent-based model [J]. *International Journal of Sustainable Transportation*, 2020, 14 (12): 917 -931.

[305] Park C W, Mothersbaugh D L, Feick L. Consumer Knowledge Assessment [J]. *Journal of Consumer Research*, 1994, 21 (1): 71 -82.

[306] Park E, Kim H, Ohm J Y. Understanding driver adoption of car navigation systems using the extended technology acceptance model [J]. *Behaviour & Information Technology*, 2015, 34 (7): 741 -751.

[307] Presley A, Meade L, Sarkis J. A strategic sustainability justification methodology for organizational decisions: a reverse logistics illustration [J]. *International Journal of Production Research*, 2007, 45 (18 -19): 4595 -4620.

[308] Priester, Joseph R, Gurhancanli, et al. *The social psychology of consumer behaviour* [M]. Buckingham: Open University Press, 2002.

[309] Purdy M, Daugherty P. How AI Boosts Industry Profits and Innovation [R]. Accenture Institute for High Performance, 2017.

[310] Rahman I, Vasant P M, Singh B S M, et al. Review of recent trends in optimization techniques for plug-in hybrid, and electric vehicle charging infrastructures [J]. *Renew Sust Energ Rev*, 2016 (58): 1039 -1047.

[311] Ramezani M, Kimiagari A M, Karimi B, et al. Closed-loop supply chain network design under a fuzzy environment [J]. *Knowl-Based Syst*, 2014 (59): 108 -120.

[312] Rasciute S, Downward P. Health or Happiness? What Is the Impact of Physical Activity on the Individual? [J]. *Social Science Electronic Publishing*, 2010, 63 (2): 256 -270.

[313] Ravi V, Shankar R, Tiwari M K. Analyzing alternatives in reverse logistics for end-of-life computers: ANP and balanced scorecard approach [J]. *Computers & Industrial Engineering*, 2005, 48 (2): 327 -356.

[314] Rezvani Z, Jansson J, Bengtsson M. Consumer motivations for sustainable consumption: The interaction of gain, normative and hedonic motivations on electric vehicle adoption [J]. *Bus Strateg Environ*, 2018, 27 (8): 1272 -1283.

[315] Richins M L. *Possessions, materialism, and other-directedness in the expression of self* [M]. Morris B Holbrook. Consusmer Value: A Framework for Analysis and Research. New York: Routledge, 2002.

[316] Robledo C B, Oldenbroek V, Abbruzzese F, et al. Integrating a hydrogen fuel cell electric vehicle with vehicle-to-grid technology, photovoltaic power and a resi-

dential building [J]. *Appl Energ*, 2018 (215): 615 – 629.

[317] Rogers F. M. Incentives in Diffusion of Family Planning Innovations [J]. *Stud Family Plann*, 1971, 2 (12): 241 – 248.

[318] Rogers E M. Lessons for guidelines from the diffusion of innovations [J]. *Joint Commission Journal on Quality Improvement*, 1995, 21 (7): 324 – 328.

[319] Rogers E M, Simon, Schuster. *Diffusion of Innovations* [M]. 5th Edition. New York: Simon & Schuster, 2003.

[320] Sanchez-Fernandez R, Iniesta-Bonillo M A. The concept of perceived value: a systematic review of the research [J]. *Marketing Theory*, 2007, 7 (4): 427 – 451.

[321] Santos G, Davies H. Incentives for quick penetration of electric vehicles in five European countries: Perceptions from experts and stakeholders [J]. *Transport Res a-Pol*, 2020 (137): 326 – 342.

[322] Schmitz H. Global competition and local cooperation: Success and failure in the Sinos Valley, Brazil [J]. *World Dev*, 1999, 27 (9): 1627 – 1650.

[323] Seville B U. Visionary leadership: Creating a compelling sense of direction for your organization-Nanus, B [J]. *Rev Can Sci Admin*, 1996, 13 (3): 277 – 281.

[324] Shao Y, Deng X D, Qing Q K, et al. Optimal Battery Recycling Strategy for Electric Vehicle under Government Subsidy in China [J]. *Sustainability*, 2018, 10 (12): 1 – 18.

[325] Sheth J N, Newman B I, Gross B L. *Consumption values and market choices: Theory and applications* [M]. Cinicinnati, OH: South-Western Pub, 1991.

[326] Sierzchula W, Bakker S, Maat K, et al. The influence of financial incentives and other socio-economic factors on electric vehicle adoption [J]. *Energ Policy*, 2014 (68): 183 – 194.

[327] Silvia C, Krause R M. Assessing the impact of policy interventions on the adoption of plug-in electric vehicles: An agent-based model [J]. *Energ Policy*, 2016 (96): 105 – 118.

[328] Steg L. Promoting household energy conservation [J]. *Energy Policy*, 2008, 36 (12): 4449 – 4453.

[329] Sweeney J C, Soutar G N. Consumer perceived value: The development of a multiple item scale [J]. *Journal of Retailing*, 2001, 77 (2): 203 – 220.

[330] Tang Y, Zhang Q, Li Y, et al. Recycling mechanisms and policy suggestions for spent electric vehicles' power battery-A case of Beijing [J]. *Journal of Cleaner*

Production, 2018 (186): 388 - 406.

[331] Tan R, Lin B. Are people willing to support the construction of charging facilities in China? [J]. *Energ Policy*, 2020 (143): 111604.

[332] Taylor P D, Jonker L B. Evolutionary stable strategies and game dynamics [J]. *Mathematical Biosciences*, 1978, 40 (1 - 2): 145 - 156.

[333] Thiel C, Perujo A, Mercier A. Cost and CO_2 aspects of future vehicle options in Europe under new energy policy scenarios [J]. *Energ Policy*, 2010, 38 (11): 7142 - 7151.

[334] Tian Y, Govindan K, Zhu Q. A system dynamics model based on evolutionary game theory for green supply chain management diffusion among Chinese manufacturers [J]. *Journal of Cleaner Production*, 2014, 80 (10): 96 - 105.

[335] Toraldo D M, Passali D, Sanna A, et al. Cost-effectiveness strategies in OSAS management: a short review [J]. *Acta Otorhinolaryngologica Italica*, 2017, 37 (6): 447 - 453.

[336] Tornatzky L G, Klein K J. Innovation Characteristics and Innovation Adoption-Implementation-a Meta-Analysis of Findings [J]. *Ieee T Eng Manage*, 1982, 29 (1): 28 - 45.

[337] Train K E, Mcfadden D L, Goett A A. Consumer Attitudes and Voluntary Rate Schedules for Public Utilities [J]. *The Review of Economics and Statistics*, 1987, 69 (3): 383 - 391.

[338] Turner J M, Nugent L M. Charging up Battery Recycling Policies Extended Producer Responsibility for Single-Use Batteries in the European Union, Canada, and the United States [J]. *J Ind Ecol*, 2016, 20 (5): 1148 - 1158.

[339] Ullah A, Aimin W, Ahmed M. Smart Automation, Customer Experience and Customer Engagement in Electric Vehicles [J]. *Sustainability-Basel*, 2018, 10 (5): 1 - 11.

[340] Vigneault M - A, Boton C, Chong H - Y, et al. An Innovative Framework of 5D BIM Solutions for Construction Cost Management: A Systematic Review [J]. *Archives of Computational Methods in Engineering*, 2020, 27 (4): 1013 - 1030.

[341] Wang N, Tang L, Zhang W, et al. How to face the challenges caused by the abolishment of subsidies for electric vehicles in China? [J]. *Energy*, 2019, 166: 359 - 372.

[342] Wang S, Jing W, Li J, et al. Policy implications for promoting the adoption of electric vehicles: Do consumer's knowledge, perceived risk and financial incen-

tive policy matter? [J]. *Transportation Research Part A Policy & Practice*, 2018 (117): 58–69.

[343] Wang S Y, Li J, Zhao D T. The impact of policy measures on consumer intention to adopt electric vehicles: Evidence from China [J]. *Transport Res a-Pol*, 2017 (105): 14–26.

[344] Wang Z, Zhang B, Yin J, et al. Willingness and behavior towards e-waste recycling for residents in Beijing city, China [J]. *Journal of Cleaner Production*, 2011, 19 (9/10): 977–984.

[345] Wee S, Coffman M, Croix S L. Do electric vehicle incentives matter? Evidence from the 50 U. S. states [J]. *Research Policy*, 2018, 47 (9): 1601–1610.

[346] Wirges J, Linder S, Kessler A. Modelling the Development of a Regional Charging Infrastructure for Electric Vehicles in Time and Space [J]. *Eur J Transp Infrast*, 2012, 12 (4): 391–416.

[347] Wolf I, Schroeder T, Neumann J, et al. Changing minds about electric cars: An empirically grounded agent-based modeling approach [J]. *Technological forecasting and social change*, 2015 (94): 269–285.

[348] Woodruff R B. Customer value: The next source for competitive advantage [J]. *Journal of the Academy of Marketing Science*, 1997, 25 (2): 139–153.

[349] Woo J, Ha S H, Chen H. Tracing topic discussions with the event-driven sir model for online forums [J]. 2016 (17): 169–187.

[350] Wu J W, Liao H, Wang J W, et al. The role of environmental concern in the public acceptance of autonomous electric vehicles: A survey from China [J]. *Transport Res F–Traf*, 2019 (60): 37–46.

[351] Xi F, Jiang W-q. Study on Scrap Automobile Manufacturers Reverse Logistics Partners Base on Evaluation Engineering [J]. *Systems Engineering Procedia*, 2012 (5): 213–221.

[352] Xu J, Cao J, Wang Y, et al. Evolutionary Game on Government Regulation and Green Supply Chain Decision-Making [J]. *Energies*, 2020, 13 (3): 1–25.

[353] Yang Y P, Yan H B, Ma T J. On Customer Satisfaction of Battery Electric Vehicles Based on Kano Model: A Case Study in Shanghai [J]. *Lect Notes Artif Int*, 2015 (9376): 350–361.

[354] Ylä-Mella J, Keiski R L, Pongrácz E. Electronic waste recovery in Finland: Consumers' perceptions towards recycling and re-use of mobile phones [J].

Waste Management, 2015, 45.

[355] Zeithaml V A. Consumer Perceptions of Price, Quality, and Value: A Means-End Model and Synthesis of Evidence [J]. *Journal of Marketing*, 1988, 52 (3): 2-22.

[356] Zhang G, Xu Y, Zhang J. Consumer-oriented policy towards diffusion of electric vehicles: City-level evidence from China [J]. *Sustainability*, 2016, 8 (12): 1343.

[357] Zhang L, Yang M, Zhao Z. Game analysis of charging service fee based on benefit of multi-party participants: A case study analysis in China [J]. *Sustainable Cities and Society*, 2019, 48.

[358] Zhang S F, Liu S Y, Zhai R H. An extended GRA method for MCDM with interval-valued triangular fuzzy assessments and unknown weights-ScienceDirect [J]. *Computers & Industrial Engineering*, 2011, 61 (4): 1336-1341.

[359] Zhang Y, Jin L, Zheng D, et al. Privacy-preserving communication and power injection over vehicle networks and 5G smart grid slice [J]. *Journal of Network & Computer Applications*, 2018 (122): 50-60.

[360] Zhao Z, Zhang L, Zhu J, et al. Pricing of private charge sharing service based on bilateral bargaining game [J]. *Sustainable Cities and Society*, 2020, 59.

[361] Zhou F L, Lim M K, He Y D, et al. End-of-life vehicle (ELV) recycling management: Improving performance using an ISM approach [J]. *Journal of Cleaner Production*, 2019 (228): 231-243.

[362] Zhou F L, Wang X, Lim M K, et al. Sustainable recycling partner selection using fuzzy DEMATEL-AEW-FVIKOR: A case study in small-and-medium enterprises (SMEs) [J]. *Journal of Cleaner Production*, 2018 (196): 489-504.